Die Polizeiordnung Herzog Christians von Braunschweig-Lüneburg
vom 6. Oktober 1618

AF889205

Rechtshistorische Reihe

Herausgegeben von den Prof. Dres.
H.-J. Becker, W. Brauneder, P. Caroni, A. Cordes, B. Diestelkamp, G. Dilcher, J. Eckert,
H. Hattenhauer, R. Hoke, D. Klippel, G. Köbler, G. Landwehr, G. Lingelbach, M. Lipp, K. Muscheler,
H. Nehlsen, G. Otte, St. Saar, K.O. Scherner, J. Schröder, R. Schröder,
W. Schubert, D. Schwab, E. Wadle, J. Weitzel, D. Willoweit

Band 276

Peter Lang
Frankfurt am Main · Berlin · Bern · Bruxelles · New York · Oxford · Wien

Alexandra Brück

Die Polizeiordnung Herzog Christians von Braunschweig-Lüneburg vom 6. Oktober 1618

Peter Lang
Europäischer Verlag der Wissenschaften

Bibliografische Information Der Deutschen Bibliothek
Die Deutsche Bibliothek verzeichnet diese Publikation in der Deutschen Nationalbibliografie; detaillierte bibliografische Daten sind im Internet über <http://dnb.ddb.de> abrufbar.

Zugl.: Hamburg, Univ., Diss., 2003

Die vorliegende Arbeit wurde von
Prof. Dr. Götz Landwehr zur Aufnahme
in die Reihe empfohlen.

D 18
ISSN 0344-290X
ISBN 3-631-51422-0

© Peter Lang GmbH
Europäischer Verlag der Wissenschaften
Frankfurt am Main 2003
Alle Rechte vorbehalten.

Das Werk einschließlich aller seiner Teile ist urheberrechtlich geschützt. Jede Verwertung außerhalb der engen Grenzen des Urheberrechtsgesetzes ist ohne Zustimmung des Verlages unzulässig und strafbar. Das gilt insbesondere für Vervielfältigungen, Übersetzungen, Mikroverfilmungen und die Einspeicherung und Verarbeitung in elektronischen Systemen.

www.peterlang.de

INHALTSVERZEICHNIS

EINLEITUNG

I. Das Wesen frühneuzeitlicher Polizeiordnungen

Frühneuzeitliche „Policey"-Ordnungen können generell als herrschaftliche Pflichten- und Fürsorgeordnungen[1] charakterisiert werden. Sie ergingen bereits vom 14. bis ins 18. Jahrhundert hinein in allen deutschen Territorien in mehr oder minder großem Umfang, um zahlreichen Missständen, den sogenannten „Landesgebrechen", entgegenzuwirken. In Reaktion auf gesellschaftliche und soziale Probleme einer sich verändernden sozialen Wirklichkeit begann damit unter dem Formierungsprozess der frühneuzeitlichen Gesellschaft und des modernen Staates das die gesamte deutsche Rechtsgeschichte prägende Zeitalter der Polizeiordnungen.[2] Ihre Namensgebung stammte dabei von dem gut hundert Jahre zuvor in Frankreich aufgekommenen Wort „Policey"[3]; doch verstand man darunter noch keine Behördenorganisation, auch keine spezielle Staats- oder Verwaltungsfunktion, sondern vielmehr den Zustand eines geordneten Zusammenlebens in der Gemeinschaft. „Polizei" war damit der „Zustand guter Ordnung" im Gemeinwesen – anhand der Polizeiordnungen sollte regelnd und planend eine „Wohlordnung" geschaffen werden, die nahezu alle Gesellschafts- und Lebensbereiche des Gemeinwesens einer sozialen Steuerung unterwarf und Stabilität, Sicherheit und Wohlfahrt gewährleisten sollte.[4] Dem Geist der Zeit entsprechend endete diese Ordnung

---

[1] So Härter, in: Ius Commune 20: „Entwicklung und Funktion der Policeygesetzgebung des Heiligen Römischen Reichs Deutscher Nation im 16. Jahrhundert", S. 63.

[2] Siehe Härter, in: Ius Commune 20: „Entwicklung und Funktion der Policeygesetzgebung des Heiligen Römischen Reichs Deutscher Nation im 16. Jahrhundert", S. 66; Maier, Die ältere deutsche Staats- und Verwaltungslehre (Polizeiwissenschaft), S. 84 ff.; Ebel, Geschichte der Gesetzgebung in Deutschland, S. 58 f.; Schlosser, Gesetzgebung und Rechtswirklichkeit im Territorialstaat der frühen Neuzeit, S. 528. Siehe hinsichtlich der Vielzahl von erschienenen Polizeiordnungen insbesondere die Sammlung von Schmelzeisen, in: QPR II/1 und Härter/Stolleis, Repertorium der Polizeigesetze der Frühen Neuzeit, Band 1-4.

[3] Siehe Schmelzeisen, in: QPR II/1, S. 10; *ders.*, Das polizeiliche Rechtsgebot in der neueren Privatrechtsgeschichte, S. 6; Maier, Die ältere deutsche Staats- und Verwaltungslehre (Polizeiwissenschaft), S. 119. Durch die erste Reichspolizeiordnung von 1530 ist der Begriff allgemein bekannt geworden und ging dann auch in die territorialen Ordnungen über. Zum begriffsgeschichtlichen Ursprung des Wortes aus der griechischen Antike siehe Nitschke, in: ZHF 19: „Von der Politeia zur Polizei", S. 2 ff.

[4] Siehe Schmelzeisen, Das polizeiliche Rechtsgebot in der neueren Privatrechtsgeschichte, S. 6; Harnischmacher, Deutsche Polizeigeschichte, S. 17; Knemeyer, in: AöR 92: „Polizei-

freilich nicht bei Sicherheit und Sauberkeit, sondern umfaßte auch das sittliche und religiöse Leben der Untertanenschaft.

Ein allgemein fest umrissener und abgrenzbarer Bereich der „Policey“-Sachen lässt sich folglich nicht feststellen. Vielmehr fiel alles, was im Hinblick auf ein geordnetes menschliches Zusammenleben einer Regelung bedürftig erschien, unter diesen Begriff.[1] Arbeits- und Wirtschaftsleben, Strafrecht, öffentliche Ordnung und Sicherheit sowie ständische Kleiderordnungen waren ebenso Gegenstand wie Bereiche des Privatrechts: Eherecht, Erbrecht, Kauf- und Dienstverträge erfuhren bis hinein in das religiöse und sittliche Privatleben der Untertanen eine obrigkeitliche Reglementierung.

Die „gute Policey“ herzustellen und allgemeine Wohlfahrt zu bringen, war zu Beginn der Neuzeit der selbsterwählte Auftrag der Territorialherren. Die Anfänge der Polizeigesetze sind aufs engste verwachsen mit dem allgemeinen Aufkommen einer modernen Gesetzgebung überhaupt sowie mit der Entwicklung des modernen Staates.[2] Die Konstituierung der Landesherrschaft, die sich im wesentlichen im 16. Jahrhundert vollzog, hing von einer möglichst stabilen gesetzlichen Grundlage und der Schaffung einer einheitlichen Untertanenschaft ab; dabei wurde das fürstliche Rechtsgebot zu einem wesentlichen Instrumentarium.[3] Eine erhebliche Rolle spielte in diesem Prozess die Rezeption des römischen Rechts, die die Rechtsfindung den alten Volksgerichten entzog und sie zur Domäne eines gelehrten Juristenstandes machte. In dem Bestreben, „gute Policey“ herzustellen und Wohlfahrt über die Untertanen zu bringen, kam es so zu einer Verrechtlichung aller Lebensbereiche und damit zum Wandel des mittelalterlichen Rechtsbewahrungs- zum frühmodernen Gesetzgebungsstaat.[4] Die Verwaltung, die die neue Wohlfahrtsordnung den Untertanen gegenüber sichern sollte, war freilich erst noch einzurichten, ihre Zuständigkeiten, Arbeitsweise und Verfahren noch festzulegen. Für den frühneuzeitlichen Polizeigesetzgeber galt es also aktuell auftretende Mängel eben-

---

begriffe in Gesetzen des 15. bis 18. Jahrhunderts“, S. 153, 155, 160; Maier, in: HRG, Band 3, Art. Polizei, Sp. 1800 f.; Nitschke, in: ZHF 19: „Von der Politeia zur Polizei“, S. 12 f.

[1] Siehe Knemeyer, in: AöR 92: „Polizeibegriffe in Gesetzen des 15. bis 18. Jahrhunderts“, S. 169 f.; Schlosser, Gesetzgebung und Rechtswirklichkeit im Territorialstaat der frühen Neuzeit, S. 533 f.

[2] Siehe Härter, in: Ius Commune 20: „Entwicklung und Funktion der Policeygesetzgebung des Heiligen Römischen Reiches Deutscher Nation im 16. Jahrhundert“, S. 62 f.; Ebel, Geschichte der Gesetzgebung in Deutschland, S. 58 ff.

[3] Siehe dazu grundlegend Ebel, Geschichte der Gesetzgebung in Deutschland, insbes. S. 58. Vgl. auch Stolleis, Condere legis et interpretari, in: Staat und Staatsräson in der frühen Neuzeit, S. 178.

[4] Vgl. Willoweit, in: Jeserich/Pohl/v. Unruh, Deutsche Verwaltungsgeschichte, S. 289.

so zu beseitigen wie einen allgemeinen Wohlfahrtszweck als Polizeiaufgabe des entstehenden frühmodernen Verwaltungsstaates festzuschreiben.

Man versuchte, den hervortretenden Missständen durch gezielte Verhaltensvorschriften an den einzelnen Bürger entgegenzutreten, dessen Aufgabe es mithin wurde, die gebotene Ordnung zu erhalten. Insoweit war das frühneuzeitliche Polizeirecht von einem System der Über- und Unterordnung geprägt, dessen Schwerpunkt bei der Pflicht des Einzelnen lag.[1] Daneben wurde „Policey" von Anfang an auch als Aufgabe der Exekutive verstanden: Die Beamten des sich entwickelnden Staatsapparates hatten streng über die Einhaltung polizeilicher Gebote zu wachen. Die fürstlichen Ordnungen setzten das Bild des gehorsamen und verläßlichen Beamten voraus und ermöglichten dem Landesherrn damit zugleich die hierarchische Durchgliederung des Staates.[2]

II. Untersuchungsgegenstand und Stand der Forschung

Oft hatten gerade ältere Polizeiordnungen einen fragmentarischen Charakter, da sie nur zur Behebung dringender, punktueller Missstände dienten. Daneben standen umfassende Ordnungen, die mehr oder minder systematisch alle zur „Policey" gehörenden Bereiche normierten. Diesen letzteren ist die im Jahre 1618 im Fürstentum Braunschweig-Lüneburg, Cellischen Teils, ergangene Polizeiordnung des Herzogs Christian von Braunschweig-Lüneburg[3] zuzurechnen. In 55 Kapiteln mit insgesamt 479 Paragraphen wurde umfassend das gesellschaftliche Leben im Fürstentum gestaltet und neu geordnet. Die Ord-

---

[1] Siehe Schmelzeisen, Das polizeiliche Rechtsgebot in der neueren Privatrechtsgeschichte, S. 7; *ders.*, Polizeiordnungen und Privatrecht, S. 3 f.; Knemeyer, in: AöR 92: „Polizeibegriffe in Gesetzen des 15. bis 18. Jahrhunderts", S. 152, 161.

[2] Siehe Ebel, Geschichte der Gesetzgebung in Deutschland, S. 58; Stolleis, Condere legis et interpretari, in: Staat und Staatsräson in der frühen Neuzeit, S. 178; Harnischmacher, Deutsche Polizeigeschichte, S. 17, 19 f.; Knemeyer, in: AöR 92: „Polizeibegriffe in Gesetzen des 15. bis 18. Jahrhunderts", S. 162. Dabei ist zu beachten, dass die staatliche Stelle als solche nicht als Polizei bezeichnet wurde und auch die beaufsichtigende Tätigkeit der Beamten nicht als „Polizei" galt; unter dieser war vielmehr allein der zu erreichende Zustand der guten Ordnung zu verstehen, siehe Knemeyer, a.a.O., S. 162 f.

[3] Hernn Herzog Christians zu Braunschweig und Lüneburg erwehlten Bischofs des Stifts Minden Policey- Ordnung, Wie selbige auf allgemeinen Landtagen zu concipiren veranlaßt und, dem zufolge, von beyder Fürstenthümer Braunschweig-Lüneburg, Zell- und Grubenhagischen theils, Praelaten, Räthe, Ritter und Städte verordnetem Ausschuß auf vorgehende reife Berathschlagung verfasset und beliebet, und darauf den 6. Octobr. Anno 1618 publiciret (LPO), CCL Cap. 4 Sect. I N. 1.

nung gibt damit ein aufschlussreiches Bild über die sozialen Gegebenheiten, den obrigkeitlichen Herrschaftsanspruch und das Rechtsdenken in einem nordwestdeutschen Territorium der damaligen Zeit. Diese Polizeiordnung soll im folgenden Gegenstand der rechtshistorischen Untersuchung sein.

Über die frühneuzeitliche Polizeigesetzgebung im Fürstentum Lüneburg, namentlich die Ordnung von 1618, liegen eingehende Untersuchungen bisher nicht vor. Einige Arbeiten neuerer wie älterer Zeit befassen sich mit der Polizeigeschichte im Wolfenbüttelschen Teil des Gesamtherzogtums Braunschweig-Lüneburg, so eine Dissertation von Heinemann aus dem Jahre 1930[1] sowie eine von Werner Butz aus dem Jahre 1986[2]. Eine neuere Arbeit von Gittel[3] setzt sich ausschließlich mit den Aktivitäten des Niedersächsischen Rechtskreises auf dem Gebiet der frühneuzeitlichen Polizei auseinander. Eine weitere Dissertation von Welge[4] beschränkt sich auf eine Auseinandersetzung mit dem braunschweig-lüneburgischen Handwerkerrecht in der Zeit nach dem 30jährigen Krieg.
Solche zeitlichen und thematischen Einschränkungen nehmen eine ganze Reihe weiterer Arbeiten vor, die sich entweder vorwiegend auf eine Untersuchung des Polizeibegriffs des 18. Jahrhunderts beschränken oder nur einen bestimmten Sachbereich der Polizeimaterien, wie insbesondere das Wirtschaftsrecht, untersuchen.[5]

Allgemein ist die Entwicklung des Policeywesens in der Frühen Neuzeit in den letzten Jahren verstärkt Gegenstand verschiedener wissenschaftlicher Veröffentlichungen gewesen. Neben einem kürzlich erschienenen, noch nicht vollständigem Repertorium der Polizeiordnungen der Frühen Neuzeit[6] reichen

---

[1] Heinemann, Die Grundlagen des braunschweigischen Polizeirechts in historischer und systematischer Darstellung.
[2] Butz, Der Polizeibegriff im Herzogtum Braunschweig-Wolfenbüttel – Umfang und geschichtliche Entwicklung bis 1806.
[3] Gittel, Die Aktivitäten des Niedersächsischen Reichskreises in den Sektoren „Friedenssicherung" und „Policey" (1555-1682).
[4] Welge, Handwerkerrecht und Handwerkerpolitik der braunschweig-lüneburgischen Lande von 1648 bis 1731 und die Reichszunftordnung.
[5] Vgl. die Arbeiten von Preu, Polizeibegriff und Staatszwecklehre. Die Entwicklung des Polizeibegriffs durch die Rechts- und Staatswissenschaften des 18. Jahrhunderts; Jahn, Zur Gewerbepolitik der deutschen Landesfürsten vom 16. bis zum 18. Jahrhundert; Kraschewski, Wirtschaftspolitik im deutschen Territorialstaat des 16. Jahrhunderts. Herzog Julius von Braunschweig-Wolfenbüttel (1528-1589); Schulze, Die Polizeigesetzgebung zur Wirtschafts- und Arbeitsordnung der Mark Brandenburg in der frühen Neuzeit.
[6] Repertorium der Polizeigesetze der Frühen Neuzeit, hrsg. von Karl Härter und Michael Stolleis, 4 Bände, Frankfurt am Main 1996, 1998, 1999, 2001 (Ius Commune Sonderhefte 84, 111, 116, 139).

die Fragenkreise der Forschungsbeiträge von den verschiedenen Entwicklungsstufen polizeilicher Gesetzgebungstätigkeit über die sozialgeschichtlichen Aspekte der Sozialdisziplinierung und Konfessionalisierung der Untertanen durch frühneuzeitliche Normgebung bis hin zu neuesten Ansätzen über die Frage der tatsächlichen Wirkungen frühneuzeitlicher Polizeigesetze.[1]
Hinsichtlich der polizeilichen Gesetzgebungstätigkeit wird dabei ein sich vollziehender Wandel in Funktion, Inhalt und Charakter der Policeyordnungen betont. Im 16. und frühen 17. Jahrhundert seien die Policeyordnungen noch vorwiegend defensiv und reagierend gewesen. Zu dieser Zeit seien sie noch ihrem ganzen Charakter nach darauf ausgerichtet gewesen, die hergebrachten Rechts- und Lebensformen, die sich selbst nicht mehr erhalten konnten, wiederherzustellen. Die gesetzgeberische Intention sei zu diesem Zeitpunkt noch überwiegend religiös- sittlicher Art gewesen.[2] Betont wird die konservative, stabilisierende Grundhaltung der frühen Policeygesetzgebung und hervorgehoben, dass die frühen Polizeigesetze überwiegend dem Zweck der Stabilisierung der Ständegesellschaft und der Abgrenzung der einzelnen sozialen Stände von einander gedient habe.[3]
Erst allmählich, insbesondere nach dem 30jährigen Krieg, sei es unter Abkehr vom Herkommen insbesondere aus ökonomischen Motiven zu einem planmäßigen Eingreifen in wirtschaftliche Prozesse und einer wirtschaftslenkenden und sozialgestaltenden polizeilichen Regelungstätigkeit gekommen. Ziel sei jetzt nicht mehr nur noch die Bewahrung und Wiederherstellung alter Zustände, sondern die planerische soziale und wirtschaftliche Gestaltung gewesen, die unter Übertretung von Traditionen nach Zweckmäßigkeitsgesichtspunkten

---

[1] Wegen der gebotenen Kürze kann der folgende Abriß der gegenwärtigen Forschungssituation in „Policey"- Sachen keinen Anspruch auf Vollständigkeit erheben. Insbesondere muß auf die Darstellung einzelner Differenzierungen verschiedener Forschungsansätze verzichtet werden.

[2] Siehe Preu, Polizeibegriff und Staatszwecklehre. Die Entwicklung des Polizeibegriffs durch die Rechts- und Staatswissenschaften des 18. Jahrhunderts, S. 17; Stolleis, Pecunia nervus rerum, S. 36 f.; Schulze, Die Polizeigesetzgebung zur Wirtschafts- und Arbeitsordnung der Mark Brandenburg in der frühen Neuzeit, S. 89 f., 141 ff.; Schuck, in: Ius Commune 22: „Überlegungen zum Verhältnis von Arbeit und Policey", S. 131, 134.

[3] Siehe Maier, Die ältere deutsche Staats- und Verwaltungslehre (Polizeiwissenschaft), S. 83 f.; Stolleis, Pecunia nervus rerum, S. 36 ff.

vorgenommen wurde.[1] Polizeigesetze seien so in Instrumente ökonomischer und sozialer Planung verwandelt worden.[2]

Für den sich dabei vollziehenden Prozess der Neuformierung der Gesellschaft prägte Gerhard Oestreich den Begriff der Sozialdisziplinierung.[3] Danach habe im Zuge eines allerdings diskontinuierlichen Verlaufs der Staat sein Ziel verfolgt, den gesamten Untertanenverband im obrigkeitlichen Sinne zu disziplinieren. Geradezu alle privaten und öffentlichen Bereiche wurden einer obrigkeitlichen Anordnung unterworfen und das Wohl der Untertanen gelenkt und reglementiert, wodurch allmählich eine geistig- moralische und psychologische Strukturveränderung des Menschen herbeigeführt worden sei. Als komplexer Vorgang habe die Sozialdisziplinierung schließlich einen Konsensus über das geltende Wertesystem herbeigeführt.[4]

---

[1] Siehe Preu, Polizeibegriff und Staatszwecklehre. Die Entwicklung des Polizeibegriffs durch die Rechts- und Staatswissenschaften des 18. Jahrhunderts, S. 17 ff.; Stolleis, Pecunia nervus rerum, S. 36; Schulze, Die Polizeigesetzgebung zur Wirtschafts- und Arbeitsordnung der Mark Brandenburg in der frühen Neuzeit, S. 142 f.; Schuck, in: Ius Commune 22: „Überlegungen zum Verhältnis von Arbeit und Policey", S. 136.

[2] So Preu, Polizeibegriff und Staatszwecklehre. Die Entwicklung des Polizeibegriffs durch die Rechts- und Staatswissenschaften des 18. Jahrhunderts, S. 18.

[3] Siehe grundlegend Oestreich, Policey und Prudentia civilis in der barocken Gesellschaft von Stadt und Staat, in: Strukturprobleme der frühen Neuzeit, S. 367 ff.; Schulze, in: ZHF 14, S. 264 ff.: „Gerhard Oestreichs Begriff der Sozialdisziplinierung in der frühen Neuzeit" und Krüger, Policey zwischen Sozialregulierung und Sozialdisziplinierung, Reaktion und Aktion – Begriffsbildung durch Gerhard Oestreich 1972-1974, in: Policey und frühneuzeitliche Gesellschaft, S. 107 ff.

[4] Aus der nahezu unüberschaubaren Anzahl von Veröffentlichungen zur Frage und den verschiedenen Aspekten der Sozialdisziplinierung seien nur genannt Battenberg, in: ZHF 18, S. 33 ff.: „Obrigkeitliche Sozialpolitik und Gesetzgebung"; Buchholz, in: ZHF 18, S. 129 ff.: „Anfänge der Sozialdisziplinierung im Mittelalter"; Prinz, in: Westfälische Forschungen 42, S. 1 ff.: „Sozialdisziplinierung und Konfessionalisierung", insbesondere S. 9 ff.; Lottes, in: Westfälische Forschungen 42, S. 63 ff.:„Disziplin und Emanzipation"; Panek, Policey und Sozialdisziplinierung im frühneuzeitlichen Böhmen und Mähren, in: Policey im Europa der Frühen Neuzeit, S. 317 ff.; Tilgner, Sozialdisziplinierung und Sozialregulierung, insbesondere S. 29 ff.; Schuck, in: Ius Commune 22: „Überlegungen zum Verhältnis von Arbeit und Policey in der Frühen Neuzeit", S. 142 f. Speziell zum Aspekt der religiös- kirchlichen Disziplinierung (Kirchenzucht) Schilling, Die Kirchenzucht im frühneuzeitlichen Europa in interkonfessionell vergleichender und interdisziplinärer Perspektive – eine Zwischenbilanz, in: Kirchenzucht und Sozialdisziplinierung im frühneuzeitlichen Europa, S. 11 ff.; Stolleis, in: Ius Commune 20, S. 1 ff.: „Konfessionalisierung oder Säkularisierung bei der Entstehung des frühmodernen Staates". Mit Kritik an dem Sozialdisziplinierungskonzept insoweit, als dieses gerade die starke Bezogenheit auf die Obrigkeit aufweist, Weber, in: Zeitschrift der Savigny- Stiftung für Rechtsgeschichte, Germ. Abt. 115, S. 420 ff.: „Bereitwillig gelebte Sozialdisziplinierung? Das funktionale System der

Die Wirkung dieser staatlichen Disziplinierungspolitik wird in der Forschung kontrovers diskutiert.[1] So rückt denn auch in der wissenschaftlichen Diskussion sozial- und alltagsgeschichtlicher Studien verstärkt die Frage nach den tatsächlichen Wirkungen der Policeynormen in den Vordergrund. In teilweiser Abkehrung von der klassischen Sichtweise der Sozialdisziplinierung wird ein Interaktions- und Kommunikationsprozess zwischen Obrigkeit und Normadressat hervorgehoben, bei dem soziale Gruppen ihre Interessen durchaus eingebracht hätten und Gesetzgebung, Verwaltung und Justiz für ihre eigenen Belange nutzen konnten.[2]

Aufgabe dieser Untersuchung wird es sein, unter vergleichender Heranziehung der Polizeiordnung des Fürstentums Braunschweig-Lüneburg aus dem Jahre 1564 Aufschluss über die Regelungbereiche der Lüneburgischen Polizeiordnung von 1618 zu geben und den darin zum Ausdruck kommenden Entwicklungsstand des Begriffs der „Policey" zu Beginn des 17. Jahrhunderts aufzuzeigen. Zudem werden die hinter der Ordnungstätigkeit stehenden obrigkeitlichen Motive untersucht. Dies geschieht unter Heranziehung der Gesetzgebungen und Landtagsprotokolle, die dem Erlass der Polizeiordnung von 1618 vorangingen. Angesicht der Vielgestaltigkeit des frühneuzeitlichen Polizeiwesens, der definitorisch kaum greifbaren Weite des „Policey"-Begriffs, sowie der Vielzahl noch unbearbeiteter frühneuzeitlicher Polizeiordnungen ist eine solche Quellenstudie geeignet, unseren Wissensstand zu erweitern. Unter Reflexion des Forschungsstandes wird dabei eine Auseinandersetzung mit der rechtshistorischen Fragestellung über die Entwicklungsstufen der hinter den Policeynormen stehenden gesetzgeberischen Intentionen erfolgen. Die polizeiliche Tätigkeit in den Gemeinden und die Implementation der Lüneburgischen Polizeiordnung im einzelnen sind demgegenüber nicht Gegenstand dieser Arbeit. Angesichts des Umfanges der zu untersuchenden Polizeiordnung

---

Policeyordnungen im 16. und 17. Jahrhundert", der eine breite Akzeptanz der Policeyordnungen in der Bevölkerung betont.

[1] Siehe nur Schuck, in: Ius Commune 22: „Überlegungen zum Verhältnis von Arbeit und Policey in der Frühen Neuzeit", S. 142 mit weiteren Nachweisen.

[2] Siehe Härter, in: Policey und frühneuzeitliche Gesellschaft, S. I ff. (Vorwort) und im gleichen Buch Holenstein, S. 1 ff.: Die Umstände der Normen- die Normen der Umstände, und A. Landwehr, S. 47 ff.: Policey vor Ort. Die Implementation von Policeyordnungen in der ländlichen Gesellschaft der Frühen Neuzeit; Weber, Ständische Disziplinierungsbestrebungen durch Polizeiordnungen und Mechanismen ihrer Durchsetzung – Regionalstudie Schlesien, in: Policey im Europa der Frühen Neuzeit, S. 333 ff., insbesondere S. 350 ff. und *ders.*, in: Zeitschrift der Savigny- Stiftung für Rechtsgeschichte, Germ. Abt. 115, S. 420 ff.: „Bereitwillig gelebte Sozialdisziplinierung? Das funktionale System der Policeyordnungen im 16. und 17. Jahrhundert".

würde neben der systematischen Aufarbeitung des Ordnungsinhaltes eine detaillierte Untersuchung der tatsächlichen Um- und Durchsetzung der Normen in den einzelnen Gemeinden und Städten den Rahmen dieser Arbeit sprengen.

Hinsichtlich der weiteren Vorgehensweise ist es für die umfassende Darlegung der polizeirechtlichen Situation im Fürstentum Lüneburg zu Beginn des 30jährigen Krieges erforderlich, zunächst einige Grundlagen darzustellen. Nach einem allgemeinen Überblick über die gesamtdeutsche Entwicklung der Landespolizeigesetzgebung werden zunächst der Verfassungs- und Verwaltungszustand des Fürstentums Lüneburg in ihrer Ausprägung im Jahr 1618 dargestellt. Auch das Gesetzgebungsverfahren, das der Polizeiordnung von 1618 voranging, wird näher beleuchtet, bevor schließlich die Untersuchung der einzelnen Regelungsgegenstände der Lüneburgischen Polizeiordnung beginnt.

Teil A: Grundlagen

1. Kapitel: Überblick über die Entwicklung der Polizeigesetzgebung in den deutschen Territorien

Sieht man von der Landfriedensgesetzgebung des Reiches einmal ab, so war eine vorausschauende und planende Ordnungsgesetzgebung im mittelalterlichen Reich so gut wie nicht vorhanden. Die Bekämpfung des Fehdewesens bildete den Mittelpunkt der inneren Staatstätigkeit.[1] Die soziale Führung wurde anfänglich in den Hausgemeinschaften und Familien, später in den Hof-, Lehens-, und Gewerbeverbänden sowie in den Städten und Gerichtsherrschaften, also in von dem Reich untergeordneten Instanzen wahrgenommen.[2] Dem regional breiter angelegten und wenig durchgeformten Staat fehlten die Möglichkeiten zu einer hoheitlichen Regelung des Alltags. Nur wo zwischen dieser Ordnung des jeweiligen Sozialkreises noch Raum und Bedürfnis für eine Reglementierung blieb, wirkte das Volksrecht sowie das Recht des Königs oder der Kirche.[3]

Mit Beginn des Frühkapitalismus und der Intensivierung des Wirtschaftsverkehrs im Ausgang des Mittelalters setzte die Lockerung und Umstrukturierung der bisher geschlossenen kleinen Sozialkreise ein. Es wuchs damit der Bedarf zur Festlegung einer Pflichtenordnung, welcher immer dann besonders groß war, wenn es schwierige sozialstrukturelle Probleme zu bewältigen gab. Die Ordnungsgestaltung und Planung musste von höheren Instanzen, die in einem grösseren Aktionsradius handelten und die neuen sozialen Tatbestände aufgreifen konnten, übernommen werden. Es kam zu einem Übergang der Ordnungsaufgabe von den alten Sozialkreisen auf die staatliche und städtische Obrigkeit.[4]

---

[1] Siehe Riege, Kleine Polizei- Geschichte, S. 15.

[2] Siehe Schmelzeisen, Polizeiordnungen und Privatrecht, S. 5; *ders.*, in: QPR II/1, S. 9; Riege, Kleine Polizei- Geschichte, S. 16; Harnischmacher, Deutsche Polizeigeschichte, S. 4 f.

[3] Siehe Schmelzeisen, Polizeiordnungen und Privatrecht, S. 5 f.; *ders.*, in: QPR II/1, S. 9; Riege, Kleine Polizei- Geschichte, S. 19; Hartung, Deutsche Geschichte im Zeitalter der Reformation, der Gegenreformation und des 30jährigen Krieges, S. 80.

[4] Siehe zu diesem Prozeß insbesondere Schmelzeisen, Polizeiordnungen und Privatrecht, S. 7; Maier, Die ältere deutsche Staats- und Verwaltungslehre (Polizeiwissenschaft), S. 91; vgl. auch Lütge, Deutsche Sozial- und Wirtschaftsgeschichte, S. 184.

Auf dem Gebiet des Rechts der „guten Policey“ waren die Städte mit aus ihrer Satzungsgewalt entwickelten Mandaten und Ratsverordnungen früh vorangegangen. Hier erwuchs die Notwendigkeit der Sorge für die gemeine Wohlfahrt und Policey unmittelbar aus den Ordnungsproblemen einer differenzierten, engräumigen und von dem Rechtsherkommen weithin gelösten Lebensweise.[1] Bald wurden die verschiedenen Erlasse der Städte zu Normenkomplexen zusammengefaßt, die den Namen Polizeiordnung erhielten.

Auf reichsstaatlicher Ebene war die Auswirkung des gesellschaftpolitischen Umwälzungsprozesses im wesentlichen der Erlass der Reichspolizeiordnungen (RPO) im 16. Jahrhundert, deren Durchführung allerdings vom Reich auf die Territorien übertragen wurde. Das Reich war mangels eigener funktionsfähiger Verwaltung zu der praktischen Verwirklichung des erstrebten polizeilichen Zustandes nur imstande, indem es die Reichsstände zum Vollzug seiner Polizeiordnungen verpflichtete.[2]
Die Reichsgewalt war überdies in einem ständigen Verfall begriffen, in dessen Gegenzug es zu einer Machterstarkung der Territorien gekommen war. Im Laufe des Mittelalters war die Mehrzahl der staatlichen Befugnisse auf die Territorialherren übertragen worden oder erst in deren Hand entstanden, der Machinhalt des Königtums war nicht in gleicher Weise gewachsen, sondern eher geschwunden.[3] Die Landeshoheit wurde schon in der „Confoederatio cum principibus ecclesiasticis“ durch Friedrich II. zumindest für die geistlichen Fürsten reichsgesetzlich legalisiert.[4] Es folgte die Anerkennung dieser Rechte auch für die weltlichen Fürsten durch Heinrich VII. auf dem Hoftag in Worms im Jahre 1231. Diese den Territorien zugestandene Reichsgewalt wurde schließlich durch Kaiser Friedrich II. 1232 in „Statutum in favorem principum“ bestätigt; damit war reichsrechtlich nicht mehr zu bezweifeln, dass den Landesfürsten und Obrigkeiten eine Gesetzgebungsbefugnis zustand.[5] Bis zum Ende des 13. Jahrhunderts war schließlich eine Gesetzgebungsgewalt des Kaisers und des Königs nahezu nicht mehr vorhanden; seine politische und verfassungsmäßige Stellung schloss eine echte Gebotsgewalt gegenüber den Kurfürsten, Fürsten und Reichsständen aus.[6] Durch die Preisgabe der königlichen Regalien konnte eine staatliche Ordnung letztlich nur noch in den einzelnen Territorien aufgebaut werden. Die zuvor dem König

---

[1] Siehe Maier, Die ältere deutsche Staats- und Verwaltungslehre (Polizeiwissenschaft), S. 101 f.
[2] Siehe Schmelzeisen, in: QPR II/1, S. 24, 29; Riege, Kleine Polizei- Geschichte, S. 21.
[3] Siehe Riege, Kleine Polizei- Geschichte, S. 21; Baethgen, in: Propyläen- Weltgeschichte, S. 448; Zimmermann, Das Mittelalter, S. 58.
[4] Vgl. Zimmermann, Das Mittelalter, S. 58.
[5] Siehe Schmelzeisen, in: QPR II/1, S. 25; vgl. Zimmermann, Das Mittelalter, S. 58.
[6] Siehe Ebel, Geschichte der Gesetzgebung in Deutschland, S. 43.

und dem Reich zustehende Aufgabe, Frieden und Recht gegenüber den Untertanen zu gewährleisten, fiel somit nun den Territorien zu. Ausdrücklich wurden die Territorien schließlich mit dieser Ordnungsaufgabe im sogenannten „Ewigen Landfrieden“ von Worms aus dem Jahre 1495 betraut, der in seinem § 2 das allgemeine Fehdeverbot aussprach.[1]

Die Reichspolizeiordnungen von 1530, 1548 und 1577 stellten die Rahmengesetzgebung für die von den Territorien vorzunehmende weitere Ausgestaltung der „Policey“ dar. So fand zum einen das Reichspolizeirecht Eingang in die Territorialgesetzgebung, das dadurch eine gewisse Einheitlichkeit aufwies.[2] Zum anderen setzten die Reichspolizeiordnungen selbst die Befugnis des Landesherrn zur Setzung neuen Rechts voraus, indem sie den Landesfürsten auftrugen, in den Sachgebieten, die sich nicht reichspolizeilich regeln ließen, eigene, den besonderen Verhältnissen des Landes angepaßte ausgestaltende Regelungen zu erlassen. Diese Befugnis bestand allerdings zu Beginn nur in engen Grenzen: Es war zwar „jeden Oberkeit, [...] unbenommen, diese Unser Ordnung, nach eines jeden Landes Gelegenheit, einzuziehen, zu ringern und zu mäßigen“, jedoch war ihnen noch befohlen, die Regeln der Reichspolizeiordnung „in keinen Weg zu erhöhen oder zu mehren“[3]. In die dritte Reichspolizeiordnung von 1577 wurde schließlich dieses Mehrungsverbot nicht mehr aufgenommen, so dass die Territorien nun jede Materie in ihren Polizei- und Landesordnungen rechtlich regeln konnten.[4] Die Landesherren konnten jetzt auch Sachbereiche, die von der RPO nicht vorgegeben wurden, in ihren Landespolizeiordnungen regeln.

Die Organisation des menschlichen Zusammenlebens unter Setzung neuen Rechts war damit ausschließliche Aufgabe der Territorien geworden. Im Zusammenhang mit der erstarkenden Landesherrschaft, der zunehmenden terri-

---

[1] Reichtags-Abschied und Gesetze vom Jahr 1495, in: Koch, Neue und vollständigere Sammlung der Reichsabschiede, Teil 2, S. 3: „§ 2: Aufhebung aller Fehde. Und darauf haben Wir all offen Vehde und Verwarung durch das gantz Reych aufgehebt und abgetan, heben die auch hiemit auf und tun die ab von Römischer küniklicher Macht Vollkumenheyt, in und mit Kraffts dieß Brieffs“. Vgl. auch v. Unruh, in: Jeserich/Pohl/v. Unruh, Deutsche Verwaltungsgeschichte, S. 391.

[2] Siehe Schmelzeisen, Polizeiordnungen und Privatrecht, S. 6; Maier, Die ältere deutsche Staats- und Verwaltungslehre (Polizeiwissenschaft), S. 103.

[3] RPO 1530 Titul. XXXIX, § 2, in: Koch, Neue und vollständigere Sammlung der Reichsabschiede, Teil 2, S. 345; ebenso RPO 1548 Titul. XXXVII, § 5, ebenda, S. 606; siehe im übrigen Schmelzeisen, in: QPR II/1, S. 26; von Unruh, in: Jeserich/Pohl/v. Unruh, Deutsche Verwaltungsgeschichte, S. 395; Conrad, Deutsche Rechtsgeschichte, Band 2, S. 257.

[4] Siehe von Unruh, in: Jeserich/Pohl/v. Unruh, Deutsche Verwaltungsgeschichte, S. 395; Schmelzeisen, in: QPR II/1, S. 26.

torialen Festigkeit und unter dem Eindruck der von Fehden, Regelungsmissständen und fortschreitendem Ordnungszerfall geprägten Zeit des ausgehenden Mittelalters erließen die Fürsten in der Folgezeit vermehrt eigene Landespolizeiordnungen, um den neuen sozialen Anforderungen Herr zu werden und die „Wohlfahrt" zu fördern.[1]

2. Kapitel: Geschichte des Fürstentums Lüneburg im Abriss bis 1618

Nach dem Sturz Heinrich des Löwen auf dem Reichstag zu Gelnhausen am 13. April 1180 zerfiel das Gebiet des ehemaligen Stammesherzogtums Sachsen in eine beträchtliche Anzahl kleinerer und größerer weltlicher und geistlicher Herrschaften.[2] Auf dem Mainzer Reichstag vom 21.8.1235 übergab Kaiser Friedrich II. das gesamte welfische Hausgut mit den beiden Städten Braunschweig und Lüneburg dem Enkel Heinrichs des Löwen, Otto dem Kind, unter dem Namen „Herzogtum Braunschweig-Lüneburg" als Reichslehen.[3] Hierin waren Beginn und Rechtsgrund welfischer Landesherrschaft begründet. In der Folgezeit gelang es dem Gesamthaus, das Herrschaftsgebiet erheblich auszuweiten, doch schwächten häufige Erbteilungen des Herzogtums Einfluss und politisches Gewicht der Welfen. Grund dieser vielen Teilungen war das Fehlen eines Hausgesetzes, welches die Nachfolge regelte.[4] Dennoch blieb die Einheit des Ganzen auf höherer Ebene immer gewahrt: es gab nur ein Herzogtum Braunschweig-Lüneburg, welches den Herzögen als Reichslehen des Hauses „zur gesamten Hand" zustand.[5] Die Teile des Herzogtums sind bis ins 17. Jahrhundert als Fürstentümer zu bezeichnen.
Bereits um 1267 wurde das Erbe Otto des Kindes erstmals durch seine Söhne, Albrecht und Johann, geteilt. Herzog Johann hatte dabei das Fürstentum Lü-

[1] Siehe Schmelzeisen, Das polizeiliche Rechtsgebot in der neueren Privatrechtsgeschichte, S. 6; *ders.*, in: QPR II/1, S. 17; Stolleis, Condere legis et interpretari, in: Staat und Staatsräson in der frühen Neuzeit, S. 179.

[2] Zur Geschichte des Landes Niedersachsen siehe jetzt: Geschichte Niedersachsens, begründet von Hans Patze, Band 2/1: Politik, Verfassung und Wirtschaft vom 9. bis zum ausgehenden 15. Jahrhundert, hrsg. von Ernst Schubert, Hannover 1997, Band 3/1: Politik, Wirtschaft und Gesellschaft von der Reformation bis zum Beginn des 19. Jahrhunderts, hrsg. von Christine van den Heuvel und Manfred von Boetticher, Hannover 1998.

[3] Siehe Rössler/Franz, Sachwörterbuch zur deutschen Geschichte, Art. Braunschweig, S. 122; Krieg, Die Entstehung und Entwicklung der Amtsbezirke im ehemaligen Fürstentum Lüneburg, S. 1 f.; Franz, Verwaltungsgeschichte des Regierungsbezirks Lüneburg, S. 5.

[4] Siehe Havemann, Geschichte der Lande Braunschweig und Lüneburg, Band 2, S. 469, 483.

[5] Siehe Schnath, Geschichte des Landes Niedersachsen, S. 26 f., Reinicke, Landstände im Verfassungsstaat, S. 19.

neburg gewählt[1] und damit das Alte Haus Lüneburg begründet, welches jedoch bereits im Jahre 1369 wieder erlosch.[2] Um dieses Land entbrannte in der Folgezeit der Lüneburger Erbfolgekrieg, der zwischen Herzog Magnus von Braunschweig-Wolfenbüttel einerseits und den Herzögen Albrecht und Wenzel von Sachsen-Wittenberg andererseits von 1371 bis 1373 geführt wurde.[3] Nach diesem Krieg kam das Fürstentum Lüneburg vorübergehend unter die Herrschaft der beiden Herzöge von Sachsen. Nach deren Tod gelang es der Braunschweiger Linie unter Herzog Magnus und seinen Söhnen, Lüneburg im Jahre 1388 mit ihrem Besitz zu vereinigen, so dass die Häuser Lüneburg und Braunschweig vorübergehend in einer Hand vereint waren.[4] Die Vereinigung währte jedoch nicht lange. 1409 fand bereits eine vorläufige und im Jahre 1428 eine endgültige Teilung der Regierung statt, die allerdings Bestand haben sollte. Dabei entschieden sich Herzog Bernhard und sein Sohn Otto, denen die Wahl frei stand, für das Fürstentum Lüneburg und wurden dadurch zu Begründern des Mittleren Hauses Lüneburg.[5] In den Folgejahren bestand das Fürstentum Lüneburg im wesentlichen in den durch diese Teilung vorgegebenen Grenzen. Es zog sich damit von den Vogteien Gartow, Hitzacker und Lüchow im Osten, Winsen an der Luhe, Bleckede und Moisburg im Norden über Soltau und Rethem im Westen und Burgwedel und Gifhorn im Süden.[6] Die-

---

[1] Die Teilungen im Welfenhause erfolgten nach sächsischen Recht (Ssp. LdR III Art. 29); danach teilte der ältere Bruder und der jüngere wählte. Zu den Grundsätzen der Teilung siehe Sudendorf, Urkundenbuch zur Geschichte der Herzöge von Braunschweig und Lüneburg, Urkunde Nr. 64 (S. 42).

[2] Siehe Reinicke, Landstände im Verfassungssaat, S. 20; v. d. Ohe, Die Zentral- und Hofverwaltung des Fürstentums Lüneburg (Celle) und ihre Beamten, S. 1; Franz, Verwaltungsgeschichte des Regierungsbezirkes Lüneburg, S. 5.

[3] Siehe Krieg, Die Entstehung und Entwicklung der Amtsbezirke im ehemaligen Fürstentum Lüneburg, S. 3.

[4] Siehe v. Arnswaldt, Die Lüneburger Ritterschaft als Landstand im Spätmittelalter, S. 15 f.; Rössler/Franz, Sachwörterbuch zur deutschen Geschichte, Art. Braunschweig, S. 122; Reinicke, Landstände im Verfassungsstaat, S. 21; Krieg, Die Entstehung und Entwicklung der Amtsbezirke im ehemaligen Fürstentum Lüneburg, S. 3.

[5] Siehe Schnath, Geschichte des Landes Niedersachsen, S. 28; Franz, Verwaltungsgeschichte des Regierungsbezirkes Lüneburg, S. 5; Reinicke, Landstände im Verfassungsstaat, S. 21.

[6] Nach der Teilungsurkunde vom 25. Mai 1428 (abgedruckt bei Krieg, die Entstehung und Entwicklung der Amtsbezirke im ehemaligen Fürstentum Lüneburg S. 3 f., Fn. 2) bestand das Fürstentum Lüneburg aus: „Haus und Stadt Celle mit der Grafschaft zu Burgwedel, mit dem Sondergut in derselben Vogtei und in der Vogtei zu Rethem gelegen mit den Zöllen und Geleiten in Celle und in der Vogtei wie den Zöllen zu Winsen an der Aller, zu Essel und zu Soltau, und mit der ganzen Vogtei und allen Gerechtsamen, wie man die nennen kann, und Burgdorf an der Aue, Stadt und Haus Rethem mit der Mannschaft darin und der Mannschaft zu Ahlden und zu Hudemühlen und zu Gilten und anderswo gesessen, wo die in der Vogtei gesessen sind oder erbliches Gut darin haben, und der Vogtei mit aller Zube-

ser Ausdehnung nach stellte das Fürstentum Lüneburg zu Beginn des 16. Jahrhunderts das größte der welfischen Länder dar.

Die Hildesheimer Stiftsfehde (1519-1523)[1] konnte das Fürstentum zwar ohne territoriale Verluste überstehen, doch ging ein politischer Machtverlust mit ihr einher. Schwer wogen auch ihre finanziellen Folgen: das Land war mit Schulden überlastet, denn zur Bestreitung der Fehde war ein großer Teil des Kammergutes und der fürstlichen Einkünfte verpfändet worden.[2] Heinrich der Mittlere, regierender Herzog von Lüneburg und bei der Fehde auf Seiten des Hochstifts Hildesheim, verließ bereits 1520 - die drohende Reichsacht des neu gewählten Kaisers Karl V. vor Augen - überstürzt sein Land. Noch 1521 verhängte der Habsburger die Reichsacht; 1522 verzichtete Herzog Heinrich der Mittlere offiziell auf die Regierung.

Die Geschicke des Landes lagen nunmehr in den Händen seiner Söhne, den Herzögen Otto, Ernst, „der Bekenner", und Franz, die das Land nach dem Willen des Vaters gemeinsam regieren sollten.[3] Zunächst übernahmen die beiden älteren Brüder Otto und Ernst allein die Regentschaft, da Franz noch nicht das regierungsfähige Alter erreicht hatte.
Bei einer gemeinsamen Regentschaft der Söhne blieb es jedoch nicht. Es kam auch zwischen ihnen durch Landesteilungen zur Entstehung der apanagierten Nebenlinien Gifhorn, Harburg und Dannenberg, denen aber keine eigene Landeshoheit zustand.[4] Wesentlicher Grund der Teilungen war nach wie vor die Notwendigkeit zur Ausstattung nichtregierender Herzöge, sobald sie und ihre Nachkommenschaft standesgemäß zu versorgen waren. Bereits 1527 verzichtete Herzog Otto, der mit der Hofdame Meta von Campe eine morganati-

---

hör das Schloß Stellichte und was dabei gelegen ist mit anderen seinen Zubehörungen, Lauenbrück, Moisburg, Harburg, Winsen an der Luhe, Lüdershausen, Bleckede, Hitzacker, Dannenberg, Proitze, Schnackenburg, Gartow, Wustrow, Lüchow, Warbeck, Klötze, Brome, Gifhorn, Knesebeck, Bodenteich, Uelzen, die Stadt, mit allen ihren Gerichten, Zöllen, Geleiten, Zinsen, Renten und Zubehör [...]". Die Urkunde nennt auch noch die Stadt Pattensen, Hallersburg, Lauenstein, Bodenwerder und andere Besitzungen, die sich über Hannover bis zur Weser hinzogen; diese wurden jedoch bereits 1433 an das Bistum Hildesheim verpfändet und fielen nie mehr an das Fürstentum Lüneburg zurück, Franz, Verwaltungsgeschichte des Regierungsbezirkes Lüneburg, S. 8.

[1] Dazu eingehend v. Boetticher, in: Geschichte Niedersachsens, Band 3/1, S. 35 ff.

[2] Siehe v. Heinemann, Geschichte von Braunschweig und Hannover, Band 2, S. 440.

[3] Siehe v. Heinemann, Geschichte von Braunschweig und Hannover, Band 2, S. 439; v. Boetticher, in: Geschichte Niedersachsens, Band 3/1, S. 69, 72.

[4] Siehe Franz, Verwaltungsgeschichte des Regierungsbezirkes Lüneburg, S. 8; Krieg, Die Entstehung und Entwicklung der Amtsbezirke im ehemaligen Fürstentum Lüneburg, S. 4; Reinicke, Landstände im Verfassungsstaat, S. 22 Fn. 67.

sche Ehe eingegangen war[1], gegen Einräumung von Stadt und Amt Harburg auf jede Regierungsbeteiligung. Diese Harburger Linie, die sich 1560 noch um den benachbarten Amtsbezirk Moisburg erweiterte, bestand bis zu ihrem Aussterben im Jahre 1642.[2] Für Grund- und Hoheitsfragen des Amts blieb indes die Regierung in Celle zuständig und auch an den gemeinsamen Versammlungen der Landtage änderte sich durch die Abtrennung nichts.[3]

In den Folgejahren lag die Regierung in Celle allein bei Ernst; sein Bruder Franz stand ihm seit dessen Volljährigkeit 1536 zur Seite. Auch dieser Bruder nahm jedoch nur wenige Jahre an der Regierung teil. 1539 verzichtete er gegen Abtretung von Schloß, Stadt und Amt Gifhorn auf die Regierung. Schon zehn Jahre später allerdings verstarb Herzog Franz ohne Söhne und Gifhorn fiel wieder an die Celler Linie zurück.[4]

Die Regierung unter Herzog Ernst war wesentlich bestimmt durch dessen enge Beziehung zum Bruder seiner Mutter, Kurfürst Friedrich der Weise von Sachsen, den Führer der protestantischen Reichsstände. Ernst, der in seinen jungen Jahren an der neu errichteten Wittenberger Universität die akademischen Lehren Luthers verfolgt hatte, stellte sich von Anfang an auf die Seite der lutherischen Reformation.[5] Am 15. April 1527 wurde auf dem Landtag zu Scharnbeck offiziell die Einführung der Reformation in Lüneburg beschlossen, die sich rasch in der ganzen Region ausbreitete.[6]
Damit zog zugleich eine neue politische Gesinnung in das Fürstentum ein. Der in der christlichen Staatsauffassung des ganzen Mittelalters herrschende Gedanke, dass der Fürst Amtmann Gottes und daher für das Seelenheil seiner Untertanen mitverantwortlich sei, wurde von Luther nicht nur erneuert, sondern aus seinem evangelischen Verständnis heraus neu begründet. Die Obrigkeit, nunmehr zugleich oberste kirchliche Instanz, sollte nicht Herrin, sondern

---

[1] Die Umstände dieser Eheschließung beschreibt Wrede, in: ZHistVNdSachs 1894, S. 1 ff.: „Herzog Ottos Verzicht auf die Regierung des Fürstenthums Lüneburg und seine Heirath mit Meta von Campe“.
[2] Siehe v. Heinemann, Geschichte von Braunschweig und Hannover, Band 2, S. 440; v. Boetticher, in: Geschichte Niedersachsens, Band 3/1, S. 73.
[3] Siehe v. Boetticher, in: Geschichte Niedersachsens, Band 3/1, S. 72 f.
[4] Siehe v. Heinemann, Geschichte von Braunschweig und Hannover, Band 2, S. 441; v. Boetticher, in: Geschichte Niedersachsens, Band 3/1, S. 73.
[5] Siehe v. Heinemann, Geschichte von Braunschweig und Hannover, Band 2, S. 441; Wrede, Die Einführung der Reformation im Lüneburgischen, S. 55 ff.; Krumwiede, in: Geschichte Niedersachsens, Band 3/2, S. 29.
[6] Siehe Rosendahl, Geschichte Niedersachsens, S. 229; Havemann, Geschichte der Lande Braunschweig und Lüneburg, Band 2, S. 465; Schnath, Geschichte des Landes Niedersachsen, S. 29.

Helferin der Untertanen sein.[1] Damit war ihr sittliches Recht, aber auch die Gehorsamspflicht der Untertanen neu definiert. Die Herrschaft als öffentliches Amt hatte nun ihre Aufgabe in der Beförderung des gemeinen Wohls, des Friedens und der Gerechtigkeit, was sich nicht zuletzt in einer ausgedehnten und geordneten Regierungstätigkeit auswirkte.[2] Erfolgreich ging Herzog Ernst sein Ziel, die Stärkung der Landesherrschaft durch den Aufbau einer zentralen Verwaltung und die Schaffung einer evangelischen Kirchenhoheit, nach kursächsischem Vorbild an.[3]

Nach dem Tod Ernst des Bekenners im Jahre 1546 stand noch kein volljähriger Sohn zur Verfügung, der die Regierung hätte übernehmen können. Eine Kommission aus Kanzler, Statthalter und Räten übernahm deshalb die Regierung und führte einvernehmlich mit der Landschaft die Regierungsgeschäfte bis zur endgültigen Regelung der Vormundschaft.[4] 1555 trat der älteste Sohn Ernst des Bekenners, Franz Otto, die Regierung an. Nach dessen plötzlichem Tod kam es jedoch bereits 1559 erneut zu einer gemeinschaftlichen Regierung unter den beiden überlebenden Brüdern Heinrich und Wilhelm.[5] Die Brüder führten das Einvernehmen mit der Stadt Lüneburg, die im Laufe des Spätmittelalters aufgrund ihrer wirtschaftlichen Stärke eine politisch unabhängige Stellung erlangen konnte und mit der es immer wieder zu Machtkämpfen gekommen war[6], wieder her; zudem erließen sie mehrere wichtige Gesetze, namentlich die Kirchenordnung, die Hofgerichtsordnung und die Polizeiordnung, die sämtlich im Jahre 1564 im Druck erschienen.[7]

Obwohl sich die Brüder darauf geeinigt hatten, dass allein Wilhelm standesgemäß heiraten und den Stamm fortpflanzen sollte, schloß Heinrich 1569 die Ehe mit Prinzessin Ursula von Sachsen-Lauenburg. Heinrich verlangte überdies eine Landesteilung, die auf den Widerwillen Wilhelms und der Stände

---

[1] Siehe Berber, Das Staatsideal im Wandel der Weltgeschichte, S. 160; Schmelzeisen, Polizeiordnungen und Privatrecht, S. 7.

[2] Siehe Berber, Das Staatsideal im Wandel der Weltgeschichte, S. 160; Schmidt, in: NdSächsJbLdG 56, S. 31 ff.: „Kirchenregiment und Landesherrschaft im Selbstverständnis niedersächsischer Fürsten des 16. Jahrhunderts"; Hartung, Deutsche Geschichte im Zeitalter der Reformation, der Gegenreformation und des 30jährigen Krieges, S. 81.

[3] Zur Verwaltung des Fürstentums unter Herzog Ernst dem Bekenner siehe unten 4. Kapitel.

[4] Siehe v. Boetticher, in: Geschichte Niedersachsens, Band 3/1, S. 69 f.; v. Heinemann, Geschichte von Braunschweig und Hannover, Band 2, S. 457; Franz, Verwaltungsgeschichte des Regierungsbezirkes Lüneburg, S. 18.

[5] Siehe v. Heinemann, Geschichte von Braunschweig und Hannover, Band 2, S. 458 ff.

[6] Siehe dazu eingehend Friedland, Der Kampf der Stadt Lüneburg mit ihren Landesherren.

[7] Siehe v. Heinemann, Geschichte von Braunschweig und Hannover, Band 2, S. 460 f.

traf. Nach heftigen Auseinandersetzungen verzichtete Heinrich schließlich auf eine wirkliche Teilung und wurde neben einer Jahresrente mit Schloß, Stadt und Amt Dannenberg sowie dem Klosteramt Scharnbeck abgefunden.[1] Diese Abtrennung Dannenbergs sollte bis in das Jahr 1691 Bestand haben. Wie bei den apanagierten Nebenlinien Harburg und Gifhorn waren auch für das Teilfürstentum Dannenberg die Herrschaftsrechte stark eingeschränkt: Es war gebunden an die Cellischen Landesordnungen und erkannte das Hofgericht in Celle als oberste Berufungsinstanz an. Auch Außenpolitik, Landesverteidigung und Steuerhoheit lagen weiterhin bei der Regierung in Celle. Zudem bestand für den ortsansässigen Adel keine Folgepflicht gegenüber den Herzögen in Dannenberg.[2] Andererseits behielten sich die Dannenberger Herzöge vor, nicht von späteren Erbfällen an das Fürstentum Lüneburg ausgeschlossen zu werden.[3]

Das übrige Fürstentum Lüneburg verblieb in ungeteiltem Besitz Herzog Wilhelms. Zuwachs in westlicher Ausdehnung erhielt das Fürstentum in den Jahren 1583 bzw. 1585 durch den Anfall der Grafschaften Hoya und Diepholz. Sie behielten jedoch ihre ständischen Sonderrechte und wurden mit dem Fürstentum selbst nicht organisch verbunden.[4]
Für die Niedergrafschaft Hoya hatte bereits 1501 Heinrich der Mittlere für sein Haus Lüneburg eine kaiserliche Lehensanwartschaft erhalten.[5] Als die Hoyache Grafenlinie 1503 ausstarb, ergriff jedoch Jobst I. von der Obergrafschaft Hoya zunächst gegen den welfischen Anspruch die Herrschaft auch in der Niedergrafschaft. Der darauffolgende Streit wurde beigelegt, indem Jobst 1504 die gesamte Grafschaft Hoya von den Braunschweiger und Lüneburger Herzögen zum Lehen nahm. Erst mit dem endgültigen Aussterben seiner Linie 1582 fiel die Niedergrafschaft mit den Ämtern Hoya, Nienburg, Liebenau, Drackenburg und Bruchhausen an die Lüneburger Herzöge.[6]

---

[1] Siehe Havemann, Geschichte der Lande Braunschweig und Lüneburg, Band 2, S. 476 f.; v. Heinemann, Geschichte von Braunschweig und Hannover, Band 2, S. 462; Reinbold, in: NdSächsJbLdG 64: „Fürstlicher Hof und Landesverwaltung in Dannenberg 1570-1636", S. 54.

[2] Siehe Reinbold, in: NdSächsJbLdG 64: „Fürstlicher Hof und Landesverwaltung in Dannenberg 1570-1636", S. 55; v. Boetticher, in: Geschichte Niedersachsens, Band 3/1, S. 74.

[3] Siehe v. Heinemann, Geschichte von Braunschweig und Hannover, Band 2, S. 462; Havemann, Geschichte der Lande Braunschweig und Lüneburg, Band 2, S. 477; Reinbold, in: NdSächsJbLdG 64: „Fürstlicher Hof und Landesverwaltung in Dannenberg 1570-1636", S. 55.

[4] Siehe Franz, Verwaltungsgeschichte des Regierungsbezirkes Lüneburg, S. 8; Krieg, Die Entstehung und Entwicklung der Amtsbezirke im ehemaligen Fürstentum Lüneburg, S. 4.

[5] Siehe v. Boetticher, in: Geschichte Niedersachsens, Band 3/1, S. 61.

[6] Siehe v. Boetticher, in: Geschichte Niedersachsens, Band 3/1, S. 62; v. Heinemann, Geschichte von Braunschweig und Hannover, Band 2, S. 464.

1585 kam die Grafschaft Diepholz mit den Häusern Lemförde und Auburg hinzu, auf die seit 1517 ebenfalls eine kaiserliche Anwartschaft des Hauses Lüneburg bestand. Nur das Schloß Auburg und die Ortschaft Wagenfeld, die im Jahre 1521 dem Landgrafen von Hessen zum Lehen aufgetragen worden war, blieben von diesem Anfall an Lüneburg ausgeschlossen.[1]

Der Herzog von Dannenberg, der nach dem Erbteilungsrezess von 1569 nicht von Erbfällen an das Haus Lüneburg ausgeschlossen war, erhob Anspruch auf Ausgleich für diese Anfälle. In einem erneuerten Erbrezess von 1592 erhielt er deshalb zusätzlich die Ämter Hitzacker, Lüchow und Warpke und außerdem im Folgejahr das adlige Gericht Gümse, wodurch sich sein Herrschaftsbereich nahezu verdoppelte.[2] Das zog die Forderung nach einer Übergabe zusätzlicher Hoheitsrechte nach sich. Heinrich von Dannenberg beanspruchte die volle Gerichtshoheit über seine Untertanen, die Folge des Landadels und die generelle Steuerhoheit.[3] Dennoch erlangten die Dannenberger Herzöge keine Souveränität; Militärhoheit und Außenbeziehungen verblieben in der Celler Zuständigkeit. Dem Amt Dannenberg kam somit nach wie vor lediglich der Charakter einer landesherrlichen Apanage ohne wesentliche Herrschaftsrechte zu.[4]

In Celle führte Wilhelm weiterhin allein die Regierung, bis er 1581 in völlige geistige Umnachtung verfiel. Auf Betreiben der Stände wurden Markgraf Georg Friedrich von Brandenburg und Philipp II. von Grubenhagen zu Regenten des Landes und zu Vormündern für die zahlreichen Kinder des kranken Her

zogs bestellt.[5] Letztlich verblieben die Regierungsgeschäfte allerdings bei einem Regiment aus Statthalter und Räten.[1]

---

[1] Siehe v. Heinemann, Geschichte von Braunschweig und Hannover, Band 2, S. 465; Havemann, Geschichte der Lande Braunschweig und Lüneburg, Band 2, S. 481.
[2] Siehe Reinbold, in: NdSächsJbLdG 64: „Fürstlicher Hof und Landesverwaltung in Dannenberg 1570-1636", S. 55.
[3] Siehe Reinbold, in: NdSächsJbLdG 64: „Fürstlicher Hof und Landesverwaltung in Dannenberg 1570-1636", S. 56; v. Boetticher, in: Geschichte Niedersachsens, Band 3/1, S. 75.
[4] Siehe Reinbold, in: NdSächsJbLdG 64: „Fürstlicher Hof und Landesverwaltung in Dannenberg 1570-1636", S. 56, 58; v. Boetticher, in: Geschichte Niedersachsens, Band 3/1, S. 75 und eingehend zum Verhältnis zur Celler Zentralverwaltung v. d. Ohe, Die Zentral- und Hofverwaltung des Fürstentums Lüneburg (Celle) und ihre Beamten, S. 50 ff.
[5] Siehe Hoogeweg, in: ZHistVNdSachs 1902: „Fürst und Hof zu Celle während der Krankheit Wilhelm's des Jüngeren (1573-1592)", S. 348 ff., v. Heinemann, Geschichte von Braunschweig und Hannover, Band 2, S. 463; Havemann, Geschichte der Lande Braunschweig und Lüneburg, Band 2, S. 481 f.

Nach dem Tod Wilhelms im Jahre 1593 übernahm zunächst dessen ältester Sohn Ernst II. vorläufig die Regentschaft.[2] Die insgesamt sieben Söhne Herzog Wilhelms schufen endlich die Voraussetzung für eine Beendigung der Erbteilungen. Das nach wie vor hoch verschuldete Fürstentum[3] war unmöglich in der Lage, zahlreiche Hofhaltungen zu bestreiten, zumal wenn sich sämtliche Brüder oder auch nur die Mehrzahl standesgemäß vermählen sollten. Nach der Krankheit des verstorbenen Herzogs war weder ein Testament vorhanden, welches über die vermögensrechtliche Auseinandersetzung unter den Brüdern etwas bestimmte, noch bestand ein Hausgesetz, das die Nachfolge im Fürstentum im allgemeinen regelte.[4] Zum Wohl des Fürstentums schlossen daher die Brüder am 3. Dezember 1610 unter Beteiligung eines ständischen Ausschusses einen Vertrag über die Unteilbarkeit des Fürstentums und vereinbarten eine gemeinsame Hofhaltung in Celle.[5] Die Regierung sollte danach stets bei dem ältesten der Nachkommen liegen. Um mehrere Hofhaltungen zu vermeiden, sollte nur einer von ihnen - durch das Los bestimmt – als einziger den fürstlichen Stamm fortpflanzen. Das Los traf den jüngsten Bruder, Georg, der bald darauf eine standesgemäße Ehe einging, während die übrigen Brüder unverheiratet blieben oder morganatische Ehen eingingen.[6] Damit war endlich der Schritt für ein langfristiges Zusammenwachsen der welfischen Fürstentümer getan. Nach dem Tod Ernst II. am 2.3.1611 folgte ihm diesem Vertrag entsprechend dessen nächstältester Bruder Christian in die Regierung, der außerdem seit 1599 das Amt des Bischofs von Minden innehatte und dieses auch während seiner Regierungszeit beibehielt.[7] Bald nach dem Antritt der Regierung erneuerte Herzog Christian mit

---

[1] v. Boetticher, in: Geschichte Niedersachsens, Band 3/1, S. 75; Franz, Verwaltungsgeschichte des Regierungsbezirkes Lüneburg, S. 20; Hoogeweg, in: ZHistVNdSachs 1902: „Fürst und Hof zu Celle während der Krankheit Wilhelm's des Jüngeren (1573-1592)“, S. 421 ff.

[2] Siehe v. Heinemann, Geschichte von Braunschweig und Hannover, Band 3, S. 47.

[3] Noch bei Herzog Wilhelms Tod 1593 beliefen sich die Kammerschulden auf 300.000 Gulden, siehe Havemann, Geschichte der Lande Braunschweig und Lüneburg, Band 2, S. 483.

[4] Siehe v. Heinemann, Geschichte von Braunschweig und Hannover, Band 3, S. 46.

[5] Siehe Jacobi, Band 2, S. 48 ff.: „Receß zwischen dem Herzog Ernst, und dessen Herrn Brüdern, und den Landräten, auch denen zum Ausschuß verordneten, errichtet den 3ten. Dezember 1610“ ; v. Heinemann, Geschichte von Braunschweig und Hannover, Band 3, S. 47.

[6] Siehe Havemann, Geschichte der Lande Braunschweig und Lüneburg, Band 2, S. 492; v. d. Ohe, Die Zentral- und Hofverwaltung des Fürstentums Lüneburg (Celle) und ihre Beamten, S. 4; v. Heinemann, Geschichte von Braunschweig und Hannover, Band 3, S. 50.

[7] Siehe v. d. Ohe, Die Zentral- und Hofverwaltung des Fürstentums Lüneburg (Celle) und ihre Beamten, S. 3.

seinen fünf Brüdern die Übereinkunft über die Unteilbarkeit des Fürstentums und ließ sich dieses Abkommen vom Kaiser bestätigen.[1]

Im Jahre 1617 kam es nochmals zu einem bedeutenden Gebietszuwachs durch den Anfall des Fürstentums Grubenhagen. Bereits 1596 war die Grubenhagener Linie des braunschweig-lüneburgischen Gesamthauses erloschen. Schon in Aussicht dieses Erbes schwelte ein Zerren um dieses Fürstentum zwischen der Lüneburger und der Wolfenbütteler Linie und noch am Todestag des letzten Grubehagener Herzogs wurde das Fürstentum 1596 durch braunschweigische Truppen besetzt und das Land von Wolfenbütteler Seite eingezogen. Vergeblich machte die Lüneburger Linie unter Ernst II. aufgrund einer größeren Nähe des Verwandtschaftsverhältnisses bessere Ansprüche auf Grubenhagen geltend.[2] Schließlich erhoben sie Klage beim Reichshofrat in Wien und 1617 musste das Fürstentum nach Erlass des kaiserlichen Urteils an die Lüneburger Linie übergeben werden.[3] Als Entschädigung für diesen Anfall erhielt die Dannenberger Linie wiederum zusätzlich das Amt Wustrow vom Fürstentum Lüneburg übertragen.[4]

Der bis 1633 regierende Herzog Christian erließ im Jahr 1618 sowohl eine umfassende Regimentsordnung, als auch die neue Polizeiordnung, die in „unserer beyden Fürstenthümer, Zellischen und Grubenhagischen Theils, auch angehöriger Graf- und Herrschaften“[5] Geltung beanspruchte.

3. Kapitel: Die Verfassung des Fürstentums Lüneburg

Die landständische Verfassung des Fürstentums Lüneburg unterschied sich nicht wesentlich von den Verfassungen der anderen welfischen Fürstentümer.[6] Im Fürstentum Lüneburg hatten, der Entwicklung im Rest des Reiches

---

[1] Siehe Jacobi, Band 2, S. 61 ff. (Kaiserliche Bestätigung, ausgefertigt Prag den 29.10.1612); Havemann, Geschichte der Lande Braunschweig und Lüneburg, Band 2, S. 490.
[2] Siehe v. Boetticher, in: Geschichte Niedersachsens, Band 3/1, S. 68; v. Heinemann, Geschichte von Braunschweig und Hannover, Band 3, S. 7 f.
[3] Siehe Max, Geschichte des Fürstentums Grubenhagen, Band 1, S. 407 f.; v. Heinemann, Geschichte von Braunschweig und Hannover, Band 3, S. 7 f.; Schnath, Geschichte des Landes Niedersachsen, S. 31, 33.
[4] Siehe v. Boetticher, in: Geschichte Niedersachsens, Band 3/1, S. 75.
[5] LPO 1618 Kapitel 55 § 2.
[6] Siehe Reinicke, Landstände im Verfassungsstaat, S. 27; v. Arnswaldt, Die Lüneburger Ritterschaft als Landstand im Spätmittelalter, S. 17.

entsprechend, die hohen Kleriker (Prälaten), Ritter und Städte seit dem Ende des 13. Jahrhunderts eine weitgehend selbständige Stellung erlangt und nahmen auf den allgemeinen Landtagen Anteil an der Regierung und Einfluß auf die Geschicke des Landes.[1] In einer Privilegienversicherung vom 9.12.1355 wurden die drei Stände erstmalig als die Vertretung des Fürstentums Lüneburg mit den ihnen zustehenden Rechten urkundlich erwähnt.[2] In den Landtagsabschieden bis zum Ende des 16. Jahrhundert erschienen die Stände als die „Landschaft"; die Bezeichnung „Landstände" findet sich daneben nur selten. Seit Anfang des 17. Jahrhunderts wurde der Begriff der Landschaft aufgegliedert in „Prälaten, Ritter und Städte".[3]

Die ursprünglich mächtige Prälatur hatte nach Einführung der Reformation an Rang und Anzahl in der Landschaft abgenommen und wurde seitdem lediglich durch das Kloster St. Michaelis in Lüneburg sowie die Stifter Bardowiek und Rahmelsloh als Landstand repräsentiert. Zwar bildete sie dem Namen nach noch einen eigenen Stand, doch ihre Bedeutung als Kurie war weitgehend geschwunden und ihre Funktion als wichtiges Glied des Landtages verloren.[4]

Zur Ritterschaft zählten alle im Gebiet des Fürstentums mit Lehngütern der Lüneburger Herzöge ansässigen Ritter, was eine Anzahl von bis zu ca. 200 Mitgliedern ausmachte.[5]

Der dritte Stand, die Städte, setzte sich stets aus den drei ältesten und größten – Lüneburg, Uelzen und Celle – zusammen. Auch die kleineren Städte und

---

[1] Siehe Hartung, Deutsche Verfassungsgeschichte vom 15. Jahrhundert bis zur Gegenwart, S. 53. Siehe zur Entwicklung der landständischen Verfassung in Lüneburg insbesondere Krosch, Die landständische Verfassung des Fürstentums Lüneburg, S. 6 ff.; Schubert, in: NdSächsJbLdG 63: „Steuer, Streit und Stände", S. 5 ff.; Reinicke, Landstände im Verfassungsstaat, S. 27 ff. Zur Bedeutung des Lüneburger Erbfolgekrieges für die Privilegienerhaltung der Stände vgl. Reinicke, a.a.O., S. 27 f.

[2] Siehe Krosch, Die landständische Verfassung des Fürstentums Lüneburg, S. 7; Jacobi, Die landschaftliche Verfassung des Fürstentums Lüneburg, S. 16.

[3] Siehe v. d. Ohe, Die Zentral- und Hofverwaltung des Fürstentums Lüneburg (Celle) und ihre Beamten, S. 9; vgl. ferner Jacobi, Band 1, S. 22 ff. (Satevertrag vom 21.9.1392), 163 ff. (Brief, 1536), 234 ff. (LtgA vom 13.8.1563); Band 2, S. 25 ff. (LtgA vom 3.11.1607): „Landschaft"; Band 2, S. 84 ff. (LtgA vom 13.9.1616): „Prälaten, Räthe, Ritter und Landschafft", Landschaft steht hier nur für die Städte. Vgl. schließlich Vorwort der LPO 1618: „Prälaten, Räthe, Ritter und Städte".

[4] Siehe Jacobi, Die landschaftliche Verfassung des Fürstentums Lüneburg, S. 17 ff.; v. d. Ohe, Die Zentral- und Hofverwaltung des Fürstentums Lüneburg (Celle) und ihre Beamten, S. 10 f.; Krosch, Die landständische Verfassung des Fürstentums Lüneburg, S. 28.

[5] Siehe v. Arnswaldt, Die Lüneburger Ritterschaft als Landstand im Spätmittelalter, S. 18; Krosch, Die landständische Verfassung des Fürstentums Lüneburg, S. 29, 32; Reinicke, Landstände im Verfassungsstaat, S. 36.

später auch die Flecken, womit die größeren, kein Stadtrecht besitzenden Orte des Fürstentums bezeichnet wurden[1], zählten dazu. Die Anwesenheit der zahlreichen kleinen Städte an den Landtagen ist jedoch nur selten verbürgt.[2] Regelmäßig erschienen als Vertreter der Städtekurie die Bürgermeister, Ratsverwandten oder Sekretäre der Städte Celle und Ülzen. Die Berufung der Landtage erging aber auch an die übrigen Städte.[3] Der Stadt Lüneburg kam stets eine wechselhafte Rolle hinsichtlich ihrer Landtagsrepräsentanz zu. Im Laufe des Spätmittelalters hatte sie aufgrund ihrer starken wirtschaftlichen Stellung als reiche Salinenstadt städtische Unabhängigkeit erlangen können.[4] Durch ihren Reichtum war es ihr möglich gewesen, sich bedeutende Privilegien zu sichern sowie den herzöglichen Anteil an der Saline und andere Besitztümer zu kaufen oder als Pfandgut in Empfang zu nehmen und dadurch ihre wirtschaftliche Vorrangstellung noch zu festigen.[5] In älteren Zeiten konnte Lüneburg ob dieser Position erheblichen Einfluß auf die Verhandlungen des Landtages nehmen; seit dem 16. Jahrhundert jedoch blieb Lüneburg immer wieder von zahlreichen Landtagssitzungen ganz ausgeschlossen. Der Grund hierfür lag stets in Streitigkeiten zwischen Stadt und Herzog über Steuerbewilligungen.[6] Noch bis zur Wende zum 17. Jahrhundert war Lüneburg nicht mehr regelmäßig auf den Landtagen vertreten.

Die Aufgaben der Landschaft waren mannigfaltig. An der Behandlung aller wichtigen Probleme der Außen- und Innenpolitik nahmen sie beratend, teilweise auch zustimmend und ausführend Anteil.[7] Durch ihre Zustimmung zu wichtigen Beschlüssen – wie Säkularisierung, Vormundschaftsfragen oder die Abfindung abgeteilter Herrschaften - , vor allem aber durch die Bewilligung von Steuern kam ihnen ein beträchtlicher Einfluss im Staatswesen und unmittelbarer Anteil an der Regierung des Landes zu.

---

[1] Siehe Eggers, in: ZHistVNdSachs 1900: „Das Steuerwesen der Grafschaft Hoya“, S. 30; vgl. Brief der Herzöge Ernst und Franz an die Landschaft von 1536, Jacobi, Band 1, S. 163 ff.: „Stadt und Flecken“.

[2] Siehe Krosch, Die landständische Verfassung des Fürstentums Lüneburg, S. 37; Jacobi, Die landschaftliche Verfassung des Fürstentums Lüneburg, S. 23.

[3] Siehe Jacobi, Die landschaftliche Verfassung des Fürstentums Lüneburg, S. 32 f.

[4] Vgl. Krosch, Die landständische Verfassung des Fürstentums Lüneburg,, S. 38 ff.; eingehend Friedland, Der Kampf der Stadt Lüneburg mit ihren Landesherren, S. 24 ff.

[5] Vgl. dazu eingehend Friedland, Der Kampf der Stadt Lüneburg mit ihren Landesherren, S. 2 ff.

[6] Siehe Jacobi, Die landschaftliche Verfassung des Fürstentums Lüneburg, S. 23, 26 ff.

[7] Siehe v. d. Ohe, Die Zentral- und Hofverwaltung des Fürstentums Lüneburg (Celle) und ihre Beamten, S. 13; Reinicke, Landstände im Verfassungsstaat, S. 9; Lange, Landtag und Ausschuß, S. 138.

Zwischen Landesherr und Landschaft stand der Rat. Dieser wurde zunächst aus einem Kreis von Rittern gebildet, später traten Vertreter der anderen Stände hinzu[1]; ihre Zahl wechselte. Das Charakteristikum der Landräte lag vor allem in der Stellung, die sie zwischen Fürst und Ständen einnahmen. Sie waren zum einen Hofbeamte und Vertrauensmänner des Fürsten und hatten gemäß dem von ihnen abgelegten Eid dessen Interessen wahrzunehmen. Auf der anderen Seite wurden die Mitglieder des Rates von der Landschaft vorgeschlagen und waren als ein dauernder Ausschuß der Landschaft verpflichtet, deren Interessen gegenüber dem Fürsten zu vertreten.[2] Diese Mischung von Beamten- und ständischer Stellung ermöglichte es einerseits dem Fürsten in dauerndem Kontakt mit der Landschaft zu bleiben, andererseits konnte die Landschaft durch den Rat einen beständigen Einfluss auf die landesherrliche Regierungstätigkeit ausüben.[3] Neben einer Beratungsfunktion kamen den Landräten Zustimmungsbefugnisse für die auf den Landtagen getroffenen Bestimmungen zu; im übrigen war der Umfang ihrer Kompetenzen jedoch nicht abgegrenzt.[4] In den Landtagsabschieden wurden die Landräte in der Formel „Räte und Landschaft“, später „Prälaten, Räte, Ritter und Landschaft“ genannt.[5]

Aufgaben des Landtags übernahmen weiterhin ständische Ausschüsse, die vor allem außerhalb der Landtagssessionen tätig wurden. Sie wurden von dem versammelten Landtag bestellt und ihre Mitglieder von den Landständen bestimmt.[6] Der einzelne Ausschuss besaß allerdings keine dispositive Gewalt, sondern beriet nur zusammen mit den Hof- und Landräten über einzelne Gegenstände, die dann auf dem nächsten Landtag der gesamten Landschaft zur Entscheidung vorgelegt wurden. Nur in wenigen Fällen hatte ein Ausschuss Vollmacht zur Beschlussfassung; im allgemeinen behielten sich die Landstände in ihrer Gesamtheit dieses wichtige Recht weiterhin vor.[7]

---

[1] Siehe Krosch, Die landständische Verfassung des Fürstentums Lüneburg, S. 15 f.
[2] Siehe Krosch, Die landständische Verfassung des Fürstentums Lüneburg, S. 16; v. d. Ohe, Die Zentral- und Hofverwaltung des Fürstentums Lüneburg (Celle) und ihre Beamten, S. 11.
[3] Siehe Krosch, Die landständische Verfassung des Fürstentums Lüneburg, S. 17; v. d. Ohe, Die Zentral- und Hofverwaltung des Fürstentums Lüneburg (Celle) und ihre Beamten, S. 11.
[4] Vgl. Krosch, Die landständische Verfassung des Fürstentums Lüneburg, S. 15, 17.
[5] Vgl. Jacobi, Band 2, S. 84 ff. (LtgA vom 13.9.1616).
[6] Siehe Jacobi, Die landschaftliche Verfassung des Fürstentums Lüneburg, S. 87. Zu den Ausschüssen in Lüneburg und deren Rolle innerhalb der Verfassung im einzelnen Lange, Landtag und Ausschuß, S. 145 ff.
[7] Siehe v. d. Ohe, Die Zentral- und Hofverwaltung des Fürstentums Lüneburg (Celle) und ihre Beamten, S. 10; Havemann, Geschichte der Lande Braunschweig und Lüneburg, Band 3, S. 118; Jacobi, Die landschaftliche Verfassung des Fürstentums Lüneburg, S. 89. Vgl.

Das Verhältnis des Landesfürsten zu den Landständen ist in einem engen Zusammenhang mit der stetigen Verschuldung des Fürsten zu sehen: Eines der wichtigsten ständischen Rechte war das der Steuerbewilligung. Da der Landesherr keine uneingeschränkte Steuerhoheit besaß, vielmehr überwiegend auf die Erträge aus dem Kammergut und den nutzbaren Regalien angewiesen war, war er gezwungen, außerordentliche Steuern von den Landständen zu erbitten.[1] Im Bereich der Finanzverwaltung musste sich der Fürst die Macht daher mit den Ständen teilen. Regelmäßig benutzten die Landstände ihr Steuerbewilligungsrecht als Druckmittel für die Erlangung zahlreicher Privilegien.[2] Die permanente Geldnot der regierenden Fürsten begünstigte ihre Machterstarkung und zwang den Fürsten außerdem, die Landstände in regelmäßigen Abständen einzuberufen. Ihren Höhepunkt erreichte die Machtstellung der Stände im Jahre 1392 durch den Abschluss der Lüneburger Sate[3] (Satzung). Als Gegenleistung für die Rückgabe von Pfandbriefen in Höhe von 50.000 Mark an den Herzog wurden in der Sate umfassende Freiheitsrechte für die Mitglieder der Landschaft anerkannt, was zugleich eine erhebliche Einschränkung der landesherrlichen Gewalt bedeutete.[4]
Tatsächlich haben sich die Fürsten jedoch den Regeln der Sate in der Folgezeit nicht gefügt, bis die Sate schließlich zum Ende des 14. Jahrhunderts praktisch bedeutungslos geworden war.[5] Wäre die Sate die ganze Zeit hindurch in

---

auch Receß zwischen dem Herzog Christian und dem verordneten landschaftlichen Ausschusse vom 20.6.1616: „Jedoch haben, wie oberwähnet, die zum Ausschuß verordnete dieses nur als ein unverbindliches Gutachten aufsetzen zu laßen beliebet, sonsten aber dem gemeinen vollnstreckenden Schluß auf gemeinem Landtage vermöge obgedachten Landtags- Abschiedes zu stellen, und dadurch der gemeinen Ehrbarn Landschaft nicht vorgreifen wollen", Jacobi, Band 2, S. 82 f.

[1] Siehe Sonnenkalb, Die Steuer im Fürstentum Lüneburg während des Mittelalters, S. 63; Lange, Landtag und Ausschuß, S. 137 f.; Conrad, Deutsche Rechtsgeschichte, Band 2, S. 233.

[2] Siehe v. d. Ohe, Die Zentral- und Hofverwaltung des Fürstentums Lüneburg (Celle) und ihre Beamten, S. 8. Protokolle über Verschuldung und Einberufung der Landstände liefern die Landtagsabschiede und andere Urkunden in Jacobi, Band 1, S. 96 ff. (LtgA 1505); 113 ff. (LtgA 1518); 163 ff. (Brief der Herzöge an die Landschaft 1536); 177 ff. (LtgA 1548); 234 ff. (LtgA 1563); 267 ff. (Verhandlungen des Herzogs mit dem Ausschuß, 1570). Im Jahre 1558 wurde sogar ein Ausschuß zur Untersuchung der Landesschulden und zur Ermittlung von Abhilfe bestellt, Jacobi, Band 1, S. 201 ff. (LtgA).

[3] Zur Geschichte der Sate eingehend Reinbold, Die Lüneburger Sate, S. 7 ff.

[4] Jacobi, Band 1, S. 22 ff.: „Vertrag zwischen den Herzögen Berendt und Hinrich, und der Landschaft, die Friede-Saate genannt, errichtet zu Zelle den 21.ten Sept. 1392". Siehe ferner Havemann, Geschichte der Lande Braunschweig und Lüneburg, Band 3, S. 88 ff.; Friedland, Der Kampf der Stadt Lüneburg mit ihren Landesherren, S. 20; v. Heinemann, Geschichte von Braunschweig und Hannover, Band 2, S. 161 f.

[5] Siehe Reinbold, Die Lüneburger Sate, S. 211 ff.; Krosch, Die landständische Verfassung des Fürstentums Lüneburg, S. 10; Reinicke, Landstände im Verfassungssaat, S. 31 f.

Kraft geblieben und befolgt worden, so wären die Stände die eigentlichen Herren im Lande gewesen. Doch wie in allen anderen deutschen Territorien war auch im Fürstentum Lüneburg die weitere Entwicklung von dem Eindringen des Absolutismus geprägt.[1] Schon mit der endgültigen Aufhebung der Sate durch Vertrag zwischen der Stadt Lüneburg und Herzog Heinrich im Jahre 1520 kann von dem Beginn des Absolutismus im Fürstentum Lüneburg gesprochen werden.[2] Die Stellung des Fürsten wurde in der Folgezeit mehr und mehr von den Ständen unabhängig. Durch die Säkularisation des Klosterbesitzes nach Einführung der Reformation im Jahre 1527 wuchsen zunächst die Einnahmequellen des Fürsten und brachte damit finanzielle Erleichterung. Die vor dem Landtag geforderten Steuern wurden mit zunehmender Selbstverständlichkeit bewilligt, bis die Landschaft schließlich im Jahre 1616 bereit war, die gesamte Schuldenlast des Landesherrn in Höhe von 646.697 Reichstalern zu übernehmen.[3] Zur Abtragung dieser Schulden richtete der Landtag ein Schatzgefälle[4] ein, was den Fürsten nicht nur von seinen Schulden erlöste und von der Landschaft unabhängiger machte, sondern ihm durch den Landschatz auch für die Zukunft eine dauernde Einnahmequelle sicherte.[5] Die Stände konnten jedoch ihr Machtinstrument, die Bewilligung von Steuern auf dem Landtag, nur so lange nutzen, als der Fürst wegen Geldnöten auf ihre Unterstützung angewiesen war. Der Fürst war folglich zunehmend aus seiner früheren Abhängigkeit befreit und seine Machtstellung, nicht nur im wirtschaftlichen Bereich, gewachsen.

In der Zeit nach 1618 gab es kaum noch Sitzungen des Landtages, wobei auch der ausgebrochene Dreißigjährige Krieg als Vorwand für die Nichteinberufung diente.[6] Die letzte vollständige Landtagsversammlung fand im Oktober 1652 in Celle statt; in der darauffolgenden Zeit trafen sich nur noch einzelne

---

[1] Siehe Berber, Das Staatsideal im Wandel der Weltgeschichte, S. 197. Für Lüneburg siehe v. Heinemann, Geschichte von Braunschweig und Hannover, Band 2, S. 470 f.

[2] So Reinicke, Landstände im Verfassungssaat, S. 32, Fn. 131.

[3] Siehe Jacobi, Band 2, S. 84 ff. (LtgA vom 13.9.1616). Dem Landtagsabschied ging eine Verhandlung zwischen Herzog Christian mit dem Ausschuß des Landtages voraus, Jacobi, Band 2, S. 73 ff. (Receß vom 20.6.1616): „Vorbereitung und Gutachten wegen Übernahme der landesherrlichen Schulden, und dieserhalb anzuordnenden Abgaben, welches bei den Berathschlagungen, auf dem am 10ten Sept. 1616 gehaltenen allgemeinen Landtage, zum Grunde gelegt worden".

[4] In Form von Abgaben auf Vieh, Landesprodukten und Getränken, siehe LtgA vom 13.9.1616, Jacobi, Band 2, S. 84 ff.

[5] Siehe Krosch, Die landständische Verfassung des Fürstentums Lüneburg, S. 13; Reinicke, Landstände im Verfassungssaat, S. 39.

[6] Siehe Krosch, Die landständische Verfassung des Fürstentums Lüneburg, S. 14; Reinicke, Landstände im Verfassungssaat, S. 39.

Stände zur Beratung über verschiedene Landesangelegenheiten und bildeten zu diesem Zweck schließlich einen permanenten Ausschuß.[1]

Trotz dieser schon zu Beginn des 17. Jahrhunderts vorliegenden entscheidenden Schwächung der ständischen Gewalt haben die Lüneburger Herzöge aber zu keiner Zeit gegen ihre Landschaft regiert. Das lag nicht in ihrem Wesen, denn sie verkörperten in hohem Maß den Typ des umsichtigen Landesvaters.[2] Zudem vermieden es die geschickten und diplomatischen Landräte, Auseinandersetzungen zwischen dem Landesherrn und der Landschaft auf die Spitze zu treiben.

4. Kapitel: Verwaltung und Justiz

Noch zu Beginn des 16. Jahrhunderts zeigte die Verwaltung des Fürstentums Lüneburg ein stark mittelalterliches Gepräge. Kennzeichnend dafür war vor allem ihre lockere Organisation mit einer nur schwach ausgebildeten zentralen Oberleitung. Der Schwerpunkt der Verwaltung lag zu dieser Zeit in der Hand von Lokalbeamten, die als meist adlige Vögte und Amtleute unterste Verwaltungs- und Gerichtsinstanz zugleich waren. Sitz der Zentralverwaltung und Hofhaltung waren seit dem 14. Jahrhundert Schloß und Großvogtei Celle.[3] Als einzige Zentralbehörde des Landesherrn trat zu diesem Zeitpunkt lediglich die mit einem Minimum an Personal besetzte fürstliche Schreibstube als „Kanzlei" hervor.[4] An der Spitze der Kanzlei stand der „Kanzler", meist einer der Prälaten des Landes. Die Aufgaben der einzelnen bei Hof tätigen Räte waren noch in keiner Weise fest umrissen. Bezeichnenderweise fehlten damals Kanzlei-, Regierungs-, Polizei- und sonstige Ordnungen, die die Verwaltung nach festen Grundsätzen hätten regeln können, noch völlig.

Unter Herzog Ernst, „dem Bekenner", nahm im 16. Jahrhundert die Ausbildung einer behördlich organisierten Landeszentralverwaltung ihren Anfang. Er vereinte fürstlichen Machtwillen, neu bestimmt durch das eindringende römische Recht, mit protestantischem Glauben zu einem neuen Herrschafts-

---

[1] Siehe Jacobi, Die landschaftliche Verfassung des Fürstentums Lüneburg, S. 101.

[2] Siehe v. d. Ohe, Die Zentral- und Hofverwaltung des Fürstentums Lüneburg (Celle) und ihre Beamten, S. 14 f.

[3] Zur Entwicklung Celles zur Residenz eingehend Dormeier, Verwaltung und Rechnungswesen im spätmittelalterlichen Fürstentum Braunschweig- Lüneburg, S. 33 ff.

[4] Siehe v. d. Ohe, Die Zentral- und Hofverwaltung des Fürstentums Lüneburg (Celle) und ihre Beamten, S. 16; Scheel, in: Jeserich/Pohl/v. Unruh, Deutsche Verwaltungsgeschichte, S. 744; Franz, Verwaltungsgeschichte des Regierungsbezirkes Lüneburg, S. 13 ff.

bewusstsein, das ihn sein Ziel, die Stärkung des Landesherrn durch die Organisation und Straffung der Staatsverwaltung, entschlossen verfolgen ließ. Bei dem Antritt seiner Regierung hatte er ein hochverschuldetes Land übernommen, dessen landesfürstliche Einnahmen und Ämter größtenteils verpfändet waren.[1] Herzog Ernst löste planmäßig die verpfändeten Ämter wieder ein und mehrte den landesfürstlichen Besitz durch die Säkularisation der Klosterämter. Er richtete ein juristisches Kanzleramt mit römisch-rechtlich geschulten, dauerhaft anwesenden Räten ein, die als ausschließlich im Fürstendienst stehende Hofräte neben den adligen Räten standen.[2] An die Stelle des älteren Landgerichts setzte er 1535 das Hofgericht zu Uelzen und vollzog eine Neuordnung des Finanzwesens durch die Einrichtung einer öffentlichen Rentkammer.[3]

Während der gemeinschaftlichen Regierung der Brüder Heinrich und Wilhelm setzte sich dieser Verwaltungsaufbau fort, in deren Zuge die Verwaltungszweige mit ihren Aufgaben fest umrissen wurden.[4] Dementsprechend waren insbesondere die ersten Jahre der Regierungszeit reich an verschiedenen Ordnungen[5]. Den Abschluß dieser längeren Entwicklung bildete die Regimentsordnung Herzog Christians vom 2. Februar 1618[6] (RgtO), die der Behördenordnung ihre endgültige Prägung verlieh und Grundlage für die Verwaltung des Fürstentums im 17. Jahrhundert wurde.[7]

---

[1] Siehe Krieg, in: Hannoversches Magazin 4: „Über die Anfänge der neueren Amtsverfassung im Fürstentum Lüneburg im 16. Jahrhundert", S. 52; Franz, Verwaltungsgeschichte des Regierungsbezirkes Lüneburg, S. 16.

[2] Siehe Eckhardt, in: NdSächsJbLdG 35: „Die Brüder Furster und die Entstehung des juristischen Kanzlertums im Fürstentum Lüneburg (1515-1522)", S. 105; Franz, Verwaltungsgeschichte des Regierungsbezirkes Lüneburg, S. 16 f.

[3] Siehe v. d. Ohe, Die Zentral- und Hofverwaltung des Fürstentums Lüneburg (Celle) und ihre Beamten, S. 18, 20.

[4] Siehe v. d. Ohe, Die Zentral- und Hofverwaltung des Fürstentums Lüneburg (Celle) und ihre Beamten, S. 22.

[5] Kanzleiordnung 1562 (Quellennachweis bei Ohnsorge, in: BllDtLdG 88: „Zum Problem: Fürst und Verwaltung um die Wende des 16. Jahrhunderts", S. 152 Fn. 8); Polizeiordnung 1564, Hofgerichtsordnung (HGO) 1564, Kirchenordnung (KO) 1564. Zur Normschaffung als Ausdruck des wachsenden Staatsbewußtseins siehe Willoweit, in: Jeserich/Pohl/v. Unruh, Deutsche Verwaltungsgeschichte, S. 289 f.

[6] RgtO 1618, in: Neues Göttingisches historisches Magazin 3, S. 486 ff.; Datierung nach v. d. Ohe, Die Zentral- und Hofverwaltung des Fürstentums Lüneburg (Celle) und ihre Beamten, S. 228 f.

[7] Siehe v.d. Ohe, Die Zentral- und Hofverwaltung des Fürstentums Lüneburg (Celle) und ihre Beamten, S. 49.

I. Landesherrliche Zentralbehörden

Waren noch bis dahin alle politischen Geschicke des Landes in einem einzigen Ratskollegium des Fürsten verhandelt worden, so nahm die RgtO 1618 eine Abtrennung der einzelnen Ressorts vor und unterteilte die Kanzlei zu diesem Zweck in acht Ratsstuben: „Geistliches Consistorium, Geheimter Rath, Cammer-Rath, Oekonomischer oder Haushaltungs-Rath, Peinliches Gericht, Hofgerichts-Justitien-Rath, Hofkanzley-Justitien-Rath und Kriegs-Rath“.[1] In dieser Spezialisierung besonderer Arbeitsgebiete kennzeichnete sich die ausdehnende Staatstätigkeit im Fürstentum; es erschien jetzt „hochnöthig, daß nicht alles in einem Rath, oder durch einerley Personen, sondern pro qualitate causarum in unterschiedenen Rathstuben, und durch unterschiedene dazu qualificirte Personen resp. proponirt, berathschlagt, und verrichtet werde“[2]. Daneben gab es eine Zahl von Sekretären, die für die lückenlose Registrierung und übersichtliche Aufbewahrung aller Schriftstücke zuständig waren.[3]

1. Geheimer Rat

Die Spitze der Verwaltung und den persönlichen Wirkungskreis des Fürsten stellte nach dieser Aufteilung der Geheime Rat dar. Er war die „geheime Sphäre“ der fürstlichen Regierung, die durch die RgtO 1618 vom Geschäftsbereich des gelehrten Kanzleiratskollegiums abgetrennt wurde.[4] Er erledigte „die Sachen, so unserm, und unsers löblichen fürstlichen Hauses Braunschweig-Lüneburg, zellischen Theils statum, Respect, Aufnehmen, und anderst, so dem juri publico anhängig, auch Begnadigung und Ersetzung aller vornehmen Aemter, und Dienst mit tüchtigen und wohl anständigen tapfern getreuen Personen und Dienern“[5] betrafen. Der geheime Rat war damit insbesondere für die Fragen der Politik zuständig. Außerdem fungierte er als Zwischeninstanz zwischen den einzelnen Ratsstuben der Kanzlei und dem Fürs-

---

[1] RgtO 1618, S. 486 ff.
[2] RgtO 1618, S. 486 f.
[3] Siehe RgtO 1618, S. 498 ff.: „Des Geheimten- oder Cammer-Secretarii Amt, Hofgerichts-Secretarii Amt, Lehn-Secretarii, Registratoris und Botenmeisters Amt, Canzley-Secretarii Amt, Canzley-Schreiber Amt“.
[4] Zur Entwicklung der „geheimen Sphäre“ des Fürsten in Verwaltungssachen siehe Ohnsorge, in: BllDtLdG 88: „Zum Problem: Fürst und Verwaltung um die Wende des 16. Jahrhunderts“, S. 152 ff. Ebenfalls zur Loslösung des Geheimen Rates von der Kanzlei Franz, Verwaltungsgeschichte des Regierungsbezirkes Lüneburg, S. 20.
[5] RgtO 1618, S. 488.

ten.[1] Er setzte sich zusammen aus dem Statthalter[2] und Großvogt Julius von Bülow, dem vormaligen Kanzler Johann Behr, sowie Johann Hildebrand, dem jetzigen Kanzler, Fritz Heißmann und Goßwin Merkelbach, „alle drey der Rechten Doctoren"[3]. Seiner wichtigen Position entsprechend war der geheime Rat demnach mit den vornehmsten Räten besetzt. Er trat entweder unter dem Vorsitz des Fürsten in dessen Privatgemach oder unter Leitung des Statthalters in einer besonderen Ratsstube zusammen.[4] In Sachen, die „unser Land und Leute, principaliter oder in consequentiam betreffen, oder sonst besonders importarit sind"[5], sollten nach Gelegenheit auch die Landräte hinzugezogen werden.

2. Kriegsrat

Da der Geheime Rat für alle Staatsangelegenheiten zuständig war, wurde er vorgesetzte Instanz für den neu geschaffenen Kriegsrat. Diesen hielt man, noch vor dem Eindruck des 30-jährigen Krieges, für erforderlich, „weil auch tempore pacis, billig darauf zu gedenken, daß man sich bey Zeiten, insonderheit bey jetzigen gefährlichen Läuften, auf erträgliche Wege in gute Defensions-Präparation stelle"[6]. Im Kriegsfalle, „auf vorhergehende Offension", war es Aufgabe dieses Rates, „alles nothdürftig zu berathschlagen" und „mit guter Discretion zu dirigiren"[7]. Der Kriegsrat war jedoch nicht ermächtigt, einen Kriegsbeschluss zu fällen, sondern hatte diesen „unsern geheimten Räthen, und uns von denselben ferner unterthänig zu hinterbringen" und es musste „für dessen Vollstreckung unsere Erklärung zuvörderst eingeholt und erwartet werden"[8].

---

[1] Siehe v. d. Ohe, Die Zentral- und Hofverwaltung des Fürstentums Lüneburg (Celle) und ihre Beamten, S. 47.

[2] Nach Herzog Ernst frühem Tod 1546 war von den fürstlichen Vormündern unter Mitwirkung der Landschaft eine oberste Landesregierung gebildet worden, an deren Spitze der Statthalter als Vertreter des Landesherrn stand. Sein Amt blieb als höchstes der Regierung auch über die vormundschaftliche Regierung hinaus bis 1637 bestehen, Franz, Verwaltungsgeschichte des Regierungsbezirkes Lüneburg, S. 18.

[3] RgtO 1618, S. 488.

[4] RgtO 1618, S. 488: „[...] zusammenkommen, und so wohl unter sich auf unserer Canzley, an einem bequemen Ort, so dero Behuf also angeordnet, und accommodirt werden soll, [...] auch in unserm Gemach, und unsrer Gegenwart".

[5] RgtO 1618, S. 489.

[6] RgtO 1618, S. 495.

[7] RgtO 1618, S. 495 f.

[8] RgtO 1618, S. 496.

3. Hofkanzlei-Justitien-Rat

Neben dem Geheimen Rat war das Hofratskollegium zu einer ständig arbeitenden Behörde ausgebildet worden. Nach dem Willen der RgtO 1618 sollte die Ratsstube der Kanzleiräte durch den Entzug ihrer politischen Funktionen, die an die Geheimen Räte gegangen waren, nunmehr als „Hofcanzley-Justitien-Rath" nur noch eine Dienststelle der Regimentsverwaltung und auf die Rechtspflege beschränkt sein.[1] Neben den Zivilsachen, in denen die Kanzlei für Verfahren ziwschen kanzleisässigen Personen sowie als Appelationsinstanz zuständig war, oblagen ihr dabei insbesondere die peinlichen Strafsachen.[2] Die neu geschaffenen Geheimen Räte wurden den Kanzleiräten nur noch zugeteilt, wenn wichtige Sachen vorlagen. Das Hofratskollegium als Ganzes war damit endgültig aus den „geheimen" Angelegenheiten des Fürsten ausgeschlossen. Diese Distanzierung des Landesfürsten von seinen Räten war namentlich durch die Herausbildung der Kollegverfassung veranlasst worden, denn das Kolleg der Hofräte konnte dem Fürsten gegenüber selbständiger auftreten als ein einzelner Rat.[3] Der Charakter von wirklichen Vertrauten des Landesherrn war den Hofräten daher schon bald verloren gegangen, bis sie schließlich nunmehr auf ihre rein jurisdiktiellen Funktionen beschränkt wurden.

4. Kammerrat und Haushaltsrat

Die zweckmäßige Organisation einer gut funktionierenden Finanz- und Kammerverwaltung galt dem Fürstentum der frühen Neuzeit mit Recht als vordringliche Aufgabe, um die Finanzmisere zu beheben, in die es durch Verpfändungen, Schuldenmachen und aufwendige Lebensführung geraten war. Eine wichtige Erneuerung war diesbezüglich bereits in den Jahren 1536/1537 durch Herzog Ernst den Bekenner mit der Einrichtung einer speziellen Rentkammer erfolgt, die aus des Fürsten Kammer, der bisherigen allgemeinen Kasse, ausgegliedert wurde und jetzt als zentrale öffentliche Rechnungsstelle

---

[1] RgtO 1618, S. 492 ff. Siehe auch Franz, Verwaltungsgeschichte des Regierungsbezirkes Lüneburg, S. 20.

[2] RgtO 1618 S. 490 f. Siehe auch unten Teil A 4. Kapitel I. 5. zur Organisation des Gerichtswesens.

[3] Siehe v. d. Ohe, Die Zentral- und Hofverwaltung des Fürstentums Lüneburg (Celle) und ihre Beamten, S. 42.

bestand.[1] Damit war eine sichtbare Scheidung zwischen privater Kasse des Fürsten und dem öffentlich-staatlichem Vermögen vorgenommen worden. Diese Schaffung einer eigenen öffentlich- staatlichen Zentralkasse setzte zugleich die Voraussetzung für eine straffere Aufsicht über die Rechnungsführung der Lokalbeamten. Alle öffentliche Gebühren und Abgaben, sämtliche Einnahmen der Ämter, Vogteien und Zollstellen flossen in diese Zentralkasse; andererseits wurden alle Ausgaben der Regierung und auch des Hofhalts aus ihr bestritten.[2] Nach der RgtO 1618 hatte der Rentmeister zusammen mit dem Statthalter, Großvogt und dem Kanzler „wöchentlich zum wenigsten einmal, Cammerrath" zu halten[3]. Die Kammerräte hatten zudem den jährlich stattfindenden Rechnungslegungen beizuwohnen.[4] Der Rentmeister hatte somit vor Statthalter, Kanzler und Großvogt Rechenschaft abzulegen. Er unterstand damit der Aufsicht durch diese Beamten, die damit die prüfende, beratschlagende und im Namen des Fürsten beschließende obere Zentralinstanz in der Finanzverwaltung waren.

Der fürstlichen Kammer oblag seit der Abtrennung der Rentkammer nur noch die Verwaltung der Privatschatulle des Fürsten; aus deren Einkünften wurden die persönlichen Ausgaben des Landesherrn bestritten.[5]
Allerdings sah sich der Fürst gezwungen, aus seiner Privatschatulle die benötigten Gelder zur Rentkammer beizusteuern, da bei den schmalen Landeseinkünften die Mittel der Rentkammer oftmals nicht ausreichten. Als im Jahre 1616 die Landschaft das umfassende Schatzgefälle zur Tilgung der Landesschulden bewilligte (s.o.), erbot sich daher auch Herzog Christian angesichts der erdrückenden Verschuldung, „woferne" er „jährlich etwas erobern und ersparen" konnte, zu der Rentkammer „jedes Jahrs nach Gelegenheit solcher

---

[1] Siehe Franz, Verwaltungsgeschichte des Regierungsbezirkes Lüneburg, S. 18; v. d. Ohe, Die Zentral- und Hofverwaltung des Fürstentums Lüneburg (Celle) und ihre Beamten, S. 20, 33. Die Trennung der Finanzressorts entsprach der allgemeinen Entwicklung in deutschen Fürstentümern, vgl. Bechtel, Wirtschafts- und Sozialgeschichte Deutschlands, S. 244 ff. Zur Situation vor der Trennung zwischen öffentlicher und privater Kasse siehe die eingehende Quellenstudie von Dormeier, Verwaltung und Rechnungswesen im spätmittelalterlichen Fürstentum Braunschweig-Lüneburg, S. 423 ff.

[2] Siehe v. d. Ohe, Die Zentral- und Hofverwaltung des Fürstentums Lüneburg (Celle) und ihre Beamten, S. 33.

[3] RgtO 1618, S. 489. Rentmeister war zu dieser Zeit nach Angabe der RgtO (a.a.O. S. 489) Balthasar Knorre.

[4] RgtO 1618, S. 489: „Und sollen ermeldte unsere Cammerräthe, den Rechnungen so wir mit Gottes Hülfe, jedes Jahr, kurz nach Ostern und resp. Trinitatis, unnachlässig einnehmen wollen, mit beywohnen".

[5] Siehe v. d. Ohe, Die Zentral- und Hofverwaltung des Fürstentums Lüneburg (Celle) und ihre Beamten, S. 38.

befindenden Übermaaße“ aus seinen „Cammergefällen dazu ein ziemliches zu contibuiren“[1].

Ein Bestandteil der ehemaligen Kammersachen wurde durch die RgtO 1618 ebenfalls zur besonderen Ratsstube: der „Oekonomische oder Haushaltungs-Rath“. Er war dafür zuständig, dass „bey Hofe, und auf den Aemtern alles haushalterisch zugehen, aller Unrath, so viel mensch und möglich ist, abgeschaft darentgegen aber die Intraden, so viel es ohne anderer ungeziemenden Bedruck, Nachtheil und Schaden füglich geschehen kann, verbessert werden mögen“[2]. Auch die Einrichtung dieses Rates, der sämtliche Verschwendung bei Hof und in den Ämtern verhindern sollte, war nicht nur wegen der stetigen Verschuldung eingerichtet worden, sondern drückte auch die zunehmende Rationalisierung und Effektivierung der Verwaltung aus. Der Haushaltsrat war mit „drey sonderliche der Haushaltungssachen wohl erfahrne Räthe“[3] zu besetzen. Er hatte mehr die Aufgabe der Inspektion und Berichterstattung an den Geheimen- und den Kammerrat, indem seine Mitglieder „alles dessen, was zu obangeregtem Intent dienlich, sich täglich ohne UntErlass erkundigen, erwägen, ihre Gutachten darüber in Schriften verfassen, und dasselbe gedachten unsern geheimten und Cammer-Räthen ferner zu erwägen, und uns folgends unterthänig zu hinterbringen“[4] hatten.

5. Organisation des Gerichtswesens

Neben der Justizkanzlei[5] war das 1535 in Uelzen gegründete Hofgericht das höchste Gericht im Land. Kanzlei und Hofgericht bestanden nebeneinander mit den gleichen Kompetenzen, doch war das Hofgericht im Gegensatz zur Justizkanzlei eine ständische Einrichtung. Zwar wurde der Richter des Hofgerichts vom Fürsten bestellt, aber sie wurden von der Landschaft bezahlt und als Richter von ihrem Eid gegen den Fürsten entbunden.[6]

---

[1] Jacobi, Band 2, S. 79 („Receß zwischen dem Herzog Christian und dem verordneten landschaftlichen Ausschuß vom 20.6.1616“); bestätigt durch LtgA vom 13.09.1616, Jacobi, Band 2, S. 84 ff. Zu den Beihilfen des Landesfürsten siehe auch v.d. Ohe, Die Zentral- und Hofverwaltung des Fürstentums Lüneburg (Celle) und ihre Beamten, S. 39.
[2] RgtO 1618, S. 489 f.
[3] RgtO 1618, S. 490.
[4] RgtO 1618, S. 490.
[5] Siehe dazu oben Teil A Kapitel 4 I. 3.
[6] Siehe Franz, Verwaltungsgeschichte des Regierungsbezirkes Lüneburg, S. 18; v. d. Ohe, Die Zentral- und Hofverwaltung des Fürstentums Lüneburg (Celle) und ihre Beamten, S. 18, 22 ff.; Scheel, in: Jeserich/Pohl/v. Unruh, Deutsche Verwaltungsgeschichte, S. 756.

Durch die Hofgerichtsordnung (HGO) von 1564[1] wurde das Gericht von Uelzen nach Celle verlegt und dadurch enger mit der Regierung verbunden. Der Fürst hatte nun zum einen die Gelegenheit, „so viel möglich / bey den Gerichtlichen audienzen / eigener Person zu sein“[2]; andererseits wurde die Beschäftigung der Hofräte als Beisitzer im Gericht erleichtert. Es tagte nun acht mal jährlich. Durch einen starken Einfluss der Landschaft auf die Stellenbesetzung konnte eine vom Fürsten weitgehend unabhängige Rechtsprechung erreicht werden. Während der vier ordentlichen Termine[3] sollte das Gericht „zum wenigsten mit sieben Personen besetzt werde / die wir / und unsere Nachkomen / jeder zeit zu setzen / macht haben / sollen und wollen / Unter welchen sieben Personen / einer unsere Hoffrichter / und derselbig / aus der Ritterschafft geborn / und die andern sechs assessores, oder Beysitzer / vom Adel und Recht gelerten / sein sollen“[4]. Hier fiel zugunsten der Landstände insbesondere ins Gewicht, dass der Hofrichter als Vorsitzender „aus der Ritterschaft geboren“ sein sollte. „Uff den Extraordinarien Hoffgerichtten“[5] sollte sich das Gericht aus „uffs wenigst / zwen unser Hoff Rethe / und der Hoffgerichts Secretarius“[6] zusammensetzen.

Gleich der Kanzlei war das Hofgericht zuständig für „alle unsere Prelaten / die von der Ritterschafft / Burgermeister / Rethe / und Gemeinde in Stedten / und alle unsere Unterthanen / die in unserem Fürstenthumb heuslich wonen / oder sich enthalten / und den Untergerichten / in den Stedten oder Ampten

---

Das Hofgericht wurde seit 1607 „mit Hofrichtern und Beisitzern auf der Landschaft Unkostung, versehen und bestellet“, Jacobi, Band 2, S. 25 ff. (LtgA vom 3.11.1607).

[1] Hofgerichtsordnung Herzog Heinrichen und Wilhelmen des Jüngeren, Wittemberg 1564 (HGO 1564).

[2] HGO 1564, Vorrede.

[3] HGO 1564 Titul. „Ordnung des Hoffgerichts zu Zell / und zu was zeiten / und wie es damit solle gehalten werden“: Montags nach Oculi, Trinitatis, Bartholomei und Catharine.

[4] HGO 1564 Titul. „Wie unser Hoffgericht / mit Richtern und Beysitzern besetzet werden soll“. Durch die RgtO 1618 wurde die Besetzung des Gerichts nochmal dahingehend konkretisiert, dass „jedesmal mit einem Hofrichter, zweyen adelichen und vier gelehrten, allen wohl darzu qualificierten erfahrnen Beysitzern, und zwar anjetzo Marq. von Hodenberg als Hofrichter, Joachim von Botmer, Tönies Torney, Statz Borcholten, Theod. Dieterichs, Hector Mithobio, und Franc. Drosemann alle vier der rechte Doctorn, besetzt, ihnen auch Otto Hedemann, als ein Hofgerichts- Secretarius, Fried. Eggeling als ein Substitut, und dann Joh. Bunge, als ein Hofgerichts-Bote und Pedell adjungirt seyn, und bleiben sollen“, RgtO 1618, S. 492.

[5] HGO 1564 Titul. „Ordnung des Hoffgerichts zu Zell / und zu was zeiten / und wie es damit solle gehalten werden“: Montags nach Misericordias Domini, Visitationes Mariae, Francisci, Epipanias Domini.

[6] HGO 1564.

nicht unterworffen sein“[1]. Für die Adligen und von den Untergerichten eximierten war das Hofgericht somit erste Instanz, unabhängig davon, „wie geringschetzig die sach were“[2]. Zugleich war es zweite Instanz für „alle und jede Appellation sachen / so von den untergerichten / in den Ampten und Stedten / an uns / als ordentlichen Oberrichter / geschehen / von End oder auch Beyurteiln / davon die Keiserliche Recht zu appelliern gestatten“[3]. Bedingung für die Verhandlung vor dem Hofgericht in Appellationssachen war, dass der Appellant schriftlich innerhalb von zehn Tagen nach Eröffnung des Urteils unter Begründung Berufung einlegte und erklärte, das Objekt übersteige den Wert von 20 Gulden.[4] Vom Hofgericht wie von der Kanzlei war es weiterhin möglich, an das Reichskammergericht zu appellieren.[5]

Dem Hofgericht blieben neben der Justizkanzlei die „Civil Justitien Sachen“ vorbehalten. Das peinliche Gericht bildeten als Vorstufe der entstehenden Jutizkanzlei[6] die beiden dem Hofgericht als Assessoren angehörenden Hofräte

---

[1] HGO 1564 Titul. „Wer vor Unser Hoffgericht geladen / Auch was sachen am selben angenommen und gerechtfertigt werden sollen / und mögen“.

[2] HGO 1564 Titul. „Wer vor Unser Hoffgericht geladen / Auch was sachen am selben angenommen und gerechtfertigt werden sollen / und mögen“.

[3] HGO 1564 Titul. „Wer vor Unser Hoffgericht geladen / Auch was sachen am selben angenommen und gerechtfertigt werden sollen / und mögen“; zur Appellation auch LPO 1618 Kapitel 11 § 3.

[4] HGO 1564 Titul. „Wer vor Unser Hoffgericht geladen / Auch was sachen am selben angenommen und gerechtfertigt werden sollen / und mögen“: „Es solle aber kein Appellation an unserm Hoffgericht angenomen / oder gerechtfertigt werden / es hab dann / der sich durch ergangne Urteil beschwert zu sein vermeinet / alsbald / und in continenti, nach eröffnung derselben / mit lebendiger stim / oder zum lengsten innerhalb zehen tagen / in schrifften / mit angezeigten ursachen seiner beschwerung / daruon appellirt / und das die Heuptsach über zwenzig gülden betreffe / Do aber die Heuptsache allein zwenzig gülden / oder darunter betreffen würde / so sol die Appellation nicht angenomen / oder gerechtfertigt / Sondern die gesprochen Urteil / in iren krefften bleiben / und derselben gebürliche Execution / durch uns / oder unser Hoffgericht an unser stat / oder das Untergericht / von dem die Urteil gesprochen / wircklich geschehen“. Die RgtO 1618 hat die Bestimmungen des HGO 1564 nicht abgeändert, sondern bestimmt, dass das Verfahren nach wie vor „vermöge unserer Hofgerichts-Ordnung, ein- und ausgeführet werde“, a.a.O., S. 492.

[5] Es bestand im Fürstentum Lüneburg im Gegensatz zu vielen anderen deutschen Territorien kein territoriales Appellationsverbot an das kaiserliche Reichskammergericht, vgl. Weitzel, Der Kampf um die Appellation ans Reichskammergericht, S. 201 f. Das privilegium de non appellando wurde den Lüneburger Herzögen erst 1638 von Kaiser Ferdinand III. verliehen, nach dem nur bei Streitfällen von über 1000 fl. appelliert werden durfte, siehe v. d. Ohe, Die Zentral- und Hofverwaltung des Fürstentums Lüneburg (Celle) und ihre Beamten, S. 30. Zur Rechtsnatur der Appellationsprivilegien und deren Bedeutung für die territoriale Gerichtsbarkeit siehe ferner Weitzel, Der Kampf um die Appellation ans Reichskammergericht, S. 36 ff.

[6] Siehe dazu oben Teil A 4. Kapitel I. 3.

zusammen mit dem Großvogt und zwei Ratsherren der Stadt Celle.[1] Dieses Gericht war für das gesamte Fürstentum Kriminalgericht und hatte „alle Missethäter in ganzen Lande schrift- oder mündlich rechtlicher Ordnung nach, auf vorhergehende Anklage [...] reiflich und wohl erwogen, folgends ohne unnöthigen Verzug ein Urthel den gemeinen beschriebenen Rechten, auch Kayser Carls des Fünften peinlichen Halsgerichts-Ordnung, und der Billigkeit gemäß“[2] zu verfassen.

6. Kirchenorganisation und Schulwesen

Herzog Ernst der Bekenner hatte seit 1527 die Reformation erfolgreich im Fürstentum einführen und die Neuordnung des Kirchenwesens vorantreiben können.[3] Die Kirchengüter wurden inventarisiert; die Patronatsrechte auswärtiger Fürsten zog der Herzog an sich. Besonders stark waren seine Bemühungen um die Klöster seines Herzogtums, die ihm einigen Widerstand entgegen setzten. Dem Herzog ging es dabei im wesentlichen um die Erlangung ihrer Güter, denn deren Einkünfte konnten endlich Erleichterung von den landesherrlichen Schulden bringen. 1529 führte er eine Visitation aller Stifter und Klöster im Fürstentum durch und setzte überall evangelische Prediger ein. Die Klostergüter wurden unter zähem Widerstand der Prälaten weitgehend eingezogen. Die Männerklöster wurden bis auf St. Michaelis in Lüneburg, Bardowik und Rahmelsloh aufgelöst, die letzten beiden Klöster an Besitz und Privilegien stark beschnitten.[4] Bezüglich der Frauenklöster konnten die Landstände die Erhaltung der meisten in evangelischer Form als Versorgungsstätte der Adelstöchter durchsetzten, doch wurden auch ihre Güter ebenfalls dem Herzog übergeben, der ihre Verwaltung übernahm.[5] Mit dieser Entmachtung gingen die Klöster natürlich auch ihrer vormals wichtigen Rolle im Landtag verlustig.

---

[1] RgtO 1618, S. 490 f.
[2] RgtO 1618, S. 490 f.
[3] Für das Folgende: Sehling, Die evangelischen Kirchenordnungen des 16. Jahrhunderts, Band 6/1, S. 484 ff. Die Stadt Lüneburg hat selbständig die Reformation durchgeführt, zu diesen Umständen siehe eingehend Gerecke, in: JbGesNdSächsKG 77, S. 25 ff.: „Studien zu Urbanus Rhegius` kirchenregimentlicher Tätigkeit in Norddeutschland“.
[4] Siehe Wrede, Die Einführung der Reformation im Lüneburgischen, S. 56 ff., 93 ff.; Krosch, Die landständische Verfassung des Fürstentums Lüneburg, S. 25 ff.; Franz, Verwaltungsgeschichte des Regierungsbezirkes Lüneburg, S. 16.
[5] Siehe Wrede, Die Einführung der Reformation im Lüneburgischen S. 108 f.; Krosch, Die landständische Verfassung des Fürstentums Lüneburg, S. 24 f.; Schnath, in: BllDtLdG 109: „Das Schicksal des Klostergutes in den früheren Welfenlanden und seine besondere Rechtsstellung im heutigen Lande Niedersachsen“, S. 265.

Zur Durchführung seines Reformationswerkes erließ Ernst der Bekenner mehrere Ordnungen: ein Artikelbuch 1527, eine Predigeranweisung 1529 und 1543 eine Ordnung über Pfarreinnahmen und über Ehesachen.[1] Eine umfassende Kirchenordnung erging jedoch erst unter den Nachfolgern Herzog Ernst des Bekenners, seinen Söhnen Heinrich und Wilhelm, im Jahre 1564.

Durch die Kirchenordnung (KO) von 1564[2] wurde das evangelische Konsistorium als kirchliche Zentralbehörde am Sitz der fürstlichen Residenz in Celle begründet, das mit „unsern gelerten und andern hoffrethen, auch etzlichen preducanten" besetzt war und in den Anfangszeiten lediglich „des jars viermal" zusammentreten sollte[3]. Es war für Lehrstreitigkeiten, Ehesachen und für Prozesse zwischen Kirchen, Geistlichen und Kirchendienern, und von Laien gegen Geistliche zuständig[4]. Nach der Regimentsordnung 1618 gehörtem dem Konsistorium nunmehr neben Statthalter, Kanzler, anderen Räten und dem Generalsuperintendenten auch der Hofprediger und die Stadtpfarrer von Celle an.[5] Sein Aufgabenbereich lag unverändert bei „Ehe- und andere Sachen, Kirchen, Schulen, und deren Bediente betreffend, oder was sonst mehr der Christlichen Jurisdiction, ihrer Art und Eigenschaft nach, in einerley Wege, anhängig sein kann oder mag"[6]. Das Konsistorium trat nun öfters zusammen und sollte „zum wenigsten alle sechs Wochen einmal auf Unserer Canzley"[7] eine Beratung zu halten. Es war vor allem oberstes kirchliches Gericht; die kirchlichen Erlasse selbst ergingen indes nach wie vor vom Herzog.

---

[1] Sämtlich abgedruckt in Sehling, Die evangelischen Kirchenordnungen des 16. Jahrhunderts, Band 6/1.

[2] Kirchenordnung Heinrichs und Wilhelms des Jüngeren von 1564 (KO 1564): Wie es mit christlicher lere, reichung der sacrament, ordination der diener des evangelii, ordentlichen ceremonien, visitation, consistorio und schulen im herzogthumb Lüneburg gehalten wird. Wittemberg. 1564, in: Sehling, Die evangelischen Kirchenordnungen des 16. Jahrhunderts, Band 6/1, S. 533 ff.

[3] KO 1654, S. 537. Zu Begriff und Wesen der evangelischen Konsistorialverfassung siehe Schoß, Die rechtliche Stellung, Struktur und Funktion der frühen evangelischen Konsistorien nach den evangelischen Kirchenordnungen des 16. Jahrhunderts, S. 7 ff. und v. Heinemann, Geschichte von Braunschweig und Hannover, Band 2, S. 469 f.

[4] KO 1564, S. 537 f.

[5] RgtO 1618, S. 487 f.

[6] RgtO 1618, S. 487 f. Siehe LPO 1618 Kapitel 11 § 2, wo die Verfahren über Ehesachen dementsprechend ausdrücklich dem Konsistorium vorbehalten bleiben: „daß sie ausserhalb Ehesachen, so billich aus Unsern beyden Fürstenthümer Zellischen und Grubenhagischen Theils, an angehörigen Grafschaften für Unser Geistlich Consistorium anhero zu verweisen". Doch war das Celler Konsistorium dem Grubenhagischen im übrigen grundsätzlich nicht übergeordnet; nur die Ehesachen wurden dem Grubenhagischen Konsistorium durch die LPO 16168 entzogen, Max, Geschichte des Fürstentums Grubenhagen, Band 2, S. 297.

[7] RgtO 1618, S. 487.

Überhaupt konnte das Konsistorium keine große Tätigkeit entfalten, da die Herzöge in Zusammenarbeit mit dem Generalsuperintendenten die Kirche patriarchalisch regierten.[1] Die Rechtsstellung des Fürsten gegenüber der reformatorischen Landeskirche war gekennzeichnet durch das landesherrliche Kirchenregiment, welches das Recht der Organisation und Verwaltung, der Aufsicht und Visitation sowie der Ordnung des inneren Kultes und der Disziplin umfasste.[2]
Herzog Christian erließ 1619 auf Grund einer erneuten Generalvisitation eine neue Kirchenordnung[3], die sein berühmter Generalsuperintendent Johann Arndt[4] verfasst hatte und in der diese Bestimmungen über das geistliche Konsistorium im wesentlichen bestätigt wurden. Sie wurde 1643 ohne sachliche Änderungen revidiert und neu herausgegeben und ist in dieser Form bis heute rechtsgültig geblieben.[5]

Im Ergebnis markierte die Regimentsordnung von 1618 die Umbildung der fürstlichen Ratsstube in ein Regierungskollegium, das durch Ressortbildung und Spezialisierung die Grundlage einer durchorganisierten und straffen Zentralverwaltung aufwies. Zudem wurde eine funktionelle Trennung zwischen administrativer und richterlicher Tätigkeit der Räte vorgenommen. Eine begriffliche Festhaltung der Polizeisachen oder gar strikte Zuordnung von Polizeisachen auf Ebene der Landesverwaltung war allerdings zu dieser Zeit noch nicht vorhanden. Nach ihrem Zuständigkeitsbereich konnte durchaus jede

---

[1] Siehe Schoß, Die rechtliche Stellung, Struktur und Funktion der frühen evangelischen Konsistorien nach den evangelischen Kirchenordnungen des 16. Jahrhunderts, S. 80; Franz, Verwaltungsgeschichte des Regierungsbezirkes Lüneburg, S. 19.
[2] Siehe Schmidt, in: NdSächsJbLdG 56: „Kirchenregiment und Landesherrschaft im Selbstverständnis niedersächsischer Fürsten des 16. Jahrhunderts", S. 36 ff.; Conrad, Deutsche Rechtsgeschichte, Band 2, S. 294; Plöchl, in: HRG, Band 2, Art. Kirchenordnung, Sp. 769.
[3] Deß Hochwürdigen / Durchleutigen / Hochgebornen Fürsten und Herrn / Herrn Christians / Erwählten Bischoffen des Stiffts Minden / Herzogen zu Braunschweig / und Lüneburg / Kirchenordnung und Befehl / Wie es mit christlicher Lehre [...] In beyden S.F.G. Fürstenthumben / Braunschweig: Lüneburg: Cellischen / und Grubenhagischen teils / und angehöriger Graff: und Herrschafften / unnachlessig gehalten werden soll. Zell 1619. Nach der KO von 1619 blieben die Bestimmungen über das Konsistorium im wesentlichen unverändert; es war nach wie vor zuständig für „nachfolgende Sachen / nemblich / So Streit in der Lehre fürfiele / Item Ehesachen / etc.". Es sollte „des Jahrs acht mahl / Nemblichen / am Freitage / für den HoffGerichte / gehalten werden", a.a.O., S. 17.
[4] Zu seiner Person siehe Krumwiede, in: Geschichte Niedersachsens, Band 3/2, S. 116 ff.
[5] CCL Cap. I Sec. I N. 1; siehe Sehling, Die evangelischen Kirchenordnungen des 16. Jahrhunderts, Band 6/1, S. 487; Franz, Verwaltungsgeschichte des Regierungsbezirkes Lüneburg, S. 20.

Ratsstube mit Polizeisachen befasst sein. Auf der Ebene der landesherrlichen Zentralverwaltung sah man mithin noch keinen Bedarf zur Schaffung einer besonderen Zuständigkeit für das Polizeiwesen.

II. Amtsverwaltung

Seit der zweiten Hälfte des 13. Jahrhunderts entstanden im Fürstentum - wie in allen welfischen Territorien - lokale Gerichts- und Verwaltungsbehörden, die teils als Gerichte oder Vogteien, seit dem 16. Jahrhundert auch als Ämter bezeichnet wurden. Noch bildete das Fürstentum aber kein geschlossenes Territorium mit einer einheitlichen Untertanenschaft. Erst in der Folgezeit nach Ende des 13. Jahrhunderts entwickelte es sich zu einer geographisch und politisch geschlossenen Einheit mit einer das gesamte Land ergreifenden Amtsverfassung. Als im 16. Jahrhundert zahlreiche Ämter aus ihrer Verpfändung gelöst werden konnten[1], setzte eine konsequente Straffung und Verfestigung der Amtsverwaltung ein, die durch eine Reihe von Erlassen auf eine feste Grundlage gestellt wurde.[2]
Zu Beginn des 17. Jahrhunderts war das Fürstentum schließlich in feste Ämter und Vogteien eingeteilt, unter denen die aus mehreren Vogteien entstandene Großvogtei Celle als bedeutendste und größte hervortrat.[3] An der Spitze der Ämter, die in Vogteien als Unterbezirke eingeteilt waren, standen Befehlshaber, Haupt- oder Amtmänner, denen als Vorsteher der Amtsunterbezirke Vögte oder Gogrefen und Veestherren unterstanden. Das Amt war zum einen Träger der landesfürstlichen Hoheitsrechte, zum anderen Verwaltungsmittelpunkt für den ausgedehnten landesherrlichen Grundbesitz. Neben der Verwaltung der Einkünfte hatte der Beamte die Grenzen zu hüten, Landwehren und Straßen zu besichtigen, diese erforderlichenfalls auszubessern, Zoll- und Wegegeld zu erheben und allgemein für Ruhe und Ordnung in seinem

---

[1] Zur Geldnot der Fürsten als Grund für die Verpfändung der Ämter siehe Krieg, Die Entstehung und Entwicklung der Amtsbezirke im ehemaligen Fürstentum Lüneburg, S. 104; *ders.*, in: Hannoversches Magazin 4: „Über die Anfänge der neueren Amtsverfassung im Fürstentum Lüneburg im 16. Jahrhundert".

[2] Siehe Krieg, Die Entstehung und Entwicklung der Amtsbezirke im ehemaligen Fürstentum Lüneburg, S. 105, dort auch Nachweise zu Richtlinien, die an die Verwaltung ergingen; Franz, Verwaltungsgeschichte des Regierungsbezirkes Lüneburg, S. 32; Scheel, in: Jeserich/Pohl/v. Unruh, Deutsche Verwaltungsgeschichte, S. 760.

[3] Zur Entstehung der Amtsbezirke im Fürstentum Lüneburg eingehend die Arbeit von Krieg, Die Entstehung und Entwicklung der Amtsbezirke im ehemaligen Fürstentum Lüneburg. Siehe dort S. 22 ff. auch zur Großvogtei Celle.

Bezirk zu sorgen. Insbesondere hatte er auch über die Einhaltung der Polizei- und Kirchenordnungen zu wachen.[1]

Das Tätigkeitsfeld der Amtmänner umfasste neben diesen polizeilich-militärischen und wirtschaftlich-administrativen Aufgaben auch richterliche Aufgaben. Sie waren Vorsitzende beim jährlich stattfindenden Landgericht, das sich aus den alten Godigen entwickelt hatte.[2]
Die alten Godinge umfassten ursprünglich in ihrer Zuständigkeit alle Bereiche des Rechtslebens.[3] Das Urteil der mittelalterlichen Godinge war von den Goleuten nach Herkommen gefunden worden. Den Vorsitz hatte der Gogrefe geführt, dem sein Amt durch die Wahl der Dinggenossen übertragen worden war.[4]
Diese Gogerichte hatten seit Beginn der Neuzeit in ihrer Tätigkeit zahlreiche Einschränkung hinnehmen und mehr oder minder der landesherrlichen Rechtsprechung weichen müssen. Das Amt des Gogrefen lag nunmehr in der Hand des Amtmannes, der als landesherrlicher Beamter den Anordnungen des Fürsten unterworfen war.[5] Der einstmals durch freie Wahl berufene Richter war somit zu einem Instrument der landesherrlichen Verwaltung geworden.
Neben den Verlust der Unabhängigkeit trat der Bedeutungsverlust, den sie durch die Einrichtung des fürstlichen Hofgerichts erlitten, sowie die Konkurrenz durch die Gerichtsbarkeit der landesherrlichen Ämter.[6] Diesen stand nämlich die Befugnis zu, Rechtsstreitigkeiten der Landbewohner durch gütliche Vereinbarungen zu schlichten: sie sollten nach der RgtO 1618 „mit allem Fleiß daran seyn, daß sie allen, in den Aemtern, Vogteyen, oder ihren Inspectionen fürlaufenden Discrepanzen, entweder mit beider Partheyen freyem Willen in der Güte auf erträgliche Wege, oder in Entstehung derselben für den Landgerichten, oder da etwa dieselbe an dem einen oder andern Ort nicht gehalten werden, von ihnen selbst ohne Verzug und Partheylichkeit, den

---

[1] Siehe Franz, Verwaltungsgeschichte des Regierungsbezirkes Lüneburg, S. 32 f.; Scheel, in: Jeserich/Pohl/v. Unruh, Deutsche Verwaltungsgeschichte, S. 743 f.; Krieg, Die Entstehung und Entwicklung der Amtsbezirke im ehemaligen Fürstentum Lüneburg, S. 95, 105.
[2] Siehe G. Landwehr, Die althannoverschen Landgerichte, S. 170, 182; Ebel, Geschichte der Gesetzgebung in Deutschland, S. 14 f.
[3] Siehe G. Landwehr, Die althannoverschen Landgerichte, S. 176 ff.
[4] Vgl. G. Landwehr, Die althannoverschen Landgerichte, S. 155 ff.; Krieg, Die Entstehung und Entwicklung der Amtsbezirke im ehemaligen Fürstentum Lüneburg, S. 107.
[5] Siehe G. Landwehr, Die althannoverschen Landgerichte, S. 170; Max, Geschichte des Fürstentums Grubenhagen, Band 2, S. 22 f.; Krieg, Die Entstehung und Entwicklung der Amtsbezirke im ehemaligen Fürstentum Lüneburg, S. 107; Merker, in: NdSächsJbLdG 38: „Grafschaft, Go und Landesherrschaft“, S. 51 f.
[6] Vgl. zu dieser Entwicklung G. Landwehr, die althannoverschen Landgerichte, S. 182 ff.

Rechten und der Billigkeit gemäß abgeholfen"[1] werden. Bereits in der Polizeiordnung von 1564 drückte sich diese Tendenz aus; auch danach war allen Amtleuten geboten, „das sie auff klagen / so inen zwischen iren Amptverwanten" vorkamen, „beide Parteyen furbescheiden / sie hören / und vleis fürwenden / sie gütlich zu entscheiden"[2]. Nur wenn „die güte nicht wolte statt haben", waren die Parteien „für ordentliche Gericht" zu weisen[3].

In ähnlicher Weise wurde der Einfluss der Gogerichte auf dem Gebiet der Strafrechtspflege zurückgedrängt. Die peinliche Gerichtsbarkeit war durch die Regimentsordnung von 1618 der Justizkanzlei zugewiesen worden.[4] Dadurch wurden die Landgerichte sachlich auf die Ahndung kleinerer Delikte beschränkt und besaßen nur die Befugnis, Geldstrafen (sog. Wroge oder Bruch) oder geringe Leibesstrafen zu verhängen.[5] Die Grenze zur peinlichen Gerichtsbarkeit war fließend und wurde durch die örtlichen Gewohnheiten bestimmt.[6] Im allgemeinen waren die Landgerichte damit zur Verfolgung der Kleinkriminalität und Bestrafung der Polizeidelikte, deren Großteil zu den Wrogendelikten zu zählen sind, zuständig.

Die Überwachung der zahlreichen polizeilichen Vorschriften, die in den Städten Rat und Bürgermeister zustand, oblag auf dem Land somit dem landesherrlichen Amtmann in Zusammenarbeit mit dem Landgericht. Die Rügegeschworenen hatten monatlich die von ihnen erforschten Wrogendelikte bei den Amtmännern anzuzeigen, die sodann eine summarische Untersuchung des Sachverhaltes vornahmen. Dazu legten sie Wrogenregister an, in denen

---

[1] RgtO 1618, S. 497 f.
[2] LPO 1564 Titul. „Von klagen / als aus den Ampten zu hoff komen".
[3] LPO 1564 Titul. „Von klagen / als aus den Ampten zu hoff komen". Siehe auch HGO 1564 Titul: „Ordnung wie es vor den Untergerichten in Stedten / und in den Ampten unsers Fürstenthumbs solle gehalten werden":
„Weil aber offtmals geringe sachen sein / das zu verhütung unkosten / oder sunst / [...] nützer ist / das die Partheyen in der güte / irer irrung halben vertragen / dann mit recht / entscheiden werden: So sollen unser Haupt und Amptleute / auch Adel die Gericht haben / und Burgermeister und Rethe / in Stedten / wann klage an sie gelanget / uffs fürderlichs / die Partheyen vorbescheiden / und sie gegen einander gütlich hören / und wann sie berichts genug der sachen haben / allen möglich fleis vorwenden / das sie die Partheyen in der güte / mit beider teil gutem willen vertragen / und entschieden mögen. Sie sollen aber hierin kein partheiligkeit gebrauchen / noch ihren vorteil suchen".
[4] Siehe RgtO 1619, S. 490 f. und oben Teil A 4. Kapitel I. 3.
[5] Siehe G. Landwehr, Die althannoverschen Landgerichte, S. 70 ff.; Max, Geschichte des Fürstentums Grubenhagen, Band 2, S. 27 f.; Struben, Rechtliche Bedenken, Band 1, Bedenken Nr. 29 (S. 78).
[6] Siehe G. Landwehr, Die althannoverschen Landgerichte, S. 70, 120 ff.

der Hergang der Tat und die Tatumstände genau bezeichnet wurden. Die Aufzeichnungen wurden schließlich an das Landgericht weitergeleitet, welches die Straftaten untersuchte und die Täter verurteilte.[1] Bis auf Todes- und schwere Körperstrafen, die der Kriminaljustiz vorbehalten blieben, verhing es auch Leibesstrafen, die nach dem damaligen Verständnis nicht nur Züchtigungs-, Verstümmelungs- und Schandstrafen, sondern auch die Gefängnisstrafe umfassten.[2]

Amt und Landgericht übten somit auf dem Land die Funktion der Polizeibehörde aus.

5. *Kapitel: Gesetzgebungsverfahren und Beteiligung der Lüneburgischen Landschaft an der Polizeigesetzgebung*

Gemäß der von Havemann als „uralten Brauch" bezeichneten Kompetenzregelung, dass „ohne Genehmigung der Landschaft keine neue Verordnung von der gnädigen Herrschaft erlassen werden könne"[3], wurde bereits die Polizeiordnung aus dem Jahre 1564 mit der auf dem Landtag erteilten Bewilligung der Stände verabschiedet.[4] Noch auf dem Landtag vom 26. November 1592 bestätigte der Landesherr dieses Recht und sicherte den Ständen zu, dass „ohne Wissen und Wollwort der Landschaft keine neue Konstitution oder Ordnung gemacht oder publiciert werden"[5]. Damit stand dem Fürsten im Bereich der Polizeigesetzgebung kein alleiniges Gesetzgebungsrecht zu.

Die Polizeiordnung des Jahres 1564 war die erste als „Policey" bezeichnete Ordnungstätigkeit des Landesherren und der Landschaft.[6] Von deren Verab-

---

[1] Siehe zum Verfahren der Landgerichte im 17. Jahrhundert G. Landwehr, Die althannoverschen Landgerichte, S. 86 ff.

[2] Siehe Schmidt, Einführung in die Geschichte der deutschen Strafrechtspflege, S. 184 f.

[3] Havemann, Geschichte der Lande Braunschweig und Lüneburg, Band 3, S. 115.

[4] Siehe Jacobi, Band 1, S. 234 ff. (LtgA vom 13.8.1563).

[5] Jacobi, Band 1, S. 341 f. (LtgA vom 26.11.1592). Zur Mitwirkung der Stände bei Erlass von Polizeiordnungen siehe Blickle, Landschaften im Alten Reich, S. 587, der die Beteiligung der Stände an der Gesetzgebung anhand oberdeutscher Quellen nachgewiesen hat; vgl. auch Immel, in: Coing, Handbuch der Quellen und Literatur der neueren europäischen Privatrechtsgeschichte, S. 10 f.

[6] In einer Versicherung der Herzöge Otto und Ernst an die Landschaft des Jahres 1522 wurde zwar aufgenommen, dass „wir, als frommen löbl. Fürsten geziemet, getreullich davor und an seyn, dass sicherheit soviel müglich auf unseren Straßen und in unseren gebieten soll gehalten werden", damit „die unsern und der frembde Kauffmann ihre Nahrung suchen, und unser Fürstenthum Lande und Leuthe sicher sehlig und unbefahrt wandelen,

schiedung bis zum Erlass der umfassenden Polizeiordnung des Jahres 1618 fanden auf dem Gebiet der Polizei nur marginale Tätigkeiten oder Anstöße zum Tätigwerden statt, die zumeist von den Landständen ausgingen.

Bereits kurz nach Erlaß der umfassenden Ordnung von 1564 baten die Landstände im Jahre 1570 um den Erlass einer „gemeinen Constitution", dass von „zugerodeten Acker und Wiesken nichts veräußert oder verkauffet werden, sondern sie bey den Höfen und Kothen" bleiben sollten, damit „die Leuthe Seiner F. G. und Ihren Gutherren soviel desto besser, dasjenige was sie schuldig sein thun und leisten mögen"[1]. Bereits auf dem darauffolgenden Landtag, ebenfalls im Jahre 1570, erging die kurze „Constitution von zugerodeten Aecker und Cämpen"[2], die bereits in der Ordnung von 1564 enthaltene Bestimmungen über Hofteilungen ergänzte. Gleichlautende Regelungen wurden später in die Polizeiordnung von 1618 übernommen.[3]

Zur gleichen Zeit drang vornehmlich der Adel darauf, dass wegen „Gerade und Mußtheil" ebenfalls eine „gewisse Constitution gemacht würde, darnach man sich in solchen Fällen zu richten", da „sich zwischen dem Adell der verstorben nachgelaßen, Gerade und Mußtheil halber oftmals irrung zuträget"[4]. Der Landesherr sollte sich über eine entsprechende Verordnung mit dem Ausschuss beraten, und der Entwurf „Räthe und Landschafft auf negsten landtag angezeiget" werden[5]. Zum Erlass einer enstprechenden Constitution kam es bis zu der Aufnahme entsprechender Bestimmungen in der Polizeiordnung

---

gebrauchen". Somit wurde ein Sachverhalt geregelt, der später der Polizei zuzuordnen war. Doch wird im Zusammenhang mit dieser Zusicherung weder der Begriff „Policey" genannt, noch wurde deutlich, dass die Herzöge hier durch einseitiges Rechtsgebot anstreben, den Zustand im Gemeinwesen zu bessern. Insbesondere wird letztlich nur der geltende Rechtszustand zugesichert, dass, wenn „jemandt wider Recht auf den unserigen beschedigen oder vergewaltigen würde", den werde man „unabläßig und ohn alle gnade nach Vermöge der Rechte und Landesgewohnheit Straffen", Jacobi, Band 1, S. 123 ff., 130 (Urkunde von den Herzögen Otto und Ernst ausgestellt, Zelle am Mittewochen nach Judica 1522). Ausdrücklich von „Policey"–Sachen wurde dagegen erstmal in dem LtgA vom 13.8.1563 beim Entschluß zur Verfassung der Polizeiordnung von 1564 gesprochen, vgl. a.a.O., S. 236.

[1] Jacobi, Band 1, S. 264 f. (LtgA vom 12.7.1570).

[2] Jacobi, Band 1, S. 280 ff., wo die Constitution vollständig als Teil des Landtagsabschlusses niedergeschrieben steht (LtgA vom 23.8.1570). Da die Constitution lediglich Bestimmungen des Liegenschaftsrechtes, der LPO 1564 ergänzte, heißt es dort: „Was Erblande und Wischen bey den Höfen belanget, soll es nach Unser hiervor ausgegangenen Policey-Ordnung gehalten werden", Jacobi, Band 1, S. 281.

[3] LPO 1618 Kapitel 44.

[4] Jacobi, Band 1, S. 263 (LtgA vom 12.7.1570).

[5] Jacobi, Band 1, S. 263 (LtgA vom 12.7.1570).

von 1618[1] allerdings nicht. Die Landtagsdebatten waren stattdessen zumeist von den Beratungen über die Reichshilfe wider die Türken und die Abtragung der landesherrlichen Schulden bestimmt. Zwar wurde im Jahr 1592 nochmals vereinbart, eine „neue disposition" bezüglich „Gerade, Mußtheil und dergleichen" mit Räten und Landschaft „reiflich" zu „erwägen"[2], doch blieb diwe Verkündung einer entsprechenden Verordnung aus. Immerhin wurde zugleich beschlossen, die Policeyordnung von 1564 „von neuem auflegen, und drucken" zu lassen, was aber keine inhaltlichen Änderungen brachte[3]. 1596 wurde zudem erneut die Drucklegung der alten Polizeiordnung beschlossen.[4]

Die Initiative zum Erlass der neuen Polizeiordnung ging gleichfalls von der Landschaft aus. Auf dem Landtag vom 3. November 1607 beklagten sich die Mitglieder des Ausschusses und die Landräte darüber, dass „viele Knechte und Mägde im Fürstentum hin und wieder ihre eigene Arbeit täten, und sich nicht vermieten wollten, oder aber denjenigen, so Gesinde halten müßten, des Lohns gar überaus steigerten"[5]. Daraufhin beließen es Fürst und Landstände zunächst dabei, an alle „Beamten, Voigten und Befehlhabern" den Befehl zu erlassen, an der „Fürstlichen Lüneburger Policey-Ordnung in allen Punkten [...] steif und fest zu halten"[6]. Diese Maßnahme galt der Landsherrschaft aber nicht mehr als ausreichend, und im Jahre 1610 vereinbarte Herzog Ernst II. mit dem Ausschuss und den Landräten, dass „die Policey-Ordnung revidiert und beobachtet" werden sollte[7]. Eine Kommission zur Inspektion der Ämter wurde eingerichtet, deren Berichte sechs Jahre später vorlagen. In der Vorbesprechung zur nächsten Landtagssitzung am 20. Juni 1616 einigte sich der Landesherr mit dem Ausschuss, dass auf Grundlage der „deswegen allbereit mit besondern Fleiß eingezogenen Berichte die Policey-Ordnung insgesamt" zu „revidieren und zu verbessern"[8] sei. Mit dieser Aufgabe sollten „etliche dazu qualifizierte Personen aus Mittel der Hoff- und Land-Räthe fürterlichst"[9] betreut werden.

---

[1] LPO 1618 Kapitel 26.
[2] Jacobi, Band 1, S. 341 (LtgA vom 26.11.1592)
[3] Jacobi, Band 1, S. 341 (LtgA vom 26.11.1592).
[4] Jacobi, Band 1, S. 357 (LtgA vom 22.6.1596).
[5] Jacobi, Band 2, S. 28 (LtgA vom 3.11.1607).
[6] Jacobi, Band 2, S. 29 (LtgA vom 3.11.1607).
[7] Jacobi, Band 2, S. 53 („Receß zwischen Herzog Ernst und den Landräten und denen zum Ausschuß verordneten vom 3.12.1610").
[8] Jacobi, Band 2, S. 81 („Receß zwischen dem Herzog Christian und dem verordneten landschaftlichen Ausschuß vom 20.6.1616").
[9] Jacobi, Band 2, S. 81 („Receß zwischen dem Herzog Christian und dem verordneten landschaftlichen Ausschuß vom 20.6.1616").

Auf dem darauffolgenden Landtag vom 13. September 1616 „vereinbarte“ und „verglich“ sich der Landesherr schließlich mit den „getreuen Prälaten, Räthen, Rittern und Städten“[1] über den Erlass der neuen Polizeiordnung, mit deren endgültiger Abfassung Fritz von dem Berge, Otto Grote, Jochim von Weyhe, Otto von Estorff und sowie Abgeordnete der beiden Städte Celle und Uelzen beauftrage wurden[2]. Die Letztfassung der Polizeiordnung wurde diesem ständischen Ausschuss überlassen.
Mit Otto von Estorff war ein Akademiker aus der Reihe des Prälatenstandes, mit Joachim von Weyhe, Otto Grote und Fritz von dem Berge Männer aus den bedeutendsten und begütertsten Adelsfamilien beteiligt.[3] Otto Grote und Fritz von dem Berge genossen als Landräte außerdem das Vertrauen der Landschaft, wobei sie aber als Beamte des Landesherrn auch dessen Interessen im Auge hatten. Mit den Gesandten der Städte Ülzen und Celle war auch die Mitbestimmung der Städtekurie garantiert. Bei dieser Zusammensetzung des Ausschusses war die Mitsprache aller Stände bei der Ausarbeitung des Gesetzes gesichert und eine erneute Behandlung im Plenum erschien als entbehrlich. Nach der Ratifikation durch Herzog Christian konnte die Polizeiordnung dann mit ihrer Publikation am 6. Oktober 1618 in Kraft treten.

Im Ergebnis ist nicht nur eine ausgeprägte formale Beteiligung der Stände am Gesetzgebungsverfahren festzustellen, sondern es kann darüber hinaus von einer erheblichen sachlich-inhaltlichen Einflussnahme der Landstände auf die Normen der Polizeiordnung ausgegangen werden. Es verwundert demnach auch nicht, wenn in der Polizeiordnung den Ständen ausdrücklich die Zusage erteilt wurde, „alle und jede Unsere Praelaten, Ritter- und Städte [...] bey ih-

---

[1] Siehe Vorrede der LPO: „Daß Wir Uns demnach mit Unsern Erbaren getreuen Prälaten, Räthen, Rittern und Städten dahin vereinbaret und verglichen haben“ und Jacobi, Band 2, S. 96 (LtgA vom 13.9.1616).
[2] Jacobi, Band 2, S. 97 (LtgA vom 13.9.1616).
[3] Otto von Estorff war Domprobst und in den Jahren 1594 bis ca. 1596 Präzeptor der jungen Herzöge gewesen, siehe Havemann, Geschichte der Landes Braunschweig und Lüneburg, Band 2, S. 688 Fn. 1 und Band 3, S. 119; v. d. Ohe, Die Zentral- und Hofverwaltung des Fürstentums Lüneburg (Celle) und ihre Beamten, S. 181, 243. Joachim von Weyhe war Hauptmann und in der Vergangenheit als Lüneburger Unterhändler eingesetzt worden, siehe Havemann, a.a.O., Band 2, S. 641, 688. Otto Grote war seit 1604 Hof- und Landrat, siehe v. d. Ohe, a.a.O., S. 60, 124. Fritz von dem Berge war seit 1604 Landrat und im Jahre 1617 Landdrost im Fürstentum Grubenhagen. Außerdem hatte er seit Ende des 16. Jahrhunderts als Hauptmann das Amt Blecke inne, das er bis zu seinem Tod im Jahr 1625 behielt, siehe v. d. Ohe, a.a.O., S. 60, 87, 238; Krosch, Die landständische Verfassung des Fürstentums Lüneburg, S. 31 Fn. 1.

ren wolerlangten und erseßlich hergebrachten Privilegien, löblichen Gewohnheiten“ zu belassen[1].

Im Gegensatz zu zahlreichen anderen Territorien[2] bestand im Fürstentum Lüneburg also zumindest im Bereich der polizeilichen Gesetzgebung eine starke Position und ein ausgeprägtes Mitspracherecht der Stände. Die Lüneburgische Polizeiordnung von 1618 trägt damit den Charakter einer Übereinkunft zwischen Herrscher und Ständen, wie sie nur wenige Ordnungen dieser Zeit in deutschen Territorien tragen.[3]

---

[1] LPO 1618 Kapitel 12 § 1. Zu den vorherigen Zusagen siehe Jacobi, Band 2, S. 48 ff. (Receß vom 3.12.1610), 84 ff. (LtgA vom 13.9.1616).

[2] Vgl. hierzu Lieberich, Die Anfänge der Polizeigesetzgebung im Herzogtum Baiern, S. 322 ff.; Sichelschmidt, Recht aus christlicher Liebe oder obrigkeitlicher Gesetzesbefehl?, S. 26 ff.; Ebel, Geschichte der Gesetzgebung in Deutschland, S. 69 f.

[3] Siehe Immel, in: Coing, Handbuch der Quellen und Literatur der neueren europäischen Privatrechtsgeschichte, S. 10 f.; zum einigungsrechtlichen Element insbes. Ebel, Geschichte der Gesetzgebung in Deutschland.

TEIL B: „WOHL-MEINENDE“ UND „NÜTZLICHE“ ORDNUNG DER POLIZEI

1. Kapitel: Motive, Struktur und Adressaten des Gesetzes

Auch frühneuzeitliches Gesetzesrecht hatte nicht aus sich selbst heraus die Qualität, eine Befolgung zu erzwingen. Die häufigen Wiederholungen zahlreicher Vorschriften zeigen, dass es der Obrigkeit noch an einem Verwaltungsapparat fehlte, der eine wirksame Durchsetzung der Rechtsnormen gewährleistet hätte. So beklagte der Lüneburgische Gesetzgeber, dass „wohlerwogener publicirter Policey-Ordnungen ungeachtet“[1] zahlreiche Missstände und Unordnungen keine Besserung erfahren hatten. Auch Aufforderungen und Befehle der Obrigkeit an die Beamten, über die Einhaltung der polizeilichen Vorschriften „steif und fest“ zu halten, hatten in der Vergangenheit nicht zu ausreichendem Erfolg geführt[2]. Die Autorität des Gesetzgebers allein konnte die Verwirklichung von gesetztem Recht nicht erreichen. Typischerweise finden sich daher in der Vorrede frühneuzeitlicher Gesetze die Motive, die den Normgeber zur Aufrichtung seiner Ordnung veranlasst hatten.[3] Wichtige Gesichtspunkte für den frühneuzeitlichen Gesetzgeber waren dabei neben der Beförderung der Ehre Gottes die allgemeine Handhabung der Gerechtigkeit, die Erhaltung von Recht und Gericht und – dem entstehenden Wohlfahrtsstaat entsprechend - die Wohlfahrt der Untertanen und des gesamten Staates.[4] Die einleitenden Worte der Ordnung geben damit Aufschluss über die Auffassung des Landesherrn von seinen Aufgaben und Pflichten, als auch über die aus Sicht des Landesherrn als ärgste Übel empfundenen Missstände.

[1] LPO 1618, Vorrede.
[2] LtgA vom 3.11.1607, Jacobi, Band 2, S. 25 ff.
[3] Vgl. Immel, in: Coing, Handbuch der Quellen und Literatur der neueren europäischen Privatrechtsgeschichte, S. 26.
[4] Zur Darstellung der Gesetzesmotivationen im Recht der frühen Neuzeit Immel, in: Coing, Handbuch der Quellen und Literatur der neueren europäischen Privatrechtsgeschichte, S. 26 ff. Hinsichtlich der Begründung unterscheidet Immel zwischen den allgemeinen Begründungen (Zweck-Arengen und Pflicht–Arengen) und den konkreten Begründungen. Im Rahmen der konkreten Begründung unterscheidet er weiter nach Rechtfeststellung, Rechtzusammenfassung, Rechtbesserung, Rechtsvereinheitlichung und Rechtseinschärfung.

I. Motive

Dieser allgemeinen Tendenz frühneuzeitlicher Ordnungen folgend[1], wurden in der Vorrede der LPO von 1618 ähnliche gesetzgeberische Motive genannt. Der Lüneburgische Gesetzgeber griff dabei zunächst „den Gottesdienst, auch schleunige unpartheyische administration der heilsamen Justiz", ohne welche „die Regimente ebenso wenig, als der Erdboden ohne die liebe Sonne bestehen können" auf, um die Untertanen „bey gleich und Recht, als bey gutem Vermögen" zu halten[2]. Ziel war es, die Untertanen bei „allem gedeylichen Wohlstand beständig zu erhalten" sowie „ihr Aufnehmen und Wachsthum nach thunlichen Dingen noch ferner zu befödern"[3].

Dem Lüneburgischen Landesherrn waren indes übermäßige „Pracht" sowie die zahlreichen „Gastereyen" und andere „Ueppigkeiten" zur besonderen Sorge geworden. Der Landesherr zählte sie in seiner Vorrede sogar namentlich auf und nannte das „Pancketieren[4] bey Verlöbnissen, Hochzeiten, Kind-Taufen, Begräbnissen", das „Fenster-Beschenken" oder das „Fastel-Abend-Gezeche"[5]. Gerade all diese „dem Allmächtigen hochmissfälligen Ueppigkeiten", die auch „an Kleidung und sonsten, dermassen weit eingerissen" waren, riefen bei der Obrigkeit offenbar stärksten Unmut hervor, da „fast kein Stand mehr für dem andern zu unterscheiden" war[6]. Die Abschaffung der „zu gänzlichen der Unterthanen Verderb in viele Wege verspührten hochnachteiligen Üppigkeiten" war schon in den Landtagsbesprechungen wesentliches Motiv zur Erneuerung der alten Polizeiordnung von 1564 gewesen und dieses Motiv nahm in der Vorrede der LPO von 1618 den wesentlichen Bestandteil ein[7]. Man sah in diesem Missstand den Grund dafür, dass „Unsere Unterthanen an ihrer Nahrung mercklich abnehmen"; daneben stand die Befürchtung, dass „seiner Göttlichen Allmacht Zorn und Rache" dem Fürstentum „aufgeladen,

---

[1] Vgl. Immel, in: Coing, Handbuch der Quellen und Literatur der neueren europäischen Privatrechtsgeschichte, S. 27.
[2] LPO 1618, Vorrede.
[3] LPO 1618, Vorrede.
[4] Bankettieren.
[5] LPO 1618, Vorrede.
[6] LPO 1618, Vorrede.
[7] Receß zwischen Herzog Christian und dem verordneten Landschaftlichen Ausschusse vom 20.6.1616, Jacobi, Band 2, S. 73 f.; auch schon LtgA vom 3.11.1607: „Wie dann auch allen Beamten, Voigten und Befehlhabern ernstlich von neuem eingebunden und befohlen werden soll, ob der Fürstlichen Lüneburgischen Policey-Ordnung in allen Punkten, insbesonderheit aber, soviel die übermäßige Gastereien, Fressen und Sauffen, bei Hochzeiten, Verlöbnissen, Kindtaufen, und allen andern Saufgelagen, [...] steif und fest zu halten", Jacobi, Band 2, S. 25 ff.

sein Göttlicher Seegen davon abgewendet“ und dies das Land in Verderb und Armut führen werde[1].

II. Struktur

Der Inhalt der Lüneburgischen Polizeiordnung von 1618 selbst erscheint auf den ersten Blick als ein Konglomerat verschiedenster Materien. Eine nach heutigen rechtlichen Gesichtspunkten systematische Gliederung und strukturierte Anordnung scheint zunächst nicht greifbar zu sein. Die Ordnung selbst eröffnet mit der Wiederholung und Erneuerung der Reichspolizeiordnungen, die insoweit ihre Geltung behalten sollten, als die Landespolizeiordnung nicht deren Inhalt ausdrücklich änderte oder abmilderte.[2] Sodann weist die Lüneburgische Polizeiordnung von 1618 im einzelnen zentrale Regelungskomplexe auf, wie sie größtenteils allgemein in den verschiedenen Polizeiordnungen der Zeit zu finden sind.[3]
Letztlich sind dabei durchaus sachlich zusammengehörige Normeinheiten erkennbar, die sich nach inhaltlichen Kriterien und Zielrichtung – Sittlichkeit und religiöses Leben, Verwaltung, Strafrecht, öffentliche Sicherheit, Bettelpolizei, Wirtschaftsordnung, Ehe- und Erbrecht sowie Maßnahmen gegen den Luxus - unterscheiden lassen. Beachtenswert ist dabei, dass der Lüneburgische Gesetzgeber selbst eine an der Zielrichtung orientierte Einteilung der Normen im 21. Kapitel der Polizeiordnung vornahm. Dort listete er Problembereiche auf – darunter das Erbrecht, die Liegenschafts-, Kredit-, Dienst- und Arbeitsordnung, die öffentliche Sicherheit und die Luxuspolizei, die Trinkerei und das Glücksspiel – in denen die Ursache dafür gesehen wurde, „warum Unsere Unterthanen an ihrer Nahrung abnehmen“[4].
Im Folgenden wird das Recht der Lüneburgischen Polizeiordnung von 1618 anhand solcher Kriterien der inhaltlichen Zusammengehörigkeit, Zielrichtung und Systematik gegliedert und aufgearbeitet.

---

[1] LPO 1618 Vorrede.
[2] LPO 1618 Kapitel 1.
[3] Siehe zu diesen Regelungsgegenständen Immel, in: Coing, Handbuch der Quellen und Literatur der neueren europäischen Privatrechtsgeschichte, S. 78 und Härter, in: Ius Commune 20: „Entwicklung und Funktion der Policeygesetzgebung des Heiligen Römischen Reiches Deutscher Nation im 16. Jahrhunderts“ zu den Reichspolizeiordnungen, die insoweit mit den wesentlichen Regelungsbereichen der verschiedenen Landesordnungen übereinstimmten .
[4] LPO 1618 Überschrift Kapitel 21.

Am Ende der Ordnung finden sich mehrere Kapitel formellen Inhalts, die sich mit ihrer Durchsetzung und Handhabung beschäftigen. Zunächst wird klargestellt, dass die Polizeiordnung keine abschließende gesetzliche Regelung beinhaltet. Es wird die für damalige Polizeiordnungen übliche Wendung aufgenommen, dass alle zuvor erlassenen „Policeyordnungen und Edicte" in Kraft blieben, „soweit sie in obgesetzter Ordnung ausdrücklich nicht geändert" worden waren[1]. Eine Modernisierungs- und Anpassungsfähigkeit der Ordnung wird ferner durch die Aufnahme eines Änderungsvorbehaltes sichergestellt, was letztlich auch der effizienten Durchsetzung des Gesetzes dienen musste. Der Gesetzgeber behielt sich „ausdrücklich vor", die Polizeiordnung „so oft es die Nothdurft erfordert, zu unserer Unterthanen Wohlfahrt" in einem oder mehreren Punkten „zu mildern, zu schärfen und zu verbessern"[2]. Der Änderungsvorbehalt, ebenfalls eine typische Erscheinung in zeitgenössischen Polizeiordnungen[3], diente jedenfalls mittelbar der Sicherung des Textes vor entstellender Interpretation und abweichender Gewohnheit. Insoweit ist er mit dem in der Polizeiordnung angeordneten und gleichermaßen üblichen Vorbehalt authentischer Intrerpretation verwandt.[4] Der Landesherr behielt sich insoweit das Recht vor, falls sich „des rechten Inhalts und Verstandes dieser unserer Policey-Ordnung" etwas „zweifelhaftiges fürlaufet", die erlassenen Anordnungen selbst zu interpretieren, und ein jeder hatte sich bei Ungewissheit des Landesherrn „Declaration und Erläuterung" einzuholen[5].

III. Adressaten

Adressiert war die Lüneburgische Polizeiordnung von 1618 an alle Prälaten, Räte, Groß-Vögte, Land-Drosten, Drosten, Haupt-Amtleute, Voigte, Schultheisse, Bürgermeister, Richter und alle anderen „Gerichts-Halter, in Städten, Flecken und auf dem Lande" sowie an „alle andere Unsere Unterthanen"[6]. Sie hatten an den Bestimmungen der Polizeiordnung „ohne einige Ansehung der Person steif und fest"[7] zu halten.

---

[1] LPO 1618 Kapitel 52.
[2] LPO 1618 Kapitel 53.
[3] Siehe Immel, in: Coing, Handbuch der Quellen und Literatur der neueren europäischen Privatrechtsgeschichte, S. 86 ff.
[4] Siehe dazu Immel, in: Coing, Handuch der Quellen und Literatur der neueren europäischen Privatrechtsgeschichte, S. 90.
[5] LPO 1618 Kapitel 54 § 2.
[6] LPO 1618 Kapitel 55 § 2.
[7] LPO 1618 Kapitel 55 § 2.

Geltung beanspruchte die Ordnung damit grundsätzlich für alle Untertanen, gleich welchen Standes. Natürlich finden sich allerdings Regelungen, die an die unterschiedlichen Stände anknüpften und nur für eine bestimmte Gruppe - den Adel, wohlhabende Bürger oder den Bauern - gelten sollten. Solche standesdifferenzierten Regeln tauchen insbesondere in der Verschwendungspolizei, des Verbots des übermäßigen Luxus bei Kleidung und Festen, auf. Es kam auch vor, dass dem Adel nur die Bitte, die Ermahnung galt; doch wurde er grundsätzlich vom landesherrlichen Gebot nicht ausgenommen.[1]

Insgesamt wird eine Unterscheidung in zwei Adressatenkreise deutlich. Neben der Gruppe der „gemeinen" Untertanenschaft richtete sich die Ordnung insbesondere an die dem Landesherrn nachgeordnete Obrigkeit. Sie war zum Vollzug der Ordnung kraft delegierter landesherrlicher Gewalt berufen und sollte „von den Verbrechern und Uebertretern die verwirkte Strafe unnachläßig einbringen und respective ergehen lassen"[2]. Die Kontrolle der Durchsetzung polizeilicher Normen mittels einer entsprechenden Polizeiaufsicht war stets ein grundsätzliches Problem der Polizeigesetzgebung geblieben. Auch der Lüneburgische Gesetzgeber beklagte, dass „leider, [...] die Ordnungen der Obrigkeiten, wie gut und heilsam dieselbe auch immer angesehen und gemeinet, gar schlecht respectiert werden" und ein jeder „seines eigenen Willens und Gefallens" nach lebe[3]. Der Adressatengruppe der Beamten und sonstigen Obrigkeiten kam damit eine zentrale Bedeutung bei der Überwachung der Einhaltung polizeilicher Normen zu. Nicht zufällig wurden die Beamten und Befehlshaber in der Reihe der Normadressaten nunmehr zu Beginn der kasuistischen Aufzählung erwähnt, während in der Polizeiordnung von 1564 das Gebot noch primär an die „Unterthanen / was Standes die sein" gerichtet war und die Amtleute lediglich nachrangig zur Einhaltung der Ordnung ermahnt worden waren[4]. Die zahlreichen Regelungen, die sich allein an diesen Adressatenkreis richteten und für Vollzug und Überwachung polizeilicher Regelun-

---

[1] So LPO 1618 Kapitel 23 § 1 hinsichtlich des Brautschatzes: „wir dann gar nicht zweifeln, die Ritterschaft werde sich selbsten darin zu mäßigen wissen".

[2] LPO 1618 Kapitel 55 § 2.

[3] LPO 1618 Kapitel 55 § 1.

[4] LPO 1564 (Einleitung): „Und befehlen demnach allen unsern Unterthanen / was Standes die sein / das sie sich derselbigen / und dieser gemeine Ordnung / gehorsamlich halten / und dawider nicht halten / Auch unsern Ampten und Befehlhabern / dergleiche Bürgermeistern und Rethen in den Stedten / das sie ernstlich darüber halten / [...] unser ungnad und gebührliche straff zuvermeiden". Immel, in: Coing, Handbuch der Quellen und Literatur der neueren europäischen Privatrechtsgeschichte, S. 84 stellt hier eine deutliche Akzentverschiebung gegenüber der früheren Gesetzgebung dergestalt fest, dass die Untertanen in ihrer Allgemeinheit seit dem 16. Jahrhundert nur noch am Ende der Auflistung erwähnt werden.

gen sowie für den internen Bereich der Verwaltung von Bedeutung waren, traten insofern vor die Gebote, die sich unmittelbar an den Einzelnen richteten und für die gesamte Untertanenschaft verbindlich sein sollten.
Die Befehle an die nachgeordnete Obrigkeit spiegeln ein ausgeprägtes Unterordnungsverhältnis der Beamten wieder, deren Gehorsam und Verlässlichkeit erwartet und durch Strafandrohungen gesichert wurde. Bei jeder Feststellung, dass „unsere Räthe, Beamten, andere Diener, oder die Uns unterworfene nachgesetzte Obrigkeiten" nicht streng über die polizeilichen Vorschriften wachten und dadurch zur „Veracht- und Nichthaltung dieser Ordnung Anlaß und Ursache geben", behielt sich der Landesherr vor, die „säumigen ungehorsamen Beamten und nachgesetzte Obrigkeiten" zu bestrafen[1]. Der fehlbare Beamte werde „im Werck und in der That unsere darob gefaßte displicenz und Ungnade vermercken", was auch anderen „zu besserem und zwar schuldigem Gehorsam augenscheinlich Anlaß und Exempel" geben sollte[2].

Nichtsdestotrotz war die Obrigkeit letztlich zur Überwachung und Einhaltung der Polizeiordnung auf die breite Mitwirkung aller Adressaten angewiesen. Executivorgane im modernen Sinne existierten nicht, weshalb die Einhaltung der Polizeinormen nur durch die Beteiligung aller Untertanen vonstatten gehen konnte. Sämtlichen Untertanen kam daher die Pflicht zu, alle ihnen bekannt gewordenen Verstöße anzuzeigen. Ein jeder, „so der Uebertretung Wissenschaft hat", war sie „an jedem Ort, bey Vermeidung ernstlicher Strafe nach Ermäßigung, ungescheuet anzumelden schuldig"[3]. Den Angezeigten selbst war es konsequenter weise „bey Leibes-Strafe" verboten, „solche Anzeige gegen den Anmelder zu ahnden"[4].
In diesem Zusammenhang kann durchaus von einem institutionalisierten Denunziationsforum gesprochen werden.[5] Dabei war freilich die Anzeigeaufforderung keine Erfindung der frühen Neuzeit, sondern stellte eine Rezeption und Weiterentwicklung des mittelalterlichen Rügeverfahrens zur Ermittlung von Verfehlungen und Verbrechen dar.[6] Insoweit kann hier „Anzeige" nicht mit dem heute üblicherweise negativ behafteten Denunziationswesen gleichgesetzt werden. Das gängige und althergebrachte Rügeverfahren zur Durch-

---

[1] LPO 1618 Kapitel 55 § 3.
[2] LPO 1618 Kapitel 55 § 3.
[3] LPO 1618 Kapitel 55 § 4.
[4] LPO 1618 Kapitel 55 § 4.
[5] So A. Landwehr, Policey vor Ort, in: Policey und frühneuzeitliche Gesellschaft, S. 62. Siehe zur Anzeigepflicht eingehend Weber, „Anzeige" und „Denunciation" in der frühneuzeitlichen Policeygesetzgebung, in: Policey und frühneuzeitliche Gesellschaft, S. 583 – 609.
[6] Siehe Weber, „Anzeige" und „Denunciation" in der frühneuzeitlichen Policeygesetzgebung, in: Policey und frühneuzeitliche Gesellschaft, S. 593 f.

setzung der Rechte muss – zumindest in seinem Anfängen – nicht mit einem Klima des Misstrauens unter den Menschen verbunden gewesen sein. Das durch Gewohnheitsrecht legitimierte Rügeverfahren beruhte geradezu auf der Anzeige von Verfehlungen durch Geschworene oder durch den gesamten Kreis der Dorf- und Stadtbewohner. Es liegt auf der Hand, dass der frühneuzeitliche Gesetzgeber dieses Mittel für sich verwendete, um angesichts unzureichend erscheinender Herrschafts- und Verwaltungsmittel das obrigkeitliche Vollzugsdefizit auszugleichen.[1]
An verschiedenen Stellen der LPO taucht die Aufforderung, Übertretungen bei der Obrigkeit anzuzeigen, erneut auf: bei der Gotteslästerung[2], dem Glücksspiel[3] sowie der Aufspürung und Verfolgung von Vaganten, Zigeunern und potentiellen Räubern[4]. Schon die Aufzählung dieser Deliktstypen macht deutlich, dass sie stets in Zusammenhang mit Delikten stand, bei denen die obrigkeitliche Fähigkeit zur Kontrolle und Unterbindung naturgemäß gering war.[5]

2. Kapitel: Der Verwaltungsausbau

Das Verwaltungswesen im Fürstentum Lüneburg hatte im Laufe des 16. Jahrhunderts seine wesentliche Ausprägung durch Zentralisation, Ressortbildung und die Schaffung einer normativen Grundlage anhand des Erlasses mehrerer Ordnungen erfahren.[6] An dem weiteren Ausbau dieser Verwaltungsstruktur trug die Lüneburgische Polizeiordnung von 1618 einen erheblichen Anteil.
Die das gesamte öffentliche Leben regelnde Polizeiordnung enthielt eine Reihe neuer Verwaltungsaufgaben und Konkretisierungen schon bestehender verwalterischer Pflichten. Adressaten waren regelmäßig die Beamten, die „Drosten, Haupt- Amtleute“ und „Voigten“ neben „Bürgermeistern und Räthen in den Städten“[7], die in das obrigkeitliche System von Befehl und Gehorsam eingebunden wurden. Die Normen der LPO ergeben dabei ein Bild

---

[1] Siehe zu dem ganzen Problemkreis Weber, „Anzeige“ und „Denunciation“ in der frühneuzeitlichen Policeygesetzgebung, in: Policey und frühneuzeitliche Gesellschaft, S. 593 ff., 608.
[2] LPO 1618 Kapitel 4 § 2.
[3] LPO 1618 Kapitel 40 § 4.
[4] LPO 1618 Kapitel 8 § 7; 49 §§ 2,3, 7.
[5] Siehe zu verschiedenen Anzeigepflichten bezogen auf bestimmte Delikte Weber, „Anzeige“ und „Denunciation“ in der frühneuzeitlichen Policeygesetzgebung, in: Policey und frühneuzeitliche Gesellschaft, S. 596 ff.
[6] Siehe dazu oben Teil A, 4. Kapitel.
[7] Vgl. LPO 1618 Kapitel 55 § 2.

zunehmender Formalisierung, Verschriftlichung und Bürokratisierung der Verwaltungstätigkeit sowie der Weiterentwicklung bestehender Gerichtsverfassungen.
Dabei werden an dieser Stelle nur die verwaltungsspezifischen Regelungen der LPO von 1618 erläutert. Unberücksichtigt bleiben in diesem Zusammenhang die zahlreichen, sich durch das gesamte Regelungswerk ziehenden Pflichten einzelner Obrigkeiten, Fleischbeschauer, Bauprüfer oder der Wirtschaftspolizei, die im jeweiligen Sachzusammenhang erläutert werden. Zieht man diese Einzelanweisungen zu dem Bereich verwaltungsregelnder Normen hinzu, so gewinnt man den Eindruck einer zunehmenden Durchorganisierung und administrativen Aufgabenverteilung innerhalb des gesamten Staatsgebildes. Neben den ausführlichen Vorschriften der Lüneburgischen Polizeiordnung von 1618 bedurfte es kaum noch weiterer Vorschriften für die innere Verwaltung.
Innerhalb dieser zahlreichen Vorschriften findet sich aber noch nirgends die Bezeichnung des landesherrlichen Beamten selbst als „Policey“. Auch die ihm übertragenen administrative Tätigkeit wurde in der LPO 1618 nicht als Polizei bezeichnet. „Policey“ war vielmehr stets der mittels der Ordnungstätigkeit angestrebte Zustand des geordneten Gemeinwesens, der durch eine Befolgung der obrigkeitlichen Verhaltensgebote erreicht wurde.

I. Bekanntmachung der Polizeiordnung

Damit die einzelnen Gesetzesbefehle der gesamten Untertanenschaft gegenüber überhaupt Wirkung entfalten konnten, stellte sich zunächst das Problem ihrer Bekanntmachung. Sollten die Ge- und Verbote für die gesamte Bevölkerung verbindlich und durchsetzbar sein, so mussten sie auch der breiten Masse zugänglich gemacht werden. Allerdings gab es für die Publikation der Gesetze keine festen Regeln. Amtlichen Publikationsorgane bestanden noch nicht. Die Geltung der landesherrlichen Gebote war nicht von einer förmlichen Verkündung und Publikation abhängig, sondern sie erlangten mit dem Zeitpunkt ihres Erlasses volle Gültigkeit.[1] Eine allgemeine öffentliche Bekanntmachung und Verbreitung der Polizeiordnungen erfolgte nicht. Man schickte die Ordnungen, Edikte und Ausschreibungen an die Gerichte und privilegierte im übrigen einen Drucker, der das Geschäft der Verbreitung mit landesherrlicher

---

[1] Siehe Ebel, Geschichte der Gesetzgebung in Deutschland, S. 73; Immel, in: Coing, Handbuch der Quellen und Literatur der neueren europäischen Privatrechtsgeschichte, S. 95.

Erlaubnis auf eigene Rechnung übernahm.[1] Auch die Lüneburgische Polizeiordnung von 1564 enthielt noch keine Vorschriften über ihre allgemeine Bekanntmachung. Lediglich die darin enthaltene Holzordnung sollte „vor allen Holzungs gerichten / und so offt es sonst nötig / den leuten furgelesen“[2] werden.

Grundsätzlich sah man es daher auch beim Erlass der Lüneburgischen Polizeiordnung von 1618 als „billig“, an, „daß diejenige, so lesen können, solche und dergleichen gemeine Satzungen des Vaterlandes selbsten lesen“[3]. Offenbar war sich der Gesetzgeber nunmehr aber des Problems der Unkenntnis seiner Verordnungen in großen Teilen der Bevölkerung durchaus bewusst. Es ergingen genauere Anweisungen, wie der „Inhalt dieser Unserer Policey-Ordnung Unseren Unterthanen,“, insbesondere der mehrheitlich illiteraten „gemeinen Leyen und Bauers-Leuten“ zu verkünden sei[4]. Da „kund und notorium war“, dass „unter Bauers-Leuten die wenigsten lesen können“, wurde bestimmt, „daß alle Unsere Beamte, Gerichts-Verwaltere, in Städten und auf dem Lande, Pastoren, Vorstehere der Kirchen und Zunftmeistere, diese Ordnung haben“ und stets an ihrem Amt belassen sollten, sie also „auch wann an Personen Aenderung vorgehet, bey den Nachfolgern hinterlassen“[5]. Alle diese Personen sollten „deren Inhalt sich und ihren Amts- auch Gerichts-Eingesessenen, Pfarr-Kindern und Amts-Genossen bekant machen“, damit sich kein Untertan mit „ignorantz oder Unwissenheit zu behelffen haben möge“[6]. Eine Verlesung der Polizeiordnung sollte überdies „nicht allein für den Holzungs- und Landgerichten“, sondern auch „von den Canzeln alle Jahr zweymal, nemlich auf Ostern und Michaelis Archangeli[7]“ stattfinden, damit alle Untertanen „ihnen selbsten zu Ruhm und gutem“ danach lebten[8]. Gerade durch diese öffentliche Vorlesungen oder Kanzelverkündigungen sollte die breite Masse erreicht werden. Freilich beschränkte sich diese Verlesung jedoch auf „kurze Extrace aus dieser Ordnung“[9], da ein vollständiges Vorlesen

---

[1] Siehe Ebel, Geschichte der Gesetzgebung in Deutschland, S. 73; Immel, in: Coing, Handbuch der Quellen und Literatur der neueren europäischen Privatrechtsgeschichte, S. 95 f.

[2] LPO 1564 Titul. „Holzordnung“.

[3] LPO 1618 Kapitel 54 § 1.

[4] LPO 1618 Kapitel 54 Überschrift.

[5] LPO 1618 Kapitel 54 § 1.

[6] LPO 1618 Kapitel 54 § 1.

[7] 29. September, vgl. Grotefend, Taschenbuch der Zeitrechnung, S. 80.

[8] LPO 1618 Kapitel 54 § 1.

[9] LPO 1618 Kapitel 54 § 1. Zum Zwecker der Verlesung editierte Herzog Friedrich im Jahre 1640 einen Auszug aus der Polizeiordnung: Kurtzer Auszug Etlicher in der Fürstlichen Policey Ordnung enthaltener Puncten und Articul. Gedruckt in der Fürstlichen Residenz Stadt Zell 1640, CCL Cap.4 Sect. I N.2.

der LPO mit ihren über 400 Paragraphen praktisch nicht durchführbar gewesen wäre. Bestand auch nach diesen umsichtigen Anordnungen Unwissenheit über einzelne Regelungen der Ordnung, so hatte jeder, „so oft es nöthig", sich bei den Inhabern der schriftlichen Exemplare „des rechten Inhalts und Verstandes dieser unserer Policey-Ordnung" zu erkundigen[1].

In speziellen Sachbereichen bestanden darüber hinaus punktuelle, besondere Erkundigungspflichten. Dies war zum einen der Fall bei der Feststellung der Verwandtschaftsgrade zwischen Eheschließenden, also einem sehr sensiblen Bereich, der eine Aufklärung vor der Eheschließung erforderte. Hier fiel dem Pastor die besondere Pflicht zu, sich vor der Trauung „mit allem Fleiß" zu erkundigen, ob die Partner in „verbotenen Gradibus verwandt" waren[2].
Gleiche besondere Erkundigungspflicht galt auch für denjenigen, der das Hochzeitsfest ausrichten wollte. Bei den komplizierten und vielgestaltigen Einzelregelungen der LPO über die erlaubte Anzahl von Gästen und Mahlzeiten, erlaubte Dauer und Kleidung konnte nicht davon ausgegangen werden, dass der Einzelne von diesen ganzen Vorgaben Kenntnis hatte. Doch sollte verhindert werden, dass sich jemand „mit Unwissenheit zu entschuldigen haben möge" und statt dessen der gesetzgeberische Wille zur Durchsetzung kommen. Daher hatte „ein jeder, der Hochzeit halten" wollte „und den Inhalt dieser Unserer Ordnung nicht weiß, sich dessen auf dem Lande bey Unsern Beamten, in den Städten und Flecken aber bey einem Bürgermeister oder dem Stadtschreiber, mit schuldigem Fleis" zu erkundigen[3].

II. Ausbau des Gerichtswesens

Verschiedene Vorschriften der Lüneburgischen Polizeiordnung von 1618 befassten sich mit dem Gerichtswesen im weiteren Sinne. Betroffen von diesen Vorschriften war neben der von den Landgerichten ausgeübten untersten Gerichtsbarkeit auch das Suplikationswesen, das zur Zuständigkeit der Celler Justizkanzlei gehörte. Daneben enthielt die LPO einige Bestimmungen über regionale, besondere Dorfgerichte, den sogenannten Tuchten, deren Brauchtum und hergebrachte Rechte begrenzt wurden. Schließlich fanden sich Anordnungen, die einer erleichterten Beweisführung im Prozess dienen sollten.

---

[1] LPO 1618 Kapitel 54 § 2.
[2] LPO 1618 Kapitel 30 § 42.
[3] LPO 1618 Kapitel 29 § 21.

1. Landgerichtsbarkeit

Die Verfolgung und Ahndung von Verstößen gegen „gute Policey“ lag auf dem Lande in den Händen der Landgerichte.[1] Die LPO 1618 griff in Fortsetzung der Polizeiordnung von 1564 und der Regimentsordnung von 1618 in Verfahren und Ablauf der durch die Landgerichte ausgeübten unteren Gerichtsbarkeit in Polizeisachen ein. Entsprechend der allgemeinen Entwicklung wurde deren Unabhängigkeit und Bedeutung durch die Ausweitung der Amtsbefugnisse weiter zurückgedrängt.[2] Den landesherrlichen Beamten stand nach der Polizeiordnung von 1618 nunmehr ausdrücklich die Pflicht zu, vor Austragung eines Rechtsstreits eine Schlichtungsverhandlung vor den Landgerichten oder durch sie selbst durchzuführen: Sie hatten „auf alle [...] fürkommenen Klagen beyde Parteien ohne einigen Verzug fürladen, sie nothdürftig gegen einander hören und allen mensch-möglichen Fleis anwenden“ und „dieselbe zur Billigkeit mit beyder Theile gutem freyem ungezwungenem Willen in der Güte zu entscheiden“[3]. Hatten sie mit der Schlichtung keinen Erfolg, so hatten sie die Parteien „für die ordentliche Unter-Gerichte weisen, und daselbst einem jeden ohne Verzug und einige Partheyligkeit [...] wiederfahren lassen, was recht ist“[4]. Durch dieses Verfahren versuchte man, die Untertanen nach Möglichkeit von den langwierigen, kostspieligen Auseinandersetzungen vor Gericht fernzuhalten

Verstärkt wurden die Landgerichte auch zur Aufsicht über die ländliche Verwaltung herangezogen, was ihre Tätigkeit als Wrogengericht in der Folgezeit mehr und mehr in den Hintergrund treten ließ.[5] Zu den administrativen Aufgaben der Landgerichte gehörte seit je her auch die Verlesung landesherrlicher Verordnungen.[6] Da sich auf den Landgerichten sämtliche Amtsunterta-

---

[1] Siehe oben Teil A, 4. Kapitel II.

[2] Siehe zu diesem Prozeß auch v. Gierke, Das deutsche Genossenschaftsrecht, S. 666 ff.

[3] LPO 1618 Kapitel 10 § 2.

[4] LPO 1618 Kapitel 10 § 2. Vgl. RgtO 1618, S. 497 f.: Zur Entlastung des Hofgerichts sollten „unsere Hauptleute, Drosten, Amtleute, Amtsschreiber, Amtsvögte [...] mit allem Fleiß daran seyn, daß sie allen, in den Aemtern, Vogteyen, oder ihren Inspectionen fürlaufenden Discrepanzen, entweder mit beider Partheyen freyem Willen in der Güte auf erträgliche Wege, oder in Entstehung derselben für den Landgerichten, oder da etwa dieselbe an dem einen oder andern Ort nicht gehalten werden, von ihnen selbst ohne Verzug und Partheylichkeit, den Rechten und der Billigkeit gemäß abgeholfen“ werden. Siehe auch oben Teil A 4. Kapitel II. 3.

[5] Zu dieser Entwicklung siehe G. Landwehr, Die althannoverschen Landgerichte, S. 106 ff.

[6] Siehe G. Landwehr, Die althannoverschen Landgerichte, S. 106; Rublack, in: ZHF 24: „Frühneuzeitliche Staatlichkeit und lokale Herrschaftspraxis“, S. 353.

nen zu versammeln hatten[1], bot sich hier zusätzlich eine günstige Gelegenheit, die vom Landesherr erlassenen Gesetze, Edikte und Verordnungen kundzutun. Man ordnete daher die Verlesung der Polizeiordnung auf den Landgerichten an, die sich jedoch auf „kurze Extrace aus dieser Ordnung"[2] beschränkte.
Die Anordnung der Verlesung auf den Landgerichten hatte jedoch offenbar keinen Erfolg; wegen ihres Umfanges wurde sie so gut wie nie auf den Landgerichten genannt.[3] Zur Beseitigung dieses Missstandes erließ Herzog Friedrich 1640 einen aus 19 Artikeln bestehenden Auszug aus der LPO, der nunmehr zur vereinfachten Vortragung herangezogen werden sollte.[4]

2. Dorfgerichtsbarkeit

Die Verwaltungs- und Gerichtstätigkeit in den Gemeinden lag in Lüneburger Landen grundsätzlich beim landesherrlichen Amt und Gericht. Im Gegensatz zu anderen Regionen Deutschlands hatten Gemeinden dort grundsätzlich keine eigene unbeschränkte Gemeindeherrschaft mehr, die ihr das Recht zur Verfassung von Dorf- und Gemeindeordnungen, zur selbständigen Regulierung der Benutzung von Gemeindegütern, Ausübung von Polizeiaufsicht oder zur Aufstellung und Vereidigung von Dorfgeschworenen verlieh.[5] Diese hoheitlichen Befugnisse waren in Lüneburg prinzipiell der ordentlichen Amts- und Gerichtsobrigkeit übertragen.
Gleichwohl fanden sich im Fürstentum einzelne Dörfer und Flecken, die noch einige Überreste der alten Dorf- und Schulzengerichte beibehalten hatten. Diese Dorfgemeinden übten nach wie vor selbständig eine gewisse Polizeiaufsicht über Gemeindegegenstände aus. Sie hatten das Recht, geringe Delikte, die innerhalb der Dorf- und Feldmark vorgefallen waren, zu ahnden und zu diesem Zweck Auspfändungen und Bestrafungen mit geringen Geldbußen vorzunehmen.[6] Der Grund lag darin, dass es sich stets um sehr weitläufige

---

[1] Siehe G. Landwehr, Die althannoverschen Landgerichte, S. 182.
[2] LPO 1618 Kapitel 54 § 1.
[3] Siehe G. Landwehr, Die althannoverschen Landgerichte, S. 108.
[4] Kurtzer Auszug Etlicher in der Fürstlichen Policey Ordnung enthaltener Puncten und Articul. Gedruckt in der Fürstlichen Residenz Stadt Zell 1640, CCL Cap.4 Sect. I N.2.
[5] Siehe v. Bülow/Hagemann, Practische Erörterungen aus allen Theilen der Rechtsgelehrsamkeit, Band 2, S. 353 f. Zu den älteren Dorfgenossenschaften siehe eingehend v. Gierke, Das deutsche Genossenschaftsrecht, S. 609 ff., insbes. S. 622.
[6] Siehe Deneken, Neu-Vermehrtes Dorff- und Land-Recht, XVIII § 93; v. Bülow/Hagemann, Practische Erörterungen aus allen Theilen der Rechtsgelehrsamkeit, Band 2, S. 354.

und entlegene Dorfschaften handelte, bei denen eine strenge Aufsicht von seiten der ordentlichen Gerichtsbarkeit praktisch unmöglich und die Bauernschaft daher auf ihre Selbsthilferechte angewiesen war.[1] Diese Befugnisse der Dorfschaft nannte man Bauernköhr.[2] Soweit die Rechte dieser besonderen Dorfgerichtsbarkeit reichten, war die Zuständigkeit der ordentlichen Landgerichte eingeschränkt. Jeder Einwohner der Gemeinde, auch Pfarrer, Küster oder Schulmeister, war ihr unterworfen. Sie kamen insbesondere zur Anwendung, wenn jemand Bäume beschädigte, unerlaubt Holz aus dem Wald entwendete, Hut und Wiese unberechtigt benutzte, mit seinem Wagen über bestellte Äcker fuhr oder wenn nicht gehörig beaufsichtigtes Vieh auf die Felder lief und dort Schaden anrichtete. Machte sich ein Mitglied der Dorfschaft einer solchen Verletzung von Gemeindegegenständen schuldig, so konnte der Bauernköhr ausgeübt werden, indem die Gemeinde dem Täter entweder auf frischer Tat ein Pfand abnahm oder eine Geldbuße auferlegte.[3] Zur Beitreibung der Buße durften vom Bestraften wiederum aus dessen Hof oder Haus Gerätschaften gepfändet werden. Das Pfand wurde im Gasthaus oder bei einem Dorfvorsteher verwahrt. Löste der Ausgepfändete das Pfand nicht innerhalb einer ihm gesetzten Frist ein, so wurde das Pfandgut verkauft und der Erlös, ebenso wie eine gezahlte Geldbuße, von der gesamten Gemeinde vertrunken. Der Schädiger hatte daneben auch den von ihm angerichteten Schaden zu ersetzen.[4]

In der Lüneburgischen Polizeiordnung von 1618 wurden von diesen Bauerköhren die sogenannten Tuchten erwähnt. Diese besonderen Dorfvereinigungen kamen ausschließlich in den wendländischen Ämtern des Fürstentums (Dannenberg, Hitzacker, Lüchow, Klötze, Schnackenburg, Warpke und Wustrow) vor. Es handelte sich dabei um Gruppen verschiedener Dörfer, die gemeinsam zu öffentlichen Diensten wie Landfolge, Landwehrgraben, Burgfes-

---

[1] Siehe Deneken, Neu-Vermehrtes Dorff- und Land-Recht, XVIII § 92; v. Bülow/Hagemann, Practische Erörterungen aus allen Theilen der Rechtsgelehrsamkeit, Band 2, S. 354.

[2] Siehe v. Bülow/Hagemann, Practische Erörterungen aus allen Theilen der Rechtsgelehrsamkeit, Band 2, S. 355; Deneken, Neu-Vermehrtes Dorff- und Land-Recht, XVIII Überschrift; Struben, Rechtliche Bedenken, Teil 5, Bedenken Nr. 95 (S. 196).

[3] Siehe v. Bülow/Hagemann, Practische Erörterungen aus allen Theilen der Rechtsgelehrsamkeit, Band 2, S. 355; Deneken, Neu-Vermehrtes Dorff- und Land-Recht, XVIII § 93; vgl. auch Ssp. LdR II Art. 27 § 4; Art. 40 § 4; Art. 47 §§ 1, 2, 4.

[4] Zum Ganzen v. Bülow/Hagemann, Practische Erörterungen aus allen Theilen der Rechtsgelehrsamkeit, Band 2, S. 353 ff.; G. Landwehr, Die athannoverschen Landgerichte S. 132 ff.

tigung, Straßenbau und dergleichen aufgeboten wurden und unter der Führung von „Ältesten" standen.[1]
Der genaue Ursprung der Tuchten ist nicht näher bekannt. Auch herrscht über die Deutung dieses Namens Ungewißheit. In dem „Verzeichnis einiger veralteten, oder unbekant gewordenen teutschen Wörter, welche in den Lüneburgischen Landes-Constitutionen vorkommen"[2] heißt es zu Tucht „besser Tugten. Sind Weidegesellschaften, welche von Tügen, sich vermehren, den Namen haben". Nach v. Hammerstein-Loxten leitete sich der Name demgegenüber vom gemeinsamen Ausziehen („utteen") zu den Landeswerken und zur Landeswehr ab. Das Bestehen der Tuchten führt er auf alte Familienvereinigungen zurück.[3] Martin Krieg schließt sich dieser Namenbestimmung an und versteht unter Tucht den „Zug, der Verband derer, die gemeinsam ausziehen zu Landfolge, Burgbefestigung und zu anderen öffentlichen Landdiensten"[4]. Nach Struben bedeutete Tucht soviel als lat. *probitat* und er versteht unter dem Begriff die „ehrlichen Leute"[5]. In Grimm`s Wörterbuch wird Tucht als „Unterbezirk eines Kirchspiels" oder „Hebebezirk" bezeichnet[6]. Zutreffender erschient demgegenüber die Angabe in Lübbens mittelniederdeutschen Handwörterbuch, in dem in Übereinstimmung mit v. Hammerstein-Loxten und Krieg für Tucht ebenfalls zum einen „Zug. ziehen", als auch – im Hinblick auf die rügegerichtliche Tätigkeit ebenfalls zutreffend – „Bezichtigung, Beschuldigung" angegeben wird[7].

In dem Amt Lüchow bestanden 13 Tuchten - Sateminer Tucht, Platenwerder Tucht, Lübelner Tucht, Köhlener Tucht, Zeezer Tucht, Örenburger Tucht, Öringer Tucht, Trebeler Tucht, Brocklinger Tucht, Saaßer Damms Tucht, Bausener Tucht, Zebeliner Tucht, Lemgower Tucht[8] - von denen jede 2 bis 21 Dorfschaften vereinigte, so dass einzelne Dörfer mehreren Tuchten angehören

---

[1] Siehe Krieg, Die Entstehung und Entwicklung der Amtsbezirke im ehemaligen Fürstentum Lüneburg (Celle) und ihre Beamten, S. 62, 100; Stüve, Wesen und Verfassung der Landgemeinden und des ländlichen Grundbesitzes in Niedersachsen und Westphalen, S. 177; v. Hammerstein-Loxten, Der Bardengau, S. 442;
G. Landwehr, Die althannoverschen Landgerichte, S. 133.
[2] CCL Supplementa (Band 6).
[3] v. Hammerstein-Loxten, Der Bardengau, S. 442 Fn. 1.
[4] Krieg, Die Entstehung und Entwicklung der Amtsbezirke im ehemaligen Fürstentum Lüneburg (Celle) und ihre Beamten, S. 62 Fn. 4.
[5] Struben, Rechtliche Bedenken, Teil 5, Bedenken Nr. 95 (S. 196 f.).
[6] Grimm, Deutsches Wörterbuch, Band 11, 1. Abteilung, 2. Teil, Sp. 1491.
[7] Lübben, Mittelniederdeutsches Handwörterbuch, S. 419.
[8] Siehe Stüve, Wesen und Verfassung der Landgemeinden und des ländlichen Grundbesitzes in Niedersachsen und Westphalen, S. 177 Fn. 2.

konnten, die Mehrzahl jedoch nur je einer Tucht zugehörig war.[1] Der Name der einzelnen Tucht bezog sich entweder auf eine zur Tucht gehörende Ortschaft oder auf das Objekt derselben. Für die Ämter Dannenberg und Hitzacker sind die „Ghorde Tucht", „Puderep- und Bellanschen Tucht" im Amt Dannenberg, die „Elveschen Tucht, die „Hitzkersche Tucht" und die „Lossiener Tucht" im Amt Hitzacker nachgewiesen[2].

Abgesehen von dem Aufgebot zu den öffentlichen Diensten sind für einige Tuchten besondere Gerechtigkeiten überliefert, die Bräuche bei Eheschließungen in Bezug auf Mitgift, Kleidung der Braut und Bewirtung der Gäste beim Kindelbier und ähnlichem betrafen.[3] Die Tuchten hatten des weiteren ausweislich der Polizeiordnung von 1564 und der von 1618 das Recht, „um etzlicher sonderlichen Sachen willen, unter sich selbsten Pfandungen zu thun und zu strafen"[4]. Keinen Aufschluss gibt das Gesetz aber darüber, welche Delikte im einzelnen durch die Tuchten geahndet werden konnten. Das bei den Pfändungen erlangte Geld wurde „zu merklichem Verderb der Leute" in „etlichen Tonnen Bier" vertrunken[5]. Die Aussicht, das eingebrachte Strafgeld zu vertrinken, die eigentlich die Gemeindegenossen zur besonders guten Aufsicht anreizen sollte, wird nicht selten zu einer unberechtigten Pfändung nur um des Trunkes willen geführt haben.[6] Jedenfalls sah der Landesherr in ihnen einen Missstand, da „die Erfahrung aber bezeuget, daß solches in viele Wege misbrauchet wird, also daß etwa zur Unschuld und aus Mißgunst erwehnte Pfandungen vorgenommen"[7]. Nicht selten schritt der Gepfändete, insbesondere wenn er sich als Opfer einer unberechtigten Pfandnahme sah, zur Gegenpfändung, bei der „des gepfandeten Freunde den Pfändern wieder einfallen", woraus dann „nicht geringer Schade, auch beschwerliche Weiterungen" folgten[8]. Es musste dem Landesherrn folglich daran gelegen sein, die Tuchten in der eigenständigen Ausübung ihrer Rechte zu beschränken. Offenbar verfügte

---

[1] Siehe Stüve, Wesen und Verfassung der Landgemeinden und des ländlichen Grundbesitzes in Niedersachsen und Westphalen, S. 177.
[2] Amtslagerbuch des Amtes Dannenberg von 1562, in: ZHistVNdSachs 1856, S. 132 ff.
[3] Siehe Amtslagerbuch des Amtes Dannenberg von 1562, in: ZHistVNdSachs 1856, S. 132 ff.
[4] LPO 1618 Kapitel 12 § 3; ebenso LPO 1564 Titul. „Von aufflauff und gezencke / auch einfallen in eines andern Haus".
[5] LPO 1618 Kapitel 12 § 3; ebenso LPO 1564 Titul. „Von aufflauff und gezencke / auch einfallen in eines andern Haus".
[6] Siehe Deneken, Neu- Vermehrtes Dorff- und Land-Recht, Kapitel XVIII § 100.
[7] LPO 1618 Kapitel 12 § 3; ebenso LPO 1564 Titul. „Von aufflauff und gezencke / auch einfallen in eines andern Haus".
[8] LPO 1618 Kapitel 12 § 3; ebenso LPO 1564 Titul. „Von aufflauff und gezencke / auch einfallen in eines andern Haus".

die Obrigkeit aber noch nicht über hinlängliche Möglichkeiten, um selbst die vollständige Verwaltungs- und Gerichtshoheit in den entsprechenden Gebieten auszuüben. Die Tuchten durften nämlich „ihren Gebrauch bis auf weiteren Bescheid behalten", wurden allerdings ermahnt, „mit ihren Pfandungen und Strafen gebührlich Maß zu halten"[1]. Ihre Pfändungsbefugnis wurde insoweit beschränkt, als sie höchstens einen Ortstaler oder einen halben Lübeckischen Gulden zum Pfandgeld nehmen durften; auch durften die Wirte bei dem gemeinsamen Vertrinken „bey Verlust der Uebermasse" mehr Bier als zu diesem Wert nicht mehr ausschenken[2]. Für den Fall, dass der in den Gemeindeangelegenheiten vom Täter angerichtete Schaden diese Summe überstieg, blieben die Tuchten auf die Geltendmachung von Schadensersatz vor den ordentlichen Amts- und Landgerichten angewiesen.[3]
Der Ausgepfändete wurde angehalten, nicht zu Gegenpfändung zu schreiten, sondern „so er vermeinet, daß ihm Unrecht geschehen, so soll er solches der ordentlichen Obrigkeit anzeigen, die dann ihn und die Tucht vorbescheiden"[4]. Zumindest eine Kontrollfunktion kam den landesherrlichen Beamten damit über die Gerichtsbarkeit der Tuchten zu. Stellte der Amtmann die Rechtswidrigkeit der Pfändung fest, konnte er die Tucht bestrafen; war die Beschwerde dagegen unberechtigt, so war der Gepfändete „seiner unbilligen Klage halber" auch zu strafen[5].

3. Außergerichtliche Pfändungsrechte der Gutsherren

Eine Ausnahme von Polizeiaufsicht und Gerichtsbarkeit des Amtes und der Landgerichte stellte auch das grundherrschaftliche eigenmächtige Pfändungsrecht dar, das nach der LPO 1618 ebenfalls weiterhin Bestand haben sollte.

---

[1] LPO 1618 Kapitel 12 § 3; ebenso LPO 1564 Titul. „Von aufflauff und gezencke / auch einfallen in eines andern Haus". Siehe auch die Privilegienversicherung in LPO 1618 Kapitel 12 § 1: „Wir wollen auch alle und jede [...] bey ihren wolerlangten und erseßlich hergebrachten Privilegien, löblichen Gewohnheiten und den gemeinen beschriebenen Kayserlichen Rechten gegen Männiglichen schützen und vertreten".

[2] LPO 1618 Kapitel 12 § 3, ebenso LPO 1564, Titul. „Von aufflauff und gezencke / auch einfallen in eines andern Haus".

[3] Siehe von Bülow/ Hagemann, Practische Erörterungen aus allen Theilen der Rechtsgelehrsamkeit, Band 2, S. 358 f.

[4] LPO 1618 Kapitel 12 § 4, so auch schon LPO 1564 Titul. „Von aufflauff und gezencke / auch einfallen in eines andern Haus".

[5] LPO 1618 Kapitel 12 § 4, ebenso LPO 1564 Titul. „Von aufflauff und gezencke / auch einfallen in eines andern Haus".

Das Institut der Pfändung, dem als Selbsthilferecht auch ein gewisser Rachecharakter zukam, war ursprünglich dem Bereich der Fehde zuzuordnen. Die frühesten Zeugnisse der deutschrechtlichen Pfändung sind schon aus fränkischer Zeit überliefert. Als gewaltsame und eigenmächtige Reaktion auf eine Nichtleistung des Schuldners setzte der Gläubiger dabei ohne Einschaltung eines Gerichts sein Recht durch. Gerade in den Zeiten, in denen die öffentliche Gewalt nur eine geringe Durchsetzungskraft hatte und dem Gläubiger keine wirksamen Vollstreckungsmaßnahmen zur Verfügung standen nahm die außergerichtliche Pfändung einen erheblichen Stellenwert ein.
Seit dem 12/13. Jahrhundert bis in das Spätmittelalter hinein finden sich indes in den Landfrieden Verbote der nicht richterlich erlaubten Pfändung, die jedoch von zahlreichen Ausnahmen durchbrochen wurden.[1] Zur Wahrung des Friedens suchte die Obrigkeit die Pfändung unter eine stärkere öffentliche Kontrolle zu bringen. So ergingen zunehmende Reichsabschiede, die das Verbot der eigenmächtigen Pfändung zum Schutze des Friedens enthielten; grundsätzlich war nur noch die Gläubigerpfändung mit richterlicher Erlaubnis das nunmehr zulässige Vollstreckungsmittel.[2] Ausnahmen blieben unter anderem das Gemeinden und ähnlichen Genossenschaften zustehende Pfändungsrecht, wozu auch der Bauernköhr zählte, sowie die hier in Rede stehenden herrschaftlichen Pfändungsrechte, die in der Grund- und Leibherrschaft wurzelten.[3] Auch nachdem das zugrunde liegende Gewaltverhältnis verblasst war, erhielt es sich als eigenmächtiges Privatpfändungsrecht wegen versessener Zinsen und Gülten sowie wegen der Ersatzleistung für versäumte Dienste.[4] Dabei bestand eine unmittelbare Sachhaftung des genommenen Pfandes, das, falls es in einer bestimmten Frist nicht eingelöst wurde, zur Befriedigung des Gläubigers diente. Soweit das Pfand zur Befriedigung nicht ausreichte, blieb die weitergehende Haftung des Schuldners bestehen.[5] Nach der Lüneburgischen Polizeiordnung von 1618 durften die „Guts-Herrn, so es ruhiglich hergebracht, die Pfandung auf den Höfen und in den Häusern um bekantliche[6] Zinse und Dienste“ weiter ausüben und ausdrücklich wurde festgestellt, dass

---

[1] Siehe Bayer, Das Recht aus erlaubter eigenmächtiger Pfändung, S. 48.
[2] Siehe Deneken, Neu- Vermehrtes Dorff- und Land- Recht, Kapitel XVIII § 94; Struben, Rechtliche Bedenken, Bedenken Nr. 95 (S. 195). Siehe zum Ganzen Sellert, in: HRG, Band 3, Art. Pfändung, Pfandnahme, Sp. 1693 ff.; v. Gierke, Schuld und Haftung im älteren deutschen Recht, S. 35 ff.
[3] Vgl. Ssp. LdR I Art. 54 § 4.
[4] Siehe v. Gierke, Schuld und Haftung im älteren deutschen Recht, S. 40; Bayer, Das Recht aus erlaubter eigenmächtiger Pfändung, S. 58 f., 82.
[5] Siehe v. Gierke, Schuld und Haftung im älteren deutschen Recht, S. 41; Bayer, Das Recht aus erlaubter eigenmächtiger Pfändung, S. 60 f.
[6] [*Anerkannte*].

durch diese Pfändungen „der Haus-Frieden nicht gebrochen“ wurde[1]. Indessen wurde ein Schutz des Pfändungsgegners angestrebt, indem angeordnet wurde, dass sie sich insoweit mit den Pfändungen mäßigen sollten, als sie „dem Ackerbau und den Handwercken zu deren Fortkommen unschädliche Pfande nehmen“[2] mussten. Außerdem sollte das Pfand in dem Amt, in dem die Pfändung vorgenommen war, belassen oder es zumindest „nicht über zwo Meilewegs“ vom Pfändungsort und nicht außerhalb Landes verbracht werden[3]. Der Pfändende wurde angehalten, bei der Pfandnahme „etwa aus unzeitigem Eifer, keine unnöthige Gewalt verüben und dadurch zum Tumult und anderen Ungelegenheiten Ursache“ zu geben[4]. Obwohl also die Pfändung eine erlaubte war, berechtigte sie nicht dazu, sie mit Gewalt durchzusetzen und sich trotz Gegenwehr eigenmächtig Befriedigung zu verschaffen. Die Bestrafung des sich Widersetzenden blieb dem Richter vorbehalten.[5] Dem Ausgepfändeten wurde es folgerichtig „bey Leibes-Strafe verboten“, sich einer „erlaubten Auspfandung“ mit Gewalt zu widersetzen[6]. Fühlte er sich durch die Pfändung „zur Ungebührt beschweret“, so hatte er sich statt dessen „an gehörige Oerter“ zu wenden, von denen „nach Befindung, gebührender Entscheid- und schleunige rechtliche Verhelffung“ erteilt wurde[7].

4. Regelung des Supplikenwesens

Dem Gerichtswesen ist sachlich auch das Supplikenwesen zuzuordnen, da es zum Aufgabenkreis der Celler Justizkanzlei gehörte. Dessen effizienterer Gestaltung und administrativer Handhabung wurde in der Lüneburgischen Polizeiordnung von 1618 ein ganzes Kapitel gewidmet. Im Fürstentum Lüneburg bestand wie in allen anderen deutschen Territorien das generelle Recht der Supplikation. Ohne dass es besonderer Zusicherung, Privilegierung oder gesetzlicher Festschreibung bedurft hätte, hatten die Untertanen nach altem

---

[1] LPO 1618 Kapitel 12 § 2. Ähnlich auch schon LPO 1564 Titul. „Von aufflauff und gezencke / auch einfallen in eines andern Haus“: „Dergleichen sol auch denselbigen / und sonst allen Guttherrn / Pfandungen uff den Höfen / und in den Heusern / umb zinse und dienste / wie bis hero gebreuchlich gewesen zu thun / nicht entzogen / sondern vorbehalten unnd die obgefaßte Ordnung allein von mutwilligen freventlichen gewalt und uberfal gemeint sein“.

[2] LPO 1618 Kapitel 12 § 2. Diese und die nachfolgenden Schuldnerschutzbestimmungen sind neu gegenüber der LPO 1564.

[3] LPO 1618 Kapitel 12 § 2.

[4] LPO 1618 Kapitel 12 § 2.

[5] Siehe Struben, Rechtliche Bedenken, Bedenken Nr. 138 (S. 288).

[6] LPO 1618 Kapitel 12 § 2.

[7] LPO 1618 Kapitel 12 § 2.

Herkommen das selbstverständlich praktizierte Recht, sich mit allen möglichen Beschwerden, Klagen und Geschäften an den Landesherrn als obersten Richter zu wenden.[1] Dieses „Supplizieren“ war ein von den Untertanen oft und aus unterschiedlichsten Beweggründen ergriffenes, zudem keineswegs von vornherein aussichtsloses Mittel, um in einem persönlichen oder kollektiven Anliegen vom Landesherrn angehört und auch erhört zu werden und kann als „Ausdruck des paternalistischen Selbstverständnisses der Obrigkeit“[2] beschrieben werden. Der ratlose Untertan begehrte beim Landesherrn Schutz für ein Recht, Hilfe gegen eine Entscheidung des Amtmannes oder erbat einen Gunsterweis, wie etwa die Bitte um Belehnung mit einer Gerechtsame, Verpachtung einer Domäne, Verbot des Holzschlagens, Stundung oder Erlass einer Bede oder versuchte sonst, ein wohlwollendes Verhalten der fürstlichen Verwaltung auszulösen oder eine benachteiligende Beanspruchung von sich abzuwenden.[3] Auch Sorgen um eine Altersversorgung, Unfälle, Krankheiten und körperliche Gebrechen, plötzliche, z.B. infolge schlechter Ernten oder durch mangelnde Einkünfte eingetretene Notlagen oder aus vielerlei Gründen bedingte ständige Armut waren häufige Supplikationsgegenstände.[4] Aber nicht nur Untertanen, Gemeinden und Gruppen nutzten die Bittgesuche zur Artikulation ihrer eigenen Anliegen und Interessen. Auch der Obrigkeit dienten sie als Mittel der Information und der Aufsicht über die Akzeptanz und Befolgung ihrer Gesetze.[5] Der Landesherr übergab die an ihn gerichteten Supplikationen seinem Justitienrat zur Erledigung, der entweder einen gütlichen Ausgleich oder eine endgültige rechtsförmliche Entscheidung herbeiführte.[6] Freilich gewährte die Supplikation nur die Hoffnung auf einen Bescheid. Dennoch nahm diese Praxis seit dem 16. Jahrhundert stetig zu, führte zu massenhaften Verfahrenseingängen bei den Justizkanzleien und schließlich dazu, dass die Obrigkeiten zunehmend anhand gesetzlicher Vorschriften und

---

[1] Willoweit, in: Jeserich/Pohl/v. Unruh, Deutsche Verwaltungsgeschichte , S. 310; Neuhaus, in: Hessisches Jahrbuch für Landesgeschichte 28: „Supplikationen als landesgeschichtliche Quellen“, S. 113.

[2] So Holenstein, Bittgesuche, Gesetze und Verwaltung, in: Blickle, Gemeinde und Staat im Alten Europa, S. 346.

[3] Siehe Neuhaus, in: Hessisches Jahrbuch für Landesgeschichte 28: „Supplikationen als landesgeschichtliche Quellen“, S. 122; Press, Calvinismus und Territorialstaat, S. 93 f.; Hülle, in: Zeitschrift der Savigny-Stiftung für Rechtsgeschichte, Germ. Abt. 9: „Das Supplikenwesen in Rechtssachen“ S. 194 f., 197 auch zur Trennung zwischen Rechts- und sonstiger (Gnaden-) Supplik.

[4] Siehe Neuhaus, in: Hessisches Jahrbuch für Landesgeschichte 28: „Supplikationen als landesgeschichtliche Quellen“, S. 122.

[5] Zu diesem Aspekt insbesondere Holenstein, Die Umstände der Normen - die Normen der Umstände. Policeyordnungen im kommunikativen Handeln von Verwaltung und lokaler Gesellschaft im Ancien Régime, in: Policey und frühneuzeitliche Gesellschaft, S. 11.

[6] Siehe Willoweit, in: Jeserich/Pohl/v. Unruh, Deutsche Verwaltungsgeschichte, S. 310 f.

Maßnahmen versuchten, das Supplikenwesen zu ordnen und die Flut von Bitten und Beschwerden einzudämmen.[1] Bereits die Lüneburgische Polizeiordnung von 1564 hatte eingehende Bestimmungen über die administrativen Abläufe bei der Einlegung und Behandlung von Suppliken enthalten.[2] Erneut musste der Ordnungsgeber nun in der Lüneburgischen Polizeiordnung von 1618 seine Untertanen und Amtleute daran erinnern, zunächst die Möglichkeiten der Hilfe auf unterer Ebene auszuschöpfen und nur schriftlich verfasste Bittschriften einzureichen.

Zum einen wurde das Supplikationsrecht hinsichtlich Klagen einschränkenden Verfahrensvorschriften unterworfen. Generell hatten sich die Untertanen bezüglich aller Streitigkeiten zwischen dem „Amts- Gerichts oder Städte und Flecken Eingesessenen, oder wieder dieselbe von anderen" zuerst zur Streitschlichtung an die Amtmänner zu wenden[3]. Konnte der Amtmann eine gütliche Entscheidung nicht herbeiführen, waren die Parteien an das ordentliche Untergericht zu verweisen. Wer dann noch meinte, „an den Unter-Gerichten durch die Urtheil beschweret zu seyn", wurde auf den ordentlichen Weg der Appellation an das Hofgericht nach der Hofgerichtsordnung hingewiesen[4].
Die vorherige Schlichtung beim Amt war nach der Lüneburgischen Polizeiordnung von 1618 nun auch Voraussetzung für ein Vorbringen der Klage bei der Justizkanzlei im Wege der Supplikation. Obwohl diese Anordnung auch schon nach der LPO von 1564 bestanden hatte, hatte doch „die Erfahrung bezeuget, daß Unsre arme Unterthanen aus den Aemtern, so eines theils von Unsrer ordentlichen Fürstl. Residentz und Hofstadt sehr weit abgelegen, ihre Klagen stracks bey Hof" anbrachten, dass es jedoch „aus Mangel aber des rechten Berichts Unsern zur Regierung verordneten Stadthalter, Canzler und Räthen gar unmöglich ist, darauf den Sachen einen endlichen Ausschlag zu geben"[5]. Daher musste stets „entweder an unsre Beamte um Bericht, wie es um die Sache bewandt, und was sie darinn verrichtet haben", geschrieben, „oder aber die Parten, in Entstehung gütlicher Vergleichung, an das Unter- oder Landgericht remittiret werden"[6]. Um dem abzuhelfen, wurde die Klage

---

[1] Siehe Neuhaus, in: Hessisches Jahrbuch für Landesgeschichte 28: „Supplikationen als landesgeschichtliche Quellen", S. 134 f. für die Landgrafschaft Hessen; Holenstein, Bittgesuche, Gesetze und Verwaltung, in: Blickle, Gemeinde und Staat im Alten Europa, S. 347 f. für die Markgrafschaft Baden (-Durlach); Press, Calvinismus und Territorialstaat, S. 94 für Kurpfalz; Hülle, in: Zeitschrift der Savigny- Stiftung für Rechtsgeschichte, Germ. Abt. 9: „Das Supplikenwesen in Rechtssachen", S. 198 f.
[2] LPO 1564 Titul. „Von klagen / als aus den Ampten zu Hoff komen".
[3] LPO 1618 Kapitel 10 § 2; siehe auch oben 1.
[4] LPO 1618 Kapitel 10 § 3.
[5] LPO 1618 Kapitel 10 § 1.
[6] LPO 1618 Kapitel 10 § 1.

nur noch dann „bey Hof angenommen", wenn der „Supplicant von seinem Haubt-Amtmann Amtsvögten, Adelichen Gerichts-Verwaltern, oder Bürgermeistern und Rathmännen in den Städten und Flecken beglaubigten Schein ein und für" brachte, „daß er die Sache der Oerter geklaget habe"[1]. Außerdem war die Supplikation mit einem „nothdürftigen Bericht, was darin geschehen sey" einzureichen, damit „darauf in Unsrer Canzley nach Befindung billiger Bescheid fallen"[2] konnte. Die Gewohnheiten der Untertanen, sich ohne diese vorherige Amtsaufsuchung und Begleitberichte zum Landesherren zu begeben, verursachte in den Augen der Obrigkeit unnötige Reisekosten und verhinderte eine rasche Entscheidung, weil die Berichte nachträglich eingefordert werden mussten. Nach Möglichkeiten versuchte man, gerade die bäuerlichen Untertanen von langwierigen und kostspieligen gerichtlichen Auseinandersetzungen fernzuhalten, damit diese nicht zu lange von ihrer Arbeit abgehalten würden und „den Weg nicht vergeblich anhero thun und Unkosten anwenden mögen[3].

Desweiteren sollten auch die sonstigen Bittschriften unbedingt mit einem hinreichenden schriftlichen Begleitbericht versehen werden. In Sachen, „so allein den Supplicanten belangen" oder die „ohne Rechtfertigung vor dem Unter-Gericht gen Hof gelangen solten oder möchten", war dem Supplikant von dem gerichtsinhabenden Beamten ein schriftlicher „Schein, mit vollständigem, klarem, verständlichem, allerdings unpaßioniertem Bericht der Sachen"[4] auszustellen. Erst durch diesen wurde die Supplikation direkt bei Hofe zulässig. Wurde dem Kläger dieser Bericht verweigert, so stand ihm dagegen wiederum die Beschwerde bei Hofe zu: „so mag der Kläger, wann er nur die Verweigerung ziemlich zu bescheinigen hat, ohne solchen Schein zu Hof kommen oder schicken und supplicirend an Uns oder Unsre zur Regierung verordnete [...] gelangen lassen"[5].
Das die Verwirklichung des polizeigesetzgeberischen Willens und die Herstellung guter „Policey" nunmehr aus der Sicht der Obrigkeit wesentlich von der ordnungsgemäßen und gewissenhaften Amtsausübung durch den einzelnen Beamten abhing, zeigt sich darin, dass nun dem Beamten, der sich – bei stattgegebener Beschwerde - „oberwehnter massen der Justiz und dieser Unsrer Ordnung widrig erzeiget" hatte, der Verlust seines Amtes drohte[6]. In der

---

[1] LPO 1618 Kapitel 10 § 1.
[2] LPO 1618 Kapitel 10 § 1.
[3] LPO 1618 Kapitel 10 § 1; siehe Deneken, Neu – Vermehrtes Dorff- und Land- Recht, Kapitel XXV § 146.
[4] LPO 1618 Kapitel 10 § 4.
[5] LPO 1618 Kapitel 10 § 4.
[6] LPO 1618 Kapitel 10 § 4.

Regelung des Supplikenwesen der LPO von 1564, mit der im übrigen wesentlich die LPO von 1618 übereinstimmte, fehlte diese disziplinierende Strafandrohung gegenüber dem pflichtwidrig handelnden Beamten noch.

5. Beurkundungs- und Gerichtsbücherwesen

Der Vermeidung zeit- und geldaufzehrender Gerichtsverfahren diente ebenfalls die Anordnung, dass zur erleichterten und beschleunigten Beweisfindung alle im Fürstentum geschlossenen Verträge schriftlich abgefasst werden sollten.[1] Man erhoffte sich, die „armen Leute"[2] dadurch „mit den weitläuftigen kostbaren Zeugen Verhören"[3] zu verschonen und sie davor zu bewahren, dass sie auf das „weitläufige Beweisthum" ihr „Vermögen zu wenden" hatten[4]. Jeder von den Untertanen beabsichtigte Vertrag war deshalb „bey Pöen der annullation oder Vernichtigung" bei dem Amt der Vogtei oder dem Stadt-Gericht, „darunter der Contract beschlossen und vollzogen wird" bei gleichzeitiger Anwesenheit der Vertragsschließenden vorzunehmen und in das Amts-, Stadt- oder Gerichts-Buch einzutragen[5]. Für Eheverträge und letztwillige Verfügungen war außerdem die Zuständigkeit des örtlichen Pastors gegeben.[6] Den Beamten traf bei der Aufnahme des Vertrages eine Aufklärungs- und Vorlesungspflicht.[7] Den Vertragsparteien wurde eine Abschrift des Dokuments ausgehändigt. Diesem Schriftstück kam im Streitfall Beweiskraft zu; es galt als „rechtmäßiger vollständiger Beweis"[8]. Auch die Kosten der Beurkundung wurden festgelegt; sie richteten sich nach dem Vertragsgegenstand. Hatte dieser einen Wert bis 500 Taler, konnte 1 Ortstaler, bei einem Wert von genau 500 Talern ½ Taler und bei über 500 Talern 1 Taler für die Beurkundung verlangt werden.[9] Die gleichen Gebühren konnte der Amtsschreiber verlangen, wenn er eine Urkunde für Beweiszwecke ausfertigen musste, doch durfte er „darüber nichts fordern oder nehmen"[10].

---

[1] Siehe dazu Deneken, Neu- Vermehrtes Dorff- und Land- Recht, Kapitel XXV, § 147.
[2] Als „arme Leute" bezeichnete man namentlich den Bauernstand, siehe v. Bülow/ Hagemann, Practische Erörterungen aus allen Teilen der Rechtsgelehrsamkeit, Band 4, S. 473 Fn. h.
[3] LPO 1618 Kapitel 11, Titel.
[4] LPO 1618 Kapitel 11 § 1.
[5] LPO 1618 Kapitel 11 § 1.
[6] LPO 1618 Kapitel 11 § 1.
[7] LPO 1618 Kapitel 11 § 2.
[8] LPO 1618 Kapitel 11 § 1.
[9] LPO 1618 Kapitel 11 § 3.
[10] LPO 1618 Kapitel 11 § 4.

Darüber hinaus sollten in jedem Amt und Gerichtsbezirk Amts- und Gerichtsbücher, „so allezeit bey den Aemtern und Gerichten verwahrlich zu behalten und zu perpetuieren“[1], angelegt werden. Alles, „was desfals vorgehet“, war „ohne einigen Verzug und Partheiligkeit“ in den Büchern festzuhalten, damit „Wir oder Unsere zur Regierung, auch zu Unserm Hof-Gericht, verordnete Stadthalter, Canzler, Hof-Richter, Räthe und Beysizere, [...] aus Mangel des rechten Berichts, zu unrechtmäßigen Urtheln nicht verleitet werden“[2]. Insbesondere sollten Vereinbarungen zwischen Bürgern oder Bauern über einen Brautschatz in die Amts- und Gerichtsbücher eingetragen werden. Auch hier wurde die Eintragung zum Wirksamkeitserfordernis erklärt; die Verabredung über den Brautschatz war „null, nichtig und kraftlos“, wenn sie nicht in die Bücher aufgenommen worden war[3].
In der Rechtsanwendung konnten sich diese gutgemeinten Vorschriften freilich nicht durchsetzten. Ein Grund lag dabei auch in der Unbestimmtheit der Vorschriften, aus deren Formulierung sich nicht mit aller Klarheit ergab, ob jeder Vertrag, auch über Fahrnis und geringwertige Sachen, entgegen dem gängigen Rechtsgebrauch ganz und gar dem Schriftformerfordernis unterliegen sollte.[4] Entweder wurden sie deshalb gänzlich missachtet oder aber nur einschränkend angewendet. Für Verträge unter Bauern – Pacht, Miete, Pferdehandel und dergleichen – erwiesen sich die Vorschriften als vollkommen unpraktikabel und wurden gar nicht erst angewendet.[5] In den Städten war das Schriftformerfordernis ohnehin durch Observanz auf Verträge über Immobilien eingeschränkt.[6] Hinsichtlich des Brautschatzes, der in die Gerichtsbücher einzutragen war, fanden die Normen der Polizeiordnung zwar mancherorts Beachtung, doch brachte man sie letztlich nur sehr restriktiv zur Anwendung. Eine Nichtigkeit des Brautschatzversprechens konnte nur geltend gemacht werden, solange es noch nicht vollzogen war.[7] Dann prüfte der Richter im Verfahren die Verabredung über den Brautschatz; soweit diese nach den sonstigen Bestimmungen über Brautschätze zulässig war, erklärte er sie für rechtsgültig trotz fehlender Eintragung, nur im übrigen für nichtig. Ein schon

---

[1] LPO 1618 Kapitel 11 § 5.
[2] LPO 1618 Kapitel 11 § 5.
[3] LPO 1618 Kapitel 23 § 2.
[4] Vgl. v. Bülow/ Hagemann, Practische Erörterungen aus allen Theilen der Rechtsgelehrsamkeit, Band 4, S. 473.
[5] Siehe v. Bülow/Hagemann, Practische Erörterungen aus allen Theilen der Rechtsgelehrsamkeit, Band 2, S. 368 f.
[6] Siehe v. Bülow/Hagemann, Practische Erörterungen aus allen Theilen der Rechtsgelehrsamkeit, Band 2, S. 368 f.
[7] Dies wurde aus den Worten am Ende von Kapitel 23 § 2 abgeleitet: „[...] und dem Bräutigam zur Bezahlung nicht verholfen werden soll“.

vollzogenes Versprechen über den Brautschatz konnte schließlich trotz fehlender Eintragung nicht mehr kondiziert werden.[1]

III. Finanzverwaltung des Klostergutes

Aus dem steten Geldbedarf des Fürsten entsprang dessen Interesse an einem wohlgeordneten Finanzwesen. Auch in der Polizeiordnung von 1618 waren daher verschiedene Vorschriften über die Eintreibung, Rechnungslegung und Verwendung bestimmter Gelder oder Geldbußen enthalten, die die bestehenden Verwaltungsvorschriften weiter ergänzten.[2] Namentlich die finanzielle Verwaltung des landesherrlichen Kirchen- und Klostergutes erfuhr dabei eine vollständige Neustrukturierung.

Die Einkünfte aus den Kirchen- und Klöstergütern sollten möglichst auf lange Sicht gesichert werden. Der Landesherr hatte sich dafür in der Polizeiordnung „gegen Unsere getreue Landschaft [...] pflichtbar gemachet", dass „Wir die in Unsern beyden löblichen Fürstenthümern, Zellischen und Grubenhagischen theils" und angehörigen Grafschaften liegenden „Benificia uns geistliche Lehne, hinfüro niemanden, um keinerley Ursachen willen, mehr verschreiben"[3]. Auch des Herzogs „Nachkommen in der Regierung" sollten dafür sorgen, dass alle geistlichen Güter „zusammen geschlagen" und „alle deren Intraden von Unseren Beamten erhoben" wurden[4].

Die einkommenden Gelder waren nach den Bestimmungen der Polizeiordnung von dem zuständigen Beamten dem „Lehen-Secretario Johann Wulffen, oder dessen Successoren im Amt" in die Kanzlei zu schicken und dort „in einem verschlossenen Kasten", der „mit dreyen starken Schlössern" gesichert werden sollte, zu verwahren[5]. Jeweils Statthalter, Hofkanzler und der Lehnssekretät erhielten einen Schlüssel zu dieser Kasse, die auch nur in „aller dreyen Gegenwart" geöffnet werden durfte[6]. Die Rechnungslegung über diese Kasse oblag dem Lehenssekretär. Ausgaben durften nur „auf vorgehabten

[1] Siehe zum Ganzen v. Bülow/Hagemann, Practische Erörterungen aus allen Theilen der Rechtsgelehrsamkeit, Band 2, S. 368 ff., Band 4, S. 474 für sonstige Verträge.

[2] Neben den zahlreichen, sich durch die ganze Ordnung ziehenden Vorschriften über die Eintreibung verwirkter Geldbußen tauchten solche Normen besonders in der Holzordnung auf, so beispielsweise über den Anbau von Hölzern für Kasse des Landesherrn oder hinsichtlich der jährlichen Rechnungslegung über die landesherrliche Mast; siehe unten 9. Kapitel.

[3] LPO 1618 Kapitel 3 § 1.

[4] LPO 1618 Kapitel 3 § 1.

[5] LPO 1618 Kapitel 3 § 1.

[6] LPO 1618 Kapitel 3 § 1.

Rath Unserer Geheimten Räthe" und mit „Vorwissen und Belieben" des Landesherrn getätigt werden[1].
Doch wurden die Einkünfte nicht zur Aufbesserung der allgemeinen Staatskasse verwandt. Sie sollten ausschließlich für kirchliche und wohltätige Zwecke, zur „Unterhaltung der Gottes-Häuser, Schulen, Prediger, Schul-Diener, auch armer Studenten aller Facultäten" dienen[2]. Die Verteilung der Kirchen- und Schulgelder im einzelnen fand „mit Vorwissen und nach Gutachten" des Konsistoriums statt[3]. Zur Unterhaltung der „Kirchen- und Schul- Diener", die „eines theils fast Noth und Mangel leiden müssen"[4] wurde außerdem versprochen, dass die Güter der Kirchen „ohne rechtmäßige Ursache" und des Landesherrn „Special Beliebung nicht sollen veräussert, sondern den Kirchen zum besten behalten" werden[5]. Ferner wurden die Untertanen aufgefordert, fleißig den kirchlichen Spendenbeutel zu füllen, wobei der Hinweis nicht fehlt, dass „in Betrachtung es besser, als der Seelen zu gute, nicht angeleget werden kan"[6].

Insgesamt entwickelten diese Anordnungen, bei denen typische Regelungsbereiche evangelischer Kirchenordnungen in die weltliche „Policey"-Ordnung übernommen wurden, die zuvor auf der Grundlage der Kirchenordnung von 1564 bestehende kirchlichen Finanzverwaltung erheblich fort. Im Gegensatz zu den Bestimmungen der Kirchenordnung über die Einkünfte und Unterhaltung kirchlicher Einrichtungen wurde nun auch dieser Strang der Finanzverwaltung zentralisiert und der Celler Regierung zugeordnet. Nach der KO von 1564 waren noch lokale Unterbeamte, namentlich die Amtmänner, Bürgermeister und Räte in den Städten sowie die Kirchgeschworenen für die Aufsicht über die Kirchengüter und die Verteilung von Geldern an die Kirchen- und Schuldiener zuständig gewesen.[7] Sie hatten weiterhin ursprünglich jährlich im Beisein des Superindentenden die Rechnungslegung durch die Kirchgeschworenen über die „einkomen und ausgaben der kirchgüter, als allen geistlichen lehen" vorzunehmen[8].
Die Lüneburgische Polizeiordnung von 1618 übertrug diese Zuständigkeit nun auf die Beamten der landesherrlichen Zentralbehörden und setzte damit den allgemeinen Trend zur Zentralisierung der Verwaltung fort. Die Möglichkeit landesherrlicher Aufsicht über die Kirchengüter wurde dadurch erheblich

---

[1] LPO 1618 Kapitel 3 § 1.
[2] LPO 1618 Kapitel 3 § 1.
[3] LPO 1618 Kapitel 3 § 2.
[4] LPO 1618 Kapitel 3 § 1.
[5] LPO 1618 Kapitel 3 § 2.
[6] LPO 1618 Kapitel 3 § 3.
[7] KO 1564, in: Sehling, Die evangelischen Kirchenordnungen des 16. Jahrhunderts, S. 538.
[8] KO 1564, in: Sehling, Die evangelischen Kirchenordnungen des 16. Jahrhunderts, S. 538.

verbessert und eine feste Einnahmequelle für die Zukunft erschlossen. Darüber hinaus erhielten die verordneten Räte in Celle einen eigenen, neuen Zuständigkeitsbereich, was ihren allgemeinen Bedeutungszuwachs wiederspiegelt.

Hinsichtlich der ebenfalls dem Bereich kirchlicher Verwaltung zuzuordnenden Versorgung von Pastorenwitwen griff die Lüneburgische Polizeiordnung von 1618 demgegenüber auf die Bestimmungen der Kirchenordnung von 1564 zurück. Hier begnügte sich der Ordnungsgeber bezüglich des „Unterhalts der Witwen“ mit einem Verweis auf die Kirchenordnung, deren Bestimmungen „anhero wiederholt“ wurden[1].
Nach diesen waren in jeder Pfarrei Witwenhäuser zu errichten, in welcher die Witwe des Pastors „die freie wohnung haben“ und „schatzfrei sitzen“ konnte, sowie daneben „der gemeine huet und weide, mastung und nodtdürftiger feuerung wie andere zu geniessen haben“[2]. Das Holz zum Bau der Häuser sollte aus den fürstlichen Waldungen zugewiesen werden. Waren zwei Witwen vorhanden, so hatte die ältere den Vorzug. Die Pflicht, diese Küsterhäuser zu erhalten, oblag den Gemeinden. War „keine widwe verhanden“, sollten die Häuser vermietet und der Ertrag zum Erhalt des Hauses verwendet werden oder aber „den kirchen zum besten komen“[3]. Eine Ergänzung fanden diese Bestimmungen durch die Polizeiordnung lediglich dahingehend, dass auch an Örtern, „an welchen keine Wittwen-Häuser seyn“ die Gemeindeansässigen so viel „contribuiren“ sollten, „daß dero Behuf ein Haus gebauet werden möge, auch dasselbige in baulichem Wesen erhalten“ werden konnte[4].
Die finanzielle Fürsorge für die Pastorenwitwen lag damit nach wie vor allein bei der einzelnen Gemeinde. Eine Teilhabe an den Einkünften der neu errichteten kirchlichen Zentralkasse bestand demnach nicht.

IV. Aufbau des Schulwesens

Das Schulwesen des Fürstentums Braunschweig-Lüneburg hatte im 16. Jahrhundert noch keinerlei besondere Ausgestaltung erfahren. Die in der Kirchenordnung von 1564 enthaltene Schulordnung war gänzlich unterentwickelt und

[1] LPO 1618 Kapitel 3 § 5.
[2] KO 1564, in: Sehling, Die evangelischen Kirchenordnungen des 16. Jahrhunderts, S. 540.
[3] KO 1564, in: Sehling, Die evangelischen Kirchenordnungen des 16. Jahrhunderts, S. 540. Die KO von 1619, S. 123 ff., enthielt diesbezüglich im wesentlichen inhaltsgleiche Regelungen.
[4] LPO 1618 Kapitel 3 § 5.

enthielt nur kurze allgemeine Vorschriften zu den Schulen: In den Städten, Flecken und größeren Dörfern sollten Schulen eingerichtet werden, für die die Pastoren tüchtige Lehrer bestellen sollten. Eine Überprüfung wurde durch zwei Vistiationen jährlich vorgesehen, in denen „die knaben examinirt und fleissig zu studieren angehalten werden" sollten[1].

Den Aufbau des Schulwesens überließ der Landesherr auch zu Beginn des 17. Jahrhunderts noch im wesentlichen dem Konsistorium, welches gemäß der Polizeiordnung „die Verordnung thun" sollte, dass, „so viel immer möglich, bey allen und jeden Pfarren auf dem Lande Schulen gehalten" würden[2]. In der LPO 1618 wurden lediglich einige Rahmenbedingungen für die Einrichtung und Unterhaltung der Schulen vorgegeben. Der Bedarf an einer Verbreitung und Fortentwicklung der Landschulen war durchaus groß, da diese – im Gegensatz zu zahlreichen anderen deutschen Territorien – in der Vergangenheit keine besondere Aufmerksamkeit erfahren hatten und deshalb „die Jugend [...] Gott den Allmächtigen erkennen zu lernen, aus Mangel an Schulen nicht recht unterwiesen wird"[3]. Bei diesen „Schulen auf dem Lande" handelte es sich um die bescheidenste Bildungseinrichtung der Zeit.[4] Der Lehrplan beschränkte sich auf „lesen, schreiben und beten", was die Kinder, „wann sie zum längsten fünf oder sechs Jahr alt seyn"[5], lernen sollten. Anliegen dieser Schule war mithin nicht eine fundierte Schulausbildung, sondern eher die Erziehung der Kinder zu Disziplin und Gottesfurcht. Das Schulwesen wurde als geistige, eine die Ehre Gottes und das Heil der Seele betreffende Angelegenheit betrachtet, in der das Kind Gottes Wort lernen und verinnerlichen sollte.[6] Die Unterrichtung in Lesen und Schreiben verfolgte ebenfalls kirchliche Zwecke insoweit, als es die Erziehung zum Verständnis der Bibel und des Gesangbuches erforderte.

Der Unterricht an den Landschulen litt zweifellos an vielerlei Gebrechen. Die Lehrtätigkeit, die eigentlich dem Pastor oblag, wurde regelmäßig dem Küster als dem Gehilfen des Pfarrers übertragen, da keine anderen Personen zur Ver-

---

[1] KO 1564, in: Sehling, Die evangelischen Kirchenordnungen des 16. Jahrhunderts, S. 568.
[2] LPO 1618 Kapitel 2 § 10.
[3] LPO 1618 Kapitel 2 § 10; siehe Sehling, Die evangelischen Kirchenordnungen des 16. Jahrhunderts, S. 490; Haase, in: Geschichte Niedersachsens, Band 3/2, S. 311 und S. 308 ff. zu der Entwicklung in den anderen welfischen Fürstentümern.
[4] Siehe zu der Situation an den Landschulen Kreiker, Armut, Schule, Obrigkeit, S. 125; Haase, in: Geschichte Niedersachsens, Band 3/2, S. 306 f.
[5] LPO 1618 Kapitel 2 § 10.
[6] Siehe zu diesem Aspekt evangelischer Kirchenpolitik Wachter, Dorfschule zwischen Pastor und Schulmeister, S. 30 ff.

fügung standen.[1] Für die Küster, die das Lehramt nur als schlecht bezahlten Nebendienst ausübten, war der Unterricht Bestandteil ihres Vorbereitungsdienstes auf das Pfarramt. Ein Wechsel der Lehrperson kam daher entsprechend häufig vor, war aber natürlich dem kontinuierlichen Unterricht abträglich und „der Jugend sehr schädlich“[2]. Dem sollte durch die Einrichtung von Stiftungen abgeholfen werden, aus denen die Schuldbediensteten finanzielle Zuwendung erhalten solltem: so sollten „die Schul-Diener, zumal aber der Rector und Con-Rector [...] ein jeder mit einem Canonicat, der dritte und vierte aber, jeder mit einer Vicarey, so lange providiret und versehen werden mögen, als sie ihren Schul-Diensten mit schuldigen Fleiß vorstehen“[3]. Die Finanzierung des Unterrichts lag daneben im wesentlichen bei den Eltern, die „so es im Vermögen haben, den Praeceptoren für ihre Mühe die Gebühr mildiglich entrichten“ sollten[4]. Der Küster wird nicht selten die Kinder der zahlenden Eltern bevorzugt haben, so dass die Mahnung erforderlich wurde, dass auch „die Armen aber, ohne einig Recompens, nicht mit geringerm Fleiß, als die Reiche, instituiret werden sollen“[5].

In den entlegenen Dörfern, in denen kein Küster oder Pfarrer zur Übernahme des Schuldienstes vorhanden war, lag die Verantwortung für die Einrichtung bei den Eltern, die „so viel contribuiren, davon ein Schulmeister [...], die Jugend zu unterweisen, unterhalten werden könne“[6]. Doch wird diese Aufforderung von geringem Erfolg gewesen sein, da oftmals die Eltern an einem Schulbesuch der Kinder nur mäßig interessiert waren. Selbst wo Schulen vorhanden waren, verhinderte regelmäßig die Abwesenheit der Schüler eine stetige Fortbildung. Besonders im Sommer wurden die Jungen und Mädchen bei der Feldarbeit gebraucht, und im Winter hatten diese bei den sonstigen Tätigkeiten auf dem bäuerlichen Hof zu helfen. Die Ausbildung in des Landschulen besserte sich daher trotz dieser Anordnung in der Polizeiordnung von 1618 auch in der Folgezeit nicht wesentlich.[7] Eine grundlegende Regelung des Schulwesens erfolgte im Fürstentum Lüneburg erst im Jahr 1734 durch

---

[1] Vgl. LPO 1618 Kapitel 2 § 10: „[...] auch die Prediger und Küster die Jugend zu unterweisen“; siehe insgesamt zu den ähnlichen Verhältnissen in Hessen Wachter, Dorfschule zwischen Pastor und Schulmeister, S. 31 ff.
[2] LPO 1618 Kapitel 3 § 6.
[3] LPO 1618 Kapitel 3 § 6.
[4] LPO 1618 Kapitel 2 § 10.
[5] LPO 1618 Kapitel 2 § 10.
[6] LPO 1618 Kapitel 2 § 11.
[7] Zu den Problemen der Ausbildung auf den Landschulen allgemein siehe Kreiker, Armut, Schule, Obrigkeit, S. 143 ff.

die allgemeine Schulordnung Herzog Georgs II. für die Schulen „auf dem platten Lande"[1].

3. *Kapitel: Sorge um die Religion und die allgemeine Sittlichkeit*

Dem in der Polizeiordnung zum Ausdruck gebrachten Wunsch nach einem Zustand guter Ordnung waren die christlichen Verhaltensgebote vorangestellt. Eine scharfe Trennung zwischen weltlicher und geistlicher Sphäre gab es in der damaligen Gesellschaft nicht. Religion war noch nicht auf den Sonntagvormittag reduziert, sondern beherrschte das Leben rund um die Uhr, und der gesamte Alltag war noch ganz von Religion, religiösen Antrieben und Erklärungen erfüllt. Das Leben spielte sich in der allein akzeptierten christlichen Lebensform ab, und ein Dasein ohne diese alles durchdringende Christlichkeit mit Gottesdiensten, Abendmahl, Gebet und Segen wäre ein Leben außerhalb der Gesellschaft gewesen.
Dementsprechend schloß die Fürsorge des Fürsten diese beiden menschliche Existenzbereiche, die äußere Ordnung und das Heil der Seele, mit ein. Als Sachwalter der Ehre Gottes in der Welt wurde er als legitimiert angesehen, nicht nur das weltliche, sondern auch das geistige Wohl der Untertanen zu befördern und dadurch Wohlfahrt über sein Fürstentum zu bringen.[2] Spiegelbildlich konnte auch die Fürstenehre selbst ihre Erhöhung durch geordnete moralische Gegebenheiten innerhalb der Untertanenschaft erfahren; die Gesamtsituation des Fürsten, seine Stellung und sein Ansehen beruhte auch auf dem Verhältnis zu seinen Untertanen, die möglichst die herrschaftliche Güte mit bereitwilligem Gehorsam aufnehmen und der religiösen Verantwortung des Fürsten durch ein gottgefälliges Leben entsprechen sollten.[3]
Die Beobachtungen der landesherrlichen Kirchenordnungen wurden deshalb durch die Polizeiordnung nochmals besonders eingeschärft[4] und weitere, ge-

---

[1] CCL Cap. I Sect. X N. 177. Siehe Haase, in: Geschichte Niedersachsens, Band 3/2, S. 311.
[2] Siehe Schmidt, in: NdSächsJbLdG 56: „Kirchenregiment und Landesherrschaft im Selbstverständnis niedersächsischer Fürsten des 16. Jahrhunderts", S. 34, 44; Stolleis, in: Ius Commune 20: „Konfessionalisierung und Säkularisierung bei der Entstehung des frühmodernen Staates", S. 15 ff.; Zeeden, in: Gebhardt, Handbuch der deutschen Geschichte, S. 222. Siehe ferner zu Kirchenzucht und Sozialdisziplinierung Brecht, Protestantische Kirchenzucht zwischen Kirche und Staat, in: Kirchenzucht und Sozialdisziplinierung im frühneuzeitlichen Europa, S. 41 ff.
[3] Siehe dazu Schmidt, in: NdSächsJbLdG 56: „Kirchenregiment und Landesherrschaft im Selbstverständnis niedersächsischer Fürsten des 16. Jahrhunderts", S. 46.
[4] Vgl. LPO 1618 Kapitel 2 § 1.

genüber der Polizeiordnung von 1564 umfangreichere Vorschriften zugunsten ungestörter Gottesdienste hinzugefügt. Der Landesherr übernahm damit zunehmend die zuvor der kirchlichen Autorität zufallende Aufgabe der religiösen Disziplinierung der Untertanen.
Dahinter verbarg sich auch eine sittlich-religiöse Beurteilung der herrschenden öffentlichen Übel: Die Verachtung Gottes und des Nächsten wurden als eigentliche Gründe für den Mangel an guter Policey angesehen. Dem formalen Aufbau zeitgenössicher Polizeiordnungen entsprechend begann daher die Lüneburgische Polizeiordnung von 1618 mit der Ordnung des religiösen Lebens und Einschärfung der christlichen Verhaltensgebote, um die Basis für den Erhalt des christlichen Gemeinwohls zu legen.[1]

Vor allem sollten die Untertanen unbedingt regelmäßig zum Gottesdienst erscheinen und wurden „väterlich" ermahnt, „sich der Gottesfurcht zu befleissigen"[2]. Die vorbildlichen Untertanen waren diejenigen, die „Gottes Wort mit christlicher Andacht" hörten und „ihr Leben darnach richten und anstellen"[3]. Oberste Pflicht der untertänigen Christen war, die Predigen zu besuchen, und zwar im besonderen „die, die an den Sonn- und Feyer Tagen gehalten werden"[4]. Diese Tage mussten nach biblischem Gebot „sonderlich mit Besuchung der Predigten, Les- und andächtiger Betrachtung des heiligen Göttlichen Worts und anderer Gott- wohlgefälliger Wercke", nicht aber mit Arbeit zugebracht werden; ein „jeder ohne Unterscheid, und also auch die Handwecker und Bauers-Leute" mussten „ihre Arbeit liegen lassen"[5]. Allen Obrigkeiten, die dem Gerichtszwang des Landesherrn unterworfen waren, wurde eingeschärft, an diesen Tagen „weder in Unsern, noch ihren Sachen" Herrendienste zu verlangen[6]. Darüber hinaus hatten sie Aufsicht darüber zu halten, dass die Leute nicht „ihre eigene Arbeit thun"[7]. Einschränkendes galt für die „heiligen Apostel- Tagen", an denen vormittags natürlich der Gottesdienst aufgesucht

---

[1] Siehe Maier, Die ältere deutsche Staats- und Verwaltungslehre (Polizeiwissenschaft), S. 135; Knemeyer, in: AöR 92: „Polizeibegriffe in Gesetzen des 15. bis 18. Jahrhunderts", S. 157; Härter, in: Ius Commune 20: „Entwicklung und Funktion der Policeygesetzgebung des Heiligen Römischen Reiches Deutscher Nation im 16. Jahrhundert", S. 93; Hartung, Deutsche Geschichte im Zeitalter der Reformation, der Gegenreformation und des 30jährigen Krieges, S. 81.
[2] LPO 1618 Kapitel 2 § 2.
[3] LPO 1618 Kapitel 2 § 3.
[4] LPO 1618 Kapitel 2 § 2.
[5] LPO 1618 Kapitel 2 § 3.
[6] LPO 1618 Kapitel 2 § 4.
[7] LPO 1618 Kapitel 2 § 4.

werden musste, des nachmittags aber wieder „ein jeder seiner Arbeit" nachgehen durfte[1].
Der regelmäßige Besuch der Predigt galt damit als Grundvoraussetzung für ein christliches Leben. Leute, die sich daran nicht hielten, also „in keine Kirche kommen", galten als „Athei" (Atheisten), die „unnachlässig gestrafet" gehörten[2]. Die christliche Gesellschaft durfte sie nicht in ihrer Mitte dulden. Die Ungläubigen, die sich nicht dem religiös bestimmten Leben anpassten, mussten „zu Vermeidung hochschädlicher Aergerniß des Landes verwiesen werden"[3].
Die Pflicht zum Besuch der Kirche war allerdings nicht auf Sonn- und Feiertage beschränkt; auch die „ordentlichen Wochen-Predigten am Mittwochen, oder, nach Unterscheid der Oerter, am Freytage" sollten fleißig besucht werden, dies alles, „so lieb einem jeden seine Seligkeit, zeitliche Wohlfahrt und Unserer Lande Aufnehmen ist"[4]. Auch sollten Gottesdienste nicht frühzeitig verlassen werden sondern jeder „biß die Sacramente gereichet seyn und der Seegen ergangen, verbleiben"[5].

Offenbar gaben sich allerdings die Untertanen nicht selten anderen Vergnügen als dem des Kirchbesuches hin. In den Wirtshäusern wurde daher ein Ausschank von „Brandtwein, Wein oder Bier" während der Predigtzeiten verboten[6]. Gleiches galt für die Einladung von Gästen und selbst das öffentliche Spazierengehen „unter dem Gottesdienst" war „niemandem erlaubt"[7]. Der Besuch des Gottesdienstes war die allein zulässige Tätigkeit zu der entsprechenden Stunde des Tages; das sonstige öffentliche Leben musste stillstehen. Das galt auch für die Händler, denen es untersagt war „einigen Kram zu eröffnen oder ichtwas zu wegen oder zu messen, ehe und bevor der Gottesdienst in der Kirche verrichtet und allerdings geendiget" hatte[8]. Die Überwachung dieser Verbote oblag dem Beamten, und „sowohl der Wirth, als jeder Gast" sollten „für solche ihre befundene Übertretung mit Gefängnis, oder dreyen Gülden, Lübeckischer Wehrung, beleget und gestrafet werden"[9].

Alles in allem lag die Kontrolle des gehorsamen Kirchgangs und überhaupt die Vermittlung der richtigen christlichen Gesinnung freilich bei der Hausge-

---

[1] LPO 1618 Kapitel 2 § 5.
[2] LPO 1618 Kapitel 2 § 6.
[3] LPO 1618 Kapitel 2 § 6.
[4] LPO 1618 Kapitel 2 § 2.
[5] LPO 1618 Kapitel 2 § 3; so auch schon LPO 1564 Titul. „Von Kirchen Ordnung".
[6] LPO 1618 Kapitel 2 § 7; so auch schon LPO 1564 Titul. „Von Kirchen Ordnung".
[7] LPO 1618 Kapitel 2 § 8; so auch schon LPO 1564 Titul. „Von Kirchen Ordnung".
[8] LPO 1618 Kapitel 2 § 8; so auch schon LPO 1564 Titul. „Von Kirchen Ordnung".
[9] LPO 1618 Kapitel 2 § 9.

meinde selbst. Schon die Kinder mussten ja, sollten sie sich zu ordentlichen und gottesfürchtigen Christen entwickeln, entsprechend aufgezogen werden. Es fehlte daher nicht das Gebot, dass „Vater und Mutter, ihre Kindern" und „Herren und Frauen, ihr Gesinde" die christliche Lebensweise zu vermitteln hatten[1].

4. Kapitel: Straftaten und Polizeidelikte

Im frühmodernen Territorium war es Aufgabe des Staatsoberhauptes, die von ihm gewollte „gute Ordnung" nach allen Seiten hin zu schützen und insbesondere durch Sanktionen abzusichern. Der Katalog der Lüneburgischen Polizeiordnung von 1618 über die deliktischen Handlungen zeigt deutlich die Schäden der öffentlichen Ordnung, wie sie seit Ausgang des Mittelalters um sich gegriffen hatten. Gotteslästerungen und Sittlichkeitsdelikte galt es ebenso einzudämmen wie die nach wie vor grassierenden Fehden zu bestrafen, um den obrigkeitlichen Strafanspruch durchzusetzen.
Die Strafnormen der LPO wurden dabei ergänzt durch die „gemeinen beschriebenen Rechten und Kayser Carls des fünften peinlichen Hals-Gerichts-Ordnung", die Carolina[2]. Die Dichte der geltenden Strafnormen wurde weiter erhöht durch das Deliktsrecht der Reichspolizeiordnungen, die ebenfalls Geltung beanspruchten, soweit nicht in der LPO „desfals ausdrücklich etwas geändert oder gemildert" wurde[3].

Sämtliche dieser Normen stehen für den Übergang von der früher privatrechtlichen Behandlung zu einer öffentlich-rechtlichen Auffassung vom Deliktsrecht.[4] Mit den Reichspolizeiordnungen lag des weiteren eine den territorialen Verhältnissen teilweise nicht entsprechende bloße Rahmengesetzgebung und mit der Carolina eine Sammlung und Neuredaktion des herkömmlichen Strafrechts vor, was dem Landesgesetzgeber erlaubte, sich in seinen Ordnungen auf bestimmte, neu auftretende Delikte und ihre obrigkeitliche Verfolgung zu

---

[1] LPO 1618 Kapitel 2 § 3.
[2] Vgl. LPO 1618 Kapitel 6 § 1.
[3] Vgl. LPO 1618 Kapitel 1.
[4] Siehe Radbruch, Die Peinliche Gerichtsordnung Kaiser Karls V. von 1532, S. 16 ff.; Segall, Geschichte und Strafrecht der Reichspolizeiordnungen, S. 4 ff. Vgl. auch Härter, in: Archiv für Hessiche Geschichte und Altertumskunde 54: „Regionale Strukturen und Entwicklungslinien frühneuzeitlicher Strafjustiz in einem geistlichen Territorium: Die Kurmainzer Cent Starkenburg", S. 118 ff. zur Verstaatlichung der Strafjustiz in einem Territorium.

beschränken.[1] Insofern war das Deliktsrecht der Lüneburgischen Polizeiordnung auf die Statuierung einzelner, den besonderen Bedürfnissen des Landes angepasster Deliktstatbestände begrenzt, um es im übrigen, „was dann die anderen Crimina oder Laster anlanget" und auch hinsichtlich des Prozeßrechts bei dem sonstigen geltenden Recht zu belassen[2]. Die LPO erfasste daher speziell die jüngst hervortretenden und aus dem Blickwinkel des frühmodernen Staates dem Bereich der „öffentlichen Ordnung" zuzurechnenden Unrechtsformen, um den veränderten religiösen, politischen, ökonomischen und sozialen Verhältnissen gerecht zu werden.
In Übereinstimmung mit zeitgenössichen Rechtsquellen wurde dabei innerhalb der LPO von 1618 unterschieden zwischen Polizeivergehen (Bruchdelikte oder Wrogensachen), für die das Landgericht zuständig war, und Straftaten, über die das peinliche Gericht urteilte.[3] Das Deliktsrecht der LPO beschränkte sich dabei nicht auf die Normierung von Polizeivergehen, sondern regelte in großen Teilen Straftatbestände und modifizierte oder wiederholte damit das geltende Strafrecht. Unverändert war nach den Bestimmungen der LPO von 1618 das Landgericht, gelegentlich auch die Ortsobrigkeit für die Verfolgung auf dem Gebiet des Polizeiunrechts zuständig und verhing nur Geldstrafen oder geringe Leibesstrafen. Im übrigen war für Straftaten die Justizkanzlei, der durch die Regimentsordnung von 1618 die peinliche Gerichtsbarkeit zugewiesen worden war, als Strafgericht zuständig, der nach Untersuchung des Tathergangs durch das Amt oder Niedergerichtwurden die Strafakten zur Urteilsfällung übersendet wurden.[4]

I. Religionsdelikte

Der Kreis der Religionsdelikte hat im Laufe seiner Entwicklung mehrfach eine Veränderungen erfahren. In der Zeit des Heidentums umfasste er die Störung des Gottfriedens[5], die Schändung eines Heiligtums, Grabschändung sowie Baumfrevel und Grenzverrückung und schließlich die Gotteslästerung.

---

[1] Vgl. Maier, Die ältere deutsche Staats- und Verwaltungslehre (Polizeiwissenschaft), S. 105 f.; Segall, Geschichte und Strafrecht der Reichspolizeiordnungen, S. 98 ff.; Schmidt, Einführung in die Geschichte der deutschen Strafrechtspflege, S. 136 ff.; Brauneder, Das Strafrecht in den österreichischen Polizeiordnungen des 16. Jahrhunderts, S. 8 f.
[2] LPO 1618 Kapitel 6 § 1.
[3] Siehe zu dieser Einteilung des Deliktsrechts Radbruch, Die peinliche Gerichtsordnung Kaier Karl V. von 1532, S. 16; G. Landwehr, Die althannoverschen Landgerichte, S. 70 ff.
[4] Sie oben Teil A, 4. Kapitel, I. 5., II.
[5] Dazu His, Geschichte des deutschen Strafrechts bis zur Karolina, S. 39 f.

Während in christlicher Zeit einerseits Deliktstatbestände wie Grabschändung, Baumfrevel und Grenzverrückung ihren religiösen Charakter einbüßten, traten andererseits zahlreiche neue Vergehen, namentlich die Ketzerei, Zauberei und Vergiftung hinzu und erweiterten den Kreis der Religionsdelikte.[1]

Bestimmungen über Verstöße gegen den christlichen Glauben gehörten zum festen Bestandteil zeitgenössischer Polizeiordnungen.[2] Nicht nur die Auffassung, dass Gott die Nichtachtung seiner Gebote schon auf Erden mit Heimsuchungen aller Art ahndete, trug zu der vermehrten Aufnahme der Religionsdelikte in die Polizeiordnungen bei. In Reaktion auf religiöse und ständische Unruhen ging es dem Polizeigesetzgeber auch um die Erhaltung der durch die Gotteslästerung mittelbar – als Strafe Gottes – gestörten gesamten öffentlichen und gesellschaftlichen Ordnung. Die Verletzung christlicher Normen stellte auch nicht zuletzt einen Angriff auf das Herrschaftssystem insgesamt dar, das sich auf die angegriffene, göttliche Instanz stützte.[3]
Bei den Strafbestimmungen gegen die Religionsdelikte waren neben den Vergehen wider den Glauben - Ketzerei, Zauberei, Hexerei – die Ehrfurchtsverletzungen gegen Gott von Wichtigkeit. Nicht nur Fluchen, Lästern und gottloses Schwören waren allerorts im Schwange, auch musste festgestellt werden, dass „etliche mit Zauberey umgehen“[4]. Die Obrigkeit, als von Gott eingesetzt, betrachtete es als ihre Pflicht, die Religionsverächter und Lästerer göttlichen Namens mit scharfer weltlicher Strafe zu belegen.

1. Gotteslästerung, Schwören, Fluchen

Die Gotteslästerung galt als eine Beleidigung Gottes oder der Heiligen.[5] Man befürchtete, dass der Beleidiger der Strafe Gottes ausgesetzt werde, „dann Gott, wie die Heil. Schrift saget, will den Menschen nicht unschuldig halten,

---

[1] Siehe His, Geschichte des deutschen Strafrechts bis zur Karolina, S. 106. Eingehend zu der Entwicklung v. Rohland, Historische Wandlungen der Religionsverbrechen, S. 121 ff.

[2] Siehe Härter, in: Ius Commune 20: „Entwicklung und Funktion des Policeygesetzgebung des Heiligen Römischen Reiches Deutscher Nation im 16. Jahrhundert“, S. 93; Lieberich, Die Anfänge der Polizeigesetzgebung des Herzogtums Baiern, S. 341, 350 f.

[3] Siehe v. Rohland, Historische Wandlungen der Religionsverbrechen, S. 126, 131; Härter, in: Ius Commune 20: „Entwicklung und Funktion des Policeygesetzgebung des Heiligen Römischen Reiches Deutscher Nation im 16. Jahrhundert“, S. 93 f.; Weber, „Anzeige“ und „Denunciation“ in der frühneuzeitlichen Policeygesetzgebung, in: Policey und frühneuzeitliche Gesellschaft, S. 597.

[4] LPO 1618 Kapitel 4 § 4.

[5] Siehe His, Geschichte des deutschen Strafrechts bis zur Karolina, S. 107.

der seinen Heil. Namen mißbrauchet“[1]. In Anlehnung an die justinianische Novelle 77 wurde schon in älteren Gesetzen als Grund für die Bestrafung die Tatsache genannt, dass Gott ein Land, das die Lästerung seines Namens dulde, mit Hunger, Erdbeben und Seuchen heimsuchen werde.[2]

Das „unnöthige Schweren“ und Fluchen „bey dem Leiden, Marter und Wunden Christi, und derogleichen“ sowie „bey den heiligen Sacramenten“[3] waren nach der Lüneburgischen Polizeiordnung der Gotteslästerung gleichgestellt, da sie ebenfalls als eine Lästerung Gottes empfunden wurden.[4] Bei allen diesen Straftaten erfolgte die Urteilsfällung durch das peinliche Gericht, in dessen Gutdünken das Strafmaß für das frevelhafte Schwören und Lästern stand.[5] Da sich seit Ende des Mittelalters die Strafen für die Gotteslästerung allgemein verschärft hatten und regelmäßig hohe peinliche Strafen angeordnet wurden[6], wird es hier nicht selten zu einer Bestrafung an Leib und Leben gekommen sein. Häufig wurde dabei die spiegelnde Strafe des Zungenverlustes angewandt.[7]

Als weniger gravierend wurde das gewöhnliche Fluchen angesehen, das als Polizeidelikt milder bestraft wurde.[8] Hier finden sich genaue Anordnungen bezüglich einer Anzeigepflicht. Da es sich um ein reines Verbaldelikt handelte, war die Obrigkeit für dessen Verfolgung naturgemäß auf Anzeigen und Zeugenaussagen Dritter angewiesen, doch bestanden hier Einschränkungen. Wer einen anderen Fluchen hörte, sollte ihn zunächst einmal „in der Güte freundlich ermahnen“ und erst, wenn der Ermahnte „davon nicht abstehen

---

[1] LPO 1618 Kapitel 4 § 1.
[2] Siehe Schmidt, Die Ächtung des Fluchens durch reformierte Sittengerichte, in: Der Fluch und der Eid, S. 66 ff.; v. Rohland, Historische Wandlungen der Religionsverbrechen, S. 128; His, Strafrecht des deutschen Mittelalters, Band 2, S. 5.
[3] LPO 1618 Kapitel 4 § 1.
[4] Siehe Segall, Geschichte und Strafrecht der Reichspolizeiordnungen, S. 150; His, Strafrecht des deutschen Mittelalters, Band 2, S. 2 f.; *ders.*, Geschichte des deutschen Strafrechts bis zur Karolina, S. 107; Schmidt, Die Ächtung des Fluchens durch reformierte Sittengerichte, in: Der Fluch und der Eid, S. 99.
[5] LPO 1618 Kapitel 4 § 1: „bey unnachläßiger Vermeidung ernstlicher Strafe“.
[6] Die „Königliche Satzung von den Gotteslästerern“ von 1495 sah die Todesstrafe für Gotteslästerer vor, in: Koch, Neue und vollständigere Sammlung der Reichsabschiede, Teil 2, S. 28 f. Die Carolina sieht in Art. 106 ebenfalls peinliche Strafen vor. Vgl. im übrigen His, Strafrecht des deutschen Mittelalters, Band 2, S. 7; *ders.*, Geschichte des deutschen Strafrechts bis zur Karolina, S. 107.
[7] Siehe His, Strafrecht des deutschen Mittelalters, Band 2, S. 8 f.
[8] Siehe Segall, Geschichte und Strafrecht der Reichspolizeiordnungen, S. 150.

wollte", bestand die Pflicht, ihn bei der Obrigkeit anzuzeigen[1]. Die vorherige, geschwisterliche Abmahnung ohne Einschaltung der Obrigkeit wurde in der Rechtswissenschaft als „denunciatio evangelica" bezeichnet und ist offenbar den Vorschriften den Reichspolizeiordnungen entlehnt, die diese gestufte Vorgehensweise ebenfalls vorsahen.[2] Als Strafe für das Fluchen war Gefängnis oder eine Geldbuße von mindestens einem Ortstaler vorgesehen, doch war auch hier nach Ermessen des Landgerichts und „Gelegenheit seiner Verwirckung" eine strengere Bestrafung des Täters möglich[3].

Erzieherische Ermahnung und Anzeigepflicht finden sich auch bei dem Polizeidelikt des Verfluchens. Das Verfluchen beschrieb die LPO als „dem anderen tausend, mehr oder weniger, Böse in den Leib" zu wünschen[4]. Bei Vermeidung „unnachlässiger ernstlicher Strafe", namentlich Gefängnis oder „nach Gelegenheit der Personen einen Ortsthaler", war das Verfluchen zu unterlassen, da „einem Menschen kein größer Übel oder Unglück, dann der Böse, kann gewünscht werden"[5]. Daneben war es den Hauswirten geboten, „ihre Kinder und Gesinde daran zu erinnern und dem Gesinde, von welchem es leider die kleinen Kinder gemeiniglich lernen, so oft sie dawider handeln, oberwähnte Geldstrafe [...] an ihrem Lohn abzubrechen und in jedes Amt oder Voigtey, denen sie unterwürfig, unnachlässig einzuliefern"[6].

Unter strengen Strafe stand es auch, wenn die Kinder „so Gottes Gebots, ihrer kindlichen Schuldigkeit und Liebe, so weit vergessen, daß sie ihre Eltern lästern, schmähen, ihnen fluchen und endlich die Hand an sie legen"[7]. Solches war „in Gottes Wort [...] bey Leibes-Strafe verboten" und galt nicht nur als Verbrechen gegen die Eltern, sondern auch als freventliche Missachtung gött-

---

[1] LPO 1618 Kapitel 4 § 2. Eingehend zum Delikt des Fluchens und seiner Abgrenzung zum Schwören und Verfluchen Schmidt, Die Ächtung des Fluchens durch reformierte Sittengerichte, in: Der Fluch und der Eid, S. 84 ff.

[2] Siehe Walz, Dörfliche Hexereiverdächtigung und Obrigkeit, in: Jerouschek/ Marßolek/Röckelein, Denunziation, S. 81, 86. Vgl. auch Schmidt, Die Ächtung des Fluchens durch reformierte Sittengerichte, in: Der Fluch und der Eid, S. 71. Zu den Bestimmungen der RPO vgl. nur RPO 1548 Titul. I „Von den Gottes- Lästerungen", § 2, Titul II. „Von den Gottes Schwüren und flüchen", in: Koch, Neue und vollständigere Sammlung der Reichsabschiede, Teil 2, S. 589 f.

[3] LPO 1618 Kapitel 4 § 2.

[4] LPO 1618 Kapitel 4 § 3. Siehe zum Verfluchen insbesondere Labouvie, Verwünschen und Verfluchen: Formen der verbalen Konfliktregelung in der ländlichen Gesellschaft der Frühen Neuzeit, in: Der Fluch und der Eid, S. 123 ff. auch zur volkstümlichen Auffassung vom Verfluchen.

[5] LPO 1618 Kapitel 4 § 3.

[6] LPO 1618 Kapitel 4 § 3.

[7] LPO 1618 Kapitel 6 § 12.

lichen Gebots und somit als gotteslästerliche Handlung[1]. Die Urteilsfällung fiel daher in die Zuständigkeit des peinlichen Gerichts, das „nach Gelegenheit der Verwirkung“ und „ohne einige Connivenz oder Gelindigkeit“ eine „ernstliche Strafe“ zu verhängen hatte[2].

2. Zauberei und Wahrsagerei

Zu den vom peinlichen Gericht abzuurteilenden Religionsverbrechen zählte weiterhin die Zauberei, welche als ganz besonders „große abscheuliche, in Gottes Wort hoch verbotene, gar unleidsame Gottes-Lästerung“ galt[3].

Im heidnischen Altertum war noch zwischen schädlicher, „schwarzer“ Zauberei und guter, „weißer“ Zauberei unterschieden worden. Nur erstere war ursprünglich strafbar. Die „weiße“ Magie war demgegenüber als Heilkunst, Wahrsagerei und Segnerei anerkannt und wurde als eine dem ausgewählten Menschen innewohnende Kraft angesehen, die mit dem Teufel nicht in Verbindung zu stehen brauchte.[4]
Nach Ansicht der Kirche war jedoch jegliche Zauberei, ob „böse“ oder „gute“, als ein Bund mit den teuflischen Mächten und Abfall vom Christenglauben anzusehen und der Ketzerei gleichzustellen. Unter dem Einfluß des mosaischen Gesetzes, das die Vertilgung der Zauberer und Wahrsager befahl, wurde die kirchliche Auffassung auch vom Staat anerkannt und damit die Zauberei zu einem Religionsverbrechen gestempelt.[5] Die Überzeugung vom schädlichen Wirken der Zauberer und speziell der Hexen ergriff damit einen festen Platz in der gesellschaftlichen Anschauung. Dabei erfuhr die Strafe für Zauberei und Hexerei eine ständige Verschärfung und spiegelte die Hysterie wieder, in die man damals angesichts des vermeintlichen Hexentums verfiel.

---

[1] LPO 1618 Kapitel 6 § 12.
[2] LPO 1618 Kapitel 6 § 12.
[3] LPO 1618 Kapitel 4 § 4.
[4] Siehe His, Geschichte des deutschen Strafrechts bis zur Karolina, S. 109; Titz-Matusak, in: NdSächsJbLdG 65: „Zauber- und Hexenprozesse in Goslar“, S. 116; vgl. auch Labouvie, Verwünschen und Verfluchen: Formen der verbalen Konfliktregelung in der ländlichen Gesellschaft der Frühen Neuzeit, in: Der Fluch und der Eid, S. 129.
[5] Siehe His, Strafrecht des deutschen Mittelalters, Band 2, S. 24. Nach kirchlicher Auffassung war die Zauberei ein Delictum mixti forti, konnte also sowohl vor dem geistlichen als auch vor dem weltlichen Gericht abgeurteilt werden, vgl. His, Geschichte des deutschen Strafrechts bis zur Karolina, S. 110; *ders.*, Strafrecht des deutschen Mittelalters, Band 2, S. 24. Siehe LPO 1618 Kapitel 4 § 4: „Weiln dann der Allmächtige befohlen hat, daß man den Zauberer nicht soll leben lassen“.

Die Lüneburgische Polizeiordnung von 1618 unterschied im Tatbestand der Zauberei zwischen Zauberern, die „Gott ihrem Schöpfer, absagen und sich mit dem Bösen wissentlich und vorsetzlich einlassen und verbinden“ und solchen, die „dem Feind des ganzen menschlichen Geschlechts keine Gelübde oder Profession gethan“[1]. Erstere war als Hexerei die mit dem Feuertod am härtesten bestrafte und verfolgte Zauberei. Strafbar war hier allein der Tatbestand der vermeintlichen antichristlichen Verschwörung des Zauberers bzw. der Hexe mit dem Teufel.
Während in älteren Rechten und auch noch in der Carolina der Tod des Zauberers auf dem Scheiterhaufen nur vorgesehen war, wenn außerdem „den leuten durch zauberey schaden oder nachteyl“[2] zugefügt worden war, wurde in der Lünebrugischen Polizeiordnung auf das Erfordernis der weiteren Schadenszufügung verzichtet. Das dokumentiert die allgemeine Entwicklung der Zauberei von einem Verbrechen gegen Leib und Gut der Menschen zu einem allein gegen Gott gerichtetes Delikt, das wie die Ketzerei ausgerottet werden musste. Bei dem Prozess gegen die Zauberer und Hexen genügte damit allein der Beweis des Teufelsbündnisses für die Hinrichtung auf dem Scheiterhaufen; der Nachweis eines wirklich angerichteten Schadens war nicht mehr erforderlich.[3] Dieser Auffassung vom Charakter der Zauberei wurde in der LPO Rechnung getragen, indem dieser Tatbestand innerhalb des Abschnittes über die Gotteslästerungen gefasst wurde.

Dass der Erlass der Lüneburgischen Polizeiordnung in einen Zeitraum fällt, in dem die Hexenverfolgung im gesamten Reich ihren Höhepunkt erreicht hatte, wird in der Ausführlichkeit deutlich, die der Gesetzgeber - entgegen sehr rudimentärer Regelungen über Religionsdelikte noch in der Polizeiordnung von 1564 - der Zauberei und ihren Strafen widmete.[4] Allein vor dem Gericht der

---

[1] LPO 1618 Kapitel 4 § 4.
[2] CCC Art. 109.
[3] Schon nach dem Sachsenspiegel (LdR II Art. 13 § 7) war nicht mehr die Schädlichkeit der Grund für die Bestrafung, sondern – wie die Zusammenstellung mit der Ketzerei zeigt – die Zauberhandlung an sich. Die Zauberei ist danach ein ketzerischer Straftatbestand, siehe His, Strafrecht des deutschen Mittelalters, Band 2, S. 25. Neben der Verweisung auf die Carolina bezieht sich die LPO 1618 bezüglich der Zauberei auch auf die „Gott- und weltlichen“ Rechte und damit auch auf den Sachsenspiegel. Siehe im übrigen Titz-Matusak, in: NdSächsJbLdG 65: „Zauber- und Hexenprozesse in Goslar“, S. 117; Schormann, Hexenprozesse in Nordwestdeutschland, S. 2.
[4] Bezeichnend ist, dass die LPO 1564 zum ganzen Komplex der Religionsdelikte nur zwei kurze Abschnitte („Von Gottes lesterung“) enthält. Hinsichtlich der Gotteslästerung im engeren Sinne wird dort lediglich auf die Regelungen der RPO verwiesen; Zauberei, Hexerei und Wahrsagerei wurden dort überhaupt nicht gesondert erwähnt. Bezüglich der allgemeinen Welle der Hexenverfolgung weist Schormann, Hexenprozesse in Nordwestdeutschland, S. 7 auf die These des Bestehens eines Kausalzusammenhanges zwischen Hexenprozessen und Konfessionskämpfen hin, lehnt diese jedoch selbst ab,

Stadt Celle standen zwischen 1570 und 1593 ca. 20 Frauen wegen vermeintlicher Komplizenschaft mit dem Teufel als Hexe vor Gericht.[1] Diese Zaubereiprozesse liefen in der Regel dergestalt ab, dass die Angeklagten – fast ausschließlich Frauen – durch Folter dazu gebracht wurden, ein eingegangenes Bündnis mit dem Bösen einzugestehen.[2] Dabei wurde nach der damaligen Vorstellung der Teufelspakt durch einen Teufelstanz, den Hexensabbat, welchen die Hexe mit zahlreichen Komplizinnen feierte, eingegangen. Sie musste daher auf diesem Fest auch andere Hexen gesehen haben und diese benennen können. Unter dem Zwang, andere Frauen als Hexen zu identifizieren, nannten die Gefolterten in der Regel solche Personen, denen die Hexerei ohnehin nachgesagt wurde und bestätigten damit die Vorstellung von einer weitverzweigten Hexenverschwörung.[3] Ein Hexenprozess zog daher für gewöhnlich eine Vielzahl weiterer Prozesse nach sich und nicht selten kam es zu ganzen Sammelprozessen gegen Hexen.[4].
Bei diesen Hexenprozessen spielten auch die Juristenfakultäten der umliegenden Universitäten eine unrühmliche Rolle. Art. 218 der Carolina bestimmte, dass in Zweifelsfällen oder auf Antrag einer Partei bei Rechtskundigen Rat gesucht werden sollte und normierte dies nochmals ausdrücklich für die Verbrechen der „schadlosen" Zauberei (CCC Art. 109). Die Richter wandten sich dementsprechend regelmäßig an die Juristen der Universitäten Rinteln und Helmstedt, die eine rege Gutachtertätigkeit in dieser Angelegenheit ent-

---

Hexenprozessen und Konfessionskämpfen hin, lehnt diese jedoch selbst ab, a.a.O. S. 159. Die Situation der weitverbreiteten Hexereianklagen innerhalb der engen Dorfgemeinschaft als Folge eines sozialen Wandels beleuchtet Kriedte, in: ZHF 14: „Die Hexen und ihre Ankläger", S. 47 ff.

[1] Siehe Schormann, Hexenprozesse in Nordwestdeutschland, S. 2, 66.

[2] Vgl. Schormann, Hexenprozesse in Nordwestdeutschland, S. 115 ff. Bei dieser Teufelsbuhlschaft vollzog die Hexe nach den damaligen Vorstellungen den geschlechtlichen Verkehr mit dem Teufel. Die ausführliche Beschreibung eines Protokolls über einen Hexenprozeß gibt Havemann, Geschichte der Lande Braunschweig und Lüneburg, Band 3, S. 60 f.

[3] Siehe Titz- Matusak, in: NdSächsJbLdG 65: „Zauber- und Hexenprozesse in Goslar", S. 137. Vgl. auch das bei Havemann, Geschichte der Lande Braunschweig und Lüneburg, Band 3, S. 62 Fn. 1 abgedruckte Schreiben vom 30. April 1618 über die Hexenverfolgung.

[4] Siehe Titz- Matusak, in: NdSächsJbLdG 65: „Zauber- und Hexenprozesse in Goslar", S. 118; Schormann, Hexenprozesse in Nordwestdeutschland, S. 2; Zeeden, in: Gebhardt, Handbuch der deutschen Geschichte, S. 221 f. Insgesamt sind aber im niedersächsischen Raum weitaus weniger Hexenprozesse nachzuweisen als in anderen Teilen Deutschlands, wie z. B. Westfalen, das ein zentrales Gebiet der Hexenprozesse gewesen sein muß, vgl. Schormann, Hexenprozesse in Nordwestdeutschland, S. 158.

falteten.[1] Zahlreiche Hexenprozesse sind damit gar nicht von den Gerichten, sondern letztlich von den Juristenfakultäten entschieden worden.
Der Feuertod als Strafe für das Teufelsbündnis, die „Hexerei“, hatte sich gegen Ende des Mittelalters allgemein durchgesetzt, da man glaubte, dass durch diese Hinrichtungsart der Leib der Verurteilten vom Erdboden vertilgt und das Land dadurch entsühnt werde.[2]
Daneben fiel die Tötung vermittels Vergiftung seit je unter den Begriff der Zauberei und wurde dementsprechend der gleichen Strafe unterstellt.[3]

Bei der sonstigen Zauberei, bei der sich „die Thäter dem Teufel nicht ergeben“[4], wurde für das Strafmaß nach wie vor auf den Eintritt eines Schadens sowie auf die Willensrichtung des Täters abgestellt.
Grundsätzlich war hierbei die schadlose „vermaledeyte Zauberey“, insbesondere die Wahrsagerei mittels „Einsehung in die Crystallen“ (Kristallomantie), mit zeitlicher Gefängnisstrafe, Landesverweis oder mit Staupenschlägen zu bestrafen[5]. Die Kristallomantie war ursprünglich, da sie keine Schädigung hervorrief, der guten, „weißen“ Magie zugerechnet worden und damit straffrei gewesen.[6] Unter dem Einfluss des kirchlichen Verständnisses von der Zauberei konnten solche abergläubischen Zeremonien aber nur noch als eine Teufelskunst angesehen werden und hatten sich damit zum strafbaren Vergehen gewandelt.[7] Nach diesem Standpunkt konnte man nämlich nur durch den Teufel in Besitz des Kristalls gelangen, der auch der Urheber der Erscheinungen in diesem war. Nach verbreiteter Auffassung befassten sich gerade Zauberer und Hexen mit dieser Art der Wahrsagerei; in Hexenprozessen war deshalb auch oftmals der Nachweis der Kristallomantie entscheidend.[8]
Kam es durch die kultischen Handlungen zu einem Schadenseintritt, wurde namentlich durch Opferungen, „das Vieh beschädiget“, sollte, da „an einem

[1] Zwischen 1604 und 1633 verfaßten die Juristen der Universität Helmstedt 11 Gutachten für Verfahren gegen vermeintliche Hexen im Fürstentum Lüneburg, vgl. Schormann, Hexenprozesse in Nordwestdeutschland, S. 65 f. Siehe auch Titz-Matusak, in: NdSächsJbLdG 65: „Zauber- und Hexenprozesse in Goslar“, S. 127; Havemann, Geschichte der Lande Braunschweig und Lüneburg, Band 3, S. 61.
[2] LPO 1618 Kapitel 4 § 4. Siehe His, Geschichte des deutschen Strafrechts bis zur Karolina, S. 108, 111; *ders.*, Strafrecht des deutschen Mittelalters, Band 2, S. 24, 27.
[3] LPO 1618 Kapitel 4 § 4; Siehe His, Geschichte des deutschen Strafrechts bis zur Karolina, S. 109. Der Sachsenspiegel (LdR II Art. 13 § 7) sah vor, dass Ketzer, Zauberer und Giftmischer den Tod durch Verbrennen auf dem Scheiterhaufen erleiden sollen.
[4] LPO 1618 Kapitel 4 § 5.
[5] LPO 1618 Kapitel 4 § 4.
[6] Siehe Titz-Matusak, in: NdSächsJbLdG 65: „Zauber- und Hexenprozesse in Goslar“, S. 128.
[7] Siehe Bächtold-Stäubli, Handwörterbuch des deutschen Aberglaubens, Band 5, Sp. 587.
[8] Siehe Bächtold-Stäubli, Handwörterbuch des deutschen Aberglaubens, Band 5, Sp. 586 f.

Menschen als der edelsten Kreatur, mehr, als an einem unvernünftigen Tier, gelegen“, mit Staupenschlägen und ewiger Landesverweisung bestraft werden[1]. War jedoch der angerichtete Schaden „dermassen groß, daß der Delinquent deswegen als ein Dieb“ anzusehen war, so war der Täter vom peinlichen Gericht „am Leben“ zu strafen[2].
Im übrigen war die Willensrichtung des Täters für das Strafmaß von Bedeutung. Wer „mit dem Segnen, Böten, wie es der gemeine Mann nennet, oder auch mit Wahrsagen, zu einem ihnen eingebildetem gutem Ende, umgehen, in Meynung, den Leuten und dem Vieh dadurch zu helfen und Rath zu schaffen“, war mit zeitlichem Gefängnis zu bestrafen und darüber hinaus von den Predigern „dahin zu unterrichten, daß solch segnen abergläubisch, und der H. Göttlichen Schrift wiedrig“[3] sei. War demgegenüber das „Wahrsagen einem andern zu Schmach und Unehren gerichtet“, drohte der Landesverweis und, nach Beutreilung durch das Strafgericht, auch Staupenschläge[4].
Um der weitverbreiteten Wahrsagerei Einhalt zu gebieten, wurde auch bestraft, wer einen Wahrsager aufsuchte. Diejnigen, die diesen, „ungeachtet es zu einem guten Ende geschiehet, wissentlich consuliren“, kamen ins Gefängnis oder wurden „nach Gelegenheit wol härter“ gestraft[5].

3. Meineid

Unter dem Einfluss der Kirche sah man im deutschen Mittelalter den Meineid als Missbrauch des göttlichen Namens an und rechnete ihn den Religionsverbrechen zu.[6] Indem davon ausgegangen wurde, dass „derjenige, so einen Mein-Eid begehet, Gottes Strafe unfehlbar zu gewarten hat“[7] und der Meineid in unmittelbarem Anschluss an die Gotteslästerung geregelt wurde, behielt die Lüneburgische Polizeiordnung von 1618 diesen religiösen Bezug bei. Ebenso wie die Gotteslästerung wurde der Meineid dem Strafrecht zugeordnet, dessen Urteilsfällung in die Zuständigkeit des peinlichen Gerichts fiel. Eine Definition des Meineides gab die Polizeiordnung nicht, doch wird hier in Überein-

---

[1] LPO 1618 Kapitel 4 § 5.
[2] LPO 1618 Kapitel 4 § 5.
[3] LPO 1618 Kapitel 4 § 5.
[4] LPO 1618 Kapitel 4 § 5.
[5] LPO 1618 Kapitel 4 § 6.
[6] Siehe His, Geschichte des deutschen Strafrechts bis zur Karolina, S. 113; *ders.*, Strafrecht des deutschen Mittelalters, Band 2, S. 10 f.
[7] LPO 1618 Kapitel 5.

stimmung mit den Vorschriften der Carolina nur der vor Gericht geschworene Eid gemeint gewesen sein.[1]
Während es in älterer Zeit keinen Unterschied machte, ob der Meineid wissentlich oder unwissentlich geschworen wurde, wird in der Lüneburgischen Polizeiordnung in Übereinstimmung mit der von der kirchlichen Bußpraxis geprägten allgemeinen Entwicklung zwischen vorsätzlich geleistetem und unwissentlichem Meineid unterschieden.[2] Das peinliche Gericht wurde eindringlich erinnert, „unter den Mein-Eiden, so vorsetzlich, leichtfertig und unbedächtlich geschehen, gebührlich Unterscheid" zu halten[3]. Für den vorsätzlichen Meineid ordnete die Lüneburgische Polizeiordnung die charakteristische spiegelnde Strafe des Abhackens der zwei Schwurfinger, womit das fehlbare Glied gestraft werden sollte, an.[4] Diese Meineidsstrafe hatte seit dem 14. Jahrhundert die zuvor übliche Abtrennung der gesamten Hand ersetzt und wurde schon in der Carolina als „gemeyner gebrauch" bezeichnet[5]. Allerdings konnte diese Strafe durch die Staupung ersetzt werden; in jedem Fall war der Meineidige außerdem des Landes zu verweisen.[6]

II. Delikte gegen die Ehe und die Sittlichkeit

Den Delikten gegen die Ehe und die allgemeine Sittlichkeit wurde in der Lüneburgischen Polizeiordnung von 1618 ein besonders breiter Raum gewidmet. Speziell die strafrechtlichen Bestimmungen über den Ehebruch erfuhren eine ausführliche Regelung, während sich der Lüneburgische Ordnungsgeber bei dem Erlass der Polizeiordnung von 1564 diesbezüglich noch mit einem Verweis auf eine Bestrafung „nach den gemeinen Rechten" begnügt hatte[7].
Die eingehende Auflistung der Sittlichkeitsvergehen lässt die Probleme des gesellschaftlichen Lebens und der öffentlichen Ordnung erkennen, wie sie gerade in diesem Bereich aufgetreten waren. Insbesondere der Ehebruch

---

[1] Vgl. CCC Art. 107.
[2] Siehe His, Geschichte des deutschen Strafrechts bis zur Karolina, S. 112 f.
[3] LPO 1618 Kapitel 5.
[4] LPO 1618 Kapitel 5; siehe His, Strafrecht des deutschen Mittelalters, Band 1, S. 356 f.; v. Rohland, Historische Wandlungen der Religionsverbrechen, S. 132.
[5] CCC Art. 107; vgl. His, Strafrecht des deutschen Mittelalters, Band 2, S. 12.
[6] LPO 1618 Kapitel 5.
[7] LPO 1564 Titul. „Von Unzucht": „Es nimmet leider die Sünde und Laster der Unzucht / so hoch uberhand / das der Allmechtig Gott nicht unbillich zu zorn und straff bewogen wird / Derwegen demselbigen zu bejegen / setzen und ordnen wir hiemit / das der Ehebruch solle / vermöge der Gemeinen beschrieben Rechten / ernstlich gestraffet werden". Vgl. Ssp. LdR II Art. 13 § 5.

nahm in den Augen der Obrigkeit „leider für allen andern Lastern fast überhand“[1]. Bei der Verwilderung der Sitte und der Sittlichkeit sah es der Polizeigesetzgeber zunehmend als seine Aufgabe an, das Eheverhältnis stärker in das Gemeinwesen einzugliedern und mit allem Nachdruck gegen sittliche Missstände anzukämpfen. Ehebruch, Unzucht und auch die schon genannte Gotteslästerung waren die Hauptübel, durch die man den öffentlichen Anstand und die gute Ordnung des Gemeinwesens gefährdet sah und denen nun mittels der Polizeigesetzgebung entgegenzusteuern versucht wurde. Verstöße gegen die geltenden Moral- und Sittlichkeitsvorstellungen wurden so als ärgniserregende, mit „guter Polizei“ unvereinbare Verbrechen gebrandmarkt und mit hohen strafrechtlichen und polizeilichen Strafen belegt.

1. Ehebruch

Als „Ehebruch“ bezeichnete die Lüneburgische Polizeiordnung 1618 nur die Unzucht zwischen jeweils Verheirateten: „Wann ein Ehemann sich mit einem andern Eheweib vermenget und mit demselben Unzucht treibet“[2]. Bezeichnend ist die hohe Strafe für dieses als besonders verbreitet empfundene Laster. Sowohl Mann als auch Frau sollten grundsätzlich „mit dem Schwerdt vom Leben zum Todt hingerichtet werden“[3]. Der Einfluss kirchlicher Rechtsauffassung schlug sich in dieser Bestrafung insoweit nieder, als die begangene Untreue auf beiden Seiten als gleich strafwürdig angesehen wurde. Lange hatte in den weltlichen Rechten nur die Verletzung der ehelichen Treue durch die Frau als strafbarer Ehebruch gegolten. Dabei hatte die mittelalterliche deutsche Auffassung nachgewirkt, dass dieses Vergehen ein Eingriff in die Rechte des Mannes, in die Muntgewalt über die Ehefrau, war. Der Standpunkt der Kirche, dass auch der Ehemann die Ehe brechen konnte und seine Untreue ebenso strafbar war wie die der Frau[4], hatte sich erst in der Zeit des Spätmittelalters auch im weltlichen Recht durchgesetzt.[5]

---

[1] LPO 1618 Kapitel 6 § 2.
[2] LPO 1618 Kapitel 6 § 2.
[3] LPO 1618 Kapitel 6 § 2.
[4] Siehe Hinschius, System des katholischen Kirchenrechts mit besonderer Rücksicht auf Deutschland, S. 813 Fn. 6; Segall, Geschichte und Strafrecht der Reichspolizeiordnungen, S. 160; His, Strafrecht des deutschen Mittelalters, Band 2, S. 169. Ursprünglich unterstand die schuldige Frau der Strafgewalt des Mannes; dieser durfte sie töten oder schimpflich aus dem Haus jagen, vgl. His, Geschichte des deutschen Strafrechts bis zur Karolina, S. 148.
[5] Siehe His, Geschichte des deutschen Strafrechts bis zur Karolina, S. 150. Siehe ferner Art. 120 der Carolina, wo nach h.M. der Ehebruch für Mann und Frau gleich bestraft wird, vgl. Segall, Geschichte und Strafrecht der Reichspolizeiordnungen, S. 160 Fn. 1.

Die außerordentliche Härte der Strafe[1] ist auf zwei Faktoren zurückzuführen: Zum einen auf die beabsichtigte Abschreckungswirkung, zum anderen auf den engen Tatbestand des Ehebruchs als Treuebruch ausschließlich zweier Verheirateter miteinander. Grundsätzlich wurde in zahlreichen Quellen des weltlichen und kirchlichen Rechts als Ehebruch der einfache Ehebruch, also die außereheliche geschlechtliche Vereinigung einer in gültiger Ehe lebenden Person mit einer anderen – unverheirateten - Person definiert.[2] Der Ehebruch zweier Verheirateter galt wiederum im Anschluss an die kirchliche Lehre vom adulterium duplex als ein erschwertes Verbrechen gegenüber dem nur einfachen Ehebruch.[3] Allein dieses erschwerte Verbrechen wurde in der Lüneburgischen Polizeiordnung als „Ehebruch" bezeichnet und dementsprechend hart gestraft.

Gegenüber dem Ehebruch zweier verheirateter Personen bezeichnete der Gesetzgeber den einfachen Ehebruch als „Unzucht" zwischen verheirateter und lediger Person. Bei dieser war die Strafe bei weitem nicht so hoch wie beim doppelten Ehebruch, doch wurde der Charakter strafrechtlich sanktionierten Unrechts auch hier beibehalten: Dem Verheirateten drohte die Staupung und der Landesverweis, der ledige Teil wurde unter Verzicht auf die Staupung nur des Landes verwiesen.[4]

In beiden Fällen, also sowohl im Fall des doppelten wie des einfachen Ehebruchs, bestand allerdings „dem Ehestande zu ehren" die Möglichkeit einer Strafmilderung[5]. Voraussetzung war, dass der betrogene Ehegatte „die ihm zugefügte Schmach remittiret, nachläst und den Ehegatten wieder zu sich nimmt"[6]. Dann sollte im Falle des doppelten Ehebruchs „der schuldige Teil des Landes ewig verwiesen, der unschuldige aber seinem Ehegatten [...] zu folgen schuldig und gehalten sein"[7], beim einfachen Ehebruch „der schuldige Teil mit öffentlicher Verweisung und Staupenschlagen verschonet, gleichwohl nach gebührender Kirchenbuße willkürlich gestraft werden"[8]. Der Ehe

---

[1] Eine Enthauptung sah auch der Sachsenspiegel vor, allerdings nur für den handhaften Ehebruch, LdR II Art. 13 § 5: „die im Ehebruch e r g r i f f e n werden, denen soll man den Kopf abschlagen".

[2] Siehe Hinschius, System des katholischen Kirchenrechts mit besonderer Rücksicht auf Deutschland, S. 813; His, Geschichte des deutschen Strafrechts bis zur Karolina, S. 148 ff.

[3] Siehe His, Geschichte des deutschen Strafrechts bis zur Karolina, S. 150.

[4] LPO 1618 Kapitel 6 § 4.

[5] LPO 1618 Kapitel 6 §§ 3, 4.

[6] LPO 1618 Kapitel 6 § 3; ebenso § 4.

[7] LPO 1618 Kapitel 6 § 3.

[8] LPO 1618 Kapitel 6 § 4.

als einzig moralisch tragbarer Form der Geschlechterbeziehung kam damit ein besonderer polizeilicher Schutz zu.
Während die kirchliche Gerichtsbarkeit, die bis in das späte Mittelalter hinein allein über den Ehebruch urteilte, als Strafgrund für diese Delikte die Verletzung göttlichen Willens sah, setzte die nunmehr vermehrt bemühte weltliche Obrigkeit andere Akzente. Hier lag die gesetzgeberische Intention mehr auf einer Wahrung von Anstand und Moral und somit auf polizeilichen Gesichtspunkten, denn man sah in dem öffentlich begangenen Ehebruch ein öffentliches Ärgernis und eine Gefahr für die allgemeine Moral.[1] Der rücksichtslos geübte Ehebruch verletzte den öffentlichen Anstand und rechtfertigte einen Eingriff durch polizeiliche Regelungen. Vor diesem Hintergrund erklären sich die Strafmilderungen, wenn der betrogene Ehegatte den Partner wieder bei sich aufnimmt: Damit war die Ehegemeinschaft wieder hergestellt und der für die Öffentlichkeit anstößige Zustand beendet, das gesetzgeberische Ziel einer „guten Polizei“ also zumindest teilweise erreicht.[2]

2. Verführung, Unzucht, Blutschande

Unzucht zwischen Ledigen, also die außereheliche Geschlechtsbeziehung, wurde mit einer Geldstrafe geahndet und fiel als Wrogendelikt in die Zuständigkeit der Landerichts. Bei Nichterbringbarkeit der Geldstrafe konnte diese in eine Gefängnisstrafe von acht Tagen, „darin nur mit Wasser und Brot versehen“, umgewandelt werden[3]. Die nach kanonischem Recht geltenden Forderungen, dass bei außerehelichem Verkehr der Verführer die Verführte zu heiraten oder auszusteuern habe[4], wurden demnach nicht mehr gestellt. Zum einen stand dieser Heiratszwang in Widerspruch zu dem ebenfalls von der Kirche geforderten Konsens beider Brautleute; zum anderen führte auch die Einsicht, dass mit einer erzwungenen Ehe nichts gewonnen sei, dazu, Heirat oder Aussteuer nicht mehr zu verlangen.[5] Aufgrund kirchlichen Einflusses unter-

---

[1] Siehe His, Strafrecht des deutschen Mittelalters, Band 2, S. 169; Segall, Geschichte und Strafrecht der Reichspolizeiordnungen, S. 158 ff., wo darauf hingewiesen wird, dass dementsprechend auch die Reichspolizeiordnungen nur den „öffentlichen“ Ehebruch als ein für die Öffentlichkeit ärgniserregendes Delikt regeln.
[2] Bezeichnenderweise ist diese Möglichkeit der Strafmilderung in der Polizeiordnung von 1564 noch nicht enthalten.
[3] LPO 1618 Kapitel 6 § 6.
[4] Siehe Hinschius, System des katholischen Kirchenrechts mit besonderer Rücksicht auf Deutschland, S. 815; His, Strafrecht des deutschen Mittelalters, Band 2, S. 146; Lieberich, Die Anfänge der Polizeigesetzgebung im Herzogtum Baiern, S. 355 Fn. 78.
[5] Siehe Schmelzeisen, Polizeiordnungen und Privatrecht, S. 23 f.

stand allerdings nicht mehr nur noch der Mann, wie es nach alter Auffassung der Fall gewesen war, der Strafe wegen Unzucht[1]; jedoch war nach wie vor die für ihn verhängte Geldstrafe doppelt so hoch wie die für die Frau. Er war „zum wenigsten mit zwanzig, und die Frauens-Person [...] mit zehen Gülden Strafe, Lübeckischer Wehrung“ zu belegen[2].

Einige Fälle der Unzucht waren qualifiziert. Dies waren zum einen die Wiederholungstaten, die beim zweiten Mal mit vierwöchigem Gefängnis für den Mann, mit zweiwöchigem für die Frau und beim dritten mal mit Landesverweis für beide Beteiligte zu bestrafen war.[3] Zum anderen wurde die Unzucht, die Mägde und Knechte im Haus ihrer Herren betrieben „und also ihr eigen Brot schänden“, mit mindestens vierwöchigem „schweren Gefängnis“ bestraft[4]. Entscheidend für die erhöhte Strafwürdigkeit war hier der Bruch des Treueverhältnisses zum Herrn.
Die „in der Heil. Schrift verbotene Blutschande“ wurde der peinlichen Gerichtsbarkeit zugewiesen und war grundsätzlich „am Leben“ zu strafen[5]. Der geschlechtliche Verkehr unter nahen Verwandten war schon in Fränkischer Zeit mit dem Tod bestraft worden. Als in der Folgezeit die Kirche das Verbot der Verwandtenehe allerdings immer weiter ausdehnte, ging das weltliche Recht für die leichteren Fälle korrektiv zu einer geringeren Strafe über.[6] Dementsprechend überließ es der Lüneburgische Ordnungsgeber den Feststellungen des Strafgerichts im Einzelfall, ob „nach Gelegenheit der Tat und Verwirkung“ geringer gestraft werden sollte[7].

Ebenfalls durch das Strafgericht und damit wesentlich schärfer als das Polizeidelikt der Unzucht unter Ledigen wurde die “wissentliche“ Verführung einer einem anderen „per sponsalia de praesenti“, also durch unbedingtes Eheeingehungsversprechen „ehelich versprochene Braut“ bestraft[8]. Das Straf-

---

[1] Danach hatte der Verführer ein Vergehen gegen die Verwandten des Weibes begangen. Die Frau unterstand keiner öffentlichen Strafe, sondern nur der Strafgewalt von Muntwalt und Sippe, vgl. His, Geschichte des deutschen Strafrechts bis zur Karolina, S. 140, 141.
[2] LPO 1618 Kapitel 6 § 6.
[3] LPO 1618 Kapitel 6 §§ 7, 8. So auch schon LPO 1564 Titul. „Von Unzucht“.
[4] LPO 1618 Kapitel 6 § 10. So auch schon LPO 1564 Titul. „Von Unzucht“.
[5] LPO 1618 Kapitel 6 § 9. Siehe auch zur inzestiösen Ehe LPO 1618 Kapitel 30 § 43 i.V.m. CCC Art 117; siehe unten Teil B 10. Kapitel I. 2.
[6] Siehe His, Strafrecht des deutschen Mittelalters, Band 2, S. 165 f. Die Bestrafung der Blutschande durch weltliche Gerichte setze erst im 15. Jahrhundert ein, vgl. *ders.*, Geschichte des deutschen Strafrechts bis zur Karolina, S. 147.
[7] LPO 1618 Kapitel 6 § 9.
[8] LPO 1618 Kapitel 6 § 5. Im Gegensatz zum „sponsalia de futuro“: Verlöbnis; bedingtes Eheeingehungsversprechen.

maß gleicht dem des einfachen Ehebruches: der Verführer war, wenn er selbst verheiratet war, mit dem Staupbesen, andernfalls mit Landesverweis zu bestrafen.[1] Letztere Strafe sollte auch der untreuen Verlobten widerfahren. Die erhöhte Strafwürdigkeit dieses Delikts resultiert aus dem vortridentinischen katholischen und nunmehr protestantischen Eheverständnis, welches schon in der unbedingten Verlobungserklärung den Ehekonsens selbst und damit eine vollgültige Ehe sah, die nur durch die polizeilich angeordnete Trauung und den Beischlaf noch zu vollziehen war.[2] Die Unzucht mit einer Verlobten war deshalb nicht der Unzucht unter Ledigen gleichzusetzen, sondern galt als ein Bruch der durch das unbedingte Eheeingehungsversprechen eingegangenen Ehe und damit als strafrechtliches Unrecht.

Neben dem Verbot des unzüchtigen Verhaltens selbst lag es dem Ordnungsgeber gleichfalls daran, die moralischen Versuchungen, die sich während der arbeitsfreien Zeit auf zahlreichen Festen und Zusammentreffen ergaben, zu unterbinden. In ausgelassenen Feierlichkeiten und Vergnügungen, verbunden mit dem Konsum von Alkohol, wurde nicht zuletzt eine Ursache für unkontrollierte sexuelle Handlungen gesehen. Polizeilich verboten wurden deshalb ebenso „Abend- und Nacht-Tänze" im allgemeinen wie den Mägden und Knechten im besonderen, dass sie „Bier auflegen" und „sich gegenseitig darzu einladen", weil dadurch „Ursache zu solcher lästerlichen Unzucht gegeben wird"[3].

Insgesamt zeigt der Katalog der Unzuchtsdelikte, dass der geschlechtliche Umgang allein in der sittlich und rechtlich anerkannten Eheordnung stattfinden, sonst aber unterbunden sein sollte. Gewiss hatten indes die geltenden restriktiven Heiratsbeschränkungen[4] selbst einen nicht unerheblichen Anteil an der Verbreitung der Unzuchtsvergehen. Oft ergaben sich außereheliche Geschlechtsbeziehungen letztlich aus einer bloß situativ bedingten Notwendigkeit.[5] So besaßen nach dem geltenden Eherecht junge Leute nur sehr eingeschränkt die Möglichkeit, eine Ehe einzugehen. Junge Männer und Frauen durften grundsätzlich erst mit Eintritt der Volljährigkeit frei bestimmen, wen

---

[1] LPO 1618 Kapitel 6 § 5.
[2] dazu siehe unten 10. Kapitel.
[3] LPO 1618 Kapitel 6 § 11. So auch schon LPO 1564 Titul. „Von Unzucht". Siehe zu der Regulierung von Festen als Aspekt der Sittenpolizei Günther, Sittlichkeitsdelikte in den Polizeiordnungen der Reichsstädte Frankfurt am Main und Nürnberg, in: Policey und frühneuzeitliche Gesellschaft, S. 126 ff.
[4] Siehe zum Eherecht ausführlich 10. Kapitel.
[5] Siehe für das folgende Günther, Sittlichkeitsdelikte in den Polizeiordnungen der Reichsstädte Frankfurt am Main und Nürnberg, in: Policey und frühneuzeitliche Gesellschaft, S. 129 f., 134, 137 ff.

sie ehelichen wollten; vor diesem Zeitpunkt mussten die Eltern die Erlaubnis zur Eheschließung geben, was die freie Partnerwahl erheblich beeinträchtigte. Wirkliche Liebesheiraten blieben ein seltenes Phänomen und die Möglichkeit einer uneingeschränkten Ehescheidung hatte sich noch nicht durchgesetzt. Vor diesem Hintergrund war es nicht verwunderlich, wenn nicht- oder außereheliche sexuelle Kontakte die übliche Form waren, um sexuelle wie emotionale Anziehungskraft zu befriedigen.

III. Gemeingefährliche Taten

Hinsichtlich zahlreicher weiterer Straftatbestände begnügte sich der Lüneburgische Gesetzgeber damit, dass es „derentwegen bey denen in den gemeinen beschriebenen Rechten und Kayser Carls des fünften peinlichen Hals-Gerichts-Ordnung bestimten Strafen" sein Bewenden hatte[1]. Bekräftigt wurde allerdings, dass diese Strafen „ohne Nachlaß und Linderung, auch respect der Personen" ihre Vollstreckung finden sollten[2]. Strafmilderungen durften nur zur Anwendung kommen, wenn dazu „in Rechten begründete [...] Ursachen" vorlagen, blieben also grundsätzlich nicht dem Ermessen des Richters anheim gestellt[3]. Angesichts der zahlreichen Ausnahmetatbestände der LPO, bei denen das Strafmaß „nach Gelegenheit der Verwirkung" auszufallen hatte oder bei denen generell nur eine „ernstliche Strafe" angedroht war, musste diese Anordnung allerdings wieder erheblich an Bedeutung verlieren.[4]

Mit dem Verweis auf die Carolina übernahm der Territorialherr auch die Erkenntnis, dass die Verbrechensbekämpfung eine staatliche Aufgabe war. Insbesondere in der anhaltenden Bekämpfung des Fehdewesens zeigten sich diese Ansätze zur neuen Staatlichkeit: Der Staat wollte keine andere Gewaltanwendung als seine eigene mehr anerkennen.
Diese Kriminalisierung der Fehde markierte den Endpunkt ihrer Entwicklung von einem in der germanisch-fränkischen Zeit allgemein anerkannten und legitimen Mittel der privaten Selbsthilfe zu einer als tatsächliches Unrecht empfundenen Handlung, die zu willkürlichen Übergriffen jeglicher Art ausgenutzt wurde. Bereits seit dem 11. Jahrhundert hatten Bestrebungen eingesetzt, das

---

[1] LPO 1618 Kapitel 6 § 1.
[2] LPO 1618 Kapitel 6 § 1.
[3] LPO 1618 Kapitel 6 § 1.
[4] Siehe zur richterlichen Ermessenspraxis bei den Strafen der Carolina Schmidt, Einführung in die Geschichte der deutschen Strafrechtspflege, S. 174 f.; Kaufmann, in: HRG, Band 4, Art. Strafe, Strafrecht, Sp. 2021 f.

Fehdewesen einzudämmen, bis schließlich im Ewigen Landfrieden von 1495 das allgemeine Fehdeverbot ausgesprochen wurde.[1] Trotz vermehrter Versuche zur Durchsetzung der Fehdeverbote zeigte sich jedoch noch bis in das 17. Jahrhundert hinein ein sehr lebendiges Fehdewesen.[2] In der Lüneburgischen Polizeiordnung von 1618 wurden daher im wesentlichen Delikte aufgegriffen, die als Ausläufer alter Fehderechte eine gewaltsame Selbstjustiz darstellten. Systematisch wurden so die ungewünschten Fehdehandlungen pönalisiert.
Zudem versuchte der Territorialstaat, durch eine wirkungsvolle Strafverfolgung den inneren Frieden zu sichern. Zu diesem Zweck ergingen polizeiliche Bestimmungen über die gegenseitige Hilfe der Untertanen im Notfall und vor allem vielfache Strafandrohungen gegen Begünstiger des Friedbruchs. Hinzu traten Tatbestände mit vorbeugendem Charakter, wie ein generelles Schießverbot und ein Verbot übermäßiger Trinkerei.

Die staatliche Strafrechtspflege erschien dem Landesherren somit als Zweig der Polizei. Wo die öffentliche Ordnung durch Straftaten oder Polizeidelikte gestört wurde, stellte er ihre Ahndung unter staatliche Leitung und erließ Anweisungen an die Beamten, entsprechende Untersuchungen in Gang zu setzen.

1. Landzwinger

Trotz entsprechender Vorschriften in der Lüneburgischen Polizeiordnung von 1564[3] und dem allgemeinen Bemühen des Reiches um eine Ausrottung von Fehden und kriminellen Lebensweisen konnten diese nicht vollständig unterdrückt werden. Erneut musste in der Lüneburgischen Polizeiordnung von 1618 angeordnet werden, dass mit äußerster Strenge gegen alle Austreter, Fehdeführer und Landzwinger vorgegangen werden sollte.
Sollte „einer austreten" oder „ein Fremder, ohne daß er ordentlich Recht gesuchet und ihm wäre geweigert, böslich befehden, oder auch bedrohen", so war er vom Strafgericht „als ein Landzwinger" gemäß „der peinlichen Hals-Gerichts-Ordnung Art. 128 und 129 mit dem Schwerdte am Leben" zu stra-

---

[1] Reichtags-Abschied und Gesetze vom Jahr 1495, in: Koch, Neue und vollständigere Sammlung der Reichsabschiede, Teil 2, S. 3: „§ 2: Aufhebung aller Fehde. Und darauf haben Wir all offen Vehde und Verwarung durch das gantz Reych aufgehebt und abgetan, heben die auch hiemit auf und tun die ab von Römischer küniklicher Macht Vollkumenheyt, in und mit Kraffts dießs Brieffs". Vgl. His, Das Strafrecht des deutschen Mittelalters, Band 1, S. 2; Conrad, Deutsche Rechtsgeschichte, Band 1, S. 435 ff.
[2] Vgl. Kaufmann, in: HRG, Band 4, Art. Strafe, Strafrecht, Sp. 2018.
[3] LPO 1564 Titul. „Von thetlicher Bedrawung".

fen[1]. Mit dem Fremden, der sich der eigenmächtigen Rechtsverfolgung bediente, beschrieb die LPO das, was nach der damals herrschenden Anschauung den sog. Landzwinger ausmachte. Als Landzwinger wurden schädliche Leute angesehen, die schon durch ihre Lebensweise den Schluss auf eine verbrecherische Lebensführung rechtfertigten und deren bloßes Auftreten als Bedrohung empfunden wurde. Sie galten als „Austreter", die außerhalb der geregelten Friedensgemeinschaft lebten und den gerichtlichen Weg für die Durchsetzung von Ansprüchen verschmähten.[2] Sie übten demnach eine Form der Selbstjustiz und verstießen gegen die Landfrieden und geltendes Recht. Unter dem Gesichtspunkt der „Landzwinger", unter denen in Art. 128 der Carolina eher eine Verbrechergruppe als ein Verbrechenstatbestand beschrieben wurde, wurden bereits die Drohung und Anwendung mittelbarer Gewalt einem unmittelbarem Gewaltverbrechen gleichgestellt.[3] Schon das Austreten genügte als Drohmittel und damit für das Eingreifen des Straftatbestandes, daneben auch die eigentliche Drohung mit der Fehde selbst. So galt die Strafe durch das Schwert auch nach der Lüneburgischen Polizeiordnung „dessen ungeachtet, er seine Bedroh- oder Befehdung in der That nicht vollbracht"[4]. Insoweit wurde ein abstrakt gefährdendes Vorstadium des eigentlichen Fehdedeliktes, auf das mit dem Hinweis auf Art. 129 der Carolina verwiesen wurde, unter Strafe gestellt.

Die Wichtigkeit, die die Obrigkeit der Bekämpfung dieser Verbrecher um des allgemeinen Friedens willen beilegte, tritt deutlich in dem Abschreckungszweck der peinlichen Bestrafung jeglicher Unterstützung dieser Täter hervor. Der Tod durch das Schwert drohte bereits jedem, der „solchen muthwillige Austreter und Landzwinger wissentlich, daß es solche Gelegenheit um ihn hat, behauset oder beherberget"[5]. Da die Austreter und Landzwinger aufgrund ihrer gefährlichen Lebensweise per se eine strafbewährte Bedrohung verkörperten, stellte eine solche wissentliche Behausung eine Tatbegünstigung durch Sicherung des Täters dar.[6] Hier war zumindest die Möglichkeit offengelassen, den Begünstiger „nach Gelegenheit seiner

[1] LPO 1618 Kapitel 6 § 14.

[2] Vgl. Grimm, Deutsches Wörterbuch, Band 1, Art. Austreten, Sp. 1004: „ausgetretene soldaten sind flüchtlinge, deserteurs; austreten, aus dem bund, aus der gesellschaft austreten"; Holzhauer, in: HRG, Band 2, Art. Landzwang, Sp. 1602.

[3] Siehe Holzhauer, in: HRG, Band 2, Art. Landzwang, Sp. 1601 f.; Radbruch, Die Peinliche Gerichtsordnung Kaiser Karls V. von 1532, S. 14 f.; CCC Art. 128.

[4] LPO 1618 Kapitel 6 § 14.

[5] LPO 1618 Kapitel 6 § 15. So auch schon LPO 1564 Titul. „Von thetlicher Bedrawung".

[6] Zur Begünstigung siehe His, Das Strafrecht des deutschen Mittelalters, Band 1, S. 152 ff., dort auch S. 167, wo er darauf hinweist, dass das Halten gefährlicher Leute nicht immer als Begünstigung, sondern eher als polizeiliche Vorbeugungsmaßregel angesehen werden kann, da es nicht um die Unterstützung eines Missetäters nach einer bestimmten Tat ging,

gelassen, den Begünstiger „nach Gelegenheit seiner Verwirkung“ anders zu bestrafen[1], doch wird diese Strafe sicherlich angesichts des Gemeinschädlichkeit der Tat ebenfalls im Bereich der peinlichen Strafen gelegen haben.

2. Bedrohung

Von der strafbewährten Bedrohung durch Landzwinger und Austreter unterschied die LPO das polizeiliche Vergehen der einfachen Bedrohung durch eine nicht als landschädlich angesehene Person. Das schädliche Verhalten lag hier ebenfalls darin, dass sich, „wenn einer den andern feindlich oder thätlich bedrohet“, der Wille zur Selbstjustiz äußerte[2]. Die LPO von 1564 hatte dazu noch den Hinweis enthalten, dass „Wir dann auch geneiget sein / einem jeden gebürlichs rechten zu gestatten / und widerfahren zu lassen / das der halben niemand ursach haben solle / die unsern zu beveiden / noch zu bedrawen“[3]. Mittlerweile hielt man die Gewährung obrigkeitlichen Rechtsschutzes für selbstverständlicher, und diese Ausführung wurde in die ansonsten inhaltsgleiche Vorschrift der LPO von 1618 nicht mehr aufgenommen. Jedenfalls hatte der Drohende die obrigkeitliche Autorität anzuerkennen und eine „genugsame Versicherung, solche Bedrohung nicht zu vollstrecken und sich an ordentlichen Rechten ersättigen zu lassen“, abzugeben[4]. Gefängnis drohte dem Täter nur dann, wenn es sich bei ihm um eine Person handelte, „für welchen man sich zu befahren, daß sie ihre Bedrohung zu Werke richten möchten“[5]. Auch dann war er allerdings nur so lange dort festzuhalten, bis er „solche Cautio“, also genannte Versicherung, abgegeben hatte[6].

---

sondern um das Hegen von Leuten, deren ganzer Lebenswandel eine gemeine Gefahr darstellte. Anders ist aber die Vorschrift der LPO einzuordnen: Zum einen weist sie bestimmte Merkmale des Begünstigungstatbestandes, die Wissentlichkeit des Begünstigers und die Gleichstellung des Begünstigers mit dem Täter, auf. Zum anderen liegt hinsichtlich der Austreter und Landzwinger i.S.d Art. 128 CCC eine konkrete, begünstigungsfähige Tat schon mit dem Austreten und drohlichem Lebenswandel vor.

[1] LPO 1618 Kapitel 6 § 15. So auch schon LPO 1564 Titul. „Von thetlicher Bedrawung“.

[2] LPO 1618 Kapitel 6 § 13.

[3] LPO 1564 Titul. „Von thetlicher Bedrawung“.

[4] LPO 1618 Kapitel 6 § 13.

[5] LPO 1618 Kapitel 6 § 13.

[6] LPO 1618 Kapitel 6 § 13.

3. Blutrache

Strengstens verboten und als „der Obrigkeit verächtliche Vindict“[1] geschmäht war die Ausübung der Blutrache. Die Blutrache als nicht-ritterliche Totschlagsfehde hatte ihre mittelalterliche Rechtmäßigkeit eingebüßt und war nunmehr eine „in den Rechten verbotene Tat“[2]. Sie war ein Krieg zwischen zwei Geschlechtsverbänden, dessen Ausgangspunkt in der Regel in einem Totschlag lag, den ein Mitglied des einen Verbandes an einem Mitglied des anderen Verbandes verübt hatte. Durch die Blutrache übten die Angehörigen des Verletzten am Täter und dessen Freundschaft Rache, indem sie ein Mitglied dessen Verbandes ums Leben brachten.[3] Die Blutrache war mit dem Anspruch des Staates auf obrigkeitliche Verbrechensverfolgung von Amts wegen nicht mehr zu vereinbaren. Keiner durfte durch eine Blutrache „sein eigen Richter zu seyn sich unterstehen“[4]. Schon in der Lüneburgischen Polizeiordnung von 1564 war das Verbot ausgesprochen worden[5], doch schien sich die Blutrache in einigen Gegenden erhalten zu haben. In der Wiederholung des Verbots durch die LPO von 1618 wird betont, dass die Blutrache „an etlichen Örtern“[6] fortlebte und noch nicht aus den Gewohnheiten der Bevölkerung verschwunden war.
Als rechtliche Zusammenschrumpfung des alten Fehderechts gestand noch die LPO von 1564 den Verwandten des Opfers ausdrücklich zu, dass sie den Täter verfolgen und festnehmen durften[7]. Doch mussten sie ihn auch damals schon „der Oberkeit in die haffte und zu recht für zu stellen / uberantworten“[8]. Indem auch dieses Festnahmerecht in der LPO 1618 weggefallen war, hatte die Obrigkeit die Verfolgung des Verbrechers vollständig in die eigene Hand genommen. Die Angehörigen durften nur noch „ihre Sachen für der ordentlichen Obrigkeit, nach Anweisung der Rechte, anbringen und daselbst Recht suchen“, und vor allem sollten sie sich „an dessen Austrag ersättigen und begnügen lassen“[9]; widrigenfalls drohte ihnen nach Urteilsfällung durch das

---

[1] LPO 1618 Kapitel 8 § 9.
[2] LPO 1618 Kapitel 8 § 9; siehe His, Geschichte des deutschen Strafrechts bis zur Karolina, S. 59.
[3] Siehe Preiser, in: HRG, Band 1, Art. Blutrache, Sp. 459.
[4] LPO 1618 Kapitel 8 § 9.
[5] LPO 1564 Titul. „Von aufflauff und gezencke / auch einfallen in eines andern Haus“.
[6] LPO 1618 Kapitel 8 § 9.
[7] Vgl. dazu His, Strafrecht des deutschen Mittelalters, Band 2, S. 282.
[8] LPO 1564 Titul. „Von aufflauff und gezencke / auch einfallen in eines andern Haus“: „So aber der Beleidigte oder jemand anders / den jenigen / der einen entleibet / bekommen und anhalten kann / der mag es thun / Er sol jn aber der Oberkeit in die haffte und zu recht für zu stellen / uberantworten“.
[9] LPO 1618 Kapitel 8 § 9.

Strafgericht „Leibes- oder andere Strafe, nach Gelegenheit ihrer Verwirkung“[1].

4. Heimsuche

Die Straftat der sog. Heimsuche, in der LPO von 1618 „Haus-Gewalt“ genannt[2], war das feindliche Eindringen in Haus und Hof oder auch der feindliche Angriff auf ein Haus.[3] Das Delikt galt als besonders verwerflich, da das Opfer an einem Ort heimgesucht wurde, wo es „billig Sicherheit und Friede“ zu haben glaubte[4]. Voraussetzung war stets, dass der Täter „freventlich“, d.h. in feindlicher Absicht oder mit Gewalt gegen die Hausinsassen vorging.[5] Die Täter, die mit ihrem Überfall den „Haus–Frieden“ brachen, waren „nach Gelegenheit ihre befundenen Vorsatzes und Vergewaltigung“ gemäß Kaiserrecht und Carolina durch das peinliche Gericht zu bestrafen[6]. Qualifiziert war die Tat, wenn sie von Knechten gegen „ihre Herren ohn Ursache“ begangen wurde und die Opfer „am Leibe“, allerdings „ohne des Lebens Gefahr“ verletzt worden waren; in diesem Fall waren die Knechte mit Staupenschlägen sowie ewigem Landesverweis zu bestrafen.[7]
Qualifiziert war die Tat außerdem bei Teilnahme einer Bande von Gardeknechten[8], die „nebenst dem Garden, [...] mit Erbrechen der Höfe, Häuser, Kasten, oder in andere Wege, Gewalt verüben, oder auch den Wirth und die Seinige schlagen und vergewaltigen“[9]. Hier war „nach Befindung der Umstände ihrer Übertretung“ durch das Strafgericht nicht nur mit „Abhauung der rechten Hand“, sondern „gar am Leben“ zu strafen[10].

---

[1] LPO 1618 Kapitel 8 § 9.
[2] Siehe Überschrift zum 6. Kapitel: „Von Strafen anderer Laster, und also der Unzucht, Haus-Gewalts, feindlicher Bedrohungen, und dergleichen“.
[3] Siehe His, Strafrecht des deutschen Mittelalters, Band 2, S. 333.
[4] LPO 1618 Kapitel 7 § 5; vgl. auch Kroeschell, in: HRG, Band 1, Art. Hausfrieden, Sp. 2022, wonach der Hausfrieden aus der alten, wohl kultisch begründeten Vorstellung herrührt, dass die Wohnstätte mit ihrem Herdfeuer ein Ort besonderen Friedens war.
[5] LPO 1618 Kapitel 6 § 16, Kapitel 47 § 7; vgl. auch Kapitel 7 § 5. Ähnlich LPO 1564 Titul. „Von aufflauff und gezencke / auch einfallen in eines andern Haus“: „Und sollen die jenige / die einen also in seinem Haus oder Hoff uberfallen / und den Hausfrieden brechen / als öffentliche Verwaltiger nach scherffe der Recht an irem Leib gestraffet werden“. Vgl. zum „freventlichen“ Vorgehen His, Strafrecht des deutschen Mittelalters, Band 2, S. 334.
[6] LPO 1618 Kapitel 6 § 16.
[7] LPO 1618 Kapitel 6 § 16, 2. Alt.
[8] Siehe dazu unten 5. Kapitel.
[9] LPO 1618 Kapitel 47 § 7.
[10] LPO 1618 Kapitel 47 § 7.

Im Falle einer gewaltsamen Heimsuchung waren stets die Nachbarn dem Hausherren „schuldig, [...] denselben retten und für Gewalt schützen zu helfen“[1], also zur Nothilfe verpflichtet. Die Verletzung der Täter war für die Nothelfer straflos. Die in einigen Rechtskreisen geltende ältere Auffassung, dass der in Notwehr Handelnde zwar grundsätzlich keine peinliche Strafe zu erwarten, jedoch teilweise die Brüche zu zahlen hatte[2], sollte nach dem ausdrücklichen Willen des Ordnungsgebers keine Geltung haben. Die Nothelfer konnten vielmehr „die Abwendung freventlicher Gewalt und Uebermuths ohne Verwirckung und Bröke tun“[3]. Doch war das Recht der Nothilfe eingeschränkt. Grundsätzlich war sie für die Tötung des Heimsuchers kein Strafausschließungsgrund, vielmehr hatte sich „ein jeder gefährlichen Todtschlagens“[4] zu enthalten.

Anderes galt für qualifizierte Heimsuche durch eine Räuberbande, den sog. Gardeknechten. Auch hier hatten die Nachbarn, nachdem sie „durch einen Glockenschlag“ oder ein dem mittelalterlichen Gerüfte[5] ähnliches „Geschrey“ mit ihren Gewehren zusammen gerufen worden waren, „die Hand zu bieten, die muthwillige Vergewaltiger, Hauß–Friedebrecher und Landzwinger zu gefänglichen Haften bringen zu helfen“[6]. Hier wurde das Recht zur Tötung des Friedlosen beibehalten und damit neben der Verletzung auch die Tötung der Friedbrecher straflos, wenn diese sich „zur Gegenwehr setzen und sich nicht gefangen geben wollen“ und „darüber verwundet oder gar erschlagen würden“[7]. Die Straflosigkeit des Totschlages aus Notwehr wurde vollständig anerkannt und von alten Rechtsanforderungen befreit. Während nach dem Sachsenspiegel[8] der Totschläger nur dann straffrei geblieben war, wenn er den Erschlagenen vor Gericht brachte und ihn förmlich des Friedbruchs überführte, wurden nunmehr nach den Bestimmungen der LPO von 1618 die „angreif-

---

[1] LPO 1618 Kapitel 7 § 5. So auch LPO 1564 Titul. „Von aufflauff und gezencke / auch einfallen in eines andern Haus“.

[2] Siehe His, Das Strafrecht des deutschen Mittelalters, Band 1, S. 201 ff.; *ders.*, Geschichte des deutschen Strafrechts bis zur Karolina, S. 36 f.

[3] LPO 1618 Kapitel 7 § 5. So auch schon LPO 1564 Titul. „Von aufflauff und gezencke / auch einfallen in eines andern Haus“.

[4] LPO 1618 Kapitel 7 § 5. So auch LPO 1564 Titul. „Von aufflauff und gezencke / auch einfallen in eines andern Haus“.

[5] Zum Gerüfte im mittelalterlichen Rechtsverfahren vgl. Planck, Das Deutsche Gerichtsverfahren im Mittelalter, Band 1, S. 759 ff.; Conrad, Deutsche Rechtsgeschichte, Band 1, S. 30, 149; Buchda, in: HRG, Band 1, Art. Gerüfte, Sp. 1584 ff. Nach Ssp. LdR II Art. 71 § 3 bestand die Pflicht für alle Untertanen - ausgenommen Priester, Hirten, Küster und Frauen – dem Notruf Folge zu leisten.

[6] LPO 1618 Kapitel 47 § 8. Ähnlich auch schon LPO 1564 Titul. „Von Garden Knechten“.

[7] LPO 1618 Kapitel 47 § 9; vgl. His, Geschichte des deutschen Strafrechts bis zur Karolina, S. 35.

[8] Ssp. LdR II Art. 14 § 1.

fende Unterthanen daran nicht gefrevelt" und hatten „deswegen keine Strafe oder Ungnade zu gewahren"[1].

5. Büchsenschießen

Eine polizeiliche Strafe stand weiterhin auf das gemeingefährliche „Büchsen Schiessen"[2], da dadurch nicht nur „in den Städten, Flecken und Dörfern großer Schade geschehen", sondern auch „schwangern Frauen, Kind-Betterinnen und krancken Personen oftermals grosses Schrecken einjaget, also daß sie den Tod davon nehmen, oder je in schwere Leibes-Schwachheit gerathen"[3]. Insoweit war das Büchsenschießen als ein die Allgemeinheit bedrohliches, gemeingefährliches Wrogendelikt einzustufen. Ein allgemeines Verbot des „Büchsenschießens" war schon in der LPO 1564 ausgesprochen worden.[4] Offenbar bestand allerdings Bedarf an einer Wiederholung, die nun auch in den Einzelheiten wesentlich detaillierter ausfiel. Büchsenschießen war danach nach wie vor generell verboten, es sei denn, dass „ein feindlicher Einfall geschähe oder es sonsten die Noth erforderte"[5]. Insbesondere durfte nicht an „den Thüren der Höfe, Stallungen, Scheunen, oder sonsten an gemeinen Wegen" „Mahlzeichen" als Zielscheiben angebracht werden, da dadurch nicht selten in den Räumen befindliche oder den Weg entlangkommende Personen „gar unversehens aus Nachlässigkeit erschossen" wurden[6]. Die Gastwirte wurden verpflichtet, ihre fremden Gäste über das Schießverbot aufzuklären,

---

[1] LPO 1618 Kapitel 47 § 9. Vgl. auch schon LPO 1564 Titul. „Von Garden Knechten": „Und so unsere Unterthanen in dem / das sie einen solchen Theter anhalten / und einziehen wollen / und er sich zur wehre setzen wolte / ime schaden an seinem Leib thun würden / So sollen sie solches sonder unser gefahr und straff bleiben". Nach Ssp. LdR II Art. 14 § 1 galt weiterhin, dass der Totschläger, wenn er den Erschlagenen nicht vor Gericht brachte, der peinlichen Strafe, die sonst auf den Totschlag gesetzt war, entging, wenn er den Totschlag wenigstens gehörig verklart hatte. In diesem Fall musste er aber volles Wehrgeld und volle Wette bezahlen. Nach His, Geschichte des deutschen Strafrechts bis zur Karolina, S. 37 hat sich die noch weitergehende Auffassung, dass der Totschläger auf jeden Fall für Wergeld und Wette einzustehen hatte, im sächsischen Rechtskreis bis ins 17. Jahrhundert hinein erhalten.

[2] Vgl. Grimm, Deutsches Wörterbuch, Band 2, Art. Büchse, Sp. 477: „schieszgewehr, woraus knall und dampf fährt".

[3] LPO 1618 Kapitel 8 § 10.

[4] LPO 1564 Titul. „Von Büchsen abschiessen": „[...] Derwegen ordnen und wollen wir / das hinfürder niemand Büchsen in unsern Stedten / flecken / oder Dörffern abschiessen soll / Es were denn / das ein einfall geschehe / oder es sonst die not erforderte".

[5] LPO 1618 Kapitel 8 § 10. So auch LPO 1564 Titul. „Von Büchsen abschiessen".

[6] LPO 1618 Kapitel 8 § 13.

„damit sie sich mit keiner Unwissenheit zu behelfen haben mögen“[1]. Bei jeder Zuwiderhandlung gegen das Verbot des Schusswaffengebrauchs war ein Strafgeld von einem Gulden „Lübekischer Wehrung“ zu zahlen[2]. Die Strafe erhöhte sich, wenn die Tat durch den Eintritt eines Schadens qualifiziert war. Alternativ konnte der Täter zur Leistung von Schadensersatz, zu ewigem Landesverweis oder sonst nach Ermessen „nach Gelegenheit seiner Verwirkung“ durch das Landgericht verurteilt werden, wenn ein Sachschaden entstanden oder eine Person verletzt worden war[3]. War sogar eine Person getötet worden, so begründete dies für die Urteilsfällung die Zuständigkeit des peinlichen Gerichts. Nach „Befindung seines Fürsatzes“ konnte das Gericht den Täter im strengsten Fall zu der „ordentlichen Strafe eines Todtschlägers“ veruteilen[4].

Sein umfassendes Schießverbot musste der Gesetzgeber jedoch sogleich wieder einschränken, da es den Bauern weiterhin gestattet bleiben musste, „ein Fälcklein, Krähen oder andere Vögel, [...] so die jungen Hüner oder anders abfingen oder Schaden thäten, und auf den Bäumen darauf lauerten“[5], herunter zu schießen. Jedenfalls hatten die Bauern dabei darauf zu achten, „daß kein Schade dadurch verursachet werde“[6].

IV. Straftatsprävention und Straftäterverfolgung

Zahlreich waren ebenso Vorschriften, mit denen man „oberwehnte und andere Missethaten zu meiden und zu verhüten“[7] suchte, sowie Anordnungen darüber, wie nach erfolgter Tat die „Missethäter zu erkundigen und zu verfolgen“[8].

[1] LPO 1618 Kapitel 8 § 12.
[2] LPO 1618 Kapitel 8 § 10.
[3] LPO 1618 Kapitel 8 § 10. Ähnlich auch LPO 1564 Titul. „Von Büchsen abschiessen“: „Wer aber darwiderhandelt / der sol einen gulden / so offt es geschicht / zu straffe geben / Und so aus seinem schiessen schade geschehe / denselbigen sol er erstatten / oder des Landes verwiesen / oder sonst nach gelegenheit seiner verwirckung ernstlich darumb gestraffet werden“.
[4] LPO 1618 Kapitel 8 § 11. Die Strafe für den Totschläger war nach CCC Art. 137 die Hinrichtung mit dem Schwert.
[5] LPO 1618 Kapitel 8 § 14. So auch LPO 1564 Titul. „Von Büchsen abschiessen“.
[6] LPO 1618 Kapitel 8 § 14. So auch LPO 1564 Titul. „Von Büchsen abschiessen“.
[7] LPO 1618 Überschrift des 8. Kapitels.
[8] LPO 1618 Überschrift des 7. Kapitels.

1. Straftatsprävention

In der Reihe strafpräventiver Vorschriften stand an erster Stelle das polizeilich sanktionierte Verbot der übermäßigen Trinkerei. Das weit verbreitete Laster der Trunkenheit äußerte sich damals bei zahllosen Gelegenheiten: bei traditionellen Festtagen, Hochzeiten, sonstigen Feierlichkeiten, bei Zusammenkünften der Zünfte in den Städten oder beim Erntefest und den Gelagen auf den Dörfern.[1] Alkoholkonsum machte einen wesentlichen Teil des gesellschaftlichen und geselligen Lebens aus und wurde oftmals bis zum Exzess betrieben. So höhnte auch der Autor des zeitgenössischen „Grobianus“: „Ein volles Glas hab stets bei dir / Daß du nicht kommst zu kurz beim Trinken / Und durstig mußt in Ohnmacht sinken“.[2]
Natürlich waren die meist gewaltsamen Folgen alkoholischer Exzesse wohlbekannt und kamen nicht selten vor. Auch der Lüneburgische Gesetzgeber beklagte, dass „es leider die Erfahrung bezeuget“, dass „die Trunkenheit den Menschen des Verstandes beraubet“, woraus „alles Unglück und Uebel erfolget“[3]. Insbesondere war „befunden, daß auch in specie die Todtschläge, und alle anderen Laster, durch das leidige Vollsaufen mehrentheils verursachet“ worden waren[4]. In der Trunkenheit wurde also die Wurzel von Verbrechen und Sünden gesehen. Doch lag die eigentliche Sünde des Trinkens, die von den Reformatoren verurteilt wurde, in der Völlerei: „weiln die schwere Urthel den Vollsäuffern in Gottes Wort selbsten dahin gefället, daß sie keinen Theil am Reich Gottes haben sollen“[5].
Von dem „Vollsauffen“ hatte sich daher nach der Polizeiordnung ein jeder zu „äussern und enthalten“[6]. Die Ahndung des Verstoßes oblag der Ortsobrigkeit. Den Unverbesserlichen, die „sich des voll- und übermäßigen Sauffens befleißigen und davon nicht abstehen wollen“, wurde gar die Gefängnisstrafe angedroht[7]. Doch war „nach Gelegenheit der Personen“, also mit Rücksicht auf die verschiedenen Stände, auch nur eine „ansehnliche Geldstrafe“ möglich[8]. War gar keine Besserung zu erwarten, konnte der Trunkenbold endgül-

---

[1] Siehe Matter, in: Hessische Blätter für Volks- und Kulturforschung 20: „Im Wein liegt die Wahrheit“, S. 37 ff., 40 ff., auch zur sozialen und kulturellen Bedeutung des Trinkens.
[2] Dedekind, Grobianus. Von groben Sitten und unhöflichen Gebärden, S. 68.
[3] LPO 1618 Kapitel 8 § 1.
[4] LPO 1618 Kapitel 8 § 1.
[5] LPO 1618 Kapitel 8 § 1. Roller, in: HRG, Band 5, Art. Trunkenheit, Sp. 378 weißt darauf hin, dass die Trunkenheit als Völlerei zu den sieben Todsünden zählt.
[6] LPO 1618 Kapitel 8 § 1. Die Regelung eines strafpräventiven Trinkverbotes ist neu gegenüber der Polizeiordnung von 1564; in dieser war das Trinkverbot noch nicht enthalten.
[7] LPO 1618 Kapitel 8 § 2.
[8] LPO 1618 Kapitel 8 § 2.

tig des Landes verwiesen werden[1]. Durch diese relativ hohen Strafen versuchte der lüneburgische Gesetzgeber die Trinkerei einzudämmen, die er als Anfang allen Übels ansah, denn „der Anfang zu sündigen" ist „in den trunkenen Leuten"[2]. Bezeichnender Weise war die Trunkenheit auch kein Strafmilderungs-, sondern vielmehr ein Strafdoppelungsgrund, da es „in der Menschen Mächten bestehet, die Trunckenheit, so eine Brunquell und recht wirkende Ursache ist aller Laster zu meiden und zu unterlassen"[3].

Da natürlich zumal bei Festen und Gesellschaften ein Trinkverbot praktisch nicht durchsetzbar war, sollten die Bauern wenigstens „bey den erlaubten[4] Gesellschaften [...] nach gehaltener Mahlzeit die Messer und scharfe Gewehre ihren Wirthen" übergeben[5], damit eine ernstliche Verletzung beteiligter Personen bei den ständigen Raufereien ausgeschlossen werden konnte. An der Zielgruppe dieser Vorschrift, den Bauern, zeigt sich, dass Sauferei und Schlägereien vornehmlich als ein Problem der unteren Gesellschaftsschichten angesehen wurde. Natürlich war auch die reiche und herrschende Klasse dem Trinken nicht abgeneigt, doch war hier zum einen ein Ausufern in Gewalttätigkeiten seltener zu erwarten; zum anderen scheute der Landesherr sicherlich eine derartige Bevormundung des Adelsstandes.
Auch mit der sowohl an Stadt- und Landbevölkerung gerichteten Mahnung, sich „bey den Gezechen, aller verbitterlichen oder nachdencklichen Scherz-Reden und Wort-Gezänckes" zu enthalten, damit „dadurch zu keinen Schlägreyen Ursache gegeben"[6] werde, wird der Gesetzgeber vor allem auf die unteren Schichten der Bevölkerung abgezielt haben. Kam es trotz dieser Warnungen doch einmal zu einem Handgemenge, so war dem Wirt, bis die Streithähne auseinandergebracht waren, der weitere Ausschank von Getränken untersagt.[7] Dieses Schankverbot wird alle Anwesenden motiviert haben, dem Gezänk ein schnelles Ende zu bereiten.

---

[1] LPO 1618 Kapitel 8 § 2.
[2] LPO 1618 Kapitel 8 § 3.
[3] LPO 1618 Kapitel 8 § 3.
[4] Zur Reglementierung von Festen und Gastereien siehe unten 12. Kapitel III.
[5] LPO 1618 Kapitel 8 § 4.
[6] LPO 1618 Kapitel 8 § 5.
[7] LPO 1618 Kapitel 8 § 6.

2. Straftäterverfolgung

Ein ganzes Kapitel widmete der Lüneburgische Polizeigesetzgeber neben der Strafprävention den Bestimmungen darüber, wie „Missethäter zu erkundigen und zu verfolgen“ waren[1].
In diesen setzte sich umfassend der Gedanke hoheitlicher Strafjustiz mit obrigkeitlichen Verfolgungsbefugnissen durch, doch blieb auch hier die Obrigkeit auf die Mitwirkungen der Untertanen angewiesen. Generell hatten die Untertanen - ihrer vielfach vorausgesetzten Mitwirkung bei der Durchsetzung polizeilicher Normen entsprechend - die Pflicht, bei Straftaten einzugreifen und bei der Verhaftung der Täter Hilfe zu leisten. Kam es zu einem „Auflauf oder Schlagen zwischen etlichen Personen“, so mussten sie „an selbigen Ort zulauffen und diejenigen, so andere entleiben oder tödtlich verwunden, oder andere strafbare Unthaten“ begingen, angreifen und unverzüglich in Verwahrung nehmen[2]. Niemandem war es erlaubt, sich zu einem „solchen Zulaufe oder Gezänke“ zu „rottieren“, also sich dabei zu bösen Zwecken zusammenzurotten[3]. Die Pflicht des Untertanen, einen Täter zu ergreifen und in Verwahrung zu nehmen, galt allerdings nur „von Stund an“, also für die Verfolgung des Täters nach frischer Tat[4]. Ein weitergehendes Verfolgungsrecht lag allein in der Hand der landesherrlichen Beamten.
Nach Ergreifung eines Täters durch die Untertanen verlangte die Staatsgewalt, die die Ahndung der Verbrechen selbst in die Hand genommen hatte, die Auslieferung der Misstetäter unmittelbar an die Obrigkeit. Sie waren folglich „demjenigen, der das Hals-Gericht an selbigen Ort hat oder verwaltet“ auszuliefern[5]. Auch war dem staatlichen Strafanspruch entsprechend das Recht und die Pflicht der Obrigkeit zur Verfolgung und Ergreifung von Straftätern weitreichender als das der einfachen Untertanen. Dem Beamten war es „vorbehalten und erlaubt“, einen „Uebelthäter oder Freveler aus seinem eigenen Hause, und wo sie ihn, in Unsern ihnen anbefohlenen oder ihren eigenen Gerichten

---

[1] LPO 1618 Überschrift des 7. Kapitels.
[2] LPO 1618 Kapitel 7 § 1. So auch schon LPO 1564 Titul. „Von aufflauff und gezencke / auch einfallen in eines andern Haus“.
[3] LPO 1618 Kapitel 7 § 4; auch schon LPO 1564 Titul. „Von aufflauff und gezencke / auch einfallen in eines andern Haus“; vgl. Grimm, Deutsches Wörterbuch, Band 14, Art. Rottieren, Sp. 1322: „sich rottieren, auch rottieren, allein im sinne von „sich zu bösen zwecken zusammenrotten“, zur verschwörung zum aufruhr, conjurare, conspirare [...] alias rottieren“.
[4] LPO 1618 Kapitel 7 § 1. So auch schon LPO 1564 Titul. „Von aufflauff und gezencke / auch einfallen in eines andern Haus“.
[5] LPO 1618 Kapitel 7 § 1. So auch schon LPO 1564 Titul. „Von aufflauff und gezencke / auch einfallen in eines andern Haus“.

anzutreffen vermeynen, zu suchen und ihn gefänglich anzunehmen“[1]. Sie konnten also eine Verfolgung auch aufnehmen, wenn die Tat nicht mehr frisch war. Auch bei dieser Suche der landesherrlichen Beamten nach Missetätern waren die Untertanen freilich verpflichtet, „besten Fleisses und Vermögens behülflich“ zu sein[2].

Während diese Pflichten zur Ergreifung der Täter auch in der Lüneburgischen Polizeiordnung von 1564 normiert gewesen waren, enthielten die folgenden, ergänzenden Vorschriften Neuerungen gegenüber den insgesamt noch rudimentären Bestimmungen der Ordnung von 1564. Hinzugefügt wurden speziell Vorschriften, die die tatsächliche Anwendung und Durchsetzung der polizeilichen Pflichten gewährleisten sollten. Dazu gehörten zum einen Regelungen über den Schutz der helfenden Untertanen: Sicherheitshalber wurde jedem, der bei der Verhaftung des Täters half, Schutz durch die Obrigkeit zugesprochen, damit ihm „an seinem Stande, Handwerk, Amt und Ehren“ kein Nachteil erwachse[3].
Zum anderen wurde die Verletzung der Auslieferungspflicht durch den Einzelnen zu einem eigenständigen, strafwürdigen Vergehen klassifiziert. Strafbar machte sich nun, wer der allgemeinen Pflicht zur Verfolgung und Ergreifung der Straftäter nicht nachkam und sie also „unverhindert und unaufgehalten davon kommen“ ließ[4]. Der Verstoß gegen die Auslieferungspflicht war ein Polizeivergehen und „nach Gelegenheit“ des „Standes und Vermögens“ mit Geldstrafe, Landesverweis oder Gefängnis zu ahnden[5]. Dem gleichgestellt wurde eine aktive Fluchthilfe, bei der dem Täter „einigen Vorschub mit Rath oder Tat“ geleistet wurde[6].
Wer Fluchthilfe leistete, indem er den Verfolgern in den Weg trat oder ihnen seine Unterstützung versagte, musste ebenfalls eine Geldbrüche leisten, an deren Stelle bei Nichterbringbarkeit ein einjähriger Landesverweis trat.[7] Ein strafpräventiver Zweck dieser Vorschriften wird deutlich, wenn der Gesetzgeber die Hoffnung aussprach, „es werde durch solche Verordnung und deren ernstliche Vollnstreckung mancher abgeschrecket werden, Todtschläge oder andere Unthaten zu begehen“[8].

---

[1] LPO 1618 Kapitel 7 § 6. So auch schon LPO 1564 Titul. „Von aufflauff und gezencke / auch einfallen in eines andern Haus“.
[2] LPO 1618 Kapitel 7 § 6.
[3] LPO 1618 Kapitel 7 § 2.
[4] LPO 1618 Kapitel 7 § 2.
[5] LPO 1618 Kapitel 7 § 2.
[6] LPO 1618 Kapitel 7 § 2.
[7] LPO 1618 Kapitel 7 § 3.
[8] LPO 1618 Kapitel 7 § 2.

Unter strafpräventiven Gesichtspunkten ist auch die gegenüber der LPO von 1564 neu angeordnete Bestrafung von Beihilfe und Begünstigung zu sehen. Die durchgängig hohen Strafen für solche Unterstützungshandlungen konnten in ihrer Abschreckungswirkung den Kreis der potentiellen Tatteilnehmer zumindest einschränken. Besonders streng wurde dabei die Begünstigung von Tätern bestraft, die als solche schon als gemeingefährlich galten. So war auf die „wissentliche" Behausung und Beherbergung eines Landzwingers „nach Gelegenheit der Verwirkung" die Strafe des Haupttäters ausgesetzt[1]. Ebenfalls dem Täter gleich gestraft wurde, wer „Strassen-Räuber, Diebe oder dergleichen leichtfertige Leute" Unterschlupf gewährte und ihnen „zu Fortstellung ihres unchristlichen Vorhabens Hülf, Beystand oder Vorschub" tat[2]. „Den Thäter gleich gestrafet" wurden auch diejenigen, die „vom Raub oder gestohlenen Gute wissentlich mit geniessen"[3]. Die Urteilsfällung hatte in allen diesen Fällen durch das Strafgericht zu erfolgen.[4]

Eher die Bedeutung polizeilicher Vorbeugungsmaßregeln hatte demgegenüber das allgemeine Verbot, potentiell gefährlichen Personen „die Herberge zu vergönnen"[5]. Hier ging es nicht um die Unterstützung eines Missetäters nach begangener Tat, sondern allgemein um die Bewirtung „böser Leute", deren Lebensweise auf verbrecherische Tätigkeiten schließen ließ. Im Gegensatz zu Beihilfe und Begünstigung lag die Ahndung und Urteilsfällung bei diesem Polizeidelikt grundsätzlich beim Landgericht. Da das Verbrechervolk zumeist in höchst verdächtigen „Huren-Winckeln" abstieg, wurde deren sofortige Schließung angeordnet und allen Untertanen, „hohes und niederen Standes" geboten, „daß sie solch Beherbergungen ermeldter böser Leute [...] abschaffen"[6]. Personen, die „wider diese Unsere wohlbedächt-Christliche Ordnung Huren-Winckel halten", mussten eine Geldstrafe von 50 Reichstalern leisten[7]. Natürlich bestand darüber hinaus für jeden Untertan die Pflicht, sich eines „verdächtigen Gäste Zustandes [...] mit allem Fleiß zu erkundigen", und, „wann sie etwas ungleiches vermercken, [...] es in den Aemtern oder Städten, da sie gesessen und die Hals-Gerichte hingehören", anzuzeigen, und zwar „bey Vermeidung ernstlicher Strafe"[8].

---

[1] LPO 1618 Kapitel 6 § 15; siehe auch oben III. 1.
[2] LPO 1618 Kapitel 8 § 8.
[3] LPO 1618 Kapitel 8 § 8.
[4] Vgl. LPO 1618 Kapitel 8 § 8.
[5] LPO 1618 Kapitel 8 § 7.
[6] LPO 1618 Kapitel 8 § 7.
[7] LPO 1618 Kapitel 8 § 8.
[8] LPO 1618 Kapitel 8 § 7.

5. Kapitel: Aufrechterhaltung der öffentlichen Sicherheit

Zu den wichtigsten Aufgaben jener Zeit gehörte die Herstellung der inneren Sicherheit des Landes und die Bewahrung der Einwohner vor Übergriffen umherstreifender Landsknechte - den sogenannten „Gardebrüdern“ -, des stellungslosen Gesindes und anderer Straßenräuber, Landstreicher, Wegelagerer, Bettler und Müßiggänger. Überfälle auf die Bevölkerung hatten „bey jetzigen leider schwürigen und gefährlichen Zeiten dergestalt Überhand“ genommen, „daß fast keiner ohne Leibes- und der bey sich habenden Güter Gefahr reisen kan oder mag, ja mancher auch in seinem eigenen Hause überfallen, wo nicht gar umgebracht, jedoch jämmerlich geschlagen und ihm das Seinige, so viel dessen immer fortzubringen, genommen wird“[1].

Eine unrühmliche Rolle bei diesen Raubüberfällen, den „Plackereyen“[2] und Gaunereien spielten zum einen zahlreiche verarmte Ritter, die nach dem Herabsinken des Ritterstandes durch politischen und militärischen Bedeutungsverlust ein Dasein als Strauchdiebe und Wegelagerer fristeten.[3] Zu ihnen gesellten sich die immer häufiger aufkommenden Landsknechtheere, die „Gardeknechte“, die nach ihrer Entlassung als stellungs- und damit mittellose, „gardende“ Knechte bettelnd, raubend, brandschatzend und plündernd durch das Land zogen.[4] Häufig vereinigten sich diese „Landzwinger“[5] zu einer förmlichen Räuberbande und wurden zu einer regelrechten Landplage.[6] Daneben trieben sich Bettler und Vagabunden, „dem Müßiggang ergebenen Handwerks-Burschen aus den Städten“ und „sonst herrenlos leichtfertiges und unnützes Gesinde“ herum, „zu welchem sich andere lose Weiber und Burschen gesellen, die ebensowenig zur Arbeit Lust haben“[7]. Sie trieben ihr Unwesen „haufen- und rottenweise“ und durchstreiften „das ganze Land in die

---

[1] LPO 1618 Kapitel 49 § 1.

[2] Vgl. Grimm, Deutsches Wörterbuch, Band 7, Art. Plackerei (<plage [Landplage]), Sp. 1875: „namentlich (in der älteren sprache) der straszenraub“.

[3] Vgl. Lütge, Deutsche Sozial- und Wirtschaftsgeschichte, S. 183; Maier, Die ältere deutsche Staats- und Verwaltungslehre (Polizeiwissenschaft), S. 87 f.

[4] Vgl. Havemann, Geschichte der Lande Braunschweig und Lüneburg, Band 2, S. 579 ff.; Hampe, Die fahrenden Leute in der deutschen Vergangenheit, S. 98; Gittel, Die Aktivitäten des Niedersächsischen Reichskreises in den Sektoren „Friedenssicherung“ und „Policey“, S. 253 Fn. 1; v. Heinemann, Geschichte von Braunschweig und Hannover, Band 2, S. 490 f.; Philipp, in: HRG, Band 2, Art. Leute, fahrende, Sp. 1863; Kroeschell, Deutsche Rechtsgeschichte, S. 207 f., 214.

[5] Siehe dazu auch oben 4. Kapitel III. 1.

[6] Siehe Philipp, in: HRG, Band 2, Art. Leute, fahrende, Sp. 1863; Kroeschell, Deutsche Rechtsgeschichte, S. 214.

[7] LPO 1618 Kapitel 47 § 1.

quer und länge“[1] gardend und sich des Bettelstabs ernährend. Oftmals war ihre Bettelei und ihr Hausierhandel dabei nur Deckmantel für Dieberei und Hehlerei, Ausspäher- und Kundschaftsdienste. Der Bevölkerung war daher jeglicher Ankauf oder Annahme von Waren aus der Hand der Gardeknechte und umherziehenden Bettler untersagt, damit diese „dadurch in ihrem Garden nicht gestärcket werden“[2].
Das bloße Auftreten aller dieser landschädlichen Leute, die in den Augen der Obrigkeit allein durch ihre Lebensweise den Schluss auf eine verbrecherische Lebensführung rechtfertigten, wurde als bedrohend und gemeinschädlich empfunden.

Neben diesem Gaunertum griff der Polizeigesetzgeber die Zigeuner als besondere Gruppe heraus. Mehr noch als die anderen Landstreicher wurden sie als ethnische Minderheit und soziale Randgruppe durch die obrigkeitlichen Rechtsnormen verfolgt und diskriminiert. Ihre Fremdartigkeit, die insbesondere in ihrem Erscheinungsbild deutlich wurde, ihr Umherziehen sowie ihre angeblich eingewurzelten kriminellen Neigungen und schließlich die Angst vor den Türken, denen die Zigeuner vermeintlich zuarbeiteten, waren die wesentlichen Gründe für ihre Ablehnung und Vertreibung. Man meinte, „glaubliche Anzeige“ zu haben, dass „die Zigeuner Erfahrer, Verräther und Ausspäher seyn, auch der Christen Lande Zustand, und was darin vorgehet, dem Türcken und anderen der Christenheit Erb- und Ertz-Feinde verkundschaften“[3]. Als unstete Leute, die vorwiegend von künstlerischen Darbietungen wie Musik, Tanz, Akrobatik sowie dem Handlesen und Wahrsagen lebten, wurden sie zu einer besonders verachtungswürdigen Klasse gestempelt.[4] Sie galten als „gottloß, abergläubisch, diebisch, tückisch, arglistig, geschwind und mörderisch Gesindlein“[5]. Die durch die Reformation angetriebene Konfessionalisierung verstärkte zudem die Ablehnung und Ausschließung christlicher Minderheiten.[6] Christen, „so sich zu ihnen, den Zigeunern, schlagen“ galten als

---

[1] LPO 1618 Kapitel 47 § 1.
[2] LPO 1618 Kapitel 47 § 10.
[3] LPO 1618 Kapitel 48 § 1. So auch schon die erste RPO 1530, vgl. Segall, Geschichte und Strafrecht der Reichspolizeiordnungen, S. 189.
[4] Siehe Härter, in: HRG, Band 5, Art. Zigeuner, Sp. 1700. Zur Gruppe der Zigeuner auch Lucassen, Zigeuner im frühneuzeitlichen Deutschland: neue Forschungsergbenisse, -probleme und vorschläge, in: Policey und frühneuzeitliche Gesellschaft, S. 235 ff., 248 ff. mit eingehender Darstellung des Forschungsstandes.
[5] LPO 1618 Kapitel 48 § 1.
[6] Siehe Härter, in: HRG, Band 5, Art. Zigeuner, Sp. 1701. Zur Ablehnung der Zigeuner aufgrund ihrer Fremdartigkeit vgl. auch Hampe, Die fahrenden Leute in der deutschen Vergangenheit, S. 78 ff.

verabscheuungswürdig und waren „nach Befindung ihres bösen Vorsatzes und Excesses ernstlich zu strafen“[1].

Allgemein stand das umherziehende Volk, die Landstreicher und Wegelagerer mit ihrer ungesicherten Lebensweise, ihrer Heimat- und Besitzlosigkeit in einem krassen Gegensatz zu der festgefügten Ordnung der herrschenden Ständegesellschaft. Mobile und herrenlose Menschen, die sich dem staatlichen Zugriff entzogen, konnten unter einer Obrigkeit, die mit dem Erlass der Polizeiordnung eine Stabilisierung des Herrschaftsraumes und soziale Disziplinierung der Untertanen anstrebte, nicht geduldet werden. Zahlreich und vielfältig sind daher die Vorschriften, die diesem Übel Herr zu werden suchten.

I. Maßnahmen zur Bekämpfung des Verbrechertums

Bei den Maßnahmen zur Bekämpfung des Gauner- und Verbrechertums sowie der Zigeuner handelte es sich zum großen Teil um präventive Mittel polizeilicher Art im Vorfeld der Verbrechensbekämpfung und –verfolgung. Sie stimmen im wesentlichen mit den Anordnungen überein, wie sie schon in der Polizeiordnung des Jahres 1564 zur Aufrechterhaltung der öffentlichen Sicherheit enthalten waren. Wichtige Anweisungen bestanden in der Beobachtung von Fremden durch die Einwohner, der Visitation verdächtiger Orte sowie einer Ausweis- und Meldepflicht für alle Fremden. Außerdem wurde die Überwachung und Abschottung der Grenzen durch Grenzkontrollen und die Kontrolle des Paßwesens verstärkt. Natürlich war darüber hinaus der Bevölkerung jede Unterstützung der missbilligten Personen durch Gewährung von Nahrung, Geld oder einer sonstigen Hilfe untersagt.[2]

1. Grenzkontrollen, Vertreibung und Gardeverbot

Ausgangspunkt aller präventiven Maßnahmen war die sorgfältige Grenzüberwachung. Nur so konnte schon der Einfall der unerwünschten Bevölkerungsgruppen in das Fürstentum abgewehrt werden. Es galt, die Einreise der als gefährliches Gesindel erkennbaren Personen bei den sorgsam von den Beamten zu haltenden Grenzkontrollen in jedem Falle zu verhindern.

---

[1] LPO 1618 Kapitel 48 § 6.
[2] LPO 1618 Kapitel 47 § 4.

Dabei wurde gegen die Zigeuner mit einer besonderen Härte vorgegangen. Sie, die „den Leuten das Ihrige nehmen“ und „schreckliche Mord- und andere Unthaten“ begingen, durften unter keinen Umständen im Fürstentum geduldet werden[1]. Es wurde „ernstlich geboten, dieselbe in- und durch der Christen Lande nicht ziehen, handeln und wandeln zu lassen“[2]. Die Einreise musste ihnen also in jedem Fall verweigert werden. Sie waren „stracks zurück“ zu weisen, und zwar ihrer „Paß-porte“ ungeachtet, die „wir hiermit, ohne Unterschied, von wem sie ertheilet und gegeben, gänzlich caßiren, abthun und vernichten“[3].
Wollten die Zigeuner „in der Güte nicht weichen“, sondern widersetzten sie sich dem Ausreisezwang, so war durch einen Glockenschlag Alarm zu schlagen und dadurch Bauern und Bürger zu alarmieren[4]. Mit gemeinsamer Kraft sollten sie sodann „die Zigeuner [...] mit Gewalt aus unseren Landen treiben“ und ihnen „Pferde, Büchsen und andere Gewehre“ abnehmen[5]. Außerdem waren die Zigeuner gefangen zu nehmen und nach ihren verübten Untaten zu befragen, von deren tatsächlicher Begehung folglich wie selbstverständlich ausgegangen wurde.[6]
Die Zigeuner machten sich strafbar, wenn sie „bey solcher Zurückhalt- oder Abtreibung ungeziemender bedräulicher Reden verlauten lassen, oder sich zur Gegenwehr setzen und jemand beschädigen“[7]. Wurden demgegenüber Zigeuner bei der Vertreibung „wegen ihrer Widersetzlichkeit und ungebührender Gegenwehr“ verwundet oder gar getötet, so blieb der Täter straffrei[8]. Die Gegenwehr des Zigeuners gegen seine gewaltsame Vertreibung wurde also zum notwehrfähigen rechtswidrigen Angriff und die Zigeuner damit zu Rechtlosen qualifiziert.[9]
Um dem Einreiseverbot Nachdruck zu verleihen und die gewissenhafte Grenzsicherung sicherzustellen, hatte auch der nachlässige Beamte, der „diesem unserem ernstlichem Verbot zuwider, die Zigeuner begleitet, oder sonsten durch einige Connivenz zu ihrem Hereinrücken und Verbleib in unseren Landen einigen Anlaß und Ursache giebet“, mit einer polizeilichen Sanktion zu rechnen, und zwar „er sey auch wes Standes er wolle“[10]. Er hatte

[1] LPO 1618 Kapitel 48 § 1.
[2] LPO 1618 Kapitel 48 § 1.
[3] LPO 1618 Kapitel 48 § 2.
[4] LPO 1618 Kapitel 48 § 2.
[5] LPO 1618 Kapitel 48 § 2.
[6] LPO 1618 Kapitel 48 § 2.
[7] LPO 1618 Kapitel 48 § 3.
[8] LPO 1618 Kapitel 48 § 4.
[9] Siehe zur Rechtlosigkeit der Zigeuner Härter, in: HRG, Band 5, Art. Zigeuner, Sp. 1700.
[10] LPO 1618 Kapitel 48 § 5.

sämtlichen „beweislich dadurch verursachet“ Schaden zu tragen und an öffentlicher Brüche außerdem 50 Reichstaler zu zahlen.[1]

Ebenfalls wurden die Gardebrüder und „muthwillige Buben, so sich unter falschem Schein alter erloschener, auch wohl von fremden erkaufter, oder sonsten durch lose Mittel an sich gebrachter Paß-porte vor Soldaten ausgeben“[2] und das ganze andere „los Gesindlein“ im Territorium nicht geduldet[3]. Die Beamten sowie Stadtobrigkeiten hatten „an den Gränzen gute Acht“ darauf zu geben, dass „dergleichen Gesindlein nicht durch-verstattet, sondern zurück gehalten und gewiesen werde“[4].
Sollten sie sich aber trotz der Grenzkontrollen und des Einreiseverbotes „unversehens durchschleichen und [...] zu garden sich unterstehen“, mussten sie, sobald sie von den Beamten aufgespürt worden waren, vor „unsere Beamte, oder andere Vorsteher der Gerichte“ ein „besonders starckes Gelübde“ abgeben, dass sie „nicht mehr garden wollen oder sollen“[5]. Mit der Häufigkeit der Verstöße gegen diesen abgelegten Schwur stieg die ihnen angedrohte Strafe. Zunächst war mit ewigem Landesverweis oder aber mit einer erschwerten Haft zu bestrafen, bei der sie „in die Eisen geschlagen“, also angekettet, dazu „zu allerhand Arbeit gebrauchet“ und nur „mit Wasser und Brod gespeiset“ wurden[6]. Etwaiges noch vorhandenes Diebesgut war ihnen abzunehmen und an die Geschädigten zu restituieren. Bei erneutem Verstoß waren ihnen als Meineidige die zwei Schwurfinger abzutrennen.[7] Wurden sie selbst davon nicht abgehalten und begaben sich „zum drittenmal in Unsere Lande“ und gardeten dort „zu Unserer Unterthanen Beschwehr“ oder begingen sonstige Untaten, hatte die Urteilsfällung durch das peinliche Gericht zu erfolgen, das „nach Befindung ihrer Excesse“ die Hinrichtung „mit dem Schwerdt von Leben zum Tode“ anzuordnen hatte[8].

---

[1] LPO 1618 Kapitel 48 § 5.
[2] LPO 1618 Kapitel 47 § 1.
[3] LPO 1618 Kapitel 47 § 2 u. a. mit Verweis auf die gegen die Gardeknechte ergangenen Mandate des Niedersächsischen Rechtskreises; dazu Gittel, Die Aktivitäten des Niedersächsischen Reichskreises in den Sektoren „Friedenssicherung“ und „Policey“, S. 253 ff.
[4] LPO 1618 Kapitel 47 § 3.
[5] LPO 1618 Kapitel 47 § 4; vgl. Kapitel 47 §§ 2, 3.
[6] LPO 1618 Kapitel 47 § 5. Zur Üblichkeit der mit der Freiheitsentziehung verbundenen Leibesstrafen durch schmalste Kost und Anketten siehe Schmidt, Einführung in die Geschichte der Strafrechtspflege, S. 184, S. 177 auch zum Aufkommen der Arbeitsstrafe. Zum Ablösen des Landesverweises durch die Arbeitsstrafe speziell im Bereich der Vaganten und Gauner vgl. Schuck, Arbeit als Policeystrafe, in: Policey und frühneuzeitliche Gesellschaft, S. 616, 618 f.
[7] LPO 1618 Kapitel 47 § 5.
[8] LPO 1618 Kapitel 47 § 6.

Diese gestuften Strafen galten dabei lediglich für den Verstoß gegen das Gardeverbot. Die außerdem begangenen Verbrechen wie insbesondere Raub und Heimsuchung wurden eigenständig durch das Strafgericht mit dem Abhacken der rechten Hand, nach Schwere des Verbrechens auch mit dem Tod durch das Schwert gestraft.[1]

Eine praktische Schwierigkeit bestand darin, die landschädlichen und gemeingefährlichen „gardenden" Knechte von friedlichen Soldaten, die „abgedancket und ihren Weg wider zurück nehmen, oder [...] nach empfangenem Anrit- oder Lauf-Geld anziehen und unsere Lande berühren müssen"[2], zu unterscheiden. Letztere galten als unverdächtig und durften das Fürstentum passieren, wenn sie „sich bey uns in unserem ordentlichen Hof-Lager" oder bei den „an den Gränzen residirenden Beamten, oder Bürgermeistern und Räthen in den Städten" anmeldeten, dabei ihren Namen und ihre Ankunftszeit angaben und ihren „Paß-Port [...] in beglaubter Form" vorzeigen konnten[3]. Soweit es sich um aus dem Dienst entlassene Soldaten handelte, hatten sie ihre Abdankungsurkunde, die nicht älter als ein viertel Jahr sein durfte, vorzuzeigen. Sodann mussten sie an Eides statt geloben, nur einzeln oder höchstens zu dritt, nicht aber „Haufen- oder Rotten-weis" zu reisen sowie den kürzesten Weg zu wählen, den sie „in specie namhaft machen sollen"[4]. Auch sollten sie versichern, nur die Hauptstraßen zu benutzen und ihr Nachtlager möglichst in den Städten zu halten. Sie durften um ihre Nahrung nicht betteln, sondern nur bei Adeligen und Stadtrat um den üblichen Zehr-Pfennig anhalten.[5]

Erst nach Ablegung dieses Eides durfte ihnen der zuständige Beamte einen Passierschein ausstellen, damit „sie durch unsere Fürstenthümer und angehörige Graf- und Herrschaften sicher paßiren und reisen mögen"[6]. Um eine zügige Durchreise zu gewährleisten, besaß dieser Passierschein nur eine 14-tägige Gültigkeit und war an dem letzten Ort vor der Grenze dem Beamten wieder auszuhändigen[7]. Der Verstoß gegen diese Verhaltensmaßnahmen, die

---

[1] LPO 1618 Kapitel 47 § 7.
[2] LPO 1618 Kapitel 47 § 11.
[3] LPO 1618 Kapitel 47 § 11.
[4] LPO 1618 Kapitel 47 § 11.
[5] LPO 1618 Kapitel 47 §§ 11, 12.
[6] LPO 1618 Kapitel 47 § 11.
[7] LPO 1618 Kapitel 47 § 13. Die LPO von 1564 enthielt im wesentlichen inhaltsgleiche, im einzelnen aber nicht so detaillierte Bestimmungen über die Aufrechterhaltung der öffentlichen Sicherheit. Grenzkontrolle, Gardeverbot, Vertreibung und Pflichten zur Anzeige verdächtiger Personen bei der Obrigkeit finden sich hier in gleicher Form. Neu ist in der LPO 1618 demgegenüber der hier in Rede stehende Regelungskomplex über die legitime Durchreise friedlicher, abgedankter Soldaten. Offenbar hatte der Gesetzgeber hier die be-

nicht zuletzt auch dem Schutz der Reisenden selbst vor unbegründeter Verdachtserregung mit der Folge der Anzeige und Festnahme dienten, war mit den den „Gardebrüdern" angedrohten Strafen zu ahnden.[1]

Ein wirksamer Schutz legitim Reisender, insbesondere der mit vielerlei Waren reisenden Kaufleute, stellte außerdem die Zurverfügungstellung eines Schutzgeleites dar. Ein solches „lebendig Geleit" in Form der Begleitung durch Personen mit dem Ziel des Schutzes gegen Beraubung oder Behinderung war jedem Antragenden auf dessen Kosten zu gewähren.[2]

2. Verdachtsmomente zur Anzeige und Festnahme fremder Personen

Die weitreichenden, im Vorfeld der Verbrechensbekämfung liegenden Maßnahmen setzten eine erhebliche Beteiligung der Bevölkerung an der Verbrechensabwehr voraus. Es erging der Befehl einer allgemeinen Überwachung fremder und auffälliger Personen. Jede unliebsame und den öffentlichen Frieden potentiell bedrohende Person war wachsam zu beobachten. Der Gesetzgeber normierte zu diesen Zwecken typisierte Verdachtsmomente, die eine mögliche Gefährlichkeit bestimmter Personen indizierte und damit eine Pflicht zur Anzeige bei der Obrigkeit entstehen ließen. Mit dem Auftauchen erster Verdachtsmomente begann sodann die staatliche Initiative der Verbrechensbekämpfung, die regelmäßig mit der präventiven „polizeilichen" Festnahme der unliebsamen Personen endete.

Ausgangspunkt jeglichen Verdachts war die Fremdheit einer Person, die grundsätzlich Anlass zu Argwohn und Befürchtung ihrer Gefährlichkeit gab.

---

stehende Regelungslücke erkannt. Das eigentliche strukturelle Problem, dass die abgedankten Berufssoldaten kaum eine Chance besaßen, bis zum nächsten Feldzug eine unterhaltssichernde Arbeit zu finden und ihr Abgleiten in die Kriminalität deshalb vorprogrammiert war, wurde aber auch hier nicht weiter thematisiert. Immerhin enthält aber die geschaffene Regelung zur friedlichen Durchreise der Landsknechte Ansätze, die über eine reine Symptombekämpfung hinausgehen. Damit war die Lüneburgische Polizeiordnung von 1618 zumindest im Niedersächsischen Kreis die einzige territoriale Verordnung mit dieser fortschrittlichen Tendenz, siehe Gittel, Die Aktivitäten des Niedersächsischen Reichskreises in den Sektoren Friedenssicherung und Policey, S. 259.

[1] LPO 1618 Kapitel 47 § 14.

[2] LPO 1618 Kapitel 49 § 12. Das Geleit konnte sich auf Personen wie auf Sachen beziehen. Hierbei konnte der Geleitgeber nur für solche Schäden in Anspruch genommen werden, zu dessen Verhütung er sich verpflichtet hatte, in der Regel also für Schäden durch Räuber und Wegelagerer. Vgl. ausführlich zu den verschiedenen Arten des Geleits Koehler, in: HRG, Band 1, Art. Geleit, Sp. 1481 ff.

In der Regel handelte es sich demnach um fahrende Leute und Reisende, auf die die Untertanen ihr besonderes Augenmerk zu richten hatten. „Reuter oder Fußgänger“, die an einem Ort „keinen Herrn oder Freunde“ hatten, durften nur dann geduldet und bewirtet werden, wenn es sich um „allerdings unverdächtige bekante Leute“ handelte[1]. Zur sofortigen Anzeige bei der Obrigkeit verpflichtet waren die Untertanen natürlich dann, wenn sie in einem Fremden einen schon bekannten Missetäter wiedererkannten.[2] Damit der Anzeigende „deswegen ausser Gefahr und Schaden seyn und bleiben möge“, blieb er in diesem Falle anonym[3].
Ansonsten wurde den Untertanen zu ihrer eigenen Sicherheit geboten, den Unbekannten nicht zu beherbergen, sondern ihn „in gemeine öffentliche Wirths-Häuser oder Krüge“ zu weisen[4]. Deren Wirte traf bei der Aufnahme der Fremden eine besondere Nachforschungs- und Beobachtungspflicht. Sie hatten „gute fleißige Aufmerkung und Nachforschung“ anzustellen, woher ihre Gäste „kommen, wohin sie wollen, wie ihre Vor- und Zunamen seyn“[5]. Alle diese Informationen waren schriftlich festzuhalten und unverzüglich an die Obrigkeit weiterzuleiten.[6] Wurden alle Angaben ordnungsgemäß erbracht, konnte davon ausgegangen werden, dass es sich bei dem Fremden um einen Kaufmann, Pilger oder sonst friedlichen Reisenden handelte.

Doch die Fremdheit blieb per se verdächtig und es genügte das Hinzutreten eines weiteren Verdachtsmoments, um die Obrigkeit zu Nachforschungsmaßnahmen und erforderlichenfalls zur Festnahme des Fremden zu veranlassen. Dies war zum einen der Fall, wenn er dadurch auffiel, dass er „länger, als eine Nacht“ verweilte, daher aus dem Kreis der zielstrebig Reisenden ausgeschieden werden musste, oder wenn er „des Tages aus- und die Nacht wieder einreiten“ würde[7]. Auch wenn „anderer Reuter“ sich zum Gast gesellten und den Wirt „nach Kärnern[8], gewissen Personen, Wagen, Pferden, ob die ihren Durchzug vorüber genommen“ ausfragten, musste der Gastwirt alarmiert sein und dem Beamten unverzüglich „mit allen Umständen der angemerckten Verdächtigkeit [...] in geheim- und Vertrauen“ Anzeige erstatten[9]. Damit lag die weitere Erforschung des Sachverhaltes in der Hand des Amtmanns, der

[1] LPO 1618 Kapitel 49 § 6.
[2] LPO 1618 Kapitel 49 § 4.
[3] LPO 1618 Kapitel 49 § 4.
[4] LPO 1618 Kapitel 49 § 1.
[5] LPO 1618 Kapitel 49 § 2.
[6] LPO 1618 Kapitel 49 § 2.
[7] LPO 1618 Kapitel 49 § 3.
[8] Vgl. Grimm, Deutsches Wörterbuch, Band 11, Art. Kärrner, Sp. 230: „fuhrmann, [...], gleich karrenführer, karrenmann“.
[9] LPO 1618 Kapitel 49 § 3.

die Verdächtigen zu beobachten und gegebenenfalls zu verhören hatte. Entstand für ihn der Eindruck, dass „sie ihre Gedancken auf einen Anschlag gerichtet oder Angrif vorzunehmen" beabsichtigten, also Überfälle auf Reisende planten, musste er sie festnehmen, „damit der wandernde und handtierende Mann an Leib und Gütern unbeschädiget bleiben möge"[1].

Als höchst verdächtig galt des weiteren, wenn ein Reisender abgelegene Straßen und ungewöhnliche (Schleich-) Wege benutzte, anstatt wie die ordentlichen Kaufleute die „rechte gewöhnlich Heerstrasse" zu benutzen[2]. Selbst das Benutzen der ordnungsgemäßen Wege war auffällig, wenn die Person „verkappet"[3], d.h. durch verhüllende Kleidung unkenntlich gemacht, „oder in andere Wege verdächtig" ritt oder rastete[4]. Auch in diesem Fall musste der Amtmann die Initiative ergreifen und den Reiter „zu Rede" stellen. War „nach Befindung" des Amtmannes jemand verdächtig, so war dieser „gefänglich einzuziehen"[5]. Die weitere Aburteilung lag sodann in der Zuständigkeit des Strafgerichts, das anzuordnen hatte, wie „wider dieselben [...] vermöge der Rechte und des heiligen Römischen Reichs Ordnungen" zu verfahren war[6].

Eine besondere Anzeigepflicht traf schließlich die Handwerker, insbesondere die Sattler und Schmiede, wenn verdächtige Bestellungen bei ihnen aufgegeben wurden[7]. Das Unterlassen der Anzeige blieb nicht folgenlos, und dem „Verschweigenden" wurde „gebührende Strafe und darzu unsere höchste Ungnade" angedroht[8]. Auch das Unterlassen der sonstigen, allen Teilen der Bevölkerung auferlegten Anzeigepflichten war strafbewährt. Nur so konnten offenbar die Untertanen zur unnachlässigen Mitwirkung bei der Verbrechensbekämpfung angehalten werden. So drohte jedem, der eine Anzeige unterließ, obwohl er sich eines „verdächtigen Gastes Gelegenheit bewußt" war, und diese „Gäste thäten einen Angrif und Schaden", eine Bestrafung „mit Gefängnissen, oder sonsten mit einer andern willkürlichen Strafe"[9].

---

[1] LPO 1618 Kapitel 49 § 3.
[2] LPO 1618 Kapitel 49 § 8.
[3] Vgl. Grimm, Deutsches Wörterbuch, Band 25, Art. Verkappen, Sp. 616: „mittels einer kapuze, einer mütze verdecken, unkenntlich machen; durch verkleidung unkenntlich machen".
[4] LPO 1618 Kapitel 49 § 9.
[5] LPO 1618 Kapitel 49 § 10.
[6] LPO 1618 Kapitel 49 § 10.
[7] LPO 1618 Kapitel 49 § 7.
[8] LPO 1618 Kapitel 49 § 7.
[9] LPO 1618 Kapitel 49 § 5.

Sämtliche Untertanen wurden damit zur Mitwirkung bei der Verbrechensbekämpfung verpflichtet. Trotz aller Vorsorge durch kategorisierte Verdachtsmomente werden willkürliche Festnahmen freilich nicht selten vorgekommen sein. Die polizeilichen Festnahmen der unliebsamen Leute werden regelmäßig mit deren Internierung und Abschiebung geendet haben. Über das weitere Verfahren mit den Verdächtigen enthielt die Lüneburgische Polizeiordnung keine näheren Angaben, so dass insoweit die Carolina in Ergänzung trat. Nach dieser lag schon darin, dass „reysig oder fußknecht gewonlich bei den wirten ligen, und zern, und nit solche redliche dienst, handtierung oder gült, die sie haben, anzeygen konnen“, ein ausreichendes Indiz, um sie wegen Raubverdachts der peinlichen Frage zu unterziehen[1].

3. Erhaltung der Landwehre, Stege und Schlagbäume

Die Bestimmungen über die Instandhaltung und den Ausbau der Straßen standen zunächst im Zusammenhang mit der Aufrechterhaltung der öffentlichen Sicherheit, zusätzlich spielten indes insbesondere wirtschaftspolitische Gesichtspunkte eine große Rolle, denn die Straße war ein Wirtschaftsfaktor ersten Ranges.

Die Sicherheit der Verkehrswege stellte seit je her wegen des starken Räuberunwesens ein großes Problem dar. Die zu bekämpfenden Bevölkerungsschichten wiesen die Gemeinsamkeit des Nicht-Seßhaften und des Lebens von und auf der Straße auf. Der schlechte Zustand der Straßen musste daher für ihr Gaunertum und ihre Überfälle begünstigend wirken. Die insbesondere von den Kaufleuten immer wieder beklagte katastrophale Beschaffenheit der Straßen war für Räuber aller Art ein ideales Terrain zur Durchführung ihrer Überfälle.[2] Der wirtschaftliche Schaden war enorm, denn dies konnte die Händler veranlassen, die regionalen Märkte zu meiden und besser ausgebaute und sicherere Wege anderer Territorien zu bevorzugen. Neben der Beeinträchtigung des Warenverkehrs drohten dadurch erhebliche Einnahmeverluste an den lukrativen Wegezöllen.[3] Die Sicherheit der Straßen

---

[1] CCC, Art. 39. Vgl. auch zur Festnahme auf Verdacht Schuck, Arbeit als Policeystrafe, in: Policey und frühneuzeitliche Gesellschaft, S. 616.

[2] Siehe Schmidt, in: ZHistVNdSachs 1895: „Der Einfluß der alten Handelswege in Niedersachsen auf die Städte am Nordrande des Mittelgebirges“, S. 493; Lütge, Deutsche Sozial- und Wirtschaftsgeschichte, S. 211; Kulischer, Allgemeine Wirtschaftsgeschichte des Mittelalters und der Neuzeit, Band 1, S. 297 ff.

[3] Siehe Lütge, Deutsche Sozial- und Wirtschaftsgeschichte, S. 206 f. und Schmidt, in: ZHistVNdSachs 1895: „Der Einfluß der alten Handelswege in Niedersachsen auf die Städ-

musste also gewährt werden, auch um fiskalischen Erwägungen Rechnung zu tragen.

Stets waren folglich die „Landstrassen Wege und Stege [...] in gutem Wesen" zu erhalten und, „wo sie mangelhaftig, unwegsam und bös seyn, so viel möglich, ohne einigen Verzug" auszubessern, damit „der Fuhr- und wanderender Mann [...] nicht Ursache haben oder erlangen möge, dieselbe Uns und Unsern Unterthanen zu Abgang, Nachtheil und Verweis deswegen umzufahren und zu meiden"[1]. Träger des Straßenbaus waren die Land- und Stadtgemeinden[2], die die Untertanen zu den Ausbauarbeiten heranziehen konnten.[3] Dabei war wegen der allgemeinen Holzknappheit darauf zu achten, dass die Straßen „mit Steinen, und keinem Holz, gebessert und übersetzet werden"[4]. Zur Finanzierung des Straßenbaus konnten im Bedarfsfall die Wegezölle erhöht werden.[5]

Allein von Sicherheitsgesichtspunkten motiviert war demgegenüber das Gebot, die Landwehre stets „in gutem Wesen und Stande" zu erhalten[6]. Diese Erdwälle, die mit Gräben, Wasserflüssen oder einem dicken Heckengestrüpp versehen waren, gewährten als natürliche Hindernisse der Land- und – beim Fehlen von Stadtmauern – auch der Stadtbevölkerung Schutz vor räuberischen oder kriegerischen Einfällen. Ihr Bau und ihre Unterhaltung galten als Untertanenpflicht der Ein- und Umwohner, die dafür in den unruhigen Zeiten Schutz innerhalb der Landwehr fanden.[7] Niemand sollte „bey Vermeidung ernstlicher Strafe, nach Ermäßigung" sich „an denselbigen mit hauen, einwerfen, oder sonsten vergreifen" und dadurch ihre Schutzfunktion beeinträchtigen.[8]
Wichtig war daneben die Errichtung und Instandhaltung der Schlagbäume und Gräben, damit „den Strassen-Räubern der Weg, in der Nach-Jagd zu entkommen, versperret werden könne und möge"[9].

---

te am Nordrande des Mittelgebirges", S. 455 zur Bedeutung des Straßenbaus für den Handel.

[1] LPO 1618 Kapitel 13 § 2. So auch schon LPO 1564 Titul. „Landwehren / Wege und Stege zu bessern".

[2] Siehe Schmidt, in: ZHistVNdSachs 1896: „Der Einfluß der alten Handelswege in Niedersachsen auf die Städte am Nordrande des Mittelgebirges", S. 455.

[3] LPO 1618 Kapitel 13 § 2 und Kapitel 51 § 21.

[4] LPO 1618 Kapitel 51 § 21.

[5] LPO 1618 Kapitel 13 § 2 und Kapitel 51 § 21.

[6] LPO 1618 Kapitel 13 § 1. So auch schon LPO 1564 Titul. „Landwehren / Wege und Stege zu bessern".

[7] Siehe Erler, in: HRG, Band 2, Art. Landwehren, Sp. 1599.

[8] LPO 1618 Kapitel 13 § 1.

[9] LPO 1618 Kapitel 49 § 11.

II. Maßnahmen bei einem Überfall

War trotz aller Vorkehrungen doch einmal „ein Angrif an Leuten oder Gütern geschehen“, so mussten unverzüglich alle Maßnahmen zur Ergreifung und Verfolgung der Täter wie zur Abwehr weiterer Angriffe ergriffen werden[1]. Sofort war die Sturmglocke zu läuten und mit „Geschrey“ die „Nachbarn mit ihren Gewehren“ zusammen zu rufen[2]. Die umliegenden Dörfer waren mit dem Glockenschlag über die drohende Gefahr zu alarmieren und die Nachricht über die Gewalttat „zu Roß in die nächst-angelegenen Aemter, Städte, Flecken und Dörfer, auch wohin die Reuter oder Fußgänger die Köpfe gewendet“, zu verkünden[3].
Die Beamten hatten mit Unterstützung der Untertanen sofort die Nachjagd aufzunehmen. Dazu mussten sie „mit ihren besten Gewehren, so stark sie in solcher Eile immer aufkommen können“ zu Pferd „den Land-Friedebrechern mit allem Ernst und Fleiß Tags und Nachts [...] nacheilen“[4]. Unter Führung eines Amtmannes sollte ein bewaffneter Tross zu Fuß folgen, der in den Dörfern durch Glockenschlag und ein dem Gerüfte ähnliches Geschrei die Gefahr ankündigte und die Einwohner zusammen rief, um „ihren Haufen also“ zu „stärken“[5]. Die Pflicht, dem Geschrei und der Sturmglocke zu folgen und sofort die Nachjagd aufzunehmen, war allgemeine Untertanen- und Amtspflicht, deren Nichtbefolgung Bestrafung nach sich zog.[6]
Pässe zu Wasser und zu Land mussten gesperrt und mit „allem menschmöglichen Fleiß“ versucht werden, durch „Voranschickung der zum besten berittener“ zu den „Oertern, dahin sich die Landfriedebrecher mit dem Raube vermuthlich wenden werden“, die Täter zu ergreifen[7].

---

[1] LPO 1618 Kapitel 49 § 13.
[2] LPO 1618 Kapitel 47 § 8.
[3] LPO 1618 Kapitel 49 § 13.
[4] LPO 1618 Kapitel 49 § 13.
[5] LPO 1618 Kapitel 49 § 13.
[6] Kapitel 49 § 14. Vgl. zu der Pflicht, dem Landgeschrei Folge zu leisten Ssp. LdR II Art. 71 § 3; danach war jeder zur Gerichtsfolge, d.h. der Pflicht, gegen Rechtsbrecher Folge zu leisten, aufgerufen, der alt genug und in der Lage war, ein Schwert zu führen. Ausgenommen von der Pflicht waren Priester und Frauen, Küster und Hirten. Insoweit besteht bei dem nach der LPO zu erhebenden Geschrei noch eine Übereinstimmung mit dem mittelalterlichen Gerüfte. Doch sind im übrigen die mit der Erhebung des Gerüftes verbundenen strafprozessualen Wirkungen weggefallen. Handhaftverfahren, Verklarung und Verlegung des Reinigungseides hatten im modernen Strafverfahren ihre strafprozessuale Bedeutung verloren, vgl. Planck, Das deutsche Gerichtsverfahren im Mittelalter, S. 759 ff.; Conrad, Deutsche Rechtsgeschichte, Band 1, S. 30.
[7] LPO 1618 Kapitel 49 § 13.

Auch die überterritoriale Nachjagd wurde geregelt.[1] Der Täter sollte also über die Grenze zu den Nachbarländern hinaus verfolgt werden, wobei die „Beamten und Unterthanen in anderen Landen" sogleich der Ortsobrigkeit mitzuteilen hatten, „daß sie in der Nach-Jagdt seyn"[2]. Die ausländische Obrigkeit war zur Übernahme der Nachjagd aufzufordern; waren aber die „ausländischen Beamten und Unterthanen zu solcher Nach-Jagt je nicht zu vermögen und aufzubringen", so konnte auch im fremden Territorium die Ergreifung des Täters fortgesetzt werden[3]. Ergriffen die lüneburgischen Verfolger den Täter „in fremden Gerichten", so war er „in dasselbige Amt oder Gericht, da der Angriff geschenen", zu überführen[4].
Gleichermaßen war den aus lüneburgischer Sicht ausländischen Verfolgern im eigenen Land Unterstützung und Hilfe bei einer Nachjagd zu leisten. Die einheimischen Beamten sollten die fremde Nachjagd „stärken oder an sich nehmen" und den Tätern „mit nicht weniger Fleisse nacheilen, [...] als wann die That in unseren Fürstenthümern und Landen geschehen"[5]. Wurden die Täter dabei in einem einheimischen Gerichtsbezirk gefasst, so behielt sich die lüneburgische Obrigkeit vor, sie „in denselbigen Gericht, da sie angetroffen seyn, zu lassen" und dort das Gerichtsverfahren gegen sie zu eröffnen[6].

6. Kapitel: Armen- und Bettelgesetzgebung, Gesundheitspolizei

Von den fahrenden und sich des Bettelns oder Gaunertums ernährenden Gardeknechten und Vagabunden, die als eine Gefahr für die öffentliche Sicherheit angesehen wurden, sind die vielen sesshaften Bettler zu unterscheiden, die sich überwiegend in einem bestimmten Dorf oder insbesondere einer Stadt aufhielten.
Besonders in den Städten war die Anzahl der Armen gewachsen und auch auf den Dörfern waren klein- und unterbäuerliche Schichten entstanden, die an der Armutsgrenze lebten.[7] Durch die beständig wachsende Zahl der Unter-

---

[1] Zu den Reichs- und Kreisabschieden zu diesem Thema siehe Gittel, Die Aktivitäten des Niedersächsischen Reichskreises in der Sektoren „Friedenssicherung" und „Policey", S. 253 ff.
[2] LPO 1618 Kapitel 49 § 15.
[3] LPO 1618 Kapitel 49 § 16.
[4] LPO 1618 Kapitel 49 § 16.
[5] LPO 1618 Kapitel 49 § 17.
[6] LPO 1618 Kapitel 49 § 18.
[7] Zu der sozialen Differenzierung unter den Bauern in den Dörfern vgl. Henning, Landwirtschaft und ländliche Gesellschaft in Deutschland, S. 31, 192: Bis 1618 war der Anteil der unterbäuerlichen Gruppe und damit der Dorfarmen im Durchschnitt auf 20 v. H. an der

schichten war reichsweit eine Welle obrigkeitlicher Reglementierungen des Armutsproblems ausgelöst worden, die im Übergang vom mittelalterlichen Almosenwesen zur frühneuzeitlichen „Armenpolicey" erhebliche sozialpolitische Konsequenzen aufwies.[1]
Auch der Lüneburgische Polizeigesetzgeber konstruierte in offenkundiger Orientierung an den reichspolizeilichen Regelungen[2] eine staatlich kontrollierte Bettelgesetzgebung, die von den Grundsätzen der Klassifizierung der Armen und der Rationalisierung der Almosenvergabe bestimmt war. Grundmerkmale waren die Geltung des Heimatprinzips, eine obrigkeitliche Aufsicht über die Bettler sowie die Kontrolle der Institutionen der Armenpflege. Diese Grundsätze bedeuteten zugleich die Abkehr der neuzeitlichen Bettelpolizei vom mittelalterlichen Almosenwesen und spiegeln damit die veränderte Einstellung zu den Bettlern wider. Die Bettler hatten aufgehört, einfach Arme zu sein, denen man Almosen um seines Seelenheiles willen gab; sie wurden als eine Last und Plage angesehen, denen die Obrigkeit beikommen musste. Überholt hatte sich damit die kirchlich-theologische Bewertung der Armut als notwendige Einrichtung zur Bewährung christlicher Nächstenliebe durch die Almosenhingabe[3], mit der den bestehenden Problemen nicht mehr entgegenzutreten war. Nunmehr wurde nicht mehr die demütige Ergebenheit in den Stand der Armut

---

gesamten Dorfbewohnerzahl angestiegen. Zur Armut in den Städten siehe die Angaben bei Kreiker, Armut, Schule, Obrigkeit, S. 23 f.; danach lag der Anteil der unterstützungsberechtigten Bedürftigen einer Stadt schon im 16. Jahrhundert bei ca. 4-10% der Gesamtbevölkerung. Siehe zur wachsenden städtischen Armut ferner Sachße/Tennstedt, Geschichte der Armenfürsorge in Deutschland, S. 27 f.

[1] Dieser Prozeß setzte mit der ältesten deutschen Bettelordnung Nürnbergs von ca.1370 ein, abgedruckt bei Sachße/Tennstedt, Geschichte der Armenfürsorge in Deutschland, S. 63 f.; siehe weiterhin beispielhaft Baierische Landesordnung 1553, VI. Buch, Tit. 5: „Von den Petlern", abgedruckt bei Schmelzeisen, QPR II/1, S. 161, 295 ff. und Jülich- Bergische Polizeiordnung 1558, Teil II, Art. 21, abgedruckt bei Schmelzeisen, a.a.O., S. 325, 349 ff. sowie zu den mittelrheinischen Bettel- und Almosenordnungen Battenberg, in: ZHF 18: „Obrigkeitliche Sozialpolitik und Gesetzgebung", S. 33 ff. Auch die LPO 1564 enthielt bereits eine Ordnung „Von armen Leuten und Frembden Betlern", deren Regelungen im wesentlichen mit denen der LPO 1618 übereinstimmten.

[2] Zur Übereinstimmung der landespolizeilichen Normen mit den Regelungen in den Reichspolizeiordnungen vgl. Härter, in: Ius Commune 20: „Entwicklung und Funktion der Policeygesetzgebung des Heiligen Römischen Reichs Deutscher Nation im 16. Jahrhundert", S. 102 ff. Härter, a.a.O., S. 107 führt die Gleichförmigkeit der Entwicklung auf den überregionalen Einfluß der Reichspolizeiordnungen zurück, übersieht dabei aber, dass die entscheidenden Grundsätze der Armutspolitik schon viel früher in den Bettelordnungen der Städte normiert worden waren und die Entwicklung von diesen Ordnungen aus ihren Lauf nahm, dazu Sachße/Tennstedt, Geschichte der Armenfürsorge in Deutschland, S. 30 ff.

[3] Siehe Lexikon des Mittelalters, Art. Armut und Armenfürsorge, Sp. 985 ff. und Sachße/Tennstedt, Geschichte der Armenfürsorge in Deutschland, S. 28 f.

als Berechtigung zum Almosenempfang anerkannt, sondern nur noch eine tatsächlich bestehende Bedürftigkeit.[1]
Welche Ursachen die Veränderungen der Armenfürsorge im einzelnen hatten – ob dies Auswirkung der ökonomischen Umbruchsituation allein oder gekoppelt mit der politischen Entwicklung öffentlicher Gewalt war, oder ob der religiös-erzieherisch motivierte Anstoß der Reformatoren die Neubewertungen herbeiführte – ist bis heute nicht eindeutig geklärt.[2] Jedenfalls wurden die Probleme der Armut aufgrund verschiedener, miteinander verbundener Ursachen ökonomischer, politischer und kultureller Natur neu wahrgenommen.[3] Jetzt widersprach das Betteln prinzipiell dem Verwaltungsgrundsatz der „guten Polizei", dem Zustand guter Ordnung im Gemeinwesen. Die Anwesenheit ganzer Bettlerscharen, die stete Belästigung der Bürger, der Anblick des Jammers in den Straßen und vor allem auch der vielfach begangene Bettelbetrug waren unvereinbar mit dem erstrebten Ziel einer wohlgeordneten Gesellschaft.

Ausgangspunkt der Bettelordnung war die Kategorisierung der Armen in berechtigte und unberechtigte Almosenempfänger.[4] Wer einer geregelten Arbeit nicht nachkam, obwohl er dazu in der Lage gewesen wäre, galt als fauler Müßiggänger und wurde verpflichtet, seinen Lebensunterhalt durch Arbeit zu bestreiten.[5] Nur körperliche Gebrechen, die anerkanntermaßen Arbeitsunfähigkeit nach sich zogen, berechtigten zum Bettlerdasein.[6] Als nachprüfbares

---

[1] Zur Wandlung der Armenfürsorge vgl. Sachße/Tennstedt, Geschichte der Armenfürsorge in Deutschland, S. 28 ff.; Battenberg, in: ZHF 18: „Obrigkeitliche Sozialpolitik und Gesetzgebung", S. 37 ff.

[2] Zum Streitstand ausführlich Sachße/Tennstedt, Geschichte der Armenfürsorge in Deutschland, S. 36 ff. mit zahlreichen weiteren Nachweisen. Battenberg, in: ZHF 18: „Obrigkeitliche Sozialpolitik und Gesetzgebung", S. 27 f. und Kreiker, Armut, Schule, Obrigkeit, S. 29 ff. messen dem reformatorischen Einfluß einen hohen Stellenwert bei; dagegen Sachße/Tennstedt, a.a.O., S. 37 und Härter, in: Ius Commune 20: „Entwicklung und Funktion der Policeygesetzgebung des Heiligen Römischen Reichs Deutscher Nation im 16. Jahrhundert", S. 107, die richtigerweise darauf hinweisen, dass die Entwicklung der Armenpolizei in katholischen wie reformatorischen Territorien gleichermaßen zu beobachten war.

[3] Siehe dazu Sachße/Tennstedt, Geschichte der Armenfürsorge in Deutschland, S. 37, insbesondere mit einer Auseinandersetzung des in der Bettelordnung deutlich werdenden Prozesses der Sozialdisziplinierung.

[4] LPO 1618 Kapitel 9 §§ 1 ff. Zum Prozeß der Stigmatisierung der Bettler als soziale Randgruppe im ausgehenden Mittelalter eingehend Graus, in: ZHF 8: „Randgruppen der städtischen Gesellschaft im Spätmittelalter", S. 410 ff.

[5] LPO 1618 Kapitel 9 §§ 1, 2. Zur Arbeitspflicht siehe auch unten 8. Kapitel I. (Arbeitsordnung).

[6] LPO 1618 Kapitel 9 § 3.

und praktikables Unterscheidungskriterium hatte jeder „berechtigte“ Bettler ein bestimmtes Zeichen an Rock oder Mantel zu tragen.[1]
Die berufsmäßig und erbweise ausgeübte Bettelei versuchte man dadurch zu unterbinden, dass die arbeitsfähigen Kinder der Bettler von der Familie getrennt und der Erlernung eines ordentlichen Handwerks zugeführt wurden.[2] Jeder zur Arbeitsleistung Befähigte sollte damit möglichst in den Produktionsprozess des Landes eingebunden werden. Ausschlaggebend war dabei nicht zuletzt die Furcht des Landesherren um seine Steuereinnahmen, der ihn jeden Müßiggang, der den öffentlichen Haushalt belasten konnte, mit Argwohn betrachten ließ.

Weiterhin herrschte das Prinzip der Kommunalisierung der Armenpflege[3] und der räumlichen Abschließung und generellen Ausgrenzung „fremder“ Bettler. Grundsätzlich hatte danach jede Gemeinde selbst für ihre Armen und Bettler aufzukommen. Sie mussten dafür die notwendigen Einrichtungen, die „Hospitäle und armer Leute Häuser“ bereitstellen und in guter Ordnung halten.[4] Die Versorgungseinrichtungen sollten möglichst ausreichend Plätze für sämtliche ortsansässigen Armen bereithalten, um unbedingt zu verhindern, dass die Bettler umherzögen oder in anderen Gemeinden um Almosen baten.[5] Jede Gemeinde hatte daher auch das Recht, ortsfremde Bettler wieder in ihre Heimatstadt und Heimatgemeinde zurückzuweisen.[6] Nur dann, wenn eine Gemeinde in ihrer Leistungsfähigkeit zur Versorgung der Bettler überfordert war, durften einzelne Bettler mit einer besonderen Erlaubnis in Form eines „versiegenlten offenen Brief und Schein“ der zuständigen Obrigkeitum eine Gabe bittend umherziehen[7]. Außerdem hatten die Spitäler der Städte, die regelmäßig über eine größere Aufnahmekapazität verfügten, zur Entlastung der Gemeinden einen Teil der Kranken aufzunehmen.[8] Darüber hinaus waren in den Städten alle Aussätzigen in die Siechhäuser aufzunehmen. Dem Prinzip

---

[1] LPO 1618 Kapitel 9 § 4. Graus, in: ZHF 8: „Randgruppen der städtischen Gesellschaft im Spätmittelalter“, S. 418 sieht in dieser Kennzeichnungspflicht für Bettler als „erzwungenes Tragen eines diffamierenden Abzeichens“ ein spezielles Element der Schaffung sozialer Randgruppen. So auch Sachße/Tennstedt, Geschichte der Armenfürsorge in Deutschland, S. 34: „Diese Zeichen [...] sind zugleich Sinnbilder der beginnenden Stigmatisierung einer gesellschaftlichen Gruppe“.
[2] LPO 1618 Kapitel 9 § 5.
[3] Das Heimatprinzip geht auf das Corpus Iuris Civilis zurück, Nachweise bei Battenberg, in: ZHF 18: „Obrigkeitliche Sozialpolitik und Gesetzgebung“, S. 47.
[4] LPO 1618 Kapitel 9 § 1.
[5] LPO 1618 Kapitel 9 § 1.
[6] LPO 1618 Kapitel 9 § 1.
[7] LPO 1618 Kapitel 9 § 2.
[8] LPO 1618 Kapitel 9 § 9.

der Abgrenzung getreu waren die Plätze natürlich den inländischen Aussätzigen und Kranken vorbehalten, „damit die Inländische durch die Ausländische nicht verdrungen oder verhindert werden“[1].

Die gesamte Armenfürsorge wurde somit unter eine staatliche Kontrolle gestellt. Die alten kirchlichen Zuständigkeiten für das Almosenwesen sind in den Bestimmungen nicht mehr zu finden. Die verwaltungstechnischen Hilfsmittel der Kennzeichnung und obrigkeitlichen Erlaubniserteilung konnten auch über das Heimatprinzip hinaus einen überregionalen Schutz der Almosenberechtigten gewährleisten. Die Fürsorgelasten wurden herabgedrückt und gleichzeitig ein entsprechendes Angebot an Arbeitskräften gesichert. Damit sollte zugleich eine Sicherung der Steuereinnahmen und eine Aufrechterhaltung der öffentlichen Sicherheit und Ordnung durch das Fernhalten von Herumtreibern und Vagabunden bewirkt werden.
Unter staatlicher Kontrolle standen jetzt auch die Mittel und Institutionen der Armenpolizei. Jährliche Visitation und Rechnungslegung wurde angeordnet, was unter anderem die Spendenfreudigkeit wohlhabender Bürger anregen sollte.[2]

Wie schon erwähnt, wurden ausländische Bettler vollständig von der Armenversorgung und den -institutionen des Landes ausgegrenzt. Neben der Rationalisierung der Armenversorgung spielte hier ferner eine befürchtete Gefährdung der öffentlichen Sicherheit eine Rolle, da „die Erfahrung giebet, daß zu zeiten durch fremde Bettler allerley Unheil angerichtet worden“[3]. Jedem fremden Bettler, der sich seiner Ausweisung widersetzte, drohte Gefängnis und Landesverweis, bei wiederholter Nichtbefolgung sogar die Leibesstrafe.[4] Ausdrücklich wurde darauf hingewiesen, dass man die „armen fremden Schüler in den Städten“ von diesem ganzen Regelungskomplex nicht erfasst wissen wollte.[5] Freilich hatte auch hier die Obrigkeit zu kontrollieren, ob nicht das vermeintliche Studium lediglich Deckmantel für ein müßiges Leben war. Konnte kein ordnungsgemäßes Studium nachgewiesen werden, schieden sie aus der obrigkeitlichen Armenversorgung aus und unterlagen – wie Müßiggänger generell – einer Arbeitspflicht: Sie waren „länger der Oerter nicht geduldet, sondern nach ihrer Land-Art sich bey zeiten anders wozu, dadurch sie im Alter ihr Brod ehrlich erwerben mögen, zu begegen, angewiesen“[6].

---

[1] LPO 1618 Kapitel 9 § 9.
[2] LPO 1618 Kapitel 9 § 9.
[3] LPO 1618 Kapitel 9 § 6.
[4] LPO 1618 Kapitel 9 § 7.
[5] LPO 1618 Kapitel 9 § 8.
[6] LPO 1618 Kapitel 9 § 8.

Entscheidend dezimieren ließ sich das Bettlerproblem mit all diesen Maßnahmen sicherlich nicht. Es wurden lediglich Symptome kuriert, an den Ursachen jedoch nur wenig verändert und das Armenproblem durch die Ausweisung und Abschiebung fremder Bettler auf die Landstraßen verlagert. Allerdings bewirkte die Präzisierung der Unterstützungsbedürftigkeit und die vereinheitlichte obrigkeitliche Finanzierung der Armenhäuser eine Effektivierung und Rationalisierung der Unterstützung, die das mittelalterliche unkontrollierte Almosenwesen nicht gekannt hatte.[1] So wurde gewährleistet, dass derjenige, der am dringendsten auf Hilfe angewiesen war, die Unterstützung erhielt, und nicht derjenige, der besonders geschickt und offensiv betteln konnte.

7. Kapitel: Bau- und feuerpolizeiliche Bestimmungen

Viel Raum wurde den Bestimmungen über die Abwehr von Brandschäden und Feuersgefahren gewidmet. Das Ausbrechen eines Feuers war bei der damals üblichen Holzbauweise zumal in dichter besiedelten Gegenden eine der Hauptgefahren im täglichen Leben. So ist beispielsweise die Stadt Uelzen im Jahre 1646 fast vollständig bei einem großen Brand zertört worden.[2] Der Sicherung vor Feuersbrünsten sowie einer feuersicheren Bauweise mussten daher besondere Bedeutung zukommen und entsprechende Maßnahmen waren schon früh typische Regelungsmaterien frühneuzeitlicher Polizeinormen.

I. Maßnahmen im Feuersfall

Wer in seinem Haus ein Feuer entdeckte, wurde angehalten, sofort seine Nachbarn zur Hilfe zu rufen, die ihm zur Vermeidung von Strafe zur Hilfeleistung verpflichtet waren.[3] Für den Löscheinsatz sollten insbesondere in Städten und Flecken, aber auch „auf den Dörfern", „lederne Wasser-Eimer und Feuer-Haken" sowie „Feuer-Leitern in ziemlicher Anzahl" bereitgehalten werden[4]. Zusätzlich sollten „zumal Bürgermeistere und Rathmänner in den

---

[1] Siehe Sachße/Tennstedt, Geschichte der Armenfürsorge in Deutschland, S. 33 und zu den Defiziten der mittelalterlichen Almosenverteilung S. 29.
[2] Siehe Manecke, Beschreibungen der Städte, Ämter und adelichen Gerichte im Fürstentum Lüneburg, S. 116.
[3] LPO 1618 Kapitel 14 § 1.
[4] LPO 1618 Kapitel 14 §§ 1, 2. So auch schon LPO 1564 Titul. „Von Fewer ordnung".

Städten und Flecken" Geld für die Anschaffung von Spritzen, „dadurch man auswendig eine starke Macht Wassers, auch in die Gemächer, bringen kann", ersparen[1].
In der Stadt sollten sich im Falle eines Feuers die für Notfälle verordneten Bürger auf dem Markplatz und bei den Stadttoren versammeln, um für Ruhe und Ordnung unter den Bürgern zu sorgen, wenn diese die Stadtverlassen wollten oder auf dem Marktplatz zusammen liefen; doch wurden „Zimmer- und Mauer- Leute von denselben ausgeschlossen und gehalten seyn, dem Feuer zuzulaufen, löschen und retten zu helfen"[2].
Drohte sich ein ausgebrochenes Feuer insbesondere in der Stadt großflächig auszubreiten, so durfte ein Haus oder sonstiges Gebäude niedergerissen werden, wenn das Übergreifen des Feuers anders nicht abzuwenden war.[3] Für den Wiederaufbau der zu Schaden gekommenen Gebäude sollte, wie es seit je her zu den nachbarlichen Pflichten gehörte, die Gemeinschaft aus Nachbarn und Mitbewohnern solidarisch einstehen.[4] Wessen Haus zum Zwecke der Notinanspruchnahme abgerissen worden war, erhielt den erlittenen Schaden von der „interessierenden Gemeine, so dadurch der Gefahr ferneren des Feuers Ein- und Fortbrechens enthoben, [...] zu Billigkeit wieder erstattet"[5]. Auch zur Wiederherstellung sonstiger durch einen Brand zu Schaden gekommenen Häuser sollte jeder nach seinem Vermögen beitragen und mit „Holz, Geld, Diensten und sonsten [...] nach eines jeden besten Vermögen williglich thun, daß die Häuser wieder gebauet" wurden[6].

Damit überhaupt „alles in Feuers-Nöhten desto ordentlicher zugehe und allem Schaden nach Möglichkeit vorgekommen werde", sollten die Beamten und Stadtobrigkeiten vorsorglich bestimmte Personengruppen auswählen, die dann im Notfall als Feuerwehr zu Brandlöschung, Rettungsmaßnahmen und Schadensverhütung herangezogen werden konnten[7].
Dafür waren zum ersten „etliche gewisse taugliche Personen" zu ernennen, die bei Feueralarm zum „löschen, dämpfen und Rettung der Gebäude" zuständig sein sollten[8]. Eine weitere Gruppe war zur „Rettung derer in dem brennen oder in Gefahr stehender Gebäude vorhandener lebendiger und todter Haab und zu Güter zu verordnen"[9]. Eine dritte Staffel ausgewählter Personen

---

[1] LPO 1618 Kapitel 14 § 19.
[2] LPO 1618 Kapitel 14 § 3. So auch schon LPO 1564 Titul. „Von Fewer ordnung".
[3] LPO 1618 Kapitel 14 § 4. So auch schon LPO 1564 Titul. „Von Fewer ordnung".
[4] Siehe Kramer, in: HRG, Band 1, Art. Hausbau, volkskundlich, Sp. 2021.
[5] LPO 1618 Kapitel 14 § 4. So auch schon LPO 1564 Titul. „Von Fewer ordnung".
[6] LPO 1618 Kapitel 14 § 23.
[7] LPO 1618 Kapitel 14 § 20.
[8] LPO 1618 Kapitel 14 § 20.
[9] LPO 1618 Kapitel 14 § 20.

schließlich sollte zur Verhütung von Plünderei eingesetzt werden, da „die Erfahrung leider mehr, als gut ist, bezeuget“ dass die Notsituation von vielen „unter den Schein des Rettens“ zur Begehung von Diebstählen ausgenutzt wurde[1]. Diese „dritten Ordens Leute“ durften sogar „zu Abwendung solcher Dieberey“ auch nach Beendigung der Notsituation noch „Musterungen halten, auch, wo nöthig, Haussuchungen anstellen“[2]. Wurden Plünderer geschnappt, mussten diese, „zum Abscheu für allen anderen Dieben“ nach Gutachten des peinlichen Gerichts „unnachläßig hart gestrafet werden“[3].

II. Vorbeugende feuer- und baupolizeiliche Maßnahmen

Ein Brand war oft bloße Folge einer Unachtsamkeit des Einzelnen. Die Beleuchtung mit offenem, nicht in Laternen verwahrten Lichtern und die Verwendung leicht entzündlicher Rohstoffe ließen die Feuersgefahr insbesondere für die Stadtbürger zu einer ständigen Sorge werden. Gerade in den Städten konnte sich ein verhältnismäßig kleiner Brand zu einer verheerenden Feuersbrunst entwickeln. Die zahlreichen Vorschriften der Polizeiordnung über den sorgsamen Umgang mit Feuer sowie baupolizeiliche Vorsorgemaßnahmen und Genehmigungsvorbehalte fanden in dieser Gefahrenlage ihre Berechtigung.

1. Regeln über den Umgang mit Feuer

Eine stete Achtsamkeit im Umgang mit offenem Feuer war geboten, um jeglicher Gefahr eines Brandes vorzubeugen. Generell sollten alle Handwerker mit Feuer und Licht vorsichtig umgehen.[4] In der Nähe besonders leicht entzündlicher Materialien wie Heu, Stroh, Flachs oder Holz wurde die Verwendung von offenem Licht verboten; statt dessen waren geschlossene Leuchten, „Horn-, Eisen- oder Meßings-Leuchten“ zu verwenden, wenn man „auf die Boden, oder wo sonsten Heu, Stroh, Flachs, Holz oder dergleichen vorhanden“, ging[5]. Ebenso verboten war das Verarbeiten von Flachs bei offenem

---

[1] LPO 1518 Kapitel 14 § 20.
[2] LPO 1618 Kapitel 14 § 21.
[3] LPO 1618 Kapitel 14 § 22.
[4] LPO 1618 Kapitel 14 §§ 15, 9.
[5] LPO 1618 Kapitel 14 § 8. So auch schon LPO 1564 Titul. „Holzordnung“. Diese Gebote wurden damals noch unter dem Aspekt der Holzordnung angesehen, da man ihre Mißach-

Licht oder das Trocknen des Flachses im Backofen.[1] Das Schwingen des Flachses sollte, „wann der Mond scheinet“, ohne Feuer und Licht vorgenommen werden; „wann der Mond aber nicht scheinet, und dann jemand bey Nacht schwingen will“, der sollte dies zumindest „dreißig Schuh weit vom Feuer, und zwanzig Schuh vom Licht“ tun[2].

Abends, „wenn man schlafen gehet“, sollte in jedem Haus Acht darauf gegeben werden, dass die Feuerstelle „mit eisernen oder blechernen Thüren, Stülpen, Deckeln oder Steinen“ abgedeckt werde, damit „die Katzen sich daran oder in die warme Asche nicht legen, sich entzünden, und das Feuer in Heu, Stroh oder sonsten auf die Böden tragen mögen“[3]. Den Hauswirten wurde eingeschärft, dass sie ihrer Hausgemeinde den richtigen Umgang mit dem Feuer beizubringen und dies zu überwachen hatten.[4]

2. Baupolizeiliche Maßnahmen

Eingehende baupolizeiliche Vorschriften sollten weiterhin den Gefahren, die von einer fehlerhaften Bauweise ausgehen konnten, von Anfang an entgegentreten.
Grundmaßnahme war dabei die Statuierung einer landesherrlichen Genehmigungspflicht für jeden beabsichtigen Bau einer Feuerstelle in einem Gebäude.[5] Wurde die Errichtung eines Hauses mit „Feuer-Stäte bewilliget“, so sollten die Beamten „die unnachläßige Versehung thun, daß die Gebäude nicht nahe an, sondern, Brand-Schaden zu verhüten, an bequemen sicheren Oertern ziemlich weit voneinander gesetzet“ wurden[6]. War dies nicht möglich, was natürlich in den Städten oft der Fall war, so sollten die Häuser statt dessen mit „Brand-Mauren“ versehen werden[7].

In den Ziegeleien und den Bäckereien hatte die Ortsobrigkeit dafür zu sorgen, dass die Öfen so angelegt wurden, dass sie „menschlicher Vernunft nach, kei-

---

tung als Grund für Brände, in denen „ganze Stedte / Flecken und Dörffer abgebrannd sein“ sah, was letztlich Auswirkungen auf die Holzungen hatte, da „die widerbawung derselbigen grosse verwüstung der Holzungen thut“.

[1] LPO 1618 Kapitel 14 §§ 10, 12. So auch schon LPO 1564 Titul. „Holzordnung“.

[2] LPO 1618 Kapitel 14 § 11. So auch schon LPO 1564 Titul. „Holzordnung“.

[3] LPO 1618 Kapitel 14 § 17.

[4] LPO 1618 Kapitel 14 § 18. So auch schon LPO 1564 Titul. „Holzordnung“.

[5] LPO 1618 Kapitel 14 § 6. So auch schon LPO 1564 Titul. „Von Fewer ordnung“.

[6] LPO 1618 Kapitel 14 § 6.

[7] LPO 1618 Kapitel 14 § 6.

nen Brand-Schaden verursachen können und mögen"[1]. In jedem Haus sollten die Maurer die Schornsteine und Kamine so anlegen, dass „an den Seiten, unterwerts, obenwerts, oder am Rücken, das Feuer dem Holz nicht zu nahe oder in das Holz kommen möge" und auch die „Steine nicht durchhitzen oder durchbrennen" konnten[2]. Die Schornsteine sollten möglichst „ziemlich hoch" über dem Herd als ein „Gewölbe von Steinen" gebaut werden und überdies „zum wenigsten alle viertel Jahre einmal gefeget und gereiniget" werden[3].

In Ergänzung zu diesen baupolizeilichen Vorschriften wurde eine vierteljährliche Besichtigung und Wartung aller Feuerstätten in den Städten und Flecken angeordnet[4]. Dabei konnten Auflagen zur Nachbesserung der Feuerstelle erteilt werden; wer diese „in anbestimmter Zeit" nicht befolgte, der musste „erstlich zwey, darnach vier und letztlich zehen Gülden Lübeckischer Wehrung" zur Strafe zahlen[5]. War außerdem „durch seine Nachläßigkeit und Ungehorsam" ein Schaden entstanden, so musste er diesen ersetzen. Es liegt auf der Hand, dass der Einzelne den hier gemeinten Schaden, bei dem es sich nur um einen Brandschaden handeln konnte, in der Regel finanziell auszugleichen nicht in der Lage war. In diesem Fall, „da er solches zu thun nicht in Vermögen hat", war er mit Landesverweis, oder „sonsten nach Gelegenheit" zu bestrafen[6].

8. Kapitel: Gewerbe- und Wirtschaftspolizei

Der frühmoderne Fürstenstaat nahm zunehmend Einfluss auf die Wirtschaft und ihre Entwicklung. Ihm kam die Aufgabe zu, in einer rasch flukturierenden Wirtschaftswelt durch Lohn- und Arbeitsordnung eine relative Stabilität der sozialen Verhältnisse zu sichern, Wucher und Betrügereien zu unterbinden und die Ernährung durch eine Güterversorgung der Bevölkerung zu sichern.

Das wirtschaftliche Leben im Fürstentum Lüneburg zu Beginn des 17. Jahrhunderts wurde nicht erheblich vom Fernhandel oder Exportgewerbe be-

---

[1] LPO 1618 Kapitel 14 § 7.
[2] LPO 1618 Kapitel 14 § 16.
[3] LPO 1618 Kapitel 14 §§ 13, 14.
[4] LPO 1618 Kapitel 14 § 5. So auch schon LPO 1564 Titul. „Von Fewer ordnung".
[5] LPO 1618 Kapitel 14 § 5. So auch schon LPO 1564 Titul. „Von Fewer ordnung".
[6] LPO 1618 Kapitel 14 § 5. Ähnlich auch schon LPO 1564 Titul. „Von Fewer ordnung"; hiernach konnte von Anfang an wahlweise mit Landesverweis bestraft werden, ohne dass es darauf ankam, ob der Betroffene zur Zahlung der Geldstrafe vermögend war.

stimmt. Städte, in denen sich bedeutende Exporthandwerke mit einem weitreichenden Fernabsatz verbanden, gab es im Fürstentum nicht. Die Wirtschaft beruhte hauptsächlich auf Ackerbau, Viehzucht und Holzwirtschaft. Daneben besaßen die größeren und die meisten mittleren Städte ein voll entwickeltes Handwerk, das überwiegend für den Bedarf der eigenen Stadt und für den ihres Umlandes arbeitete.[1]
Oberste Priorität in der Arbeitspolitik hatte daher die Landwirtschaft. Hier galt es insbesondere, Lohnsteigerungen und Arbeitskräftemangel zu bekämpfen. Daneben bildete das städtische und ländliche Handwerksgewerbe einen nicht zu unterschätzenden Wirtschaftsfaktor. Hier musste der Landesherr bei seiner Wirtschaftspolitik den wichtigen Faktor berücksichtigen, dass es zum einen der Stadtbevölkerung, aber im besonderen auch der bäuerlichen Landbevölkerung an der nötigen Menge gewerblicher Handwerksprodukte nicht fehlen durfte. In einer Zeit des wachsenden Zunftegoismus und des Verfalls der Handwerkssitten wurde es zur Sicherstellung dieser Ziele notwendig, durch unmittelbare gewerbepolizeiliche Maßnahmen in Bereiche ehemals rein handwerksinterner Zuständigkeiten einzugreifen und damit die intermediäre Zunftgewalt zurückzudrängen.
Die Bedarfsdeckung und Versorgung der Bevölkerung mit solchen Handwerksgütern, aber auch allen anderen Handelsgütern sollte nach Meinung des Landesherrn möglichst auf den regionalen Märkten erfolgen. Die erhebliche wirtschaftliche Bedeutung, die den öffentlichen Märkten damit als Warenumschlagplatz zukam, spiegelte sich in einer gründlichen Regelung der Marktpolizei wieder. Die Sicherung der Konsumenteninteressen war hierbei zu einem staatlichen, polizeilichen Anliegen geworden.[2]
Dabei wurde die Wirtschaft auch den sonstigen Bereichen des Lebens sinnvoll zugeordnet. Sonntagsarbeitsverbot sowie das Verbot jeglicher wirtschaftlicher Betätigung während des Gottesdienstes und die Ausrichtung der Markt- und Handelszeiten nach dem Gottesdienst galten natürlich auch hier und prägten das wirtschaftliche Leben.[3]

Als Bestandteile einer geordneten Wirtschaftsverfassung mussten ferner die zunehmend florierende Kreditwirtschaft geregelt und Bestimmungen über die Liegenschaftsordnung getroffen werden. Hier galt es, eine Übervorteilung des

---

[1] Siehe Welge, Handwerkerrecht und Handwerkerpolitik der braunschweig-lüneburgischen Lande von 1648 bis 1731 und die Reichszunftordnung, S. 7; Kaufhold, in: van den Heuvel/v. Boetticher, Geschichte Niedersachsens, Band 3/1, S. 427.
[2] Vgl. zu dieser allgemeinen Entwicklung Schmelzeisen, Polizeiodnungen und Privatrecht, S. 391; Jahn, Zur Gewerbepolitk der deutschen Landesfürsten vom 16. bis zum 18. Jahrhundert, S. 175.
[3] Vgl. LPO 1618 Kapitel 2 §§ 3 ff.

Einzelnen bei Kreditgeschäften zu verhindern sowie den Bauern nach Möglichkeit ihre Liegenschaften als wirtschaftliche Existenzgrundlage zu erhalten. Ziel war stets die Bewahrung des Einzelnen vor finanzieller Überlastung, die mit einem geordneten Gemeinwesen und damit mit guter „Policey" nicht zu vereinbaren gewesen wäre.

I. Arbeitsordnung

Bestandteil einer wirksamen Wirtschafts- wie Sozialordnung war die Nutzbarmachung des verfügbaren Arbeitspotentials und eine allgemeinverbindliche Regelung der Arbeitsverhältnisse. Der sozialpolitische Ansatz der territorialen Polizeigesetzgebung war dabei wesentlich von der Leitvorstellung einer auf Arbeit beruhenden und durch Arbeitspflicht gekennzeichneten Gesellschaftsordnung geprägt.[1]

Der den frühneuzeitlichen Polizeiordnungen zugrunde liegende Arbeitsbegriff hatte seit dem Spätmittelalter eine fundamentale Umwertung erfahren. Ihm kam nun eine normative und soziale Funktion zu, die über den christlichen Arbeitspflichtgedanken weit hinaus ging.[2] Arbeit als allgemeine Pflicht bestimmte das sittliche Verhalten des Einzelnen und prägte zugleich die Ordnung der Gesellschaft als Ganzes. Die Arbeitspflicht war einerseits Gegenstand der verhaltensdisziplinierenden polizeilichen Arbeitspolitik, andererseits lag sie den gesellschaftspolitischen Ordnungskonzeptionen als Leitkategorie zu Grunde. Arbeit wurde damit zum zentralen gesellschaftlichen Strukturprinzip des frühneuzeitlichen Territorialstaates.[3] Die Etablierung der neuen

---

[1] Siehe Schmelzeisen, Polizeiordnungen und Privatrecht, S. 314 ff.; Schuck, Arbeit als Policeystrafe, in: Policey und frühneuzeitliche Gesellschaft, S. 622; Härter, in: Ius Commune 20: „Entwicklung und Funktion der Policeygesetzgebung des Heiligen Römischen Reiches Deutscher Nation im 16. Jahrhundert", S. 104, 119.

[2] Für das Folgende Schuck, Arbeit als Policeystrafe, in: Policey und frühneuzeitliche Gesellschaft, S. 622 ff. und in: Ius Commune 22: „Überlegungen zum Verhältnis von Arbeit und Policey in der frühen Neuzeit", S. 123 ff. eingehend zum frühneuzeitlichen Arbeitsbegriff in Polizeiordnungen.

[3] Schuck, in: Ius Commune 22: „Überlegungen zum Verhältnis von Arbeit und Policey in der frühen Neuzeit", S. 129 weist darauf hin, dass die Arbeitspolitik nicht als ein abgeschlossener Sektor innerhalb der Polizei – etwa als isolierter wirtschaftlicher Bereich -, der sich von anderen Bereichen wie Religion, Sittlichkeit oder öffentlicher Sicherheit abgrenzen ließe, gesehen werden dürfe. Vielmehr sei die Arbeitspolitik ein Strukturmoment polizeilicher Ordnungs- und Disziplinierungspolitk insgesamt, in der sich die verschiedensten religiösen, sittlichen und ökonomischen Motive und Regelungsbereiche überschnitten.

Arbeitsmoral galt es durch stete Bekämpfung des Müßiggangs und Durchsetzung einer allgemeinen Arbeitspflicht voranzutreiben. Damit einher gehend ergab sich als Kehrseite die negative Haltung gegenüber Nicht-Seßhaften, Herumtreibern und Bettlern, die der Intention der Arbeitsmarktregulierung zuwiderliefen. Das gewonnene Arbeitskräftereservoir galt es sodann mittels polizeilicher Normen obrigkeitlich zu regulieren und zu kontrollieren.
Der Prozess der Durchsetzung dieser neuen Arbeitspolitik befand sich im Fürstentum Lüneburg zu Beginn des 17. Jahrhunderts freilich erst am Anfang. Noch gut 50 Jahre vor Erlass der Ordnung von 1618 hatte sich die Obrigkeit bei Erlass der Polizeiordnung von 1564 auf einige wenige Hinweise dahingehend beschränkt, dass „Arbeits Leut und Taglöhner" fleissig und getreulich arbeiten sollten, „wie an einem jeden orte gebreuchlich / oder mit ihnen verdingen wird"[1]. Im übrigen war in dem Gesetz von 1564 eine umfassende Arbeitsordnung, wie sie in der Lüneburgischen Polizeiordnung von 1618 zu finden ist, nicht ansatzweise enthalten. Allein das Problem übermäßiger Lohnsteigerungen seitens der Arbeitnehmer wurde bereits bemerkt und bemängelt; doch blieb es bei der Mahnung, „das der Taglohn zimlich" sowie der „Knechten und Megden" Lohn sich „gebürlich" zu halten hatte[2]. Demgegenüber wies die Ordnung von 1618 eine umfassende Regelung des Arbeitslebens auf, die neben der Statuierung einer allgemeinen Arbeitspflicht zahlreiche Bestimmungen über Arbeitsvertrag und Arbeitsbedingungen enthielt.

1. Arbeitspflicht

Eine auf den Wohlstand des Landes bedachte moderne Wirtschaftspolitik setzte voraus, dass der Bedarf an Arbeitskräften an den richtigen Stellen befriedigt werden konnte. Beherrschend war dabei der Gedanke, dass jeder Mensch zum Arbeitseinsatz verpflichtet war. „Verdorbene Handwerker, Tagelöhner und ander Gesinde", das eine „böse Liebe und Zuneigung" zum „hoch-schädlichen Müßiggang" trug, waren damit nicht in Einklang zu bringen[3]. Müßiggang galt als der Anfang allen Übels, aus dem „viel Unraths und unordent-ärgerlich Leben und Wesen erfolget"[4], und musste auf Dauer dem Gemeinwohl schaden. Insbesondere die wachsende Schicht von „Häuslingen", die hauptsächlich vom Tagelohn lebten und sich bei den Bauern nur

---

[1] LPO 1564 Titul. „Von Arbeits Leuten und Taglöhnern".
[2] LPO 1564 Titul. „Von Arbeits Leuten und Taglöhnern" und Titul. „Von Knechten und Megden Lohn".
[3] LPO 1618 Kapitel 50 § 1.
[4] LPO 1618 Kapitel 50 § 2.

wenige Arbeitstage im Jahr verdingten, verkörperten nach Ansicht des Landesherrn den abträglichen Typ des Müßiggängers. Diese nicht eingesessenen Dorfbewohner waren anders als das Gesinde nicht in die Hausgemeinschaft ihres Wirtes integriert, sondern lebten dort lediglich zu Miete und mussten im übrigen als Tagelöhner, Handwerker oder Höker selbst für ihren Lebensunterhalt sorgen.[1] Es galt also auch jeder als Müßiggänger, der lediglich von Gelegenheitsarbeit lebte oder sich mit zweifelhaften Geschäften durchzubringen suchte und ansonsten herumlungerte. Mit ihrer Nichtsesshaftigkeit und dem Leben von Gelegenheitsarbeiten sah man dies „Gesindlein“, die „eines theils lose Bestien und unzüchtige Weiber seyn“, als Quell zahlreicher Gefahren für die öffentliche Ordnung an, die vom betrügerischen Vorkauf und Diebstahl über die Nichtabgabe von Steuern bis zur Aufwiegelung anderer Dienstpflichtiger gegen ihre Herren reichten[2]. Nicht zuletzt wurde auch eine Anfälligkeit dieser Bevölkerungsgruppe für das mehr oder weniger organisierte Gaunertum befürchtet.

Auf der anderen Seite stand, zumal in der Erntezeit, ein akuter Bedarf an Arbeitskräften. So konnten „Dienstboten, Knechte und Mägde, ihren Herrschaften den Lohn mercklich steigern“[3] und „insonderheit in der Erndte, und wann es sonsten am hillesten[4] und nöthigsten ist, die Hauswirthe gleichsam zwingen [...], ihnen den Taglöhnern, an Essen, Trincken und Taglohn, was sie nur fordern und haben wollen, zu reichen und zu geben“[5]. Folge war, „daß entweder das Gesinde übel zu bekommen, oder je an Lohn nicht zu ersättigen“[6], was alles „die Hauwirthe biß auf den äuserten Grad ausgemergelt“ hatte[7]. Letztlich war somit von den Tagelöhnern, Häuslingen und Müßiggängern „nur Unlust und Schaden“ zu erwarten[8].

---

[1] Siehe LPO 1618 Überschrift Kapitel 50: „Von Häuslingen“; vgl. zum Begriff Stüve, Wesen und Verfassung der Landgemeinden und des ländlichen Grundbesitzes in Niedersachsen und Westphalen, S. 56; v. Bülow/Hagemann, Practische Erörterungen aus allen Theilen der Rechtsgelehrsamkeit, Band 3, S. 266 ff.; Saalfeld, in: van den Heuvel/v. Boetticher, Geschichte Niedersachsens, Band 3/1, S. 684, dort „Heuerlinge“ (Mietlinge) genannt. Bei Grimm, Deutsches Wörterbuch, Band 10, Art. Häusling, Sp. 682 wird darauf hingewiesen, dass der Begriff Häusling mit diesem Sinngehalt namentlich in Niedersachsen verwandt wurde.

[2] LPO 1618 Kapitel 50 §§ 1, 2, 3.

[3] LPO 1618 Kapitel 45 § 1. Vgl. auch oben Teil A, 5. Kapitel und den LtgA vom 3.11.1607, Jacobi, Band 2, S. 28.

[4] Vgl. Grimm, Deutsches Wörterbuch, Band 10, Art. Hille, Sp. 1332: „Hille, adj., eilig, hurtig: er hat es sehr hille“.

[5] LPO 1618 Kapitel 50 § 2.

[6] LPO 1618 Kapitel 45 § 1 und Kapitel 50 § 1.

[7] LPO 1618 Kapitel 50 § 3.

[8] LPO 1618 Kapitel 50 § 3.

Müßiggänger wurden daher im Land nicht geduldet. Sie hatten sich „entweder um den gewöhnlichen Lohn bey den Haus-Wirthen zu Diensten einzustellen", oder aber „Unsere Lande zu räumen"[1]. Das angestrebte Ziel war folglich ein dauerhaftes Arbeitsverhältnis für jeden Arbeitsfähigen. Wer seiner Arbeitspflicht nicht nachkam und sich nicht in ein dauerhaftes Dienstverhältnis begab, war mit Gefängnis zu bestrafen und schließlich, „wann sie sich daran auch nicht kehren wollen", des Landes zu verweisen[2]. In der erwünschten Gesellschaftsordnung war somit für Arbeitsunwillige und Gelegenheitsarbeiter kein Raum mehr; sie entsprachen nicht dem Bild einer Gesellschaft, in der „gute Policey" herrschte.

Die Obrigkeit hatte streng darüber zu wachen, dass jeder, der gesund und arbeitsfähig war, nicht unberechtigterweise dem Bettel nachging oder ein stellenloses, unstetes Dasein führte.[3] Schon die arbeitsfähigen Kinder der Bettler, die sich natürlich in der größten Gefahr befanden, dem Bettel und Müßiggang zu verfallen, waren, sobald sie alt genug waren, um ihr Brot selbst zu verdienen, den Eltern wegzunehmen und beim Handwerk unterzubringen.[4]
Jede ungeordnete Lebensweise gab Grund für Argwohn gegen die Person und ließ im Zweifel auf ihr Leben im Müßiggang schließen. Im Blickpunkt standen damit speziell die Häuslinge, die einem geordneten Arbeitsleben und damit auch einer Sesshaftigkeit zugeführt werden mussten. Die Entdeckung und Überwachung dieser potentiellen Müßiggänger musste sich allerdings für die Obrigkeit naturgemäß als schwierig herausstellen. Der Lüneburgische Ordnungsgeber behalf sich insoweit damit, der Landbevölkerung zu verbieten, in „seinem Hof, Spiecker oder Kote Fremde" aufzunehmen, „es seyn dann bekante ehrliche Leute", oder sie „haben glaubwürdige Zeugnissen und Paß-Porte, daraus zu ersehen, daß sie guten ehrlichen Lebens und Wandels, und den vorigen Ort mit der Obrigkeit Wissen und Willen, auch einen guten Nahmen, verlassen"[5]. Vor der Erteilung solcher Zeugnisse und „Paß-Porte" durch die Obrigkeit musste fleißige Erkundigung darüber eingeholt werden, „durch was vor Mittel solche Leute [...] sich ehrlich ernehren und ihr täglich Brod erwerben wollen"[6]. An jedem Ort, an dem sich die Fremden niederließen, mussten sie außerdem „eidlich anloben, Uns und der Obrigkeit desselbigen Orts getreu, gehorsam und gewärtig zu seyn" und sich Diebereien und

---

[1] LPO 1618 Kapitel 50 § 5.
[2] LPO 1618 Kapitel 50 § 5.
[3] LPO 1618 Kapitel 9 § 3.
[4] LPO 1618 Kapitel 9 § 5; siehe im übrigen oben zur Bettelordnung (Teil B 6. Kapitel).
[5] LPO 1618 Kapitel 50 § 3.
[6] LPO 1618 Kapitel 50 § 4.

Betrügereien zu enthalten[1]. Fiskalische und ökonomische Interessen des Landesherrn treten deutlich hervor, wenn er außerdem Wert darauf legte, dass geschworen wurde, „die Steuren, so jederzeit bewilliget werden möchten, Herren-Dienste und Schutz-Geld unweigerlich zu entrichten und zu leisten“[2]. Außerdem sollten sie „ohne der Obrigkeit Vorwissen und Belieben heimlich nicht wegziehen“[3].

Der erwünschte Untertan war damit der sesshafte und der Obrigkeit gehorsame Arbeitnehmer, der sich genügsam seiner Arbeitspflicht beugte. Dieses Bild wird weiter vervollständigt durch die Normierung zahlreicher den Inhalt des Dienstverhältnisses betreffende Pflichten, also den einzelnen Arbeitsbedingungen.

2. Arbeitsbedingungen

Zur Durchsetzung der neuen Arbeitspolitik bedurfte es in Ergänzung zur allgemeinen Arbeitspflicht der Schaffung verbindlicher Arbeitsbedingungen, die vor allem Regelungen über Lohn und Arbeitszeit enthielten.
Dafür erfuhren zunächst die einzelnen Pflichten insbesondere des Arbeitnehmers eine obrigkeitliche Normierung. Abgeschlossen werden sollten Gesindeverträge, bei denen die Dienstboten, Knechte und Mägde im Gegensatz zu den Häuslingen in die Hausgemeinschaft des Dienstherren aufgenommen wurden. Der Vertrag wurde durch die Hingabe und Annahme eines Mietgeldes, des „Gottes-Pfennigs“[4], wirksam geschlossen und das Gesinde hatte sich dem Dienstherren gegenüber „der Schuldigkeit nach getreu, gehorsam, unverdrossen, ehrbar, nüchtern und züchtig“ zu erzeigen[5]. Zudem sollten sie sich mit einem „ziem-erträglichen Lohn ersättigen lassen“[6]. Auf der anderen Seite löste der Vertrag Erziehungs- und Fürsorgepflichten, aber auch ein

---

[1] LPO 1618 Kapitel 50 § 4.
[2] LPO 1618 Kapitel 50 § 4.
[3] LPO 1618 Kapitel 50 § 4.
[4] Siehe LPO 1618 Kapitel 45 § 7; Grimm, Deutsches Wörterbuch, Band 8, Art. Gottespfennig, Sp. 1290: „angeld, handgeld“; Sp. 1291: „gottespfennig meint das beim abschlusz von kauf- und dienstverträgen von käufer oder dienstherren zu zahlende, den vertragspartner zur vertragserfüllung verpflichtende angeld, handgeld“. Der Name stammt daher, dass das Geld ursprünglich an die Kirchen- oder Armenkasse abgeführt wurde, Grimm, a.a.O., Sp. 1291.
[5] LPO 1618 Kapitel 45 § 1.
[6] LPO 1618 Kapitel 45 § 1. Siehe zum Gesindevertrag auch Carlen, in: HRG, Band 1, Art. Gesinde, Sp. 1627 f.

Züchtigungsrecht des Herrn für den ihm gegenüber in persönlicher Abhängigkeit stehenden und zu persönlichen Dienstleistungen verpflichteten Dienstboten aus.[1] Den Herrschaften blieb es freilich freigestellt, ob sie, auch bei einem vorbildlichen, „christlich, willsam, getreu, gewärtig, ehrbar, züchtig" Verhalten des Gesindes diesem „über die Gebühr" und „nach Befindung ihres Wol-verhaltens, zu ihrem Aufnehmen die christhülfliche Hand" boten[2]. Treues Gesinde hatte damit immerhin eine Aussicht, im Alter mit Almosen bedacht zu werden und dadurch abgesichert zu sein. Apelliert wurde insoweit an das christliche Seelenheil der Herrschaften, die durch eine solche mildtätige Gabe sich „des Allmächtigen reichen milden Segen hinwieder gewärtig" sein durften[3].
Grundsätzlich war damit der Dienstherr ausschließlich zur Leistung des vereinbarten Lohns verpflichtet. Diesen hatten die Arbeitnehmer allerdings, bedingt durch einen Mangel an Arbeitskräften, in der Vergangenheit in die Höhe treiben können; außerdem hatte sich eingebürgert, „daß Knechte und Mägden ihre Herrschaften mit dem Lohn nicht allein an Gelde [...] unerträglich übersetzen, sondern auch darzu dieselben dahin nöthigen, daß sie ihnen Korn, Buchweizen oder Lein säen und etliche Pferde, Vieh oder Schweine auf ihren Misten und in ihrem, der Herrschaften, Futter halten müssen"[4]. In diesen versteckten Lohnforderungen wurde eine unangemessene Benachteiligung der Arbeitgeber gesehen, die „dadurch noch um so viel desto mehr in Verderb und Abnehmen ihrer Nahrung geraten". Letztlich störte den Landesherrn hier eine Verwischung des ökonomischen und ständischen Unterschiedes zwischen Herren und Dienstpflichtigen. Diese Sitte wurde daher abgeschafft und verboten. Die Knechte und Mägde hatten sich allein an „gebührlichem Lohn, an Geld, Schu[h]en und Leinwand" zu „ersättigen und begnügen"[5]. Dies bedeutete in einigen Gegenden zugleich die Abschaffung alten Gewohnheitsrechtes, denn es war „an einem oder andern Ort von Alters hergebracht, [...] dem Gesinde etwas zu säen oder an anderen Vieh ein oder mehr Stücke auszufuttern, und darentwegen desto geringer Lohn" zu geben[6]. Auch für diese Fälle sollte uneingeschränkt gelten, dass die Dienstherren „an dessen Statt" einen Lohnausgleich in Geld zahlen sollten und „des übrigen enthoben seyn"[7].

[1] Siehe Carlen, in: HRG, Band 1, Art. Gesinde, Sp. 1627 f.
[2] LPO 1618 Kapitel 45 § 10.
[3] LPO 1618 Kapitel 45 § 10.
[4] LPO 1618 Kapitel 45 § 3.
[5] LPO 1618 Kapitel 45 § 3.
[6] LPO 1618 Kapitel 45 § 5.
[7] LPO 1618 Kapitel 45 § 5.

Ein Ausnahme wurde allein für die Knechte der Imker und Schäfer gemacht, denen nach wie vor, aber nur „nach der Haus-Wirth erträglichen Gelegenheit", einige „Schafe und Immen" gehalten werden durften, allerdings „gegen Entrichtung des Vieh-Schatzes", der damit dem Knecht aufgebürdet wurde[1]. Was die tägliche Arbeitszeit betraf, so sollte grundsätzlich „wie an jeden Ort gebräuchlich" oder – vorrangig - gemäß der vertraglichen Vereinbarung „vollkömmlich und getreulich" gearbeitet werden[2]. Fehlte eine besondere Vereinbarung und eine ständige Übung, so wurde die Arbeitszeit auf 13 Stunden im Sommer und 10 Stunden im Winter festgelegt, beginnend um 4 bzw. 6 Uhr in der Früh.[3] Davon standen dem Arbeiter im Sommer zwei und im Winter eine Essens- und Ruhestunde zu.[4]
Offenbar stimmten die gelebten Arbeitsgewohnheiten nicht mit dem gewünschten Arbeitsfleiß und der erstrebten Arbeitsmoral überein. Beklagt wurde, dass „etliche Bauren- Knechte am Sonntage in den Krug oder sonsten zu Gesellschaft gehen, und wol den Montag und Dienstag darzu aussen bleiben und dadurch ihrer Herren Arbeit mercklich versäumen"[5]. Für jede Stunde, die sie „durch Müßiggang oder Aussenbleiben verabsäumten", sollte ihnen daher vom Arbeitgeber 1 Marien-Groschen am Taglohn abgezogen werden[6]. An den „Werckel-Tagen" durften die Bauernknechte nicht mehr „in Krügen oder bey anderen Gesellschaften sitzen", wenn sie nicht die ausdrückliche Erlaubnis ihrer Herrschaft besaßen oder aber zu einer Hochzeit geladen waren[7].

Die Verbindlichkeit des einmal geschlossenen Dienstvertrages für beide Seiten wurde deutlich betont. Wesentliches Kriterium für die Rechtsverbindlichkeit des Vertrages war dabei der Empfang des Gottespfennigs. War ein Dienstbote zu einem Dienst „angenommen" und hatte „auch den Gottes-Pfennig darauf empfangen", so war er an den dadurch geschlossenen Dienstvertrag endgültig gebunden[8]. Er musste den vereinbarten Dienst antreten und durfte „von keinem anderen sich bestellen lassen", also keinen anderweitigen Dienstvertrag abschließen oder gar tatsächlich in die Dienste eines anderen eintreten[9]. In diesem Fall des Doppelverdingens drohte auch dem neuen Vertragspartner eine Strafe: Wer „einen, so vom andern allbereit den Miete- oder

---

[1] LPO 1618 Kapitel 45 § 4.
[2] LPO 1618 Kapitel 18 § 1.
[3] LPO 1618 Kapitel 18 § 2, 3.
[4] LPO 1618 Kapitel 18 § 3.
[5] LPO 1618 Kapitel 17 § 18.
[6] LPO 1618 Kapitel 18 § 4.
[7] LPO 1618 Kapitel 17 § 18.
[8] LPO 1618 Kapitel 45 § 7.
[9] LPO 1618 Kapitel 45 § 7.

Gottes-Pfennig empfangen, wissentlich mietet", hatte zwei Reichstaler Strafe zu zahlen[1].

Das Entlaufen aus dem Dienstverhältnis wurde streng verboten. Ein Dienstbote, der während der Dienstzeit „ohne redliche ehehafte Ursachen" austrat, war „an seinem Lohn und sonsten" streng und „ernstlich" zu bestrafen[2]. Potentiellen Arbeitgebern war es verboten, entlaufene Dienstboten bei sich zu Diensten einzustellen.[3] Auf der anderen Seite mussten sich auch die Dienstherren an der ordentlichen Vertragszeit festhalten lassen. Kündigten sie ihrem Gesinde vor Vertragsablauf „ohne redliche Ursachen", so blieben sie zur Fortzahlung des „vollen Lohn an Geld, und was desfals mehr versprochen", verpflichtet[4].

Der Dienstvertrag erhielt darüber hinaus Schutz gegen rechtswidrige Eingriffe Dritter. Das Abspenstigmachen oder Vorenthalten fremder Arbeitskräfte insbesondere mittels höherer Lohnversprechungen wurde unter strenge, „unnachläßige Strafe" gestellt[5]. Um die Gewähr zu haben, dass kein entlaufendes Gesinde eingestellt wurde und um ein Doppelverdingen zu verhindern, durften „Knechte, Kutscher oder ander Gesinde" nicht „in oder ausserhalb gewöhnlicher Miet-Zeit" eingestellt werden[6]. Eine Einstellung innerhalb dieses Zeitraumes durfte nur erfolgen, wenn der Dienstherr sich ein von seinem Vorgänger oder von „des Orts Obrigkeit, da er zuvor gedienet" ausgestellten „Paßporte und Kundschaft" vorlegen ließ, dass der Dienstbote aus dem alten Dienstverhältnis mit „gutem Willen und redlich" ausgeschieden war[7].

II. Versorgungssicherung und Umsatzordnung

Die Sicherung der Versorgung der Bevölkerung war für den frühneuzeitlichen Wirtschaftsgesetzgeber von essentieller und – wovon das überwiegende Nichtvorhandensein entsprechender Normen in der Polizeiordnung von 1564 zeugt – von wachsender Bedeutung. Es galt, das Verhältnis von Umsatz und Bedarf in die polizeilich gewünschte Richtung zu lenken, das Umsatzleben mit der allgemeinen Lebensordnung des Gemeinwesens in Einklang zu bringen und die Waren dahin zu lenken, wo im territorialen Wirtschaftsraum Be-

---

[1] LPO 1618 Kapitel 45 § 8.
[2] LPO 1618 Kapitel 45 § 1.
[3] LPO 1618 Kapitel 45 § 1.
[4] LPO 1618 Kapitel 45 § 6.
[5] LPO 1618 Kapitel 45 § 2.
[6] LPO 1618 Kapitel 45 § 9.
[7] LPO 1618 Kapitel 45 § 9.

darf herrschte. Dabei standen die Konsumenteninteressen im Vordergrund der polizeilichen Überlegungen, die aber mit dem Interesse an einer florierenden Wirtschaft abgewogen werden mussten. Bei der polizeilichen Reglementierung von Preisen und Warengütern musste somit gleichzeitig ein gewisses Maß an Wettbewerb zugelassen sowie der Verbleib der Waren im Inland sichergestellt werden. Die Sicherung der Bevölkerungsversorgung mit Lebensmitteln und sonstigen wichtigen Bedarfsgegenständen erforderte weiterhin die Sicherung der Erreichbarkeit der Waren für alle. Der inländische Warenumsatz wurde daher auf die allgemeinen Umschlagplätze, die Märkte, konzentriert, damit möglichst viele Gelegenheit hatten, ihren Bedarf zu decken.

1. Der Markt

Der Markt stellte die ideale Versorgungsstätte für Stadt- und Landbevölkerung dar. Gewerbliche Stadtprodukte und landwirtschaftliche Waren konnten dort miteinander getauscht werden. Nicht nur die Bedarfsdeckung, auch ein Absatz der auf dem Land und in den kleineren Städten erzeugten Produkte an den überörtlichen Handel oder unmittelbar an den Verbraucher wurde dort ermöglicht.

Daneben diente der Markt auch der allgemeinen Belebung des gesamten Handels und der Wirtschaft im Fürstentum Braunschweig-Lüneburg. Zwar hatte der Handel des Fürstentums an Fernhandel und Fernabsatz wenig aktiven Anteil, sondern beschränkte sich hauptsächlich auf den regionalen Absatz. Bis auf die Stadt Lüneburg, die mit ihrem Ertrag aus der Saline den Norden Europas versorgte, standen die kleineren Städte des Fürstentums vorwiegend in einem lokalen Austausch mit der näheren Umgebung.[1] So stand Celle, das an einer Handelsstraße nach Bremen gelegen war, ebenso wie Gifhorn in einem intensiven Handel mit der nahegelegenen Stadt Braunschweig.[2] Nichtsdestotrotz waren die Auswirkungen des kontinentalübergreifenden Fernhandels im gesamten Land spürbar, da die Waren bei ihrem Transport über die landesübergreifenden Handelsstraßen auch in die kleineren Städte gebracht und dort auf den örtlichen Märkten angeboten wurden.[3] Daneben zogen zwei großen

[1] Siehe Kaufhold, in: van den Heuvel/v. Boetticher, Geschichte Niedersachsens, Band 3/1, S. 427; v. Heinemann, Geschichte von Braunschweig und Hannover, Band 2, S. 484. Zur Handelsstellung der Stadt Lüneburg zum beginnenden 17. Jahrhundert eingehend Witthöft, Das Kaufhaus in Lüneburg, S. 68 ff.

[2] Siehe Schmidt, in: ZHistVNdSachs 1895: „Der Einfluß der alten Handelswege in Niedersachsen auf die Städte am Nordrande des Mittelgebirges", S. 499.

[3] Vgl. Kaufhold, in: van den Heuvel/v. Boetticher, Geschichte Niedersachsens, Band 3/1, S. 522 f.; Lütge, Deutsche Sozial- und Wirtschaftsgeschichte, S. 141. Eine Übersicht über

Märkte im Jahr in der Stadt Lüneburg, die zu Jubilate und Michaelis abgehalten und jeweils 8 bzw. 14 Tage dauerten[1], die Fernhändler an. Über diesen Absatz in der Stadt Lüneburg verteilten sich die Waren der Fernhändler dann in das ganze Land.

„Damit auch ein jeder dasjenige, was zu verkaufen oder einzukaufen, desto bequemer Gelegenheit darzu erlangen und behalten" würde, sollten bestehende Märkte möglichst beibehalten und neue eingerichtet werden[2]. In den Städten, in denen ein Wochenmarkt bisher noch nicht gehalten wurde, sollte ein solcher „alle Samstage" und, „wann der Samstag ein Feyertag ist, am nächst vorhergehenden Feyrabend" stattfinden[3]. Angestrebt war also ein leistungsfähiges Netz aus Märkten, das eine flächendeckende Versorgung mit Gütern des täglichen wie gehobenen Bedarfs sicherstellte.
Vor allem die preiswerte Versorgung der Bevölkerung mit lebensnotwendigen Gütern stand im Vordergrund der marktpolizeilichen Regelungen. Der freie Markt ermöglichte es den Konsumenten, durch die Konkurrenz der einzelnen Anbieter zu wohlfeileren Einkäufen zu kommen. Überdies war der Markt der Warenumschlagplatz, an dem eine obrigkeitliche Kontrolle am besten möglich war, denn der Umsatz fand hier unter den Augen der Obrigkeit statt. Der Markt bot also die größte Gewähr dafür, dass bei Kauf und Handeltreiben „der hoch-schädliche Vorkauf und alle sonsten besorgliche Steiger-, ungeziemende Vervorteil- und Übersetzungen abgewandt und aus dem Wege geräumt werden mögen"[4].
Die obrigkeitliche Aufsicht über betrügerische und preistreibende Verkäufer war dort nicht möglich, wo sich der Handel nicht mehr auf dem offenen Markt abspielte. Umherziehende Kapp- und Sonnenkrämer, in deren Zuverlässigkeit man im allgemeinen nicht viel Vertrauen setzte, hatten daher bei den „armen Leute auf den Dörfern" oftmals leichtes Spiel mit schlechter Ware und Maß- und Gewichtsbetrügereien[5]. Das Hausieren wurde somit verboten. Statt dessen mussten die Krämer nun ihre Waren an einem öffentlichen Ort, namentlich „auf der Strassen, oder für dem Kirchhof" anbieten, „damit die Amts- und Befehlshabere, auch anderer Leute, sehen können, daß sie gute Waaren, auch rechte Ellen und Gewichte haben"[6].

---

die von Lüneburg abgehenden landesübergreifenden Handelsstraßen gibt Witthöft, Das Kaufhaus in Lüneburg, S. 6 ff.
[1] Siehe Scheschkewitz, Das Zunftwesen der Stadt Lüneburg, S. 143, 147.
[2] LPO 1618 Kapitel 20 § 1.
[3] LPO 1618 Kapitel 20 § 2.
[4] LPO 1618 Kapitel 20 § 1.
[5] LPO 1618 Kapitel 15 § 4.
[6] LPO 1618 Kapitel 15 § 4.

Die Märkte waren frei, sie standen also grundsätzlich jedermann zum Verkauf offen.[1] Dementsprechend wurden alle Einwohner des Fürstentums aufgefordert, am Markttag alle Lebensmittel, „auch Schu[h]e und dergleichen Sachen" zum Verkauf auf den Markt zu bringen[2]. Auch wurde „den ausländischen" Händlern „bis zu weiterer Unsrer gnädigen Verordnung, erlaubet", ihre Waren auf den lüneburgischen Märkten feilzubieten[3]. Neben den aus dem Umland eintreffenden Anbietern bot der Markt insbesondere auch dem städtischen Handwerk seine notwendigen Absatzmöglichkeiten, denn dieses betrieb seit je her nicht nur Lohnhandwerk, also die bloße Anfertigung der von Kunden bestellten Produkte, sondern auch Preishandwerk, d.h. die Herstellung auf Vorrat zum Absatz auf dem Markt.[4]
Ein überaus wichtiger Faktor des Marktes war darüber hinaus die Versorgung der Städte mit Nahrungsmitteln und Rohstoffen. Allein die Viehhaltung und Landwirtschaft der unmittelbaren Umgebung reichten mit zunehmender Größe der Stadt nicht aus, um eine Versorgung der Bürger vor allem mit Lebensmitteln sicherzustellen.[5] Die Stadt Lüneburg beispielsweise war daher schon früh auf eine Nahrungsmittelversorgung durch Bauern aus Uelzen, Danneberg und Dahlenburg angewiesen, die zu den Wochenmärkten regelmäßig erschienen.[6] Diesen aus den mehr oder minder großen Einzugsgebieten herbeikommenden Bauern wurden im Gegenzug entsprechend große Absatzmöglichkeiten auf dem Markt eröffnet.

Da die Städte also auf eine Lebensmittelversorgung durch die Bauern dringend angewiesen waren, versuchte der Landesherr landesweit auf eine stete und gleichmäßige Versorgung der Städte hinzuwirken. Insoweit sollte die zeitliche und örtliche Belieferung einer Stadt durch die zum jeweiligen Einzugsgebiet gehörenden Bauern obrigkeitlich reguliert werden, damit nicht „alles auf einmal in unseren Städten zu verkaufen" war[7]. Die Befürchtung war, dass in einem solchen Fall mangels ausreichender Nachfrage in der Stadt „alles außerhalb Landes" gebracht werde und in Zeiten der Not die Ware im innerterritorialen Wirtschaftsraum nicht mehr vorhanden wäre[8]. Mit landesherrlichem „Vorwissen und Belieben" hatten die Beamten dafür „nach Gelegen-

---

[1] Siehe Kaufhold, in: van den Heuvel/v. Boetticher, Geschichte Niedersachsens, Band 3/1, S. 539.
[2] LPO 1618 Kapitel 20 § 2.
[3] LPO 1618 Kapitel 20 § 2.
[4] Siehe Scheschkewitz, Das Zunftwesen der Stadt Lüneburg, S. 104; Lütge, Deutsche Sozial- und Wirtschaftsgeschichte, S. 217.
[5] Vgl. Lütge, Deutsche Sozial- und Wirtschaftsgeschichte, S. 200.
[6] Siehe Scheschkewitz, Das Zunftwesen der Stadt Lüneburg, S. 143 f.
[7] LPO 1618 Kapitel 20 § 6.
[8] LPO 1618 Kapitel 20 § 6.

heit der Zeit und Victualien" eine „bequeme Abtheilung" aufzustellen, „wie und welcher gestalt der eine Ort nach dem andern Unsere Städte mit habenden Victualien providiren und versehen könte"[1].
Als nächstes musste sichergestellt werden, dass die Bauern die Märkte ihrer Umgebung auch tatsächlich aufsuchten, und dort der Stadtbevölkerung die so dringend benötigten Lebensmittel anboten. Gerade der spezifische Bedarf der Bauern an handwerklichen Produkten sollte daher durch den städtischen Markt abgedeckt werden. Diesbezüglich beklagte der Ordnungsgeber, dass in der Vergangenheit lüneburgische Bauern auf ausländische Märkte abgewandert waren, weil ihnen allein dort die Handwerksprodukte, wie „Haußgerath, Schu[h]en" und sonstige, die „zur Fortstellung des Ackerbaus nöthig" waren, angeboten wurden[2]. Es erging somit die Anweisung an die Stadtobrigkeiten, die ansässigen Handwerker anzuweisen, im besonderen die von den Bauern benötigten Produkte herzustellen, damit diese sich dann „wann sie in die Städte Victualien oder was anders bringen, alles ohne Aufenthalt und Verzug um ein recht und billig Geld bekommen können"[3].
Überhaupt galt es, die anreisenden Händler an den Markt zu binden und ihnen den Warenverkauf nicht unnötig zu erschweren. Deswegen hatte der Markt möglichst frühzeitig zu beginnen, damit den Bauern ausreichend Zeit zur Heimreise am selben Tag verblieb[4]. Im übrigen hatten die Bürger beim Kauf „gebührende Bescheidenheit" walten zu lassen und „ohne einige Benehmung", also voreilige Ansichnahme der Ware[5], zu handeln[6]. Insgesamt waren also die anreisenden Bauern und Händler gut zu behandeln, damit diese sich „etwas mehr in unsere Städte zu bringen, nicht deterriren, abschrecken oder abhalten" ließen[7].

Der Lüneburgische Ordnungsgeber begnügte sich freilich nicht damit, die Errichtung und Versorgung des Marktes überhaupt sicherzustellen, sondern regelte auch einige allgemeine Verhaltensmaßregeln über den Marktkauf. So war jeder Händler grundsätzlich verpflichtet, die Waren jedem Kaufwilligen zu überlassen, wenn dieser nur zahlen konnte. Nur so konnte auch tatsächlich sichergestellt werden, dass der Einzelne sich mit den benötigten Gütern eindecken konnte. Hinsichtlich des Fleisches als besonders wichtigem, oftmals aber auch knappem Gut bestand ein Abschlusszwang für den Metzger; er hat-

[1] LPO 1618 Kapitel 20 § 6.
[2] LPO 1618 Kapitel 20 § 8.
[3] LPO 1618 Kapitel 20 § 8.
[4] LPO 1618 Kapitel 20 § 7.
[5] Vgl. Grimm, Deutsches Wörterbuch, Band 1, Art. Benehmung, Sp. 1469: „abrisz (entreiszung) und benehmung".
[6] LPO 1618 Kapitel 20 § 7.
[7] LPO 1618 Kapitel 20 § 7.

te das Fleisch „in rechten Kauf" zu geben, „und es sowol den Armen bey wenigen, als auch den Reichen bey vielen Pfunden, unweigerlich" zu verkaufen[1]. An den einzelnen Verkaufsständen war ein übertriebenes Anpreisen der eigenen Ware ebenso verpönt wie ein gegenseitiges Abwerben der Kunden.[2] Auch die Kaufwilligen selbst sollten sich gegenseitig nicht „in den Kauf fallen" und im Kaufpreis überbieten, da sonst „die Armen allezeit zurückstehen"[3]. Ein solches Verhalten belegte die Lüneburgische Polizeiordnung von 1618 mit zwei Reichstalern Strafe[4]; damit sollte der ärmere Käufer geschützt werden, der nicht in der Lage war, sich durch ständiges Überbieten gegenüber anderen Angebote durchzusetzen.

2. Obrigkeitliche Preisfestsetzungen

Ein wesentliches Mittel zu Schaffung wirtschaftlicher Ordnung und Gerechtigkeit war die Regelung der Preise. Die preispolitischen Eingriffe beschränkten sich dabei auf Waren, die für die tägliche Lebenserhaltung des Volkes unerlässlich waren, also insbesondere Lebensmittel. Die behördlich festgesetzten Preise für die wichtigsten Bedarfs- und Grundnahrungsmittel dienten dem Schutz der Verbraucherschaft und waren fester Bestandteil der durch ein lenkendes und ordnendes Eingreifen der Obrigkeit geprägten Wirtschaftspolitik der Zeit.[5] Während der lüneburgische Ordnungsgeber bei Erlass der Polizeiordnung im Jahre 1564 noch den Hinweis, dass „die Becker gut Brot / und in der grösse / wie es nach gelegenheit des Kornkaufs billich / backen"[6] sollten,

---

[1] LPO 1618 Kapitel 16 § 10.

[2] Das Verbot des gegenseitigen Abwerbens von Kunden war insbesondere bei den Handwerkern ein alter Brauch, siehe Scheschkewitz, Das Zunftwesen der Stadt Lüneburg, S. 153; Bodemann, Die älteren Zunfturkunden der Stadt Lüneburg, S. XLVIII f. Zu Marktordnung und Standrecht insbesondere in der Stadt Lüneburg vgl. im einzelnen Scheschkewitz, a.a.O., S. 151 ff.; Bodemann, a.a.O., S. 104, 122, 132. Danach durfte jeder gewerbetreibende Händler grundsätzlich nur einen Stand haben, um allen Genossen für ihren Erwerb die gleiche Ausgangsposition zu sichern; vgl. auch allgemein Wissell, Des alten Handwerks Recht und Gewohnheit, Band 2, S. 294.

[3] LPO 1618 Kapitel 20 § 5.

[4] LPO 1618 Kapitel 20 § 5.

[5] Vgl. nur Schmelzeisen, Polizeiordnungen und Privatrecht, S. 436 ff. mit zahlreichen Nachweisen.

[6] LPO 1564 Titul. „Von Höckern und Handwerckern in den Stedten". Für die Fleischer galt nur: „Also auch / das die fleischhawer gut fleisch von gesundtem Vieh schlachten / und auch in gebürlichen kauff / und das fleisch / das sie bey pfunden verkauffen / so wol den Armen bey wenig / als den Reichen bey vielen pfunden / verkauffen", LPO 1564, a.a.O.

als genügend erachtet hatte, griff der Gesetzgeber in der Ordnung von 1618 nun auch zu dem Mittel, die Preise für Brot, Fleisch und Holz zu taxieren. Dabei erschöpften sich die Taxen nicht allein in der Preisbestimmung. Vielmehr mussten sie auch die für den Preis geschuldete Leistung genau beschreiben, weil nur so Leistung und Preis in das rechte Verhältnis zu bringen waren. Neben den allgemeinen Anordnungen über Güte und Preis enthielt die Lüneburgische Polizeiordnung von 1618 folglich eine genaue Aufstellung darüber, wieviel ein Brot bei bestimmtem Gewicht und benannter Zutat – unter Einbeziehung eventueller Preissteigerungen - kosten durfte.[1] Es wurde genau geregelt, inwieweit die Größe des Brotlaibes bei gleichbleibendem Brotpreis von dem Preis des Weizens oder des Roggens abhängen durfte. Mindestens einmal wöchentlich sollte die Einhaltung der Preistaxe überprüft und das Brot zu diesem Zweck von den Beamten zur Probe gewogen werden.[2] Auch für die Fleischer wurden detaillierte Preisanordnungen, unterschiedlich je nach Sorte, getroffen und deren Überwachung angeordnet.[3] Schließlich wurden für das Brennholz als eines der wesentlichsten Bedarfsmittel die Preise für den Marktverkauf je nach Holzart und Größe festgelegt.[4] Eine Ausnahme bestand hier allein für den außerhalb der Stadtmärkte getätigten Holzkauf; hier konnte jeder nach Gelegenheit Holz kaufen und „soll deswegen niemand an diese Ordnung gebunden sein“[5].
Solche preispolitischen Regelungen der Garantie fester Preise für die Grundnahrungsmittel Brot und Fleisch sowie für das Bedarfsmittel Brennholz schützten den Verbraucher vor überhöhten Preisen und verhinderten, dass eine Knappheit dieser wichtigen Bedarfsgüter zur Preissteigerung ausgenutzt werden konnte. Auch für andere grundlegende Lebensmittel wie Butter, Käse und Stockfisch, aber auch für Schuhe galt, dass Qualität und Preis der Waren angemessen sein mussten.[6] Hier wurde von der Aufstellung einer einheitlichen Taxe abgesehen; statt dessen mussten die Beamten den gerechten Preis „nach Gelegenheit der Jahre, wie es eingekauft wird, und die Wahren gut seyn“ von Einzelfall zu Einzelfall bestimmen und darüber wachen, dass es insoweit „in billigem Kauf gegeben“ wurde[7].

Allgemein waren solche obrigkeitlichen Preisregelungen von dem Gedanken der ausgleichenden Gerechtigkeit und des Gleichgewichts von Leistung und

---

[1] LPO 1618 Kapitel 16 §§ 2- 6.
[2] LPO 1618 Kapitel 16 § 7.
[3] LPO 1618 Kapitel 16 §§ 13 ff.
[4] LPO 1618 Kapitel 20 § 12.
[5] LPO 1618 Kapitel 20 § 14.
[6] LPO 1618 Kapitel 16 § 23; Kapitel 17 § 4.
[7] LPO 1618 Kapitel 16 § 23.

Gegenleistung geprägt und damit alten kirchlichen Gerechtigkeitsvorstellungen eng verhaftet. Die freie Preis-gestaltung wurde somit durch die kanonistische Lehre vom gerechten Preis begrenzt.[1] Ausgangspunkt bei der Festlegung des gerechten Preises war dabei der Marktpreis des Rohstoffes, der sich regelmäßig durch Angebot und Nachfrage unter Außerachtlassung unlauterer Manipulationen und Spekulationen, also als Ergebnis ehrlichen Wettstreits, in gerechter Weise bestimmte. Unter Zugrundelegung dieses ordnungsgemäß zustande gekommenen Marktpreises als objektivem Wirtschaftswert wurden die einzelnen Preistaxen errichtet. Die Preistaxierungen befassten sich also nicht mit dem Zustandekommen des gerechten Preises selbst, sondern setzten diesen als gegeben voraus und versuchten nur, die möglichen Umgehungen und unlauteren Preissteigerungen zu verhindern.[2]
Weiterhin beschränkten sich die Warenpreistaxen der Lüneburgischen Polizeiordnung bezeichnenderweise auf Endprodukte, die direkt im Fürstentum hergestellt wurden. Nicht jedoch von der Preistaxierung betroffen waren die zur Herstellung dieser Produkte erforderlichen Handelsgüter Getreide, Vieh und Holz. Bei diesen Rohstoffen, die teilweise in das Fürstentum selbst, regelmäßig aber erst in die einzelnen Städte und Dörfer eingeführt werden mussten, hätte im Falle einer obrigkeitlichen Preisregulierung die Gefahr einer Abwanderung der Ware vom Stadt- und Inlandsmarkt und damit eine Gefährdung der Inlandsversorgung bestanden.[3] Die Händler hätten, um größtmöglichen Gewinn erzielen zu können, ihre Waren auf ausländische, von Preisregulierungen freie Märkte gebracht. Um den Verbleib dieser Rohstoffe im und ihre Einfuhr in das Fürstentum zu sichern, durften sie also nur den Wettbewerbspreisen unterliegen, nach denen sich dann wiederum der gerechte Preis des Endprodukts richtete.
Insgesamt erfolgte die amtliche Festlegung des gerechten Preises also nicht willkürlich, sondern wurde durchaus praxisnah an dem jeweils gültigen Marktpreis des Rohstoffes, also auch unter Berücksichtigung von Transportrisiko und Warenknappheit, orientiert.[4] Die detaillierte Auflistung des Verhältnisses von den Bedingungen des Kornkaufes zu Größe und Preis des Brotlaibes in der Lüneburgischen Polizeiordnung dokumentierte anschaulich diese an die jeweilige Marksituation und wirtschaftlichen Gegebenheiten angepasste Preisbildung. Um auf veränderte Markbedingungen entsprechend reagieren

---

[1] Siehe Kroeschell, Deutsche Rechtsgeschichte, S. 98 f. Zur kirchlichen Wirtschaftsethik siehe auch das bei Kroeschell, a.a.O., S. 91 ff. abgedruckte Gutachten des Thomas von Aquin zum Problem von Distanzkauf und gerechtem Preis.
[2] Siehe zur Entwicklung insbesondere Trusen, Äquivalenzprinzip und gerechter Preis, S. 250 ff.
[3] Siehe Trusen, Äquivalenzprinzip und gerechter Preis, S. 256.
[4] Siehe Trusen, Äquivalenzprinzip und gerechter Preis, S. 257; Kelter, Geschichte der obrigkeitlichen Preisregelungen, S. 162; Kroeschell, Deutsche Rechtsgeschichte, S. 98.

zu können, behielt sich der Gesetzgeber ausdrücklich eine gegebenenfalls erforderliche Anpassung aller Preistaxen vor.[1] Ihre Vervollständigung fanden die Preisregelungen für die wichtigsten Erzeugnisse in zahlreichen Qualitätsvorschriften und –kontrollen.[2]

3. Kampf gegen unlautere Umsatzsteigerungen

Der Kampf gegen unlautere Umsatzsteigerungen als Element der obrigkeitlichen Preispolitik war ein besonderes Anliegen des Polizeigesetzgebers, der namentlich über die Konsumenteninteressen wachte. Jedes eigennützige, dem gemeinen Bedarf abträgliche Vorgehen war polizeilich unerwünscht und musste verhindert werden. Der gesamte Handel mit lebenswichtigen Gütern musste auf den frei zugänglichen Markt konzentriert werden, von dem jeder unlautere Wettbewerb fernzuhalten war.

Insbesondere ein preistreibender Zwischenhandel stieß sich mit der Vorstellung vom gerechten Preis. Eine am gerechten Preis orientierte Preiskontrolle erschien am ehesten möglich beim direkten Kauf zwischen Produzent und Verbraucher, dort am besten in der Form des Barkaufs am offenen Markt. Der Umsatz aller Güter musste also auf den Markt konzentriert werden. Daher war es verboten, an den Markttagen außerhalb der Stadttore zu kaufen und zu feilschen, also einen zu dem Markt in unerwünschter Konkurrenz stehenden Handel zu treiben.[3] Über dieses Verbot hatte die Stadtobrigkeit streng zu wachen. Sie hatte „gewisse aufrichtige getreue Personen“ mit der Überwachung eines unerlaubten Handels vor den Stadttoren zu beauftragen[4]. Jeder Käufer, der außerhalb des Marktes Ware erworben hatte, musste den gleichen Preis, den er für unerlaubt erlangte Ware gezahlt hatte, nochmals abgeben.[5] Den Fleiß der Überwachungsperson wird es angespornt haben, dass ihm von die-

---

[1] LPO 1618 Kapitel 16 § 9 (Brot), § 13 (Fleisch). Davon machte der Lüneburgische Gesetzgeber bereits im Jahre 1621 Gebrauch, indem eine umfassende Taxordnung über die Preise für zahlreiche Lebensmittel, insbesondere Brot, Käse und Fisch, für Handwerksprodukte sowie für den Lohn für Handwerker, Boten, Tagelöhner und Kutscher erlassen wurde: Constitutio und Taxordnung / Wie es so wol wegen der Wahren / als ablohnung der Handwercker / und Botten / Taglöhner / Kutscher / und anderer / In S.F.G. Fürstnthumb Braunschweig / Lüneburg / Cellischen theils / und angehörigen Garff: und Herrschafften [...] gehalten werden soll, Zell 1621.

[2] Siehe dazu unten Teil B 8. Kapitel II. 5.

[3] LPO 1618 Kapitel 20 § 3.

[4] LPO 1618 Kapitel 20 § 4.

[5] LPO 1618 Kapitel 20 § 4.

sem Strafgeld der zehnte Teil zustand; vom übrigen erhielt die landesherrliche Kasse den einen und der Stadtrat zur Verbesserung der Stadteinnahmen den anderen Teil.[1]

Durch diese Maßnahmen wurde zugleich bezweckt, den polizeipolitisch höchst unerwünschten Vorkauf zu verhindern. Solche Warenkäufe im Großen über den eigenen Bedarf hinaus zum Zwecke des gewinnbringenden Wiederverkaufs wirkten preissteigernd und bedrohten überdies die Versorgung der Bevölkerung, da die Gefahr bestand, dass der Käufer die Ware ins Ausland verbrachte und dadurch dem Inlandsbedarf entzog. Vorkäufe schädigten mithin das Gemeinwohl und wurden verboten. Die Beamten mussten streng darüber wachen und sollten „nicht verstatten, daß ledige[2] Vorkäufer, den Bürgern und andern Haussitzenden Leuten ihre Nahrung entziehen und Rockken, Gersten, Habern, Ochsen, Schaafe, Hüner, Gänse, Leinwand, Wolle, Flachs, Häute oder Fellwerk, den Bürgern und des Landes Einwohnern zum Vorfang, aufkaufen und an fremde Oerter führen oder bringen“[3].
Klarstellend wurde hier allerdings hinzugefügt, dass durch dieses Verbot nicht der an den Landesgrenzen übliche grenzüberschreitende Handel und Export behindert werden sollte. Ein solcher war vielmehr erwünscht, da nicht nur manche einheimische Händler auf den Vertrieb mit dem nahen Ausland angewiesen waren, sondern auch die Versorgung der eigenen Bevölkerung mit fremden Waren gesichert wurde. Zudem war der Landesherr an einem grenzüberschreitenden Handel wegen der lukrativen Ausfuhrzölle interessiert, mit denen er seine Staatskasse aufbessern konnte.[4] Soweit sich der grenzüberschreitende Wareneinkauf im üblichen Rahmen hielt und auch die Ausländer

---

[1] LPO 1618 Kapitel 20 § 4.
[2] Ohne festen Wohnsitz; vgl. Grimm, Deutsches Wörterbuch, Band 12, Art. Ledig, Sp. 497 ff.: „frei“, „unabhängig“, „räumlich frei, ohne enge verbindung mit anderem“.
[3] LPO 1618 Kapitel 19 § 2. So auch schon LPO 1564 Titul. „Von Handwercker und Kauffleuten auff den Dörffern“: „Auch sollen sie nicht gestatten / das ledige Vorkauffer / den Bürgern und andern Haussitzenden Leuten / ire narung enziehen / und Rogken / Gersten / Hader / Ochsen / Schaff / Hüner / Gense / Leinwad / Woll / flachs / Wachs / Heute oder fellwerk den Bürgern und Landes einwonern / zum furfang auffkeufen / und an frembde orter füren“.
[4] Außerdem wurde in dem von der Landschaft beschlossenen Schatzgefälle des Jahres 1616 festgelegt, dass bei jedem Verkauf ausländischer Waren auf den Märkten des Fürstentums eine Steuer fällig wurde: „Was ausländische auf die freien Märckte oder sonsten in dies löbliche Fürstentumb zu verkauffen bringen, und verkaufft wird, davon sollen sie die Verkäuffere den zwanzigsten Pfennig der Kauffgelder zu Verbesserung dieses Schatzes erlegen und darreichen, und die Beamten auch Zöllner an den Gräntzen und sonsten, bei Verlust ihre Dienste fleißig Achtung darauf geben, daß dehme, was in ihre Expedition gehöret, ohne einige Versäumnuß nachgelebet, und dem Schatz zu Abbruch nichts unterschlagen werde“, LtgA vom 13. Sept. 1616, Jacobi, Band 2, S. 87 ff.

wiederum Waren in das Land brachten, war eine Gefährdung der Inlandsversorgung nicht zu befürchten. An den Landesgrenzen, „da Unsere Unterthanen wiederum in die benachbarte Lande auch handthieren", sollte daher ebenso wie „auch Fremden, herüber in Unsere Fürstentümer und Graffschaften auf die Nähe auch zu handeln, wie gewöhnlich unverboten seyn"[1]. Diese „gemeine Nachbarliche Handlung" sollte „nicht gehindert", sondern statt dessen „vielmehr befordert" werden[2].

In engem Zusammenhang mit dem Vorkauf stand der Aufkauf, der nicht scharf vom Vorkauf unterschieden werden kann. Der Vorkäufer kaufte die Ware, bevor sie auf einen Umschlagplatz kam; der Aufkäufer versuchte sie in seine Hand zu bringen, um sich eine Monopolstellung als Verkäufer zu sichern. Der Aufkäufer kaufte stets zum Weiterverkauf, der Vorkäufer konnte auch für den eigenen Bedarf kaufen wollen.[3] In jedem Fall aber handelte es sich um ein eigennütziges, dem gemeinen Bedarf abträgliches Verhalten. Es war deshalb nicht erlaubt „daß jemand mit einerley Waaren allein" handelte, da „durch solche und dergleichen hoch-schädliche monopolia nichts mehr, als Steigerung der Commercien, verusachet und eingeführet" wurde[4].
Aufkäufe durften im übrigen nur zum Zwecke der Vorsorge für Notzeiten getätigt werden. Jeder Hauswirt hatte sich in wirtschaftlich guten Zeiten mit den „vornehmsten Stücken, so in der Hauhaltung nötig", so gut auszustatten, dass er möglichst „ein ganzes Jahr, jedoch zum wenigsten eine ziemliche Zeit" im Notfalle auskäme.[5]
Städte und Dörfer und „auch die Gilden darin" hatten sogar die Pflicht, Korn aufzukaufen, um für Zeiten des Kornmangels und der Kornteuerung vorzusorgen[6]. Zu diesem Zweck hatten sie „nach Gelegenheit ihres Vermögens eine ziemliche Nothdurft an Korn, wann es wolfeil ist", einzukaufen. In Zeiten der Kornknappheit oder „wann sich [...] sonsten Theurung eräuget", sollte das Korn nicht nur den Stadtbürgern, sondern auch den „Bauren, in Städten Flecken und auf dem Lande um ein recht und leidlich Geld" angeboten werden[7].

---

[1] LPO 1618 Kapitel 19 § 2. So auch schon LPO 1564 Titul. „Von Handwercker und Kauffleuten auff den Dörffern": „Es were dann uff den Grentzen unser fürstenthumbs / do unsere Unterthanen widerumb in die benachbarte Lande auch handtieren / Denn in diesem fall solte frembden herüber / in unser fürstenthumb uff die nahe auch zu handeln / wie gewönlich / gegönnet werden / damit also die Gemeine Nachbarliche handlung nicht gehindert werde".
[2] LPO 1618 Kapitel 19 § 2.
[3] So die Abgrenzung bei Schmelzeisen, Polizeiordnungen und Privatrecht, S. 406 f.
[4] LPO 1618 Kapitel 19 § 3.
[5] LPO 1618 Kapitel 19 § 5.
[6] LPO 1618 Kapitel 19 § 4.
[7] LPO 1618 Kapitel 19 § 4.

Polizeilich unerwünscht musste es auch sein, wenn einzelne Händler ihre Waren nach dem Einkauf zurückhielten, um sie in Zeiten der Teuerung auszuschütten und dadurch das für eine wirtschaftliche Preisgestaltung maßgebliche Verhältnis zwischen Angebot und Nachfrage in spekulativer Absicht verfälschten. Diese Spekulationen auf Kosten der Käuferschaft wurde, so bemängelte der Ordnungsgeber, im besonderen mit dem „lieben Korn" getrieben[1]. Den Handelsleuten wurde daher „bey Verlust des Korns und anderer Waaren, auch Vermeidung Unsrer höchsten Ungnade" befohlen, ihre Waren „ohne einige ungeziemende Zurückhaltung" zum Kauf anzubieten[2].

Zahlreiche Vorschriften ergingen weiterhin gegen verschiedene gemeinschädliche monopolistische Bestrebungen. Insbesondere die weit verbreiteten Preisabsprachen zwischen den Handwerkern einer Zunft hinderten den freien, ordnungsgemäßen Wettbewerb und damit die Entstehung eines gerechten Marktpreises.[3] Den Handwerkern wurde daher jede Art der Preisabsprache verboten, bei denen sie für ihre Arbeit und Produkte Konventionalpreise berechneten und damit den Marktpreis steigerten.[4] Neben diesem allgemeinen Verbot für alle Handwerker wurde die Gruppe der Schuster herausgegriffen, denen „bey Verlust der Gilde" verboten wurde, sich auch hinsichtlich des Ankaufs der Lederhäute in der Weise abzusprechen, dass sie die benötigten Rohstoffe zu keinem höherem als dem Konventionspreis abnahmen[5]. Den Handwerkern wurde bei anhaltendem Verstoß gegen diese preispolitischen Reglementierungen damit gedroht „der Amts- Briefe ungeachtet, Frey- Schuster und andere freye Handwercker in Städten und Flecken einzunehmen und zu gedulden", also von den Zünften unabhängige Freimeister zuzulassen[6]. Daneben bestand ergänzend das auch für die sonstigen Händler geltende allgemeine Verbot, dass zur Verhinderung „hoch schädlicher monopolia" an einem Ort niemals nur ein einziger Handwerker ein bestimmtes Handwerk ausüben durfte[7].
Durch alle diese Verbote wurde versucht, ein Ausnutzen der von den Produkten der Handwerker und Waren der Händler abhängigen Bevölkerung durch

---

[1] LPO 1618 Kapitel 19 § 6.
[2] LPO 1618 Kapitel 19 § 6.
[3] Vgl. dazu Schmelzeisen, Polizeiordnungen und Privatrecht, S. 445 ff.; Proesler, Das gesamtdeutsche Handwerk im Spiegel der Reichsgesetzgebung, S. 82.
[4] LPO 1618 Kapitel 17 § 5. So auch schon LPO 1564 Titul. „Von Höckern und Handwerckern in den Stedten": „Und sonderlich sol nicht gestattet werden / das sich die Handwercker vereinigen / wie tewr sie ire Wahren oder arbeit verkauffen wollen / unnd also die jenigen die irer arbeit noturffig sein / dringen / dieselbige ires gefallens zu bezalen".
[5] LPO 1618 Kapitel 17 § 6.
[6] LPO 1618 Kapitel 17 § 7.
[7] LPO 1618 Kapitel 19 § 3.

preiskartellartige Bestrebungen und eine Beherrschung des Markes durch einzelne Meister oder Händler zu verhindern. Dieses Bestreben wurde ergänzt durch die verschiedenen Preistaxierungen, die ebenfalls dem Zweck dienten, solchen kartellartigen Beeinflussungen der Preisgestaltung entgegenzuwirken.[1]

Auf der anderen Seite war der Erhalt des städtischen und dörflichen Handwerks und dessen Absatzmarkt dem Landesherr wegen dessen Versorgungsfunktion ein hohes Anliegen. Bedroht wurde es durch „etliche ledige[2] Knechte" die Handwerk und Handel „bey den Städten und Flecken, in der Nähe", betrieben und dadurch „denjenigen, so in den Städten und Flecken wohnen und die Bürden des Landes tragen helfen müssen, die Nahrung entziehen"[3]. Solange das städtische und dörfliche Handwerk mit zufriedenstellender und preislich angemessener Ware die Belieferung des heimischen Marktes gewährte, sicherte ihm der Landesherr daher im Gegenzug das Privileg einer Bannmeile mit Handwerksmonopol zu und schützte die Handwerker so vor übermäßiger Konkurrenz. „Für und auf der Nähe bey den Städten und Flecken" waren somit „solche Handwercker nicht zu gedulden"[4]. Eine Ausnahme war nur dann zu machen, wenn von „Alters daselbst solche Handwerks-Leute gewesen wären", wenn also das Recht der umliegenden Handwerker älter war als das Recht der durch die Bannmeile geschützten Handwerker[5]. Gleiches sollte für das Diensthandwerk des Gesindes gelten, die an den Besitzungen der Adeligen oder der fürstlichen Räte ausschließlich zur Deckung des Bedarfs der dort Ansässigen arbeiteten.[6]

4. Kontrolle von Maß und Gewicht

Als Grundlage eines polizeilich geordneten Umsatzes war auch der Umgang mit Maß und Gewicht beim Handeltreiben regelungsbedürftig. Um Betrügereien abzuwenden, durften nach der Polizeiordnung nur von der Obrigkeit ge-

---

[1] Siehe Wissell, Des alten Handwerks Recht und Gewohnheit, Band 2, S. 270; Scheschkewitz, Das Zunftwesen der Stadt Lüneburg, S. 210 f.

[2] Ohne festen Wohnsitz; vgl. Grimm, Deutsches Wörterbuch, Band 12, Art. Ledig, Sp. 497 ff.: „frei", „unabhängig", „räumlich frei, ohne enge verbindung mit anderem".

[3] LPO 1618 Kapitel 19 § 1.

[4] LPO 1618 Kapitel 19 § 1. Eine entsprechende Vorschrift enthielt auch schon die LPO von 1564 Titul. „Von Handwerckern und Kauffleuten auff den Dörfern".

[5] LPO 1618 Kapitel 19 § 1.

[6] LPO 1618 Kapitel 19 § 1.

eichte und gezeichnete Maße, Elle und Gewichte verwendet werden.[1] Über die ordnungsgemäße Verwendung aller Messgeräte wachten die landesherrlichen Beamten sowie Bürgermeister und Räte in den Städten. Wer bei den mehrmals im Jahr vorzunehmenden Kontrollen ohne geeichte Maße befunden wurde, wurde „ernstlich gestrafet"[2]. Die Gewichte sollten kupfern, eisern, bleiern oder aus Messing sein, damit sie nicht so schnell abnutzten.[3]
Wichtig war natürlich, dass auch tatsächlich richtig gemessen und gewogen wurde. Die Beamten hatten die Aufsicht über die ordnungsgemäße Verwendung der geeichten Maße und Waagen zu führen.[4] Damit jeder die Güte seines Messstabes sowie erstandene Ware auf ihre richtige Länge hin überprüfen konnte, sollte an jedem Rat- oder Waagehaus ein eiserner Ellenstab aufgehängt werden.[5] Beim Kauf von Wolle, Wachs, Flachs, Butter, Käse und anderer Waren, die nach Gewicht gehandelt wurden, sollten die öffentlichen Waagen benutzt werden.[6] Die Unzel-Waagen[7], auf die sich „der einfältige Mann nicht verstehet", wurden wegen der darin liegenden Betrugsgefahr bei Verlust der Waage sowie weiterer Geldstrafe von „vier lübeckischen Gülden" verboten[8].

Auch beim Kauf des so wichtigen Brennholzes wurde so mancher „zu höchster Ungebühr benachtheilet und übersetzet", weshalb für dessen Verkauf bestimmte Maße festgelegt wurden[9]. Das Holz musste beim Verkauf stets eine Länge von einem „Klaster oder sieben Schuh" haben und ebenso breit und hoch sein, damit „sowohl der Arme als Reiche, der Maße halber eine durchgehende Gewiß- und Gleichheit haben könne und möge"[10]. An jedem Ort waren „wohl-qualifizierte, aufrichtige, getreue Leute" als amtliche Holzmesser

---

[1] LPO 1618 Kapitel 15 §§ 1 – 3. Die gesamte folgende Regelung des Maß- und Gewichtswesens war im wesentlichen bereits in der LPO von 1564 Titul. „Von Mas / Eln und Gewicht" enthalten.
[2] LPO 1618 Kapitel 15 §§ 3, 7.
[3] LPO 1618 Kapitel 15 § 9.
[4] LPO 1618 Kapitel 15 § 1.
[5] LPO 1618 Kapitel 15 § 8.
[6] LPO 1618 Kapitel 15 § 6.
[7] Die sog. Unzelwaage war eine kleine Schnellwaage oder Stangenwaage. Während die Waage selbst in ganz Deutschland verbreitet war, schien die Bezeichnung Unzelwaage auf Norddeutschland beschränkt, vgl. Grimm, Deutsches Wörterbuch, Band 24, Art. Unzel, Sp. 2284, dort auch folgende Erläuterung: „unzelwage, unzelgewicht, ein zu Lüneburg gebräuchliches gewicht, welches aber nur in den häusern zum besonderen gebrauch erlaubt ist, im kaufen und verkaufen aber nicht, ausgenommen beym salzwiegen und beym wiegen großzer lasten".
[8] LPO 1618 Kapitel 15 § 5.
[9] LPO 1618 Kapitel 20 § 9.
[10] LPO 1618 Kapitel 20 § 9.

damit zu beauftragen, die Holzmaße zu kontrollieren oder das ungemessene Holz zum Verkauf zurechtzuschneiden.[1] Der Käufer hatte sie dafür zu entlohnen, wobei der Lohn mit der Größe des Holzes stieg.[2]
Diese Anordnungen galten jedoch nur für den Handel mit Holz auf den Märkten, oder außerhalb dieser für den Handel in den Städten und größeren Dörfern. Auf dem Land durfte jeder „nach seiner besten Gelegenheit" handeln und sollte „deswegen an diese Ordnung nicht gebunden sein"[3]. Der Grund hierfür lag darin, dass die Bedarfsdeckung an Holz unter der bäuerlichen Bevölkerung weniger schwierig war und hier nicht so sehr wie in der Stadt eine Güterknappheit und damit die Gefahr der Übervorteilung bestand.

5. Qualitätsvorschriften und –kontrollen

Für eine effektive Versorgungssicherung war neben der Gewährung einer Bedarfsdeckung zu angemessenen Preisen auch eine entsprechende Qualität der Waren erforderlich. Die in der Lüneburgischen Polizeiordnung von 1618 geregelte Qualitätssicherung der angebotenen Waren bezog sich neben handwerklichen Produkten im wesentlichen auf die Grundnahrungsmittel Brot und Fleisch.
Überall war danach Aufsicht darüber zu führen, dass nur einwandfreie Handwerksprodukte und gute und frische Lebensmittel in den Handel gegeben wurden, damit „der arme oder reiche kaufende Mann zur Ungebühr nicht übersetzet werde"[4]. Goldschmiede durften bei Vermeidung einer Geldstrafe von zehn Gulden nur reines Silber verarbeiten; jede Mark (=16 Lot) musste vierzehn Lot Feinsilber enthalten, damit „ein jeder, der Silberzeug machen läßt, wisse, was er hat"[5]. In die angefertigten Schmiedewaren waren das Stadt- und das eigene Zeichen sowie die Jahreszahl einzustanzen, damit die

---

[1] LPO 1618 Kapitel 20 § 10.
[2] LPO 1618 Kapitel 20 § 11.
[3] LPO 1618 Kapitel 20 § 14.
[4] LPO 1618 Kapitel 16 §§ 1, 2 und 23; Kapitel 17 § 4. Ähnlich auch schon LPO 1564 Titul. „Von Höckern und Handwerckern in den Stedten": „Es soll in Stedten / Flecken / und Dörffern / do Höckers un Handwercker sein / durch unsere Ampten / und den Rethen in Stedten / und Flecken / fleissig auffsehen geschehen / das die Höcker gute frissche Wahre / an Butter / Kese / treuge fischwercken unnd andern / das sie verkauffen wollen / haben unnd ein jedes in zimliche kauff geben / das sie dar bey bleiben / unnd der arme Man nicht ubersetzet werde".
[5] LPO 1618 Kapitel 17 § 1. Eine entsprechende Vorschrift enthielt auch schon die LPO 1564 Titul. „Von Höckern und Handwerckern in den Stedten".

Herkunft der Arbeit jederzeit festgestellt werden konnte.[1] Entsprechendes galt für die Kannengießer, die sich an der Qualität des „Leipziger Zinns“ zu orientieren hatten[2]. Auch über alle sonstigen Handwerker sollte Aufsicht gehalten werden, so dass diese nur „gute, untadelhafte Arbeit“ anfertigten[3].

Neben dem allgemeinen polizeilichen Interesse an einer guten Warenqualität waren die lebensmittelpolizeilichen Vorschriften zudem durch die gesundheitliche Gefährdung der Konsumenten motiviert und erfuhren dementsprechend eingehendere Regelungen. Grundsätzlich war danach eine Versorgung mit unverdorbener und unvermischter Ware geboten. Die Qualitätskontrolle der Waren wurde durch deren regelmäßige Besichtigung und Prüfung vorgenommen. Zu diesem Zweck wurden amtlich bestellte und vereidigte Prüfer beauftragt, deren Eignung durch ihre Eigenschaften als „qualificierte, getreue, aufrichtige, den corruptelen widrige Leute“ gegeben war[4].
Bei den Bäckern hatten sie durch mindestens eine wöchentliche Kontrolle festzustellen, ob das Brot, gemessen an der Taxordnung, das richtige Gewicht hatte. Die Durchführung der Kontrollmaßnahmen wurde freilich nicht dem Gutdünken des einzelnen Prüfers überlassen, sondern vom Gesetzgeber ebenfalls auf das Genaueste vorgeschrieben: da es „nicht wol möglich, alle und jede stücke absonderlich zu wägen“, sollten „drey Schön-roggen und drey Wegge [...] auf einmal zusammen gewogen werden, damit das eine dem andern in dem Gewicht zu statten kommen möge“[5]. Es wurden also kleinere Gewichtsschwankungen beim Einzelprodukt gleich bei diesem Prüfverfahren mit einkalkuliert. Was unter Gewicht befunden wurde, unterlag der Beschlagnahme und wurde unter den Armen verteilt.[6] Nicht häufig wird der dennoch vom Gesetzgeber bedachte Fall vorgekommen sein, dass sich das Brot als zu schwer erwies; klargestellt wurde, dass dies „durchaus ungestrafet bleiben“ sollte[7].

Besondere Aufmerksamkeit wurde des weiteren der Preis- und Qualitätssicherung beim Fleisch geschenkt. Vor jeder Schlachtung hatte der Metzger beim Lebensmittelkontrolleur anzumelden, „von wem, wie theuer und an welchem

---

[1] LPO 1618 Kapitel 17 § 2. So auch schon LPO 1564 Titul. „Von Höckern und Handwerckern in den Stedten“.
[2] LPO 1618 Kapitel 17 § 3. So auch schon LPO 1564 Titul. „Von Höckern und Handwerckern in den Stedten“.
[3] LPO 1618 Kapitel 17 § 4. Ähnlich auch schon LPO 1564 Titul. „Von Höckern und Handwerckern in den Stedten“.
[4] LPO 1618 Kapitel 16 § 24.
[5] LPO 1618 Kapitel 16 § 7.
[6] LPO 1618 Kapitel 16 § 8.
[7] LPO 1618 Kapitel 16 § 8.

Tage er jedes Stück gekauft" hatte[1]. Über diese Angaben musste der Kontrolleur Buch führen, damit diese, „da es nöthig" überprüft und die Einhaltung der Verkaufstaxe, gemessen am Einkaufpreis des Viehs, überwacht werden konnte[2]. Um die Kontrolle zu erleichtern, durften Schlachtungen und der Handel mit Fleisch jedenfalls „an denen Oertern, da sie ein Amt[3] haben", nur noch von den Zunftmeistern vorgenommen werden[4]. Ausgenommen davon waren Viehschlachtungen zum reinen Eigenbedarf, da diese keine Gefahr für die allgemeine Versorgung verursachen konnten und dem Einzelnen die Möglichkeit erhalten bleiben musste, sich günstig mit selbstgeschlachtetem Fleisch einzudecken.[5] Die Metzger durften nur „gesund und feist Vieh" schlachten[6]. Aus Gründen der besseren Überwachungsmöglichkeit, der höheren Markttransparenz und der Bequemlichkeit für den Käufer sollte der Verkauf des Fleisches möglichst nur in den öffentlichen Fleischbänken, den sog. Scharren, stattfinden.[7] Einige Städte verfügten bereits über solche eigenen Fleischbänke, die zumeist im Eigentum der Zunft standen und oft mit deren Amtshaus verbunden waren.[8] Wo eine Schranne noch nicht vorhanden war, sollte sie „an bequemen Orten alsobald angerichtet" werden, und das Fleisch nur noch darin, „nicht aber in den Häusern, bey Vermeidung ernstlicher Strafe" verkauft werden[9]. Fanden die Kontrolleure beim Metzger verdorbenes oder „gar zu mager ungenießlich" Fleisch, wurde dieses sofort vom Markt genommen[10]. Ungenießbar und gesundheitsschädliches Fleisch war zu vernichten, das nur „allzu magere aber, so fast ungenießlich" sollte „unter arme Leute ausgetheilet" werden[11]. Neben dem Verlust seiner Ware drohte dem Metzger selbst bei solchen Verstößen eine Strafe „nach Befinden"[12].

---

[1] LPO 1618 Kapitel 16 § 21.
[2] LPO 1618 Kapitel 16 § 21.
[3] Zunft.
[4] LPO 1618 Kapitel 16 § 22.
[5] LPO 1618 Kapitel 16 § 22.
[6] LPO 1618 Kapitel 16 § 10.
[7] LPO 1618 Kapitel 16 § 12.
[8] Siehe Kaufhold, in: van den Heuvel/v. Boetticher, Geschichte Niedersachsens, Band 3/1, S. 543.
[9] LPO 1618 Kapitel 16 § 12.
[10] LPO 1618 Kapitel 16 § 11.
[11] LPO 1618 Kapitel 16 § 11.
[12] LPO 1618 Kapitel 16, §§ 11, 21.

III. Handwerksordnung

In den detaillierten Regelungen der Handwerksordnung wird deutlich, wie sehr der Landesherr die Ordnung des Wirtschaftslebens von den zuvor maßgeblich beteiligten lokalen Zunftgenossenschaften übernommen hatte. An die Stelle der regionalen Ordnungstätigkeit durch diese Genossenschaftskreise war damit größtenteils eine landesherrliche, überregionale Wirtschaftspolitik getreten, die nunmehr die bestimmende Kraft der ökonomischen Entwicklung war. Freilich übernahm der Landesherr dabei zahlreiche Ordnungen und Regelungen, wie sie bereits zuvor von den Zünften in Reaktion auf die vielfältig aufgetretenen Probleme erlassen worden waren. Der Schwerpunkt lag damit nicht so sehr auf einer Erneuerung geltender Regeln, als vielmehr auf der engeren Bindung der Wirtschaft an den Staat selbst und der Beseitigung intermediärer Organisationen, um möglichst unmittelbar auf die Untertanenschaft zugreifen zu können. Insoweit bildete die Wirtschaftspolitik auch unter diesem Gesichtspunkt einen wesentlichen Bestandteil des inneren Ausbaus des frühmodernen Staates.[1]

In den Städten des Fürstentums hatte sich ein erheblicher Teil des Handwerks in Verbänden mit Zwangsmitgliedschaft, den Zünften, zusammengeschlossen. Der Begriff Zunft findet sich allerdings im Niedersächischen Raum nicht, sondern die Quellen sprechen hier zumeist von Gilden und Ämtern.[2] Eine Zunft umfasste in der Regel einen Beruf in einer Stadt, doch bestanden insbesondere in kleineren Orten auch Verbände, die mehrere verwandte Berufe oder andere Orte mit einbezogen. Wo eine Zunft bestand, durfte das Handwerk grundsätzlich nur von ihren Mitgliedern ausgeübt werden; es bestand also ein Zunftzwang.[3] Damit ging eine ständische Abschottung der Handwerker einher. Eintrittsgelder und andere Gebühren wurden erhöht, die Anforderungen an das Meisterstück gesteigert, die vor der Zulassung abzuleistenden Probejahre verlängert und einiges mehr, um den Zutritt zur Zunft und die selbständige Ausübung des Gewerbes auf jede Weise zu erschweren.[4]

---

[1] Vgl. Kaufhold, in: van den Heuvel/v. Boetticher, Geschichte Niedersachsens, Band 3/1, S. 354; vgl. auch Maier, Die ältere deutsche Staats- und Verwaltungslehre (Polizeiwissenschaft), S. 99.

[2] Siehe Bodemann, Die älteren Zunfturkunden der Stadt Lüneburg, S. XXI; Frensdorff, in: Hansische Geschichtsblätter 13: „Das Zunftrecht insbesondere Norddeutschlands und die Handwerkerehre", S. 9; vgl. LPO 1618 Kapitel 16 § 22: „Amt", Kapitel 17 §§ 6, 9, 11: „Gilde", § 12: „Gilde und Amt".

[3] Siehe Kaufhold, in: van den Heuvel/v. Boetticher, Geschichte Niedersachsens, Band 3/1, S. 433.

[4] Siehe Jahn, Zur Gewerbepolitik der deutschen Landesfürsten vom 16. bis zum 18. Jahrhundert, S. 8 f.

Zumindest zum äußeren Anlass des Eingreifens gereichten dem Landesherrn die verbreiteten Klagen über solche Abschottungspolitik und andere Missbräuche der Zunftgenossen, wie etwa Fress- und Saufgelage der Zunftbrüder, ruinöse Aufnahmbedingungen und Müßiggang wie der „blaue Montag" der Gesellen. Außerdem galt es, den teilweise monopoli-stischen Bestrebungen der Zünfte entgegenzuwirken, die mit der vom Landesherrn übernommenen verbraucherschützenden Wirtschaftspolitik nicht zu vereinbaren waren. Dabei schuf der lüneburgische Landesherr ein überregional geltendes Recht, das nicht nur für das zünftig organisierte Stadthandwerk, sondern auch für das freie dörfliche Handwerk und das in Stadt und Land nebenberuflich betriebene Heimgewerbe Geltung beanspruchte.[1]

1. Arbeitsbedingungen

Hinsichtlich der Arbeitszeiten der Handwerker galten die selben Bestimmungen wie diejenigen für die sonstigen Dienstpflichtigen.[2] Grundsätzlich musste somit auch im Handwerk täglich, bis auf den Sonntag von Sonnenaufgang bis Sonnenuntergang gearbeitet werden.[3] Bei der Festlegung dieser Tagesarbeitszeiten war auch der Gedanke der Brandverhütung bestimmend, denn die Feuersgefahr verbot vielfach eine Tätigkeit bei Kerzenlicht. Man sollte also bei Tag zur Arbeit kommen und sie auch am Tag beenden. War dennoch ein Arbeiten bei Beleuchtung geboten, so sollten die „Brauer, Mültzer, Becker, Schmiede, auch die Handwerks-Leute auf den Boden" jedenfalls mit Feuer und Licht vorsichtig umgehen[4].

Bei Betrachtung dieser langen Arbeitszeiten ist allerdings zu beachten, dass das damalige Arbeitsleben auch nach der Reformation von außerordentlich vielen Feiertagen durchsetzt war, an denen in der Regel ein strenges Arbeitsverbot herrschte.[5] Die Wochenarbeitszeit der Gesellen verkürzte sich des wei-

---

[1] Siehe Kaufhold, in: van den Heuvel/v. Boetticher, Geschichte Niedersachsens, Band 3/1, S. 433; Lütge, Deutsche Sozial- und Wirtschaftsgeschichte, S. 127, 93. Vgl. die Überschrift LPO 1618 Kapitel 17: „Die Handwerker in den Städten, Flecken und auf dem Lande".

[2] Siehe LPO 1618 Kapitel 18; aus dem Sinnzusammenhang und der Mitregelung spezifisch handwerksbezogener Regelungen ergibt sich, dass unter den „Arbeits- Leuten", für die die Arbeitszeitbestimmungen galten, auch die Handwerker zu verstehen waren.

[3] Vgl. LPO 1618 Kapitel 18 §§ 1 ff.

[4] LPO 1618 Kapitel 14 § 15.

[5] Vgl. Scheschkewitz, Das Zunftwesen der Stadt Lüneburg, S. 129 f.; Wissell, Des alten Handwerks Recht und Gewohnheit, Band 2, S. 406 f.

teren regelmäßig durch den „guten Montag“.[1] Auch wird bei der langen täglichen Arbeit ein dauerndes angespanntes Arbeiten nicht möglich gewesen sein, was sicherlich eine Ursache für den stetig beklagten Müßiggang der Gesellen war.
Die einheitliche Regelung der Arbeitszeit fungierte der Obrigkeit auch als Regulativ für die Gleichheit der Handwerker bezüglich Bedingungen und Umfang der Produktion. Es wurde verhindert, dass einige Meister, die länger arbeiten ließen, auf Kosten der anderen mehr Aufträge erfüllen konnten; jeder Handwerksmeister sollte gleichmäßig an den vorhandenen Aufträgen beteiligt werden.[2] Auf der Gegenseite sollte auch jeder Besteller handwerklicher Arbeiten in den gleichen Genuss handwerklicher Leistung kommen. Dieses Motiv stand hinter dem Verbot für „jeden Haus-Wirthen, oder wer sonsten die Handwercks-Leute gebrauchet“, den Handwerkern neben den üblichen Getränken auch „Breihan“ zu reichen[3]. Breihan war eine besondere Art Weißbier, das offensichtlich edler und durchaus beliebter als das übliche Rotbier war.[4] Jedenfalls wurde befürchtet, dass Aufträge der „Armen, in deren Vermögen es nicht ist, Breihan zu geben“, von den Handwerkern deshalb erst gar nicht angenommen wurden oder aber sie zumindest „ihnen nicht fleißig arbeiten wollen“[5]. Bei „Strafe nach Ermäßigung“ war daher nur noch das Reichen des gängigen Rotbieres erlaubt[6].

Des weiteren nahm sich der Gesetzgeber der Regelung der Lohnhöhe an. Ziel war, das Lohnniveau der Handwerker möglichst homogen zu halten, damit also „wegen des Lohns [...] in Unsern Landen eine Gleichheit gehalten werde“[7]. Im Gegensatz zur Arbeitsordnung, wo einfach gefordert wurde, den Arbeitslohn angemessen, recht und billig zu halten, sah man hier die Notwendigkeit, die von der Kundschaft zu zahlenden Löhne zu taxieren. Dafür wurde allen Beamten und „Bürgermeistern und Rähten in Städten und Flecken“ aufgetragen, eine „bequeme gewisse Tax“, nach der sowohl Handwerksgeselle als auch Meister zu entlohnen waren, „mit Zuziehung der Aeltisten“ zu verfassen[8]. Die Taxe sollte so bemessen sein, dass auf der einen Seite die Handwerker von dem festgelegten Lohn „ihren ziemlichen

[1] Siehe unten 2 b.
[2] Siehe Bodemann, Die älteren Zunfturkunden der Stadt Lüneburg, S. XLIV f.; Wissel, Des alten Handwerks Recht und Gewohnheit, Band 2, S. 402. Aus dem gleichen Beweggrund sahen die Handwerksrollen zugleich eine Begrenzung der Zahl der Gesellen und Lehrlinge, die einem Meister zur Verfügung stehen durften, vor.
[3] LPO 1618 Kapitel 18 § 5.
[4] Vgl. Grimm, Deutsches Wörterbuch, Band 2, Art. Breihahn, Breuhahn, Sp. 379.
[5] LPO 1618 Kapitel 18 § 5.
[6] LPO 1618 Kapitel 18 § 5.
[7] LPO 1618 Kapitel 18 § 6.
[8] LPO 1618 Kapitel 18 § 6.

werker von dem festgelegten Lohn „ihren ziemlichen Unterhalt“ hatten, auf der anderen Seite die Kunden „zur Ungebühr nicht beschweret“ wurden[1]. Insoweit wurden hier die Gesichtspunkte für die Bemessung der Lohntaxen deutlich: Die Lebenshaltungskosten der Handwerker und ihre geldwerte Leistung waren in ein angemessenes Verhältnis zu setzten. Die jeweilige Taxaufstellung war sodann an die Regierung in Celle zu schicken; die dort ermittelte Landestaxe war „alle Viertel-Jahre, oder je bei den Gerichten“, zu verlesen[2]. Die Taxe war für den einzelnen Vertrag verbindlich und die Forderung oder Gewährung eines höheren Lohns verboten und strafbar.
Neben einer Gleichschaltung der Produktionsbedingungen wurden dadurch die einzelnen Handwerker in ihrer Lebenshaltung auf ein einheitliches Niveau gebracht, was in gewissem Sinne auch das Prinzip der Brüderlichkeit und wirtschaftlichen Gleichheit unter Vermeidung übermäßiger Konkurrenz zwischen den einzelnen Zunftbrüdern wiederspiegelte.[3] Darüber hinaus dienten solche Taxordnungen natürlich der Kundschaft, indem sie den Preis der Handwerksarbeit niedrig und die Produkte für die Käuferschicht erschwinglich hielten.[4] Zudem sollten sie verhindern, dass der „Tag-Lohn von Jahren zu Jahren immer erhöhet werden möge“[5]. Die Taxe selbst wurde jedes Jahr überprüft und, soweit wegen Änderung der Rahmenbedingungen Bedarf zur Erneuerung bestand, jährlich neu festgesetzt.[6]

2. Handwerksbräuche

Mit der Regulierung vereinzelter Handwerksbräuche griff der Landesherr unmittelbar in vormals zunftrechtliche Bereiche ein. Deren Abschottungspolitik, einhergehend mit ruinösen Aufnahmebedingungen, standen genau wie ihre monopolistischen, preistreibenden Bestrebungen und die zu Müßiggang und Völlerei ausgearteten alten Bräuche in den Augen der Obrigkeit nicht im Einklang mit dem erwünschten Zustand guter Ordnung des Gemeinwesens. Die einst so wohltätigen Einrichtungen der Zünfte hatten sich in ihr Gegenteil verkehrt, in denen das Leben der Gesellen bei häufigen Trink- und Essgelagen verrohte, ständig blauer Montag gehalten wurde und einzelne Mitglieder

---

[1] LPO 1618 Kapitel 18 § 6.
[2] LPO 1618 Kapitel 18 § 6.
[3] Siehe Scheschkewitz, Das Zunftwesen der Stadt Lüneburg, S. 131, 169; Wissell, Des alten Handwerks Recht und Gewohnheit, Band 2, S. 381 f.
[4] Siehe Wissell, Des alten Handwerks Recht und Gewohnheit, Band 2, S. 381.
[5] LPO 1618 Kapitel 18 § 6.
[6] Vgl. LPO 1618 Kapitel 18 § 6: „[...] nach Gelegenheit jedes Jahrs erneuern, da es nöthig ändern“.

durch Schmähungen willkürlich ausgegrenzt werden konnten.[1] Die ärgsten Missbräuche galt es daher im Sinne der obrigkeitlichen Ordnungsvorstellungen zu steuern. Letztlich war dabei auch Ziel der territorialen Politik, die Autonomie der Zünfte aufzuheben oder zumindest zu begrenzen.
Doch waren letztlich die Regelungen gegen die Zünfte noch nicht so weitreichend und einschneidend, dass bereits von einer wirklich gewerbefreiheitlichen Politik gesprochen werden könnte.[2] Noch herrschte insgesamt der Gedanke der Wiederherstellung der alten Zustände vor. Die wirtschaftspolitischen Maßnahmen des Landesherren waren dabei denen der spätmittelalterlichen Städte nachgebildet. Der Landesherr versuchte also nun mit den zuvor schon von den Zünften praktizierten Mitteln auf breiterer Ebene sein Territorium zu einem geschlossenen Wirtschaftsgebiet zu formen, in dem es die stetig beklagten Missbräuche der Handwerker zu beseitigen galt.

a) Gebühren und Kosten bei Erwerb des Meistertitels
Die Zünfte hatten in der Vergangenheit kontinuierlich versucht, den Eintritt für Fremde zu erschweren und die Zulassung zum Meister an immer höhere Hürden zu binden. Zunächst wurden die Eintrittsgelder und andere Gebühren erhöht, wobei Meistersöhne oder die in Meisterfamilien Einheiratenden traditionell begünstigt wurden.[3]
Doch scheint bezüglich dieser Kosten die Situation im Fürstentum Braunschweig-Lüneburg noch im Rahmen des allgemein Erträglichen gelegen zu haben. Der Landesherr verfügte hier keine Neufestsetzung oder Regulierung der Gebühren, sondern beließ es dabei, dass diese „wie es den Gilde-Briefen einverleibet, oder sonsten an jedem Ort gebräuchlich ist, bleiben"; doch mahnte er, die Gebühren sollten „mäßig und erträglich" sein[4]. Freilich behielt er sich vor, die Aufnahmegebühren, soweit „einige Üppigkeit etwa befunden werden solte", zu mäßigen oder gar ganz abzuschaffen[5].

---

[1] Siehe Jahn, Zur Gewerbepolitik der deutschen Landesfürsten vom 16. bis zum 18. Jahrhundert, S. 8 f.
[2] Eine solche setzte in den welfischen Landen erst zum Ende des 17. Jahrhunderts ein, siehe Kaufhold, in: van den Heuvel/v. Boetticher, Geschichte Niedersachsens, Band 3/1, S. 357, 436 f. Zu dieser fortschrittlichen Gewerbepolitik eingehend die Dissertation von Welge, Handwerkerrecht und Handwerkerpolitik der braunschweig-lüneburgischen Lande von 1648 bis 1731.
[3] Siehe Kaufhold, in: van den Heuvel/v. Boetticher, Geschichte Niedersachsens, Band 3/1, S. 433 ff.; Wissell, Des alten Handwerks Recht und Gewohnheit, Band 2, S. 11 ff.; Jahn, Zur Gewerbepolitik der deutschen Landesfürsten vom 16. bis zum 18. Jahrhundert, S. 57 f.
[4] LPO 1618 Kapitel 17 § 12. So auch schon LPO 1564 Titul. „Von Höckern und Handwerckern in den Stedten".
[5] LPO 1618 Kapitel 17 § 12. So auch schon LPO 1564 Titul. „Von Höckern und Handwerckern in den Stedten".

Die Meistersöhne und diejenigen, die eine Meisterstochter heirateten, blieben auch nach dem Willen der Landesobrigkeit bei der Aufnahme in die Zunft bevorzugt, worin der Gedanke von der Vererblichkeit der Zunftmitgliedschaft und der Zunftgerechtsame fortlebte.[1] Solche Personen brauchten keine Aufnahmegebühren zu zahlen, sondern mussten „allein die Kost, oder das Mahl" geben[2].

Diese sog. Amts-Kost war ein weiterer Schritt auf dem Weg zum Meistertitel, die sich allerdings zum „beschwerlichen Brauch an etlichen Örtern" entwickelt hatte[3]. Nach diesem Brauch musste jeder Handwerksgeselle, der sich nun als Meister zur Ausübung seines Handwerks niederließ, dem Handwerksamt oder Gildebrüdern die sog. Amtskost zuteil werden lassen. Dieses Essen für sämtliche Zunftmeister hatte sich aus dem Gedanken der Ehrung der alten Meister durch den Neuaufgenommenen entwickelt und war einst mit bescheidenem Aufwand abgehalten worden. Seit dem 16. Jahrhundert arteten diese Meisteressen jedoch zu mehrtägigen Gelagen und einer Völlerei aus, die ein Maß kaum noch erkennen ließ.[4] Die Amts-Kost stellte infolgedessen eine extreme finanzielle Belastung für die zukünftigen Handwerksmeister dar, die noch zu den übrigen Aufnahmegebühren und Kosten trat. Zwar sahen die Zunftordnungen als Voraussetzung für die Aufnahme als Meister regelmäßig den Nachweis eines bestimmten Vermögens vor, damit der neu gegründete Hausstand nicht von Anfang an mit übermäßigen Schulden belastet war und der junge Meister nicht in eine Abhängigkeit von seinen Geldgebern geriet.[5] Dennoch reichte dieses Betriebskapital für die Bewältigung der anstehenden Ausgaben regelmäßig nicht aus. Das überaus üppige und kostspielige Meisteressen zehrte das Vermögen des jungen Meisters nicht selten restlos auf.[6]

---

[1] Siehe Jahn, Zur Gewerbepolitik der deutschen Landesfürsten vom 16. bis zum 18. Jahrhundert, S. 57 f.

[2] LPO 1618 Kapitel 17 § 13. So auch schon LPO 1564 Titul. „Von Höckern und Handwerckern in den Stedten".

[3] LPO 1618 Kapitel 17 § 10.

[4] Siehe Wissell, Des alten Handwerks Recht und Gewohnheit, Band 2, S. 21 ff.; Bodemann, Die älteren Zunfturkunden der Stadt Lüneburg, S. XL ff.; Jahn, Zur Gewerbepolitik der deutschen Landesfürsten vom 16. bis zum 18. Jahrhundert, S. 54.

[5] Siehe Bodemann, Die älteren Zunfturkunden der Stadt Lüneburg, S. XXXIX; Wissel, Des alten Handwerks Recht und Gewohnheit, Band 1, S. 136; Scheschkewitz, Das Zunftwesen der Stadt Lüneburg, S. 65; Reinecke, Geschichte der Stadt Lüneburg, S. 421.

[6] Siehe Wissell, Des alten Handwerks Recht und Gewohnheit, Band 2, S. 11. Dies leuchtet ein, wenn man sich die Ausmaße dieser Meisteressen verdeutlicht. Die einzelnen Speisen und die verschiedenen Gänge wurden teilweise ausführlich in den einzelnen Zunfturkunden festgehalten. So musste nach der Rolle der Lüneburger Kramer von ca. 1350 zum Meisteressen zunächst den Alterleuten eine Zwischenmahlzeit mit Einbekischem Bier und zwei Gerichten gereicht werden, dann dem Handwerksamt und den Gildebrüdern und -

Bereits die Zünfte waren daher früh gegen dieses ausgeartete Brauchtum vorgegangen. So wurde in der Stadt Lüneburg zum Ende des 16. Jahrhunderts in mehreren Zunfturkunden das Überschreiten der vorgeschriebenen Mengen für das Meisteressen mit Strafe bedroht; einige Zünfte hoben die Verpflichtung zur Abhaltung des Meisteressens sogar ganz auf.[1]
Auch der Lüneburgische Landesherr sah in ihnen ein Übel, das dem angehenden Meister „grosse Unkosten" verursachte, wodurch „er geschwächet" und ihm „dasjenige, was ihm zu Anfang seines Meister–Standes und Einrichtung seines Haushaltung wohl hoch nöthig wäre", genommen wurde[2]. Da vorhergehende Verbote und Regulierungsversuche durch die Zünfte jedoch gezeigt hatten, dass sich die Meisteressen in der Praxis nicht gänzlich abschaffen ließen, versuchte der Landesherr, diesen Brauch zumindest auf ein angemessenes Maß einzuschränken. Das Höchstmaß an Kost wurde mit „zwo Tonnen eingebrauen Biers, und einem gesottenen Schincken, ein Essen geräuchertes Fleisches dabey, und vor 8. Schilling weiß Brod, nebenst nothdürftigen Haus- oder Speise-Brod" angegeben[3]. Außerdem durfte das Meisteressen nicht mehr länger als einen Tag dauern. Diese Bestimmungen entsprachen im wesentlichen der Regelung, wie sie der Rat der Stadt Lüneburg in Übereinstimmung mit den Zünften bereits im Jahre 1583 zur Eindämmung der Meisteressen erlassen hatte.[4] Dies verdeutlicht, wie der Landesherr an dieser Stelle eine Entwicklung lediglich übernahm und fortführte, die von den Handwerkszünften in den Städten bereits eingeleitet worden war. Darüber hinaus stellt er allerdings klar, dass seine gesetzliche Bestimmung uneingeschränkte Geltung beanspruchte, und zwar auch dann, wenn „gleich die ertheilte und confirmirte

---

schwestern am Mittag und am Abend die Amts-Kost mit Bier und jeweils vier Gerichten, dazu Käse, Butter und Kuchen; am folgenden Tage waren die Altersleute wiederum mit Bier und Kost zu versorgen, siehe Bodemann, Zunfturkunden, S. 130 ff. Nach einer Bestimmung der Lüneburger Kürschner um 1600 mussten diese an zwei Tagen insgesamt 6 Mahlzeiten geben, wobei die größte aus zwei Schinken zu je sieben Pfund, Rauchfleisch, Mettwurst, Schafswurst, 60 Pfund Frischfleisch, gekochtem Stockfisch, frischem Schafsfleisch mit Petersilienwurzel, Braten von Hintervierteln des Schafes, Butter und sieben Pfund Süßmilchkäse bestand. Zu dieser Mahlzeit mussten aber die anderen Amtsbrüder dem jungen Meister eine geringe finanzielle Beihilfe zugeben, siehe Scheschkewitz, Das Zunftwesen der Stadt Lüneburg, S. 189 f.

[1] Siehe Bodemann, Die älteren Zunfturkunden der Stadt Lüneburg, S. 41 f. (Böttcher, 1543). Es mussten statt dessen Geldzahlungen geleistet werden; so hatten die Böttcher z.B. 12 Schillinge auf einen Roggen- Vorrat zu zahlen, wodurch für die Zeiten der Brotknappheit vorgesorgt wurde.

[2] LPO 1618 Kapitel 17 § 10.

[3] LPO 1618 Kapitel 17 § 10. So auch schon LPO 1564 Titul. „Von Höckern und Handwerckern in den Stedten".

[4] Siehe Bodemann, Die älteren Zunfturkunden der Stadt Lüneburg, S. XLII.

Gilde-Briefe ein mehrers in sich halten"[1]. Soweit „an einigem Ort weniger zu geben gebräuchlich", hatte sich der neu aufgenommenen Meister selbstredend an diese strengeren Vorschriften zu halten.[2] Jeder Verstoß gegen die Maßregeln über das Meisteressen sollten mit dem „Verlust des Amts" geahndet werden[3].

b) Kampf gegen Müßiggang und Üppigkeit

Zu den im ganzen Reich von je her aufs schärfste bekämpften Gesellen(miss)bräuchen zählte der sog. „gute Montag", an dem die Gesellen der Arbeit fernblieben.[4]

Ursprünglich hatte die Forderung der Gesellen nach einem freien Montag durchaus ihre Berechtigung. Bei ihren extrem langen Tagesarbeitszeiten strebten sie naturgemäß eine Verkürzung der Arbeitszeit an, wobei sich ihr Streben jedoch nicht auf die Verkürzung der täglichen, sondern vielmehr auf eine Verkürzung der Wochenarbeitszeit richtete. Der „gute Montag" diente seit je her einer solchen verkürzten Arbeitswoche. Da der Sonntag aus religiösen Gründen für die Verrichtung vielfacher Arbeiten nicht benutzt werden durfte, diente der Montag der Erledigung von Organisations- und sonstiger privater Angelegenheiten, dem geselligen Zusammensein und oft auch als Badetag.[5] Häufig wurde der Montag auch dazu benutzt, um die Gesellen, die zur Wanderung aufbrachen und in das Land hinaus zogen, „bis vor das Tor" zu begleiten, wobei „bis vor das Tor" zumeist das nächstgelegene Dorf bedeutete und ihre Begleitung somit regelmäßig mindestens den Vormittag einnahm.[6]

---

[1] LPO 1618 Kapitel 17 § 11.

[2] LPO 1618 Kapitel 17 § 11.

[3] LPO 1618 Kapitel 17 § 11.

[4] An anderen Orten war auch der Ausdruck „blauer Montag" üblich; in Lüneburg wurde jedoch ausschließlich der Begriff „guter Montag" verwandt, siehe Scheschkewitz, Das Zunftwesen der Stadt Lüneburg, S. 131 Fn. 10. Zu dem Begriff des „blauen Montags" ausführlich Wissell, Des alten Handwerks Recht und Gewohnheit, Band 2, S. 415 ff.

[5] Siehe Wissell, Des alten Handwerks Recht und Gewohnheit, Band 2, S. 402, 405, 412 f.; Jahn, Zur Gewerbepolitik der deutschen Landesfürsten vom 16. bis zum 18. Jahrhundert, S. 48 f. Die Zunftrolle der Lüneburger Schneider vom 20. Dezember 1480 sah sogar die Pflicht vor, dass die Schneider ihren freien Montag, von dem sie vier im Jahr hatten, zum Badgang benutzten, also für Reinlichkeit sorgten. In der gleichen Urkunde ist auch das Arbeitsverbot für den Sonntag geregelt, siehe Bodemann, Die älteren Zunfturkunden der Stadt Lüneburg, S. 210 f.

[6] Siehe Wissell, Des alten Handwerks Recht und Gewohnheit, Band 2, S. 405. Es gehörte zu den Gepflogenheiten des Handwerks, dass die wandernden Gesellen ihr Dorf bzw. ihre Stadt an einem Montag verließen, siehe Wissel, Des alten Handwerks Recht und Gewohnheit, Band 2, S. 405. Zu dem Brauchtum der Gesellenwanderung siehe ausführlich Elkar,

Die Sitte des Montagshaltens war jedoch vielerorts zum Laster und Missbrauch verkommen.[1] Die Gesellen verbrachten „etliche Tage müßig“ und gingen „dem Trunck“ nach, „unter dem Schein, daß sie einen guten Montag halten wollen“[2]. Hielten die Gesellen und Knechte einen solchen guten Montag, so blieben die Meister dennoch verpflichtet, ihnen Essen und Trinken sowie den Lohn zu gewähren, obwohl sie ihrer geschuldeten Arbeit verlustig gingen. Das Fortbleiben eines Gesellen wirkte sich auf den Produktionsprozeß im Meisterbetrieb erheblich aus. Ein Handwerksbetrieb bestand in aller Regel lediglich aus dem Meister und ein oder zwei Hilfskräften, den Gesellen oder Lehrlingen[3]; bei der allein auf menschlicher Arbeit beruhenden Handwerksproduktion bedeutete damit eine geringere Zahl an Arbeitskräften immer auch eine geringere Produktionsmenge. Die Handwerksmeister hatten daher schon immer versucht, den Brauch des guten Montags einzuschränken oder ganz zu verdrängen. So finden sich schon im 14. Jahrhundert in zahlreichen Zunftsatzungen deutscher Territorien wie in Erlassen des Reiches ein Verbot des guten Montags.[4] Die Entwicklung zeigte aber, dass sich der Brauch des guten Montags in der Praxis nicht abschaffen ließ. Spätere Zunfturkunden standen den Gesellen und Knechten die Abhaltung des guten Montags daher regelmäßig im Prinzip zu und regelten lediglich die Anzahl und Dauer der einzelnen guten Montage.[5]

Der Lüneburgische Polizeigesetzgeber übernahm diese Methode und ließ den guten Montag insoweit zu, als „etliche Handwerker die Gewohnheit hergebracht hätten“, er also auch in den Zunftrollen zugelassen war[6]. Allerdings

---

Umrisse einer Geschichte der Gesellenwanderung im Übergang von der frühen Neuzeit zur Neuzeit, S. 91 ff.

[1] Siehe zur Gesamtsituation in den deutschen Territorien und im Reich Jahn, Zur Gewerbepolitik der deutschen Landesfürsten vom 16. bis zum 18. Jahrhundert, S. 49.

[2] LPO 1618 Kapitel 17 § 15. So auch schon LPO 1564: Titul. „Von Höckern und Handwerckern in den Stedten“.

[3] Siehe Kaufhold, in: van den Heuvel/v. Boetticher, Geschichte Niedersachsens, Band 3/1, S. 438.

[4] Siehe die beispielhafte Auflzählung bei Wissel, Des alten Handwerks Recht und Gewohnheit, Band 2, S. 417 f. und S. 419 ff. zu den Zunftsatzungen des Reiches; Jahn, Zur Gewerbepolitk der deutschen Landesfürsten vom 16. bis zum 18. Jahrhundert, S. 49.

[5] Für die Stadt Lüneburg: Bodemann, Die älteren Zunfturkunden der Stadt Lüneburg, S. 36 f. (Böttcher, 1455: grundsätzlich durfte der gute Montag gehalten werden; wenn aber der Kaufmann Tonnen benötigte, so mussten sie ab Montag Nachmittag arbeiten); S. 178 f. (Pelzer, um 1540: 1 guter Montag in 14 Tagen); S. 186, 188 (Rothgießer, 1573: ein guter Montag im Vierteljahr); S. 210 f (Schneider, 1480: 4 gute Montage im Jahr); S. 243, 245 (Tischler, 1609: 4 freie Montage im Jahr). Für die Entwicklung im Reich siehe Wissell, Des alten Handwerks Recht und Gewohnheit; Band 2, S. 420 ff.

[6] LPO 1618 Kapitel 17 § 15. So auch schon LPO 1564 Titul. „Von Höckern und Handwerckern in den Stedten“.

wurde er allein auf den Nachmittag beschränkt, sollte also „allererst den Nachmittag geschehen" und „auch über den Montag nicht währen"[1]. Der Geselle sollte „am Dienstag frühe wieder in der Werkstadt und bey seiner Arbeit seyn"[2]. Weiterhin durfte der gute Montag nicht abgehalten werden, wenn schon ein Feiertag in der Woche stattfand und die Arbeitszeit der Gesellen dadurch bereits verkürzt war.[3] Verboten wurde es ebenso, unter dem Denkmantel, guten Montag zu halten, bloß dem Müßiggang und dem Trunk nachzuhängen, wie insbesondere das Schwänzen der Arbeit, um einen wandernden Gesellen zu begleiten.[4] Verstieß der Geselle gegen eines dieser Verbote, so war der Meister für „solche Zeit, über die er nicht gearbeitet, ebenso wenig Essen und Trincken, als den Lohn zu geben schuldig"[5].
Aber auch der Meister selbst wurde für den Fall, dass er trotz der angeordneten Verbote dem Gesellen den guten Montag erlaubte oder sonsten nicht einhielt, „was in diesem und vorhergehenden §. §. verordnet", mit einer Strafe von zwei Gulden für jeden festgestellten Verstoß bestraft[6]. Durch diese Ausdehnung der Strafe auf den Meister, der den guten Montag tolerierte, konnte einerseits die Wirksamkeit der angeordneten Verbote erhöht werden. Zum anderen wurde so sichergestellt, dass nicht eine Ungleichbehandlung der Gesellen untereinander entstand, je danach, wie tolerant der einzelne Meister mit seinen Gesellen umging.

Eingeschränkt wurde weiterhin die jährliche Werkwoche oder Bauer-Sprache, bei denen Meister und Gesellen eine Woche lang Gelage und Essen veranstalteten. Mit der vom Landesherren erwünschten Arbeitsmoral und –produktivität konnte es nicht vereinbar sein, dass „eine ganze Woche, mit Zehrung und Unkosten, zugebracht, und dadurch so wol der Meister, als die Knechte, von der Arbeit abgehalten werden"[7]. Sie durften nunmehr nicht mehr länger als einen Tag dauern. Ein Verstoß wurde ebenfalls mit einer

[1] LPO 1618 Kapitel 17 § 15. So auch schon LPO 1564 Titul. „Von Höckern und Handwerckern in den Stedten".
[2] LPO 1618 Kapitel 17 § 15. So auch schon LPO 1564 Titul. „Von Höckern und Handwerckern in den Stedten".
[3] LPO 1618 Kapitel 17 § 17. So auch schon LPO 1564 Titul. „Von Höckern und Handwerckern in den Stedten".
[4] LPO 1618 Kapitel 17 §§ 15, 16. So auch schon LPO 1564 Titul. „Von Höckern und Handwerckern in den Stedten".
[5] LPO 1618 Kapitel 17 § 15. So auch schon LPO 1564 Titul. „Von Höckern und Handwerckern in den Stedten".
[6] LPO 1618 Kapitel 17 § 16. So auch schon LPO 1564 Titul. „Von Höckern und Handwerckern in den Stedten".
[7] LPO 1618 Kapitel 17 § 14. So auch schon LPO 1564 Titul. „Von Höckern und Handwerckern in den Stedten".

Geldstrafe geahndet, und zwar der des Meisters mit zwei, der eines Knechts mit einem halben Gulden.[1]

c) Obrigkeitliche Regulierung des Scheltens und Auftreibens

In der Lüneburgischen Polizeiordnung von 1618 wurde außerdem der Brauch des Scheltens und Auftreibens unter den Handwerkern neuen Bedingungen unterworfen.

Schelten war in der Handwerkssprache die Beschuldigung eines Handwerksgenossen, sich gegen Handwerksgewohnheit und Brauch vergangen zu haben, was auch Verstöße gegen die Handwerkerehre und die guten Sitten umschloss.[2] Wer als Angehöriger des Handwerks von solchen Verstößen gegen die Handwerksgewohnheit und Bräuche erfuhr, war verpflichtet, dies dem Handwerk zu melden; andernfalls stand er mit dem eigentlichen Täter auf gleicher Stufe. Wer sich eines solchen Vorwurfs wegen nicht gütlich mit seinem Handwerk einigte, wurde aufgetrieben. Das Auftreiben wurde sowohl mündlich als auch schriftlich vorgenommen; der Name des Aufgetriebenen wurde in das schwarze Register, auf die schwarze Tafel der Zunft oder in des fortwandernden Gesellen Kundschaft, ein Zeugnis über sein Wohlverhalten, geschrieben.[3] Ein aufgetriebener Geselle konnte in keiner Werkstatt mehr geduldet werden. Jede neue Arbeitsstelle wurde ihm verweigert und die anderen, ehrlichen Gesellen arbeiteten und verkehrten nicht mehr mit ihm. Ebendies widerfuhr aufgetriebenen Meistern, die darüber hinaus zumindest vorübergehend aus der Zunftgemeinschaft ausgeschlossen wurden.[4] Folge des Scheltens bzw. des Auftreibens war also, dass den Meistern oder Gesellen die Ausübung ihrer Berufstätigkeit solange unmöglich gemacht wurde, bis eine Einigung mit den Berufsgenossen unter Aufsicht der örtlichen Zunft[5] getroffen wurde und eine von dieser auferlegte Strafe verbüßt oder bezahlt war. Das Schelten und Auftreiben waren also selbst nicht die Strafe, sondern bildeten die Voraussetzung dafür, den Handwerksgenossen zum Gehorsam gegenüber der Zunft und gegenüber den anderen Genossen anzuhalten.[6]

---

[1] LPO 1618 Kapitel 17 § 14. So auch schon LPO 1564 Titul. „Von Höckern und Handwerckern in den Stedten".

[2] Siehe Wissell, Des alten Handwerks Recht und Gewohnheit, Band 2, S. 222.

[3] Siehe Wissell, Des alten Handwerks Recht und Gewohnheit, Band 2, S. 224 f. Durch die wandernden Gesellen, die selbst ungescholten waren, verbreitete sich darüber hinaus der Name eines gescholtenen Gesellen meist in weitem Umkreis.

[4] Siehe Wissell, Des alten Handwerks Recht und Gewohnheit, Band 2, S. 222; siehe auch Frensdorff, in: Hansische Geschichtsblätter 13: „Das Zunftrecht insbesondere Norddeutschlands und die Handwerkerehre", S. 4 f.

[5] Zuständig war immer die Zunft des Ortes, an dem der Geselle oder Meister gescholten worden war, siehe Wissell, Des alten Handwerks Recht und Gewohnheit, Band 2, S. 226.

[6] Siehe Wissell, Des alten Handwerks Recht und Gewohnheit, Band 2, S. 223, 226.

Entstanden waren diese Mittel unter den Handwerkern als Akt der Selbsthilfe gegen ehrenrührige Handlungen oder einen Verstoß gegen den Handwerksbrauch. Sie gehörten ursprünglich zur ureigensten Zuständigkeit der Zunftgerichtsbarkeit.[1] Ihre Wahrnehmung war durchaus keine Seltenheit unter den Handwerksgenossen und oft zogen sich die daraus resultierenden Verfahren zum Leidwesen des Gescholtenen über viele Jahre hin. Die Obrigkeit sah sich daher im gesamten Reich zunehmend zu einem Eingreifen veranlasst. Seit dem 15. Jahrhundert mehrten sich allgemein Reichsabschiede, Verordnungen, Landesgesetze und Stadtdekrete aller Art, die das Schelten und Auftreiben steuern und ihm Einhalt gebieten wollten.[2]

Auch die lüneburgische Landesherrschaft bemängelte, dass mit diesem Institut ein Unwesen mit oft weitreichenden Folgen getrieben wurde. So war es „oft geschehen", dass ein Handwerker „mit Unschuld" gescholten wurde, woraufhin sich die Gemeinschaft von ihm abgewendet, kein Knecht mehr bei ihm gearbeitet hatte und damit „ihm seine Nahrung gänzlich niedergelegt" wurde[3]. Außerdem war man nun der Auffassung, dass es „sich nicht gebühret, jemand seiner Ehre und Nahrung, ohne genugsame Ausführung der Bezüchtigung, zu entsetzen"[4]. Die Anwendung der entehrenden Mittel des Scheltens und Auftreibens wurde deshalb der Aufsicht der landesherrlichen Behörden unterstellt und damit ihrem Charakter als zunftinterne Angelegenheit entledigt. Fortan musste jeder, der eine Anschuldigung gegen einen anderen Handwerker hervorzubringen hatte, es „mit Hindanstellung alles Schmähens, nach Anweisung der Rechte, vor der ordentlichen Obrigkeit fürnehmen und ausführen"[5].
Der Beschuldigte sollte zunächst „bey seiner Ehre und Handwerck bleiben" und die Handwerksgesellen mit und neben ihm zu arbeiten schuldig sein, und zwar so lange, bis die ihm vorgeworfene Verfehlung gerichtlich erörtert und entschieden war[6]. Es galt hier also im Gegensatz zum alten, zunftrechtlichen

[1] Siehe Proesler, Das Gesamtdeutsche Handwerk im Spiegel der Reichsgesetzgebung, S. 52 f.
[2] Siehe Wissell, Des alten Handwerks Recht und Gewohnheit, Band 2, S. 242; Proesler, Das gesamtdeutsche Handwerk im Spiegel der Reichsgesetzgebung, S. 52 f.; Bodemann, die älteren Zunfturkunden der Stadt Lüneburg, S. XXXIII.
[3] LPO 1618 Kapitel 17 § 19. So auch schon LPO 1564 Titul. „Von Höckern und Handwerckern in den Stedten".
[4] LPO 1618 Kapitel 17 § 20. So auch schon LPO 1564 Titul. „Von Höckern und Handwerckern in den Stedten".
[5] LPO 1618 Kapitel 17 § 21. So auch schon LPO 1564 Titul. „Von Höckern und Handwerckern in den Stedten".
[6] LPO 1618 Kapitel 17 § 21. So auch schon LPO 1564 Titul. „Von Höckern und Handwerckern in den Stedten".

Verfahren eine Unschuldsvermutung für den Handwerker bis zur endgültigen Klärung der Begebenheit durch die Obrigkeit. Ein legales Auftreiben lag nunmehr nur noch bei Beobachtung dieser Formalitäten vor. Wer eine Schmähe, die er gegen Meister oder Geselle vorgebracht hatte, zu dem anberaumten Termin vor Gericht „nicht ausführen will", wurde selbst als unredlich angesehen, bis „er die Schmach ausführet, oder sich mit dem Geschmäheten und der Obrigkeit auf Wege, daß es ihm an seinen Ehren unschädlich seyn kan und mag, vertragen"[1].
Diese Regeln über das Schmähen und Auftreiben in der Lüneburgischen Polizeiordnung von 1618 lehnten sich offensichtlich an die entsprechende Vorschrift der Reichspolizeiordnung von 1577[2] an. Ähnliche Vorschriften waren auch schon in den beiden vorherigen Reichspolizeiordnungen enthalten.[3] Während diese Ordnungen jedoch noch vorsahen, dass diese Streitigkeiten entsprechend der Zunftautonomie vor der Zunftgerichtsbarkeit auszutragen waren, beseitigte die dritte Reichspolizeiordnung von 1577 diese Zuständigkeit der Zunftgerichte und wies die Streitigkeiten der ordentlichen Obrigkeit des Ortes zu. Dieser Zuständigkeitsregelung folgte die lüneburgische Polizeigesetzgebung.[4] Während somit in früheren Zeiten das Auftreiben und Schelten unter den Handwerksgenossen als zunfteigene Angelegenheit anerkannt wurde, sah die reichs- wie landesherrliche Obrigkeit nun einen Bedarf für die staatliche Regelung dieses Sachverhaltes. Mit ihren weitreichenden Folgen für das wirtschaftliche und gesellschaftliche Leben des Einzelnen galt dieses Verfahren nicht mehr als zunftinterne Sache der Handwerker, sondern wurde als eine Beeinträchtigung des allgemeinen Wohls angesehen und damit zur öffentlichen, polizeilichen Angelegenheit qualifiziert.

d) Vervollständigung der angefangenen Arbeit

Nach alter Handwerksgewohnheit war das Abbrechen einer einmal angefangenen Handwerksarbeit strafbar. Entsprechende Verbote waren vielfach in den alten Zunftrollen geregelt worden.[5] Die Lüneburgische Polizeiordnung von 1618 wiederholte diesen Grundsatz und betonte damit nicht nur den Schutz des Bestellers vor dem missbräuchlichen Austreten aus der Arbeit,

---

[1] LPO 1618 Kapitel 17 §§ 22, 23. So auch schon LPO 1564 Titul. „Von Höckern und Handwerckern in den Stedten".

[2] RPO 1577 Art. 38 § 4; vgl. auch Proesler, Das gesamtdeutsche Handwerk im Spiegel der Reichsgesetzgebung, S. 52 f.

[3] Vgl. RPO 1530 Art 39 § 1; RPO 1548 Art. 37 § 2.

[4] Das Lüneburger Stadtrecht aus dem Ende des 16. Jahrhunderts hatte für die Streitigkeiten der Handwerker der Stadt noch die Zuständigkeit der Zunftgerichte beibehalten, sah jedoch eine Berufung gegen den Spruch des Handwerks bei der Obrigkeit vor, siehe Bodemann, Die älteren Zunfturkunden der Stadt Lüneburg, S. XXXIII.

[5] Vgl. Wissell, Des alten Handwerks Recht und Gewohnheit, Band 2, S. 272 ff.

sondern auch die unbedingte Verbindlichkeit des einmal geschlossenen Vertrages für beide Parteien. Die Handwerker durften nicht, solange ihnen „ihre Gebühr bey rechter Zeit gereichet“ wurde, „gehen, und einem andern arbeiten, bis sie die erst-angefangene Arbeit allerdings verrichtet“ hatten[1]. Erst mit der Fertigstellung der handwerklichen Arbeit galt der Handwerksvertrag damit rechtsgültig als beendet. Allerdings wurden hier Ausnahmen zugelassen, die aber ausschließlich von der Obrigkeit aus „sonderlich bewegenden Ursachen“ angeordnet werden konnten[2]. Im Ergebnis sollte mit der Statuierung der Verpflichtung zur Beendigung einer übernommenen Arbeit wieder für eine Gleichheit der Arbeitsbedingungen unter den Handwerkern gesorgt werden. Denn oftmals sahen einzelne Handwerker ohne Rücksicht auf die eigene Leistungsfähigkeit nur darauf, möglichst viele Aufträge zu bekommen, kümmerten sich indes wenig darum, wie sie dann diesen Aufträgen nachkommen sollten. Indem dies verhindert wurde, wurde zugleich die Arbeit angemessen unter den einzelnen Handwerkern aufgeteilt.
Im Zusammenhang mit dem geschilderten Problem hatte sich innerhalb der Zünfte der Missbrauch herausgebildet, dass ein Meister eine Arbeit nicht vollenden durfte, die ein anderer begonnen hatte.[3] Der Besteller stand in solchem Fall also mit einem unvollendeten, für ihn nutz- und wertlosen Werk da. Dieser Brauch sollte daher abgeschafft sein und es nunmehr jedem Handwerker „frey stehen, wann er eine Arbeit angefangen hat, und sie nicht vollenden kann oder will, daß er dieselbe einem, andern vollends zu verfertigen anvertrauen möge“[4]. Kein Meister durfte nunmehr, „der Ursachen halber, daß ein anderer die Arbeit angefangen“, die Fertigstellung des Werks ablehnen, und zwar „bey Verlust der Gilde“[5].

IV. Kreditordnung

Das Kreditwesen hatte seit dem Spätmittelalter und mit dem Übergang zur Geld- und Kapitalwirtschaft eine steigende wirtschaftliche Bedeutung erlangt.

---

[1] LPO 1618 Kapitel 18 § 7.
[2] LPO 1618 Kapitel 18 § 7.
[3] Siehe Jahn, Zur Gewerbepolitik der deutschen Landesfürsten vom 16. bis zum 18. Jahrhundert, S. 13.
[4] LPO 1618 Kapitel 17 § 8. So auch schon LPO 1564 Titul. „Von Höckern und Handwerckern in den Stedten“.
[5] LPO 1618 Kapitel 17 § 9. So auch schon LPO 1564 Titul. „Von Höckern und Handwerckern in den Stedten“, jedoch war die Strafe damals noch nicht der Verlust der Gilde, sondern es wurde lediglich angedroht: „bey vermeidung straff“.

Die staatliche Wirtschaftspolitik musste sich deshalb einerseits der Förderung der Kreditwirtschaft widmen, andererseits sah sich der Polizeigesetzgeber vor allem der Aufgabe gegenüber, den mit der Kreditwirtschaft verbundenen Gefahren für das Gemeinwesen wirksam zu begegnen.

1. Kreditwucher

Nachdem seit dem Spätmittelalter das generelle Zinsverbot zunehmend aufgegeben wurde, sah man im allgemeinen ein Entgelt für die Kapitalüberlassung als wirtschaftlich und rechtlich gerechtfertigt an.[1] Mit der grundsätzlichen Erlaubtheit des Zinsnehmens stellte sich jedoch das Problem des Zinswuchers. Der Preis für die Kreditgewährung durfte nicht so hoch sein, dass er den wirtschaftlichen Ruin des Schuldners zur Folge hatte. Hier sah der frühneuzeitliche Gesetzgeber Bedarf, regelnd und ordnend einzugreifen, da „leider die unersättliche Liebe zu dem vergänglichen Gelde dermassen eingewurzelt und fast allenthalben gemein geworden, das sich der wucherlichen Contracte niemand mehr schämet“[2].

Neben einem allgemeinen Verbot des Wuchers trat der Gesetzgeber dem Zinswucher entgegen, indem er den zulässigen Höchstzinssatz für Renten und Darlehen auf 5 % festlegte.[3] Die Verzugszinsen wurden ebenfalls auf 5 % festgesetzt, doch konnte ein nachweisbar entstandener weiterer Verzugsschaden neben dem Zinsanspruch geltend gemacht werden.[4] Die Höhe dieser Zinssätze entsprach durchweg der gängigen Praxis zeitgenössischer Ordnungen, insbesondere auch der Reichspolizeiordnungen.[5] Wurden höhere als die

---

[1] Die Kirche mißbilligte unter Berufung auf die Bibel das Zinsnehmen, konnte ihre strengen Zinsverbote jedoch nur in Zeiten überwiegender Naturalwirtschaft durchsetzen, als das Bedarfsdeckungsprinzip vorherrschte und das Kreditbedürfnis gering war. Mit dem Aufkommen der Kreditwirtschaft im Spätmittelalter sah sich die Kirche gezwungen, das Zinsverbot zunehmend aufzugeben. Vgl. zum kanonischen Zinsverbot Schmelzeisen, Polizeiordnungen und Privatrecht, S. 480 f.; Landau, in: HRG, Band 5, Art. Zins, Sp. 1710.

[2] LPO 1618 Kapitel 39 § 1. In der LPO von 1564 fehlten Vorschriften über die Kreditordnung weitgehend, hinsichtlich des Zinswuchers noch völlig. Es bestanden indes im 16. Jahrhundert bereits mehrere Reichserlasse gegen den Wucher. So wurde auch in der LPO von 1618 betont, dass der Wucher weit verbreitet sei, „ob wol die gemeine beschriebene Kayserliche Rechte, auch des Heiligen Römischen Reichs Abschiede und Ordnungen [...] zumal aber die heilige göttliche Schrift den Wucher bey ewiger und zeitlicher Strafe hart und ernstlich verbieten“; a.a.O., Kapitel 39 § 1.

[3] LPO 1618 Kapitel 39 §§ 2, 3.

[4] LPO 1618 Kapitel 39 §§ 6 f.

[5] Vgl. RPO 1577 XVII § 1; vgl. zu einzelnen Landespolizeiordnungen Schmelzeisen, Polizeiordnungen und Privatrecht, S. 481 f.; v. Bülow/Hagemann, Practische Erörterungen aus

gesetzlich zugelassenen Zinsen festgesetzt, so war der Vertrag insoweit nichtig, als er gegen das Wucherverbot verstieß.[1] Es kam also zu einer Teilnichtigkeit des Vertrages, soweit der Zins die erlaubte Höhe von 5 % überstieg. Zur Strafe verlor der Wucherer außerdem ¼ seines hingegebenen Kapitals, das an den Landesherrn oder die Obrigkeit, unter der der Wucherer saß, fiel.[2] Dies zeigt, dass er im übrigen den Anspruch auf die Hauptsumme gegen den Schuldner behielt. Über die Einhaltung dieser Wucherverbote war streng zu wachen, und jede „nachgesetzte Obrigkeit", bei der sich „desfals [...] einige Versäumnis eräugen und befinden", hatte selbst eine „gebührende Strafe" zu erwarten[3].

Daneben musste eine Umgehung der Zinsverbote verhindert werden. Dies galt für Umgehungsgeschäfte, die zwar keinen überhöhten Zinsanspruch begründeten, bei denen dem Kreditgeber jedoch ein so hohes Entgelt für die Kreditgewährung zukam, dass das Geschäft als wucherisch anzusehen war: Wurde dem Bauern Waren oder Geld gegeben auf erst noch zu erntende oder herzustellende Produkte („auf die Saat im Felde, das Gras auf den Wiesen"[4]) und der Wert der später zu erbringenden Leistung des Bauern (Frucht, Heu, Flachs, Wolle, Wachs etc.) zu niedrig bemessen, so erhielt er als Darlehenswert weniger, als seine noch zu erbringende Leistung wert war. Der Bauer sah sich bei diesen Geschäften einer Übervorteilung ausgesetzt und geriet in die Gefahr, seiner letzten Mittel beraubt zu werden. Auch des Bauern Herrschaft konnten solche Geschäfte daher nicht erwünscht sein. Diese Geschäfte waren daher verboten und wurden bei Verstoß mit einer Geldstrafe von zehn lübeckischen Gulden geahndet.[5]
Ein solches Geschäft war dagegen erlaubt, wenn in ihm keine Bewucherung des Kreditnehmers zu sehen war. Dies war zum einen dann der Fall, wenn als Zins für die Vorleistung des Käufers nur Fruchtgülten im Wert von 5 % des Kaufpreises geschuldet wurden.[6] Zum anderen war das Geschäft dann nicht als wucherisch anzusehen, wenn der Kreditnehmer zur Tilgung des Darlehens

---

allen Theilen der Rechtsgelehrsamkeit, Band 4, S. 225 zum Lüneburger Stadtrecht vom Ende des 16. Jahrhunderts.

[1] LPO 1618 Kapitel 39 § 3.

[2] LPO 1618 Kapitel 39 § 4.

[3] LPO 1618 Kapitel 39 § 5.

[4] LPO 1618 Kapitel 46 § 1.

[5] LPO 1618 Kapitel 46 § 1, 3. So auch LPO 1564 Titul. „Acker und Wiscken von den Höfen nicht zu verandern / Noch gelt uff Sath im Felde / Gras / Wiscken / oder andere Ware uff gewissen kauff auszuthun".

[6] LPO 1618 Kapitel 46 § 3 i.V.m. Kapitel 39 § 3.

an Waren nur so viel zu liefern hatte, wie es dem zur Zeit der Lieferung herrschenden Markt- oder Taxpreis entsprach.[1]

2. Bürgschaften

Weiterhin galt es, die leichtfertige Übernahme von Bürgschaften zu verhindern, denn „ob wol an ihm selbsten christlich ist, vor andere Bürge zu werden, so bezeuget doch nebenst täglicher Erfahrung das unfehlbare Wort Gottes selbsten, daß es ohne Gefahr und Schaden selten abgehet, ja mancher, so sonsten stattlichen Vermögens ist, bey dem Trunck oder aus Unvorsichtigkeit darbey gebracht, und sich und die Seinige dadurch um alles sein und ihr Vermögen in die äusserste Armut bringet“[2]. Es wurde daher das grundsätzliche Erfordernis einer landesherrlichen Genehmigung der Bürgschaften aufgestellt, und „wofern nun diesem zuwider gehandelt wird, die Bürgschaft kraftlos und nichtig sein“[3]. Das Genehmigungserfordernis wurde für jeden statuiert, der die Bürgschaft eingehen wollte, „er sey auch wer er wolle, adelichen oder gemeinen Standes“[4].
Dieses umfassende Genehmigungserfordernis wurde freilich hinsichtlich des Adels sogleich wieder eingeschränkt. Dieser durfte nach wie vor genehmigungsfreie Bürgschaften zu einem Betrag von bis zu 1000 Reichstalern eingehen, aber nur, wenn das fürstliche Eigentum durch die Bürgschaft nicht belastet wurde.[5] Gleichzeitig wurden für den Wirtschaftsverkehr wichtige Einschränkungen von dem landesherrlichen Genehmigungserfordernis aufgestellt: Die Bürgschaften von Bürgern waren generell und „an jedem Ort“ nur von „Vorwissen und Beliebung des Raths“ abhängig, so dass die LPO den Gepflogenheiten des Kreditverkehrs in den Städten, vor allem unter den Kaufleuten, entgegenkam[6].
Den Bauern durfte demgegenüber eine Genehmigung durch die landesherrlichen Beamten oder die Gerichtsherren nicht erteilt werden, wenn die Bürgschaft „zu Beschwerung der Höfe ohne sonderlich hohe und grosse Ursachen, die sie bey sich erwegen können und wir zu ihrer discretion setzen“, führen

---

[1] LPO 1618 Kapitel 46 § 2. So auch schon LPO 1564 Titul. „Acker und Wiscken von den Höfen nicht zu verandern / Noch gelt uff Sath im Felde / Gras / Wiscken / oder andere Ware uff gewissen kauff auszuthun“.
[2] LPO 1618 Kapitel 42 § 1.
[3] LPO 1618 Kapitel 42 §§ 5, 2.
[4] LPO 1618 Kapitel 42 § 2.
[5] LPO 1618 Kapitel 42 § 2.
[6] LPO 1618 Kapitel 42 § 3.

würde[1]. Sie sollten also im besonderen vor unüberlegten Bürgschaften geschützt werden, die zu einer von ihnen nicht zu übersehenden übermäßigen Belastung ihres Hofes führen konnten. Die Mitwirkung der Obrigkeit sollte mithin der Kontrolle dienen, dass die Bürgschaft für den Bauern tragbar war und auch die Interessen des Abgabeberechtigten am Gut gewahrt wurden.

Letztlich ging es dem Gesetzgeber trotz des zunächst scheinbar entgegenstehenden Wortlautes jedoch nicht um einen umfassenden Genehmigungsvorbehalt dergestalt, dass das Fehlen der vorherigen Zustimmung stets die Nichtigkeit der Bürgschaft zur Folge gehabt hätte. Dies wäre ein zu arger Hemmschuh für den Wirtschaftsverkehr gewesen. Die Absicht ging, wie die einleitenden Worte zeigten, vielmehr nur dahin, dass niemand beim Trunk, durch Hinterlist des Gläubigers oder, hinsichtlich der Bauern, aus Unbedarftheit zur Übernahme einer ruinösen Bürgschaft verleitet wurde. Wo solche Umstände nicht vorlagen, wurde eine Genehmigung, insbesondere der städtischen Obrigkeit, generell erteilt.[2] Auch konnte gegen eine solche, ohne widrige Umstände zustandegekommene Bürgschaft nicht die Einrede der Nichtigkeit allein wegen Fehlens der obrigkeitlichen Genehmigung erhoben werden.[3] Der Schutzzweck des Genehmigungsvorbehaltes war in diesem Fall nicht einschlägig. Die spätere Rechtspraxis des Cellischen Magistrats und der Justizkanzlei bestätigten bis ins 18. Jahrhundert diese Handhabung und bekräftigten stets die Gültigkeit von Bürgschaften trotz fehlender Genehmigung, wenn es im übrigen an dem besonderen Schutztatbestand fehlte.[4]
Insgesamt wägte der Ordnungsgesetzgeber damit innerhalb des Bürgschaftsrechtes ab, ob die Bürgschaft zum einen unter polizeirechtlichen Gesichtspunkten zu verantworten war, zum anderen, ob den Interessen des Kreditverkehrs an einer Kreditsicherung hinreichend genüge getan werden konnte. Das Polizeirecht konnte daher nur die unnötigen, arglistigen, wirtschaftlich nicht gerechtfertigten und schädlichen Kreditgeschäfte verhindern, musste aber im übrigen eine Förderung der Kreditwirtschaft sicherstellen.

---

[1] LPO 1618 Kapitel 42 § 4.
[2] Siehe v. Bülow/Hagemann, Practische Erörterungen aus allen Theilen der Rechtsgelehrsamkeit, Band 4, S. 196.
[3] Siehe v. Bülow/Hagemann, Practische Erörterungen aus allen Theilen der Rechtsgelehrsamkeit, Band 4, S. 195 f.
[4] Siehe v. Bülow/Hagemann, Practische Erörterungen aus allen Theilen der Rechtsgelehrsamkeit, Band 4, S. 195 f.

V. Liegenschaftsordnung

Sowohl für den einzelnen Abgabeberechtigten wie für die Volkswirtschaft überhaupt konnte es sich sehr nachteilig auswirken, wenn ein Grundstück durch Abtrennung aus seinem wirtschaftlichen Zusammenhang gerissen wurde, da darunter dessen Leistungsfähigkeit leicht leiden konnte. Insoweit bedurfte das Liegenschaftsrecht aus polizeilichen Gesichtspunkten einer Gestaltung, die übermäßige Landteilungen eindämmte. Des weiteren ist die Ordnung des Liegenschaftsrechtes vor dem Hintergrund zu sehen, dass aufgrund der seit dem 16. Jahrhundert andauernden Bevölkerungszunahme im ländlichen Bereich keine ausreichende Landausstattung mehr vorhanden und es daher zu einer Ausdehnung klein- und unterbäuerlicher Schichten gekommen war.[1] Die Vermehrung kleinbäuerlicher Stellen durch weitläufige Gutsteilungen musste deshalb um so mehr verhindert werden.

1. Meier- und Schillingsgüter

Hinsichtlich der bäuerlichen Besitztümer traf der Ordnungsgeber zunächst für die Meiergüter einschränkende Regelungen. Das Meiergut stand in einem gutsherrlichen Verband, war aber mit allen Nutzungen dem Bauern gegen Entrichtung eines jährlichen Meierzinses und Leistung gewisser Dienste dauerhaft überlassen.[2] Äußerer Anlass zur Aufteilung des Meierhofes gab naturgemäß oft der Erbfall beim Bauern. Da „oft ein Bauersmann viele Kinder hat“, drohte die Aufteilung des Hofes, der dadurch „mercklich geschwächet und zerissen“ wurde, weshalb auch „diejenigen, die darauf bleiben, Uns und ihren Guths-Herren die schuldige Gebühr und Pflicht nicht leisten können“[3]. Bei Erbauseinandersetzungen sollten Dismembrationen daher möglichst verhindert werden und der Verkauf oder die Versetzung des Landes wurden grundsätzlich verboten.[4] Im Erbfall sollten die Beteiligten statt dessen einen

---

[1] Siehe Henning, Landwirtschaft und ländliche Gesellschaft in Deutschland, S. 192, 206. Siehe auch oben bei der Bettelpolizei (Teil B 6. Kapitel).

[2] Siehe Hagemann, Handbuch des Landwirtschaftrechtes, S. 202; Grefe, Hannovers Recht, S. 138; siehe zu den Meiergütern auch ausführlich Schulze, in: HRG, Band 3, Art. Meierrecht, Sp. 445-447.

[3] LPO 1618 Kapitel 44 § 1. So auch schon LPO 1564 Titul. „Acker und Wiscken von den Höfen nicht zu verandern / Noch gelt uff Sath im Felde / Gras / Wiscken / oder andere Ware uff gewissen kauff auszuthun“.

[4] LPO 1618 Kapitel 44 § 1. So auch schon LPO 1564 Titul. „Acker und Wiscken von den Höfen nicht zu verandern / Noch gelt uff Sath im Felde / Gras / Wiscken / oder andere Ware uff gewissen kauff auszuthun“. Mit den ganzen Vorschriften über das Liegenschafts-

Ausgleich anstreben, bei dem eine nachteilige Bodenzersplitterung vermieden wurde. Hinsichtlich der von Alters her zum Meiergut gehörenden Grundstücke[1] sollten „diejenigen, so auf den Höfen und Koten bleiben", die anderen Erbberechtigten, „unangesehen sie gleich ihnen darzu berechtiget seyn", mit einem „ziemliche Gelde" abfinden[2]. Die „alten Erb Güter"[3] sollten damit dem Meiergut unabtrennbar zugehörig sein.[4] Konnte eine Einigung über die Abfindungssumme nicht gefunden werden, so hatten die landesherrlichen Beamten diese Summe festzusetzen.[5] Diese obrigkeitliche Entscheidungsbefugnis sollte namentlich verhüten, dass die Abfindung die finanziellen Fähigkeiten des Bauern überstieg, da andernfalls für ihn der Wert des alleinigen Erhalts des Meiergutes faktisch ausgehöhlt würde.[6]
Anderes galt bei den Kaufgütern, die erst zu Lebzeiten des Erblassers zum Gut hinzugekommen waren.[7] Hier konnte der Landesherr über eine Abtrennung entscheiden, wenn feststand, dass der Ursprungshof auch ohne diese Feld- und Weideflächen ausreichend Nutzfläche für eine einkömmliche Bewirtschaftung behielt.[8]

---

recht standen auch Bestimmungen über die Schriftlichkeit letztwilliger Verfügungen und Grundstücksverträgen im Zusammenhang. Insoweit ist zu beachten, dass nach LPO 1618 Kapitel 11 §§ 1, 2 für solche Willenserklärungen das Schriftformerfordernis galt und sie in das Amts- oder Gerichtsbuch einzutragen waren, siehe oben Teil B 1. Kapitel II. 4. Auch durch diese Anordnungen sollte eine Kontrolle über die grundstücksbezogenen Geschäfte der Bauern erreicht werden.

[1] LPO 1618 Kapitel 44 § 2: „Sondern wofern solche Aecker und Wiesen alte Erb Güter seyn, und also nur vom Groß-Vater oder Groß-Mutter darzu gebracht". In der im übrigen inhaltsgleichen Vorschrift der LPO 1564 Titul. „Acker und Wiscken von den Höfen nicht zu verandern / Noch gelt uff Sath im Felde / Gras / Wiscken / oder andere Ware uff gewissen kauff auszuthun" wird Erbgut lediglich umschrieben mit „Erbgut / und lange zeit bey den Hofen gewesen sein".

[2] LPO 1618 Kapitel 44 § 2. So auch schon LPO 1564 Titul. „Acker und Wiscken von den Höfen nicht zu verandern / Noch gelt uff Sath im Felde / Gras / Wiscken / oder andere Ware uff gewissen kauff auszuthun".

[3] LPO 1618 Kapitel 44 § 2.

[4] Siehe zum Ganzen auch Grefe, Hannovers Recht, S. 223 f.

[5] LPO 1618 Kapitel 44 § 2. So auch schon LPO 1564 Titul. „Acker und Wiscken von den Höfen nicht zu verandern / Noch gelt uff Sath im Felde / Gras / Wiscken / oder andere Ware uff gewissen kauff auszuthun": „unsere Ampten fur billich erkennen werden".

[6] Siehe Grefe, Hannovers Recht, S. 222 f.

[7] LPO 1618 Kapitel 44 § 3: „So aber die Aecker oder Wiesen allererst zugekaufte oder anders woher ererbte oder geschenckte Güter, und nicht lange bey den Höfen und Koten gewesen, sondern bey des Vaters oder der Mutter Lebzeit und Verwaltung allererst darzu kommen". So auch schon LPO 1564 Titul. „Acker und Wiscken von den Höfen nicht zu verandern / Noch gelt uff Sath im Felde / Gras / Wiscken / oder andere Ware uff gewissen kauff auszuthun".

[8] LPO 1618 Kapitel 44 § 3. Ungenauer noch LPO 1564 Titul. „Acker und Wiscken von den Höfen nicht zu verandern / Noch gelt uff Sath im Felde / Gras / Wiscken / oder andere

Restriktiver waren die Bestimmungen hinsichtlich der Schillingsgüter, da diese „nicht ihm", dem Erben, „sondern dem Guths-Herrn zuständig seyn"[1]. Das Schillingsgut zeichnete sich dadurch aus, dass der Bauer es durch die Hingabe eines Schillings vom Gutherren empfing und es nach Beendigung seines Rechts am Gut gegen Rückgabe des Schillings an die Gutsherrschaft restituierte.[2] Im übrigen unterschieden sie sich nicht wesentlich von den Meiergütern.[3] Bei den Schillingsgütern schloss der Ordnungsgeber eine Aufteilung der Feld- und Weideflur unter den Miterben aus und bestimmte, dass nur hinsichtlich der Barschaft, der fahrenden Habe, des Hausrats und des sonstigen Erbes eine Auseinandersetzung unter den Miterben vorgenommen werden durfte.[4]

Die Schillingsgüter durften weiterhin nicht ohne Zustimmung des Gutsherren belastet oder veräußert werden.[5] Immerhin war hier mit der Möglichkeit zu rechnen, dass der Erwerber ein schlechter Wirt und die zu leistenden Abgaben deshalb nicht gesichert waren. Bei Verstoß war der Nachfolger auf dem Schillingsgut– es sei denn, es handelte sich um den Erben - nicht an diese Rechtsgeschäfte gebunden, er durfte den Hof oder Koten unbelastet bzw. in seiner ursprünglichen Größe in Besitz nehmen, ohne zur Zahlung verpflichtet zu sein.[6]

Ware uff gewissen kauff auszuthun", wo es hinsichtlich der Erlaubnis zur Abteilung des Kaufgutes lediglich heißt: „So wollen wir in solchem fall nach gelegenheit / gebührlich einsehen zu thun vorbehalten haben". Siehe auch Grefe, Hannovers Recht, S. 223 ff.

[1] LPO 1618 Kapitel 44 § 4. So auch schon LPO 1564 Titul. „Acker und Wiscken von den Höfen nicht zu verandern / Noch gelt uff Sath im Felde / Gras / Wiscken / oder andere Ware uff gewissen kauff auszuthun".

[2] Siehe Grefe, Hannovers Recht, S. 262; Hagemann, Handbuch des Landwirtschaftrechts, S. 203.

[3] Siehe Grefe, Hannovers Recht, S. 138 f., 170, 263; Hagemann, Handbuch des Landwirtschaftrechts, S. 203.

[4] LPO 1618 Kapitel 44 § 4. So auch schon LPO 1564 Titul. „Acker und Wiscken von den Höfen nicht zu verandern / Noch gelt uff Sath im Felde / Gras / Wiscken / oder andere Ware uff gewissen kauff auszuthun". Diesbezügliche Bestimmungen waren auch in der „Constitutio von zugerodeten Aecker und Cämpen" vom 23.8.1570 enthalten, abgedruckt in Jacobi, Band 1, S. 278 ff. Vgl. zur Erbpacht der Bauern auch eingehend Pröve, Wathlingen, S. 42 ff. Die bäuerlichen Gerätschaften standen danach im Eigenbesitz des Bauern, vgl. S. 44.

[5] LPO 1618 Kapitel 44 §§ 5, 6. So auch schon LPO 1564 Titul. „Acker und Wiscken von den Höfen nicht zu verandern / Noch gelt uff Sath im Felde / Gras / Wiscken / oder andere Ware uff gewissen kauff auszuthun".

[6] LPO 1618 Kapitel 44 § 5. So auch schon LPO 1564 Titul. „Acker und Wiscken von den Höfen nicht zu verandern / Noch gelt uff Sath im Felde / Gras / Wiscken / oder andere Ware uff gewissen kauff auszuthun".

Die Rechte der Bauern wurden erheblich gestärkt, indem diese, solange die Abgaben vom Gut ordnungsgemäß erbracht wurden und „den Guths-Herren an Diensten, Zinsen, Pachten und anderm, wie es von Alters hergebracht, davon bey rechter Zeit leisten", nicht mehr willkürlich von ihren Stellen abgesetzt werden durften[1]. Zwar wurde auch in früheren Zeiten von dem formell bestehenden Recht des Grundherren zum „Abmeiern", d.h. dem Inhaber einer Bauernstelle auch bei regelmäßiger Entrichtung des Grundzinses zu kündigen, wenig Gebrauch gemacht[2]; doch konsolidierte die gesetzlich normierte eingeschränkte Kündigungsmöglichkeit in der LPO von 1618 erstmals die Anerkennung der Erblichkeit der Bauernstellen.[3] Nunmehr musste der Gutsherr, wenn der Bauer seinen Verpflichtungen nicht nachkam oder schlecht wirtschaftete, bei der landesherrlichen Regierung die Absetzung des Bauern beantragen.[4] Im übrigen wurde, „damit die Höfe und Koten um so viel desto mehr und gewisser unzersplittert bleiben", verboten, „Feuer-Stätten in den Scheunen oder Backhäusern" und damit neue, vom ursprünglichen Hof abgetrennte Wohnstätten zu errichten[5].

Mit diesen Eingriffen in das bäuerliche Liegenschaftsrecht wurde neben der Gewährlei-stung des eigenen materiellen Wohlergehens der Bauernschaft[6] ihre Fähigkeit geschützt, die von ihr zu leistenden Dienste und Abgaben aufzubringen.[7] Auf diese Dienste und Abgaben konnte und wollte die Obrigkeit nicht verzichten. Der Adel und der Landesherr lebten von den Grundrenten am beginnenden 17. Jahrhundert nicht schlecht, denn die Agrareinkommen befanden sich in einem stetigem Anstieg. Nach Überwindung der spätmittelalterlichen Agrarkrise befand sich die Landwirtschaft, begünstigt durch das Wachstum der Bevölkerung, in stetigem Aufschwung; die Preise für Agrar-

---

[1] LPO 1618 Kapitel 44 § 8.

[2] Siehe Kulischer, Allgemeine Wirtschaftsgeschichte des Mittelalters und der Neuzeit, Band 2, S. 89; siehe zum Abmeiern allgemein auch Schulze, in: HRG, Band 3, Art. Meierrecht, Sp. 446. Im Landtagsabschied von 1527 war noch ein freies Abmeierungsrecht bestätigt worden, Jacobi, Band 1, S. 134 ff.

[3] Dieser Schutz des Bauerns war in der LPO 1564 noch nicht enthalten. Die LPO 1618 spricht insoweit in Kapitel 44 § 8 ausdrücklich nur von „Schillings-Gütern", doch sind hier Schillings- und Meiergüter als gleichgesetzt anzusehen, Grefe, Hannovers Recht, S. 169.

[4] LPO 1618 Kapitel 44 § 8.

[5] LPO 1618 Kapitel 44 § 7. So auch LPO 1564 Titul: „Acker und Wiscken von den Höfen nicht zu verandern / Noch gelt uff Sath im Felde / Gras / Wiscken / oder andere Ware uff gewissen kauff auszuthun".

[6] Dazu diente auch die Abschaffung von Frauengerade, Hergewette und Mußteil, siehe unten Teil B Kapitel 11.

[7] LPO 1618 Kapitel 44 § 1: „[...] dadurch die Höfe und Koten mercklich geschwächet und zerrissen werden, also dass diejenigen, so darauf bleiben, Uns und ihren Guths- Herren die schuldige Gebühr und Pflicht nicht leisten können".

produkte stiegen und damit auch das Einkommen der Grundrentenempfänger.[1]

2. Lehngüter

Diese grundsätzlich günstige Situation vermochte dennoch nicht, den – zumindest niederen – Adel vor dem finanziellen Ruin zu bewahren. Der Ordnungsgeber sah sich daher zu einer Regulierung der Feudallehnsteilungen veranlasst. Denn durch vielfache Gütertrennungen waren immer mehr Angehörige des Adels gezwungen worden, von wenig Land und damit von wenig Einkommen zu leben, nachdem auch der Kriegsdienst als Quelle des Reichtums versiegt war.[2] Zwar ließen „die Lehn-Rechte zu, daß gemeine Lehen getheilet werden können und mögen“[3]; bei diesen Teilungen blieb es jedoch regelmäßig nicht, sondern es fanden weitere Unterteilungen statt. Es bleibe daher nicht aus, dass, so bemängelte der Polizeigesetzgeber, „etliche unserer Landsassen[4] ihr Auskommen von ihren ihnen zugefallen Antheilen nicht haben können, auch oftermals keiner in familia so viel in Vermögen behält, daß er den Nothleidenden aus ihrem Geschlecht in etwas die Hand bieten kan“[5]. Dazu käme, dass dem Lehnsherrn die Lehnsdienste und Abgaben geschmälert würden, zumal wenn noch Schulden auf die Güter aufgenommen werden müssten. Schließlich zöge die Teilung der Häuser mancherlei Streit „zwischen den Adelichen Personen und ihrem Gesinde“[6] nach sich.
In Anbetracht dieser Probleme wurden die Lehnsteilungen zwar nicht verboten; doch sollten sie nur gemäßigt durchgeführt werden, damit der Adel bei gutem Vermögen und Ansehen bleibe, die Güter nicht mit Schulden beschwert würden und die Lehnsdienste desto besser geleistet werden könnten.[7] Diese Ermahnung zu mäßigen Landteilungen konnte freilich deren tatsächliche Durchführung nicht verhindern; Folge war die fortschreitende und erdrückende Schuldenlast des niederen Adels. Das Ziel, den Adel wirtschaftlich zu erhalten und dadurch seinen Stand, überhaupt die sich im Umbruch befindliche Ständegesellschaft selbst zu erhalten, vermochte durch diese Regelung

---

[1] Siehe Henning, Landwirtschaft und ländliche Gesellschaft in Deutschland, S. 20, 184; Lütge, Deutsche Sozial- und Wirtschaftsgeschichte, S. 274.
[2] Siehe Havemann, Geschichte der Lande Braunschweig und Lüneburg, Band 3, S. 28.
[3] LPO 1618 Kapitel 22.
[4] Das Wort Landsassen war der gängige Begriff für die adeligen Grundbesitzer des Territoriums, siehe Willoweit, in: HRG, Band 2, Art. Landsassen, Sp. 1549.
[5] LPO 1618 Kapitel 22.
[6] LPO 1618 Kapitel 22.
[7] LPO 1618 Kapitel 22.

nicht erreicht werden. Neben der übermäßigen Teilung der Güter taten Misswirtschaft und übertriebenes Wohlleben mit einem kostspieligen Hang zum Luxus ihr übriges, um zu einer Verarmung des Landesadel zu führen.[1]

9. Kapitel: Holzordnung

Im Bereich der Holz- und Agrarwirtschaft war die Entwicklung maßgeblich durch die stetige Bevölkerungszunahme und die damit einhergehenden Holzverknappung geprägt. Die Epoche des Niedergangs der gesamten Landwirtschaft, die im Gefolge des Schwarzen Todes ausgebrochen war, war zu Beginn des 16. Jahrhunderts überwunden und die deutsche Landwirtschaft hatte eine Zeit des Aufstiegs erlebt.[2] Folge war unter anderem eine relative Verknappung des Bodens, wachsender Gebäudebedarf und damit das sich ausweitende Problem massiver Waldrodungen. So gut wie aller kulturfähiger Boden wurde urbar gemacht, Weide und Wald waren zunehmend in Ackerland verwandelt worden.[3] Gerade der Wald aber war notwendiger Bestandteil der bäuerlichen Wirtschaft. Er lieferte Beeren, Pilze, jagdbare Tiere, Streu sowie Eicheln und Bucheckern für die Mast der Schweine. Daneben war das Holz als wichtigstes Baumaterial und als Energiespender im Winter von größter Bedeutung. Die Bauern bezogen daraus nicht nur ihren Bedarf an Bau- und Brennholz, sondern auch als Nutzholz für die Herstellung von Haushalts- und Arbeitsgeräten, ebenso für Möbel und das vielfältige Hof- und Betriebsinventar.

Der weitaus größte Teil der zur Verfügung stehenden Waldflächen waren landesherrliche Besitzungen, von denen allerdings nur ein ganz geringer Teil völlig private herrschaftliche Forsten waren. Den überwiegenden Teil der

---

[1] Vgl. dazu Havemann, Geschichte der Lande Braunschweig und Lüneburg, Band 3, S. 28; v. Heinemann, Geschichte von Braunschweig und Hannover, Band 2, S. 482. Zum Luxus der oberen Schichten siehe unten Teil B Kapitel 11.

[2] Siehe dazu eingehend Lütge, Deutsche Sozial- und Wirtschaftsgeschichte, S. 273 ff.; Henning, Landwirtschaft und ländliche Gesellschaft in Deutschland, S. 183 ff.; Treue, in: Gebhardt, Handbuch der deutschen Geschichte, S. 451, 453. Das Bevölkerungswachstum wurde auch in der LPO 1618 beschrieben, siehe Kapitel 51 (Holzordnung) § 1: „in Unseren Fürstenthümern und angehörigen Graf- und Herrschaften die Mannschaften, und folgends Gebäude, in Städten, Flecken und auf dem Lande, [...] innerhalb 50 Jahren, ja noch bey währender Unsrer Regierung augenscheinlich zugenommen, auch Gott lob, noch täglich wachsen und zunehmen".

[3] Siehe Henning, Landwirtschaft und ländliche Gesellschaft in Deutschland, S. 90; Saalfeld, in: van den Heuvel/v. Boetticher, Geschichte Niedersachsens, Band 3/1, S. 666.

Waldungen machten die gemeinen Holzungen aus, in denen das landesherrliche Eigentum durch die verschiedenen Nutzungs- und Schlagrechte der Bauern eingeschränkt war.[1] Das Nutzungsrecht an den gemeinen Holzungen war an den Besitz eines bäuerlichen Hofes gekoppelt. Diese Wald- und Weideflächen standen neben dem Acker, der dem einzelnen Hof oder Köter je nach Größe und Bedeutung zugeordnet war, den Mitgliedern der dörflichen Gemeinde zur gemeinschaftlichen Nutzung zu (Allmende).[2] Durch diese Nutzungsrechte war für den einzelnen Bauern die ordnungsgemäße Weiterführung seines Hofes sichergestellt.

Nicht allein der stetige Bevölkerungszuwachs und damit der Ausbau des Ackerlandes hatten zu einer Verringerung der zur Verfügung stehenden Waldflächen gesorgt; auch die teilweise ungehemmte und bedenkenlose Nutzung des Holzbestandes durch Bauern und Landesherren hatten dem Waldbestand schwer zugesetzt. Zum einen dienten die gemeinen Holzungen nicht allein der Befriedigung des privaten Bedarfs der Nutzungsberechtigten, sondern auf ihnen ruhten auch öffentliche Lasten. Sie mussten das Holz liefern für den Bau und die Instandhaltung aller öffentlichen Gebäude, der Brücken, Wege und Deiche innerhalb des Genossenschaftsbezirks.[3] Daneben gehörten die Holzbestände zu den ergiebigsten Geldquellen des sich permanent in Geldnöten befindlichen Landesherrn. Bei steigenden Holzpreisen wurde der Wald nicht selten übermäßig genutzt, um mit reichen Erträgen die Staatskassen zu füllen.[4] Hinzu trat der enorme Holzbedarf der größeren Städte wie Lüneburg und Hamburg, der den Gemeinschaftswaldungen außerdem zusetzte. Trotz der Wichtigkeit des Holzes wurden „aber die Holzungen fast hin und wieder wenig geachtet, sondern merklich verödet, verwüstet und geschwächet“[5]. Die gesamte Forstwirtschaft wurde deshalb in der Polizeiordnung von 1618 mit der „Holzordnung“[6] strengen Bewirtschaftungsgrundsätzen der nachhaltigen Waldnutzung unterworfen. Oberstes Gebot war der sparsame und sinnvolle Umgang mit dem Rohstoff Holz; daneben war die Rekultivierung des Waldes von höchster Wichtigkeit.

---

[1] Siehe Jördens, Wirtschaftsgeschichte der Forsten in der Lüneburger Heide, S. 8 ff.

[2] Siehe Pröve, Wathlingen, S. 64; Saalfeld, in: van den Heuvel/v. Boetticher, Geschichte Niedersachsens, Band 3/1, S. 668.

[3] Siehe Jördens, Wirtschaftsgeschichte der Forsten in der Lüneburger Heide, S. 18; vgl. LPO 1618 Kapitel 13, 14.

[4] Siehe Jördens, Wirtschaftsgeschichte der Forsten in der Lüneburger Heide, S. 34; Saalfeld, in: van den Heuvel/v. Boetticher, Geschichte Niedersachsens, Band 3/1, S. 667.

[5] LPO 1618 Kapitel 51 § 1; vgl. auch Pröve, Dorf und Gut im alten Herzogtum Lüneburg, S. 81 f.

[6] LPO 1618 Kapitel 51. Zu den Forstgesetzen als Bestandteil frühneuzeitlicher Polizeigesetzgebung vgl. Ernst, Forstgesetze in der Frühen Neuzeit, in: Policey und frühneuzeitliche Gesellschaft, S. 377 ff.

I. Ausbau der Forstverwaltung

Noch in der ersten Hälfte des 16. Jahrhunderts hatte die Verwaltung der mit Nutzungsrechten belasteten Wälder den Holzgerichten unterstanden, die bis zu zweimal im Jahr tagten.[1] Auf ihnen versammelten sich die an einer bestimmten Holzmark berechtigten Bauern und regelten unter dem Vorsitz eines Holzgrefen die gemeinsame Nutzung des Waldes. Neben
der Bestrafung der Waldfrevel entschieden sie insbesondere über den Beginn der jährlichen Mastnutzung, über den Holzeinschlag und das Anpflanzen junger Bäume. Die Urteile und Verwaltungsentscheidungen wurden dabei von den nutzungsberechtigten Holzungsleuten, den Erben oder Erbexen, gefunden.[2]

In der Folgezeit hatte sich durch den Ausbau der landesherrlichen Verwaltung der Einfluss der Holzgerichte wesentlich verringert. Der Landesherr entzog den Holzerben die Aufsicht und Verwaltung der Holzmark in weitem Umfang und übertrug sie seinen Forstbeamten.[3] Der Amtmann übernahm den Vorsitz des Gerichts und verdrängte damit den Holzgrefen. Die früher von den Erbexen gewählten Holzgeschworenen wurden jetzt zwar noch von ihnen gewählt, aber schon vom Amt ernannt und als Gehilfen den landesherrlichen Förstern und Forstbeamten unterstellt.[4]
Bereits die Lüneburgische Polizeiordnung von 1564 hatte eine Holzordnung enthalten, deren Überwachung den landesherrlichen Beamten zugewiesen worden war und die damit den Beginn der obrigkeitlichen Verwaltungsübernahme kennzeichnete.[5] Der Landesherr setzte dies in der Polizeiordnung von

---

[1] Siehe Jördens, Wirtschaftsgeschichte der Forsten in der Lüneburger Heide, S. 23; Franz, Verwaltungsgeschichte des Regierungsbezirkes Lüneburg, S. 34.

[2] Siehe zu den Holzgerichten insbesondere G. Landwehr, Die althannoverschen Landgerichte, S. 126 ff.; im übrigen auch Struben, Rechtliche Bedenken, Band 1, Bedenken Nr. 155 (S. 365 ff.); Jördens, Wirtschaftsgeschichte der Forsten in der Lüneburger Heide, S. 30; Timm, Die Waldnutzung in Nordwestdeutschland im Spiegel der Weistümer, S. 20; Rubner, in: HRG, Band 2, Art. Holzgericht, Sp. 221.

[3] Zu dieser Entwicklung Jördens, Wirtschaftsgeschichte der Forsten in der Lüneburger Heide, S. 30 ff.; Timm, Die Waldnutzung in Nordwestdeutschland im Spiegel der Weistümer, S. 27 ff.

[4] Siehe Pröve, Dorf und Gut im alten Herzogtum Lüneburg, S. 77; Franz, Verwaltungsgeschichte des Regierungsbezirkes Lüneburg, S. 34; G. Landwehr, Die althannoverschen Landgerichte, S. 130.

[5] LPO 1564 Titul. „Holzordnung": „So haben wir solches alles zu furkomen und zu gemeinem besten / folgende Holzordnung zu machen / und ausgehen zu lassen / für nütz und notwendig bedacht / Unnd thun demnach unserm Großvoigt zu Zell / unnd allen andern unsern Haupt und Amptleuten / Voigten unnd unterthanen / ernstlich befehlen / das sie

1618 durch ausführlichere und einschneidendere Bestimmungen über Holzanbau, Holzanweisung, Holzverwertung, Waldpflege, Forstschutz sowie über die Durchsetzung und Überwachung der Holzordnung fort. Auch die Bestrafung der Holz- und Walddelikte, die nach der Ordnung von 1564 noch den Holzgerichten überlassen worden war[1], wurden nun dem landesherrlichen Amt übertragen. So oblag dem Amtmann die Aufsicht über den sparsamen Umgang mit dem Bauholz für Häuser und Straßen[2], sie hatten „die muthwilligen Gesellen, so die Heister[3] abhauen oder sonsten beschädigen und verderben, [...] gefänglich einziehen" zu lassen und „deswegen mit Ernst zu strafen"[4]. Sie organisierten die Aufforstung[5] sowie die besondere Pflege des Tannenholzes[6]. Neben „Groß-Voigt und Haupt- auch Amtleute, Voigte und Befehlhabere, ein jeder in unserm ihm anbefohlnem Amt", oblag die Aufsicht und Verwaltung des Forstes vor allem auch dem „darzu bestellte Ober-Förstere"[7].

Den Erbexen verblieb nach der Ordnung von 1618 grundsätzlich „Gerechtigkeit und Gebrauch in den Hölzern", die jedem Holzungsberechtigten so gelassen werden sollte, wie „darinnen er berechtiget oder es von Alters her erseßlich hergebracht"[8]. Dabei setzte die Lüneburgische Polizeiordnung von 1618 noch eine Zuweisung des Schlagholzes an die Holzungsberechtigten durch „die Holz-geschwornen" voraus, ging jedoch schon davon aus, dass „in deren Mangel" die Zuteilung „von denen Beamten an jedem Ort" erfolgen sollte[9]. Die althergebrachten Holzgeschworenen wurden folglich schon nicht mehr an jedem Ort gewählt. Außerdem verblieb es weiterhin den Holzgeschworenen, allerdings nur noch in Abstimmung mit den Beamten, über die Ausrodung der

derselbigen folg leisten und vleissig auffsehen haben / das sich derselbigen gehalten werde / bey vermeidung unser ungnad und straffe".

[1] Nach der LPO 1564 Titul. „Holzordnung" lag die Bestrafung der Wrogendelikte bei den Untertanen selbst, also bei den Holzungsgerichten : „Und das die eine Dorfschafft / und ein Nachtbar den andern / umb uberdettung willen derselbigen / zu wrögen schüldig sein solle".

[2] LPO 1618 Kapitel 51 §§ 10, 21.

[3] Junge Laubbäume, insbesondere Jungbuchen. Vgl. Grimm, Deutsches Wörterbuch, Band 10, Art. Heister, Sp. 903: „junger waldbaum, buche".

[4] LPO 1618 Kapitel 51 § 12.

[5] LPO 1618 Kapitel 51 §§ 36, 42.

[6] LPO 1618 Kapitel 51 § 37.

[7] LPO 1618 Kapitel 51 § 38.

[8] LPO 1618 Kapitel 51 § 22; §§ 44, 48 für die Mast.

[9] LPO 1618 Kapitel 51 §§ 32, 24.

Forsten zu entscheiden.[1] Alleine die Beamten hatten indessen über das zugewiesene Holz Buch zu führen.[2]
Die landesherrliche Forstverwaltung löste damit zunehmend die Holzgerichte und
-geschworenen in ihrer alten Bedeutung ab. Noch sind in der Polizeiordnung von 1618 die Holzgerichte als selbständige und regelmäßige Einrichtung genannt, auf denen die Polizeiordnung alljährlich verlesen werden sollte.[3] Doch die polizeiliche Aufsicht über den Wald lag praktisch schon bei den landesherrlichen Beamten, die auch den Vorsitz beim jährlichen Holzgericht führten.

Wie gering die Bedeutung der Holzgeschworenen bei der Verwaltung des Forstes zu Beginn des 17. Jahrhunderts nur noch war, zeigt sich daran, dass schon nach der nachfolgenden Holzordnung Herzog Christian Ludwigs aus dem Jahre 1651 die Bewilligung des Holzes nicht mehr durch sie erfolgte, sondern auf den neu eingerichteten Holzschreibtagen, die zweimal im Jahr stattfanden, durch die landesherrlichen Beamten vorgenommen wurde. An diesen „zween gewisse Schreibtage" hatten „die jenige, so holzes benötiget, bey unsern Beampten und Förstern" ihren Holzbedarf anzumelden, woraufhin die Zuweisung nach obrigkeitlicher Prüfung durch die Beamten erfolgte[4]. Die Holzgerichte wurden sodann in der nachfolgenden Holzordnung Herzog Christian Ludwigs aus dem Jahr 1665[5] überhaupt nicht mehr erwähnt. Sie konnten sich nur dort noch in ihrer ursprünglichen Funktion und Bedeutung bis ins 19. Jahrhundert erhalten, wo der Landesherr nicht Herr der gemeinen Mark war, sondern adlige oder geistliche Herren die Holzherren waren.[6]

---

[1] LPO 1618 Kapitel 51 § 35. Diese Einschränkung für die Holzgeschworenen enthielt auch schon die Polizeiordnung 1564.
[2] LPO 1618 Kapitel 51 § 26. So auch schon LPO 1564.
[3] LPO 1618 Kapitel 54 § 1.
[4] Holzordnung Christian Ludwigs 1651, Art. 30 (S. 11 f.): „Sollen demnach hinfüro in jedem Ampte und Vogtey / woselbst es die Holzung ertragen kann / zween gewisse Schreibtage / die zuvor von der Canzel öffentlich zu verkündigen / angesezet werden / an welchen die jenige / so holzes benötiget / bey unsern Beampten und Förstern sich angeben / und worzu sie dasselbe unentbehrlich zugebrauchen / mit den umbständen vermelden / darauff dann uns unsere Beampte und Förster nach eingezogener fleissiger Erkündigung die Verzeichnüß hievon von ihnen allerseits unterschrieben nebenst ihrem pflichtmessigem Bericht und Gutachten / aus welcher Holzung jedes zunehmen / anhero übersenden / gewissen Befehls erwarten / auch einem jeden / was ihme derogestalt bewilliget wird / auff einen gewissen dazu bestimmten Tag selbst anweisen".
[5] in: CCL Cap. VIII. Sec. I N. 1.
[6] Siehe G. Landwehr, Die althannoverschen Landgerichte, S. 131; Jördens, Wirtschaftsgeschichte der Forsten in der Lüneburger Heide, S. 32. Endgültig wurden alle Holzgerichte am 13. Februar 1850 durch das „Gesetz über die Aufhebung der Marken- und Holzge-

II. Maßnahmen zur Erhaltung des Waldes

Es ergingen zahlreiche Vorschriften, um die stehenden Waldungen nach Möglichkeit zu erhalten und eine Rekultivierung zu fördern. Jede Beschädigung der Bäume, insbesondere der Jungbäume, und das vorzeitige Abklopfen der Früchte war „bey unnachläßiger Leibes- Strafe“ verboten[1]. Um den Bäumen die Nährstoffe zu erhalten, durften die Äcker höchstens zehn Fuß[2] bis an den Wald heranreichen.[3] Damit die Baumwurzeln vor Verletzungen geschützt wurden, war der Plaggenhieb unter den Bäumen verboten, soweit Wurzel und Baum dadurch Schaden nehmen konnten.[4] „Plaggen“ waren die in der Waldweidezone ausgehobenen Waldbodenstücke, die, auf eine ackermäßig genutzte Fläche gestreut, durch ihren Humusgehalt wie eine Düngung zur Hebung der Bodenfruchtbarkeit beitrugen.[5]
Mit Bauholz war möglichst sparsam umzugehen und im besonderen in jedem Einzelfall zu prüfen, wie groß der Bedarf des Bauherrn an Bauholz war.[6] Vorrangig altes und dürres Holz, „so den Gebäuden noch immer dienlich“, sollte als Bauholz ausgewiesen und die fruchtbaren Hölzer damit für die Mast verschont werden[7]. Beim Fällen des Bauholzes waren Sägen zu verwenden, „damit das Holz desto weiter reichen möge“[8]. Die Straßen waren mit Steinen, nicht aber mit Holz auszubessern.[9]
Als einen besonders verschwenderischen Umgang mit dem kostbaren Rohstoff sah man die Anlegung hölzerner Feldzäune an, da „die Feld-Zeune viel Holzes wegnehmen“[10]. Als Befriedung sollten darum nur noch Gräben oder

---

richtsbarkeit und die Abstellung der markenrechtlichen, holzgraflichen und markenherrlichen Berechtigung“ beseitigt, vgl. G. Landwehr, a.a.O., S. 129.

[1] LPO 1618 Kapitel 51 § 2 und §§ 3, 12, 13.

[2] Ca. 3 Meter.

[3] LPO 1618 Kapitel 51 § 5.

[4] LPO 1618 Kapitel 51 § 4.

[5] Siehe Timm, Die Waldnutzung in Nordwestdeutschland im Spiegel der Weistümer, S. 52; Jördens, Wirtschaftsgeschichte der Forsten in der Lüneburger Heide, S. 77. Siehe zum Umfang des Verbots des Plaggenhauens v. Bülow/Hagemann, Practische Erörterungen aus allen Theilen der Rechtsgelehrsamkeit, Band 3, S. 159 ff.; trotz des anscheinend umfassenden Wortlautes der LPO 1618 Kapitel 51 § 4: „Es soll auch keiner unter den Bäumen Plaggen hauen und Heide mehen, damit dadurch den Wurzeln kein Schade geschehen und die Bäume unversoret bleiben mögen“, war der Plaggenhieb nicht generell, sondern nur insoweit beschränkt, als die Bäume gefährdet waren, Urteil der Justiz- Kanzlei Celle vom 17. Dezember 1796, v. Bülow/ Hagemann, a.a.O., S. 160.

[6] LPO 1618 Kapitel 51 §§ 31, 10 f.

[7] LPO 1618 Kapitel 51 § 30.

[8] LPO 1618 Kapitel 51 § 9.

[9] LPO 1618 Kapitel 51 § 21.

[10] LPO 1618 Kapitel 51 § 14.

Sträucher angelegt werden, es sei denn, der Acker musste von der Waldweide und damit auch vor dem Vieh geschützt werden.[1] Bestehende, nicht notwendige Zäune waren abzureißen.[2] Verboten war es insbesondere, Zäune aus „eitelem Eichen-Holz“ zu errichten oder zu verbessern[3]. Solche Zäune waren abzureißen und „in Verbleibung dessen“ waren die Beamten ermächtigt, sie zum Zwecke des Verkaufs oder anderweitigen Verwertung zu Nutzen und Kasse des Landesherrn abzureißen[4].
Auch die Holzbänke, die für Hochzeiten und die zahlreichen anderen Feiern gefertigt wurden, beanspruchten in den Augen der Obrigkeit eine zu große Menge Holz. Der „Mißbrauch“, dass „zu einer jeden Hochzeit oder Gilde sonderliche Bäume zu Bäncken, darauf die Leute sitzen mögen, gefordert werden“, wurde abgeschafft und kein Holz durfte mehr zu diesem Zweck zugewiesen werden[5]. Statt dessen sollte in jedem Kirchspielbezirk eine Anzahl von Sitzbänken hergestellt werden, die in der Kirche zu verwahren waren und die sich jeder bei Bedarf ausleihen konnte.[6] Auch wurde verboten, die „Kirchmessen, und Fastelabends-Bäume“ zu schlagen[7].
Die Beamten waren aufgerufen, bei der sparsamen Verwendung mit dem Holz allen mit gutem Beispiel voranzugehen. Die Ermahnung der Beamten erfolgte nicht grundlos, da diese sich nicht selten selbst Abholzungen zuwiesen oder Raubbau sowie die Verwertung von Windbruchholz zum eigenen finanziellen Vorteil betrieben.[8] Auch sollten die Stuben der Beamten im Winter nicht mehr so verschwenderisch beheizt werden.[9]

Bei der Beseitigung des Waldes zur Ausdehnung des Ackerlandes hatte man sich in der Vergangenheit regelmäßig der Brandrodung bedient. Der verfügbare Holzbestand war jedoch mittlerweile zu knapp und die Gefahr, dass der Waldbrand außer Kontrolle geriet und damit auch Flächen einbezog, die nicht gerodet werden sollten, zu groß. So waren in der Vergangenheit durch solche Heide- und Waldrodungen „oftermals gantze grosse Hölzungen zu unwiederbringlicher Landes-verderblichkeit jämmerlich in die Asche geleget“ worden, weshalb ein unkontrolliertes Abrennen der Waldstücke nicht mehr in Betracht

---

[1] LPO 1618 Kapitel 51 §§ 14, 15.
[2] LPO 1618 Kapitel 51 §§ 14, 15.
[3] LPO 1618 Kapitel 51 § 16.
[4] LPO 1618 Kapitel 51 § 16.
[5] LPO 1618 Kapitel 51 § 17.
[6] LPO 1618 Kapitel 51 §17.
[7] LPO 1618 Kapitel 51 § 18.
[8] LPO 1618 Kapitel 51 § 19; vgl. Pröve, Dorf und Gut im alten Herzogtum Lüneburg, S. 82; Jördens, Wirtschaftsgeschichte der Forsten in der Lüneburger Heide, S. 48.
[9] LPO 1618 Kapitel 51 § 20.

kommen konnte[1]. Brandrodungen waren bei Vermeidung einer Geldstrafe von 50 Reichstalern nur noch nach vorheriger Anmeldung bei der Obrigkeit und unter deren Kontrolle zulässig.[2] Wurde dennoch unerlaubt Feuer gelegt und entstand ein Schaden am Wald, so hatte der Schädiger nicht nur den gesamten entstandenen Schaden zu ersetzen, sondern war auch je nach „seiner grossen Fahrlässigkeit, Verwirkung und des Schadens" durch das Landgericht mit Geld-, Gefängnisstrafe oder Landesverweis zu bestrafen[3]. Handelte er mit Vorsatz bezüglich des Waldbrandes und war ein erheblicher Schaden, der „einem ziemlich Diebstahl gleich zu achten", entstanden, so oblag die Urteilsfällung dem peinlichen Gericht, das den Täter „am Leben" strafen sollte[4].

Eine wichtige Einschränkung der Holzwirtschaft war schließlich das in der LPO erlassene Exportverbot für Holz, von dem nur durch landesherrliche Erlaubnis entbunden werden konnte.[5] Das Exportverbot hatte allerdings nicht allein die Sorge um den Holzbestand zum Hintergrund, sondern es war vielmehr ein wichtiges Mittel zur Regulierung des allgemeinen Holzhandels. Dieser war bei den stetig steigenden Holzpreisen ein sehr erträglicher Wirtschaftszweig, an dem der Landesherr durch Holzausfuhrzölle und Holzverkaufszölle fleißig mitverdiente.[6] Daneben musste aber auch sichergestellt werden, dass dem einheimischen Gewerbe und den Privatverbrauchern das benötigte Holz in ausreichenden Mengen und zu billigen Preisen zur Verfügung stand. Dies suchte man neben dem Exportverbot auch durch Regelung einer Preistaxe für den Marktverkauf des Holzes[7] zu bewirken.

Alle diese Ge- und Verbote zur Erhaltung des Waldes wurden aber offenbar von den Untertanen nicht ordnungsgemäß befolgt. Im Jahre 1651 beklagte Herzog Christian Ludwig in seiner Revision der Holzordnung von 1618, dass „die Holzördnung in vielen Puncten fast wenig mehr observiret und in acht

---

[1] LPO 1618 Kapitel 51 § 6.
[2] LPO 1618 Kapitel 51 § 6.
[3] LPO 1618 Kapitel 51 § 7.
[4] LPO 1618 Kapitel 51 § 8.
[5] LPO 1618 Kapitel 51 § 28.
[6] Vgl. Jördens, Wirtschaftsgeschichte der Forsten in der Lüneburger Heide, S. 124 ff. Im Landtagsabschied vom 13.09.1616 wurde der Verkaufszoll wie folgt festgesetzt: „Von jedem Fuder Brennholz, es werde in oder ausserhalb des Landes verkauft, Einen Schilling; Dann von einem Faden zween Schilling; Von einem Fuder Kohlen Sechs Schilling; Von einem Schock Latten Vier Schilling; Von einem Schock Dannen Dielen Einen Reichts-Orth; Für jedes Stück Eichen Knupff Dielen zwei Schilling. Für ein ander gemein Eichen Brett einen halben Schilling, Für einen Eichen oder Dannen Balehen oder Stender Einen Schilling, Für ein Fuder des andern Eichen, Dannen oder andern Bauholz zween Schilling einzubringen", Jacobi, Band 2, S. 284 ff.
[7] LPO 1618 Kapitel 20 §§ 9 ff.; siehe dazu oben Teil B 8. Kapitel II. 2.

genommen werde"[1]. Er befand daher „für hochnötig, [...] derowegen erwehnte Holzordnung zu revidiren / zuvermerhen und zuverbessern"[2].

III. Gerechtigkeiten

Die gemeinschaftliche Nutzung des knappen Waldes und der Weide unterlag mannigfaltigen Beschränkungen und Ordnungen. Die Holzordnung war wesentlich darauf gerichtet, die stehenden Waldungen nach Möglichkeit zu erhalten und in dieser Absicht die Holzschläge einzuteilen; doch war auch der lebensnotwendige Bedarf eines jeden Bauern zu berücksichtigen. Darüber hinaus war nicht allein die Befriedigung dieses privaten Bedarfs Aufgabe der gemeinen Holzungen, sondern auch die öffentlichen Lasten zum Straßen-, Wege-, Brücken- und Deichbau und dergleichen musste aus ihnen bestritten werden.[3] Hinzu traten die Interessen des Landesherrn an der finanziellen Nutzung der Wälder. Alle diese Nutzungsberechtigungen und Bedürfnisse galt es, in einen gerechten Ausgleich zu bringen.

1. Holzungsrechte

Das Nutzungsrecht am Wald bzw. der Allmende stand nicht allen Bauern einer Gemeinde zu. Voraussetzung war, dass man Mitglied der Dorfgenossenschaft war und einen Bauernhof besaß. Dabei stand den Besitzern der kleineren Koten weniger Holz zu als den mehrberechtigten Hofeigentümern.[4] Die Besitzer kleinbäuerlicher Unterstellen waren gar nicht an der Nutzung des Allmendengutes berechtigt. Ihnen durfte daher, soweit nicht eine Spezialerlaubnis des Landesherren vorlag, aus der gemeinen Holzung nichts zugewiesen werden.[5]
Im Grundsatz war dem Bauern nach der Lüneburgischen Polizeiordnung von 1618 jeder eigenmächtige Hieb des Holzes verboten. Er hatte die Holzzuwei-

---

[1] Holzordnung Christian Ludwigs 1651, S. 1.
[2] ebenda, S. 1.
[3] Siehe Jördens, Wirtschaftsgeschichte der Forsten in der Lüneburger Heide, S. 18.
[4] Vgl. Sachers, in: HRG, Band 1, Art. Allmende, Sp. 118; Jördens, Wirtschaftsgeschichte der Forsten in der Lüneburger Heide, S. 94; Timm, Die Waldnutzung in Nordwestdeutschland im Spiegel der Weistümer, S. 11.
[5] LPO 1618 Kapitel 51 § 27, 22. Ebenso bezüglich der Mastgerechtigkeit: Kapitel 51 §§ 44, 49.

sung der Holzgeschworenen bzw. der Obrigkeit zu befolgen und durfte auf keinen Fall unangemeldet Holz schlagen. Ansonsten hatte er nicht nur fünf Reichstaler Strafe für jeden unrechtmäßig gefällten Baum zu zahlen, sondern darüber hinaus das unrechtmäßig geschlagene Holz abzugeben; je nach „Befindung seines bösen ungehorsamen Vorsatzes" konnte sogar der Verlust der Holzgerechtigkeit hinzutreten[1].
Der Holzschlag durfte ausschließlich innerhalb einer bestimmten Hiebzeit, dem sog. Wadel, stattfinden.[2] Insbesondere sollte das alte und verdorrte Holz als Bauholz ausgewiesen werden, damit das fruchtbare Holz für die Mast erhalten bliebe.[3] Jeder hatte sich an den ihm zugewiesenen Baum zu halten, nicht aber einen anderen auszusuchen und dabei gar zur Probe des Holzes zu durchbohren und damit zu beschädigen.[4] Dem Berechtigten stand sein Anteil nur zum angemeldeten Privat- bzw. Eigenbedarf zu und er durfte es weder verkaufen noch sonst anderweitig verwenden.[5] Dies unterstreicht, dass der Wald der Gemeinschaft allein zur gerechten Bedarfsbefriedigung aller zur Verfügung stehen sollte; über die Grenzen dieser Notdurft hinaus durfte der Wald nicht belastet werden, erst recht nicht, um den eigenen Geldbeutel zu füllen.
Jedes zweite oder dritte Jahr hatte jeder zur Holznutzung berechtigte Bauer außerdem Anspruch auf die Zuteilung von Rad- und Wagenholz, um stets die für den bäuerlichen Betrieb unentbehrlichen Fahrzeuge zur Verfügung zu haben.[6]

Auf die Rekultivierung des Waldes nach Ausübung der Holzungsrechte wurde, in Ergänzung der allgemeinen Vorschriften, zur Erhaltung des Holzbestandes großen Wert gelegt. Die mit dem Bevölkerungszuwachs verbundene Vergrößerung der Dörfer und damit die dichtere Besiedelung hatten einen vermehrten Holzbedarf mit sich gebracht, während gleichzeitig eine Nachforstung nicht vorgenommen, der Wald vielmehr diesbezüglich vernachlässigt wurde. So beklagte der Landesherr, dass „weilen dann bey Befindung solcher Menge der Leute täglich viel Holz zum bauen, brennen und anderer Nothdurft

---

[1] LPO 1618 Kapitel 51 § 32.
[2] LPO 1618 Kapitel 51 § 22. Vgl. „Verzeichnis einiger veralteten, oder unbekant gewordenen teutschen Wörter, welche in den Lüneburgischen Landes-Contitutionen vorkommen" (CCL Supplementa, Band 6): „Wadel. Wird in Forst-Sachen diejenige Zeit genennet, wenn in den Wintermonaten der Saft aus dem Holze in die Wurzel zurück getreten, oder wenigstens nicht in Bewegung ist; als in welchen Monaten das Holz, so zum Bauen gebraucht werden, zu fällen ist".
[3] LPO 1618 Kapitel 51 § 30.
[4] LPO 1618 Kapitel 51 § 24.
[5] LPO 1618 Kapitel 51 § 29.
[6] LPO 1618 Kapitel 51 § 23.

nieder gehauen wird und aufgehet, auch darzu viel versohret und vergehet und, im Fall dagegen nichts gepflanzet oder geheget werden sollte, die Nachkommen nichts finden, und also ein unwiederbringlicher Schade daraus entstehen würde"[1]. Die Fürsorge auch für die künftigen Generationen musste daher vom Landesherrn übernommen werden, weil nämlich „etliche Bauersleute ihre Nachkommen gemeiniglich ebenso wenig, als ihre eigene Wohlfahrt, bedencken"[2]. Insoweit diente die wohlfahrtspolitische Zielsetzung der Holz- und Forstordnung dem Landesherrn dazu, die ehemals von den Genossenschaften eigenständig geregelte Rechts- und Verwaltungsbereiche durch seinen obrigkeitlichen Gesetzesbefehl zu ersetzen und zu ergänzen.

Sonach waren alle Hänge nach der Abholzung mit Eichen-, Buchen- und Tannensamen zu besäen und zu befrieden, damit kein Vieh in den Stoppelhain getrieben würde.[3] Ein neuer Schlag war nicht eher erlaubt, bis das nachgewachsene Holz zum Nachschlag reif war.[4] Gerade bautaugliches und für die Mast wichtiges Holz wie Buchen- und Eichenholz war zu erhalten. Für jede geschlagene Eiche war der Bauer grundsätzlich zum Nachpflanzen mehrerer Eichensetzlinge verpflichtet.[5] Auch das für den Bau so wichtige Tannenholz sollte vermehrt angepflanzt werden und unterstand einer besonderen Schonung.[6] Die Beamten sollten zudem geeignete Orte zur Ausweitung der Eichen-, Buchen- und Tannenkämpe ausweisen.[7] Weiterhin war der sandhaltige Boden mit Büschen, Weiden und anderem Gewächs anzupflanzen, damit dem für den Acker so schädlichen Flugsand Einhalt geboten wurde.[8] Soweit diese Bepflanzung trotz des landesherrlichen Gebots von den Dorfbewohnern nicht vorgenommen wurde und „unsere Beamte je über verhoffen und gute Zuversicht keine Folge darin haben", sollten die Beamten die sandigen und andere brach liegenden Böden „vor[9] sich besäen" und mit Holz bestücken, das dann zu Nutzen und für Kasse des Landesherren zu verwenden war[10].

---

[1] LPO 1618 Kapitel 51 § 34.
[2] LPO 1618 Kapitel 51 § 38.
[3] LPO 1618 Kapitel 51 § 34.
[4] LPO 1618 Kapitel 51 § 35.
[5] LPO 1618 Kapitel 51 § 25. Offenbar blieben die Bemühungen jedoch ohne großen Erfolg, da vom Ende des 17. Jahrhunderts vielerlei Klagen der Regierung über nicht genügendes Nachpflanzen von Eichen vorliegen, vgl. Pröve, Dorf und Gut im alten Herzogtum Lüneburg, S. 81 Fn. 3.
[6] LPO 1618 Kapitel 51 § 37.
[7] LPO 1618 Kapitel 51 § 36.
[8] LPO 1618 Kapitel 51 §§ 40 – 43.
[9] Für.
[10] LPO 1618 Kapitel 51 § 39.

2. Mastgerechtigkeit

Wichtiger Bestandteil der Forstnutzung war weiterhin die Waldmast für die Schweine.[1] Waldmast bezeichnete die im Wald zu Boden fallenden Baumfrüchte, im besonderen Eicheln und Bucheckern, die zur Ernährung und Feistung der Schweine dienten. Die Landwirtschaft war bei der Ernährung der Schweine auf diese Waldmast angewiesen, da andere Futtermittel nicht zur Verfügung standen. Die Kartoffel hatte sich noch nicht eingebürgert und Getreide war zu teuer und zu rar, als dass man es zur Mästung der Schweine hätte verwenden können. Nach Anzahl der Früchte, die die Bäume angesetzt hatten, unterschied man Vollmast, Halb- oder Sprengmast.[2] Aber nicht nur der Fruchtertrag war bestimmend für das Ausmaß der Tiermast, sondern die Mastkapazität hing in erster Linie davon ab, welche gemeinsam zu nutzenden Flächen zur Verfügung standen. Diese wurden aber im Verhältnis zur Tierzahl immer geringer, so dass sich die Berechtigten regelmäßig zur Verringerung ihrer Schweinemast gezwungen sahen.[3]
Der Landesherr durfte dabei aufgrund seines Eigentumsrechtes am Wald grundsätzlich beliebig viele Schweine in die Mast treiben. Er wurde in der Ausübung seines Mastrechtes jedoch durch die Gerechtigkeiten der Bauern beschränkt. War nun die Wald- und Weidefläche für alle Tiere nicht ausreichend oder „keine vollkommene Mast vorhanden, und also unmöglich, dass alle der Leute Deel-Zuchten[4] feist werden“[5], so mussten die Berechtigten eine Vereinbarung über die Zahl der Masttiere treffen. Zu diesem Zweck sollten die landesherrlichen Beamten zusammen mit einem Rat aus den Ältesten der Mastberechtigten „mit Zuzieh- und Bewilligung ihrer Guths-Herren, die Mast bey rechter und bequemer Zeit besichtigen und sich vereinbaren“, wie viele Tiere der Landesherr, der Besitzer eines Vollhöfers, Halbhöfers oder Köters

---

[1] Vgl. LPO 1618 Kapitel 51 §§ 44 ff. Zur Bedeutung der Schweinemast vgl. auch Jördens, Wirtschaftsgeschichte der Forsten in der Lüneburger Heide, S. 50.
[2] LPO 1618 Kapitel 51 § 48; Jördens, Wirtschaftsgeschichte der Forsten in der Lüneburger Heide, S. 58, 62.
[3] Siehe zur Fütterungssituation allgemein Henning, Landwirtschaft und ländliche Gesellschaft in Deutschland, S. 132, 183, 201 f.
[4] Unter Deelzucht verstand man diejenige Anzahl von Tieren, die der Landwirt in seiner eigenen Wirtschaft aufzieht, Jördens, Wirtschaftsgeschichte der Forsten in der Lüneburger Heide, S. 16 Fn. 70; Timm, Die Waldnutzung in Nordwestdeutschland im Spiegel der Weistümer, S. 57; siehe auch „Verzeichnis einiger veralteten, oder unbekant gewordenen teutschen Wörter, welche in den Lüneburgischen Landes- Contitutionen vorkommen“ (CCL Supplementa, Band 6): „Deel Zucht. Von Schweinen heisset also Dehl- Zucht, diejenige Anzahl dieser Thiere, welche der Landmann in seinem eigenen Hause aufziehet, durch welche benennung also die fremden angekauften schweine ausgeschlossen werden“.
[5] LPO 1618 Kapitel 51 § 47.

jeweils austreiben durfte[1]. Dieses Verfahren war an den Örtern nicht notwendig, an denen eine solche Einteilung bereits „auf ein gewisses gesezet“ und die Zuteilung zu „voller, halber oder Spreng-Mast-Zeiten erseßlich hergebracht“ war; dort sollte es bei der alten, hergebrachten Festsetzung der Mastzahl verbleiben[2]. Niemand durfte mehr Schweine in die Mast treiben, als ihm nach seiner Berechtigung zustand.[3] Über die dem einzelnen zustehende Schweinemast hatten die Beamten Buch zu führen.[4]
Besaß der Bauer keine eigene Deelzucht, so durfte er in entsprechender Anzahl Schweine „kaufen, und dieselbe an statt seiner eigenen Speck-Schweine“ in die Mast treiben[5]. Oftmals hielt sich der einzelne Bauer aber nicht daran, da eine strenge Kontrolle hier naturgemäß nur schwer ausgeübt werden konnte.[6] Offenbar war der Missbrauch unter den landesherrlichen Beamten besonders groß, da diese ausdrücklich ermahnt werden mussten, sich an die ihnen zugewiesene Tierzahl zu halten und sich „an dem, was ihnen gesetzet wird, ersättigen und zu begnügen“[7]. Um weiterhin den Mastertrag nicht zu verringern, war es verboten, Eckern abzuschlagen und aufzusammeln.[8]
Eine schlechte winterliche Fütterungssituation führte dazu, dass die Tiere im Frühjahr beim Austrieb auf die Gemeinheiten meist recht schwach waren. Die Winterfütterung bestand in erster Linie aus Stroh, so dass Tiere im Winter letztlich nur durchgehungert wurden. Aber nicht nur geringe Leistung war die Folge, sondern auch eine verstärkte Anfälligkeit für Krankheiten. Viehseuchen waren weit verbreitet und vernichteten immer wieder Viehbestände ganzer Dörfer.[9] Das Eintreiben fremder Schweine wurde deshalb bei Verlust der Mastgerechtigkeit verboten, da gerade dadurch oftmals Viehseuchen auf die eigene Herde übergingen.[10] Darüber hinaus sollten die Schweine nur von Hirten ausgetrieben werden.[11]

Da der Fürst mit seinen eigenen Schweinen die ihm zustehende Mast regelmäßig nicht voll ausnutzen konnte, verpachtete er seine Mastnutzung. Die fremden, gegen erträgliche Bezahlung in die landesherrlichen Waldungen aufgenommenen sog. Fehmschweine sollten nicht allein in den Büchern re-

---

[1] LPO 1618 Kapitel 51 § 47.
[2] LPO 1618 Kapitel 51 § 48.
[3] LPO 1618 Kapitel 51 § 47.
[4] LPO 1618 Kapitel 51 § 56.
[5] LPO 1618 Kapitel 51 § 46.
[6] Vgl. dazu Jördens, Wirtschaftsgeschichte der Forsten in der Lüneburger Heide, S. 60.
[7] LPO 1618 Kapitel 51 § 49, vgl. auch § 50.
[8] LPO 1618 Kapitel 51 § 54.
[9] Siehe Henning, Landwirtschaft und ländliche Gesellschaft in Deutschland, S. 202.
[10] LPO 1618 Kapitel 51 § 45.
[11] LPO 1618 Kapitel 51 § 53.

gistriert, sondern auch „gebrannt und gemahlet werden“[1]. Im übrigen war bei Vollmast eine Brandmarkung der Tiere nicht erforderlich. Sie wurde nur für erforderlich gehalten, wenn keine volle Mast war, um einen Missbrauch der Mark durch das übermäßige Eintreiben von Schweinen zu verhindern.[2] Die Beamten überwachten die Durchführung und das Ende der Mast in den fürstlichen Waldungen, „damit ein jeder dasjenige bekommen, was ihm gehöret, und nicht einer des andern Schweine ab- und wegtreiben lasse“[3].
Die Beamten hatten des weiteren jährlich über die fürstliche Schweinemast Rechnung abzulegen. Dafür hatten sie den gegenwärtigen Bestand der fürstlichen Schweinemast zu ermitteln sowie sich beizeiten „mit schuldigem Fleiß“ zu erkundigen, „ob Mast vorhanden, wie sich dieselbe durch Gottes Segen etwa vermehret oder verliehret“ und „wie viele Unserer Schweine in jede Hölzung getrieben werden können“[4]. Ihren Bericht sollten sie Mitte August bei Hof einreichen, wo er den „zu den Haushaltungs-Sachen verordnete Räthe“ vorgelegt wurde[5]. Die Abrechnung fiel damit in die Zuständigkeit des durch die Regimentsordnung von 1618 neu eingerichteten Haushaltsrates. Bei ihrer Rechnungslegung fiel den Beamten eine weitere wichtige Aufgabe zu: sie hatten ebenfalls darüber zu berichten, „wie und welcher gestalt diese Ordnung zu ändern und zu verbessern“ sei[6].

10. Kapitel: Eheordnung

Um der sittlichen Verwilderung zu begegnen und andererseits den Abschluss gültiger Ehen zu befördern, sah sich der Polizeigesetzgeber zu einer ausführlichen Regelung des Eherechts veranlasst. Dabei war die Eheordnung der Lüneburgischen Polizeiordnung von einem Bemühen um die Öffentlichkeit der Eheschließung und die Aufdeckung von Ehehindernissen durch organisatorische Maßnahmen geprägt.

Die Kirche, deren Recht seit Ende des 10. Jahrhunderts für den Eheverband bestimmend wurde, hatte den Konsens der Eheleute als alleiniges Wesenser-

---

[1] LPO 1618 Kapitel 51 § 57; vgl. Jördens, Wirtschaftsgeschichte der Forsten in der Lüneburger Heide, S. 61; Timm, Die Waldnutzung in Nordwestdeutschland im Spiegel der Weistümer, S. 57.
[2] LPO 1618 Kapitel 51 §§ 51, 52.
[3] LPO 1618 Kapitel 51 § 55.
[4] LPO 1618 Kapitel 51 § 58.
[5] LPO 1618 Kapitel 51 § 58. Danach war der Bericht „6. Wochen vor Michaelis“ einzureichen (Michaelis = 29. September).
[6] LPO 1618 Kapitel 51 § 59.

fordernis der Ehe durchgesetzt. Sämtliche sonstigen Riten und Erfordernisse früherer Zeit wie Trauung, Heimführung und Beilager erhielten dadurch im Hinblick auf die wirksame Eheschließung rein akzidentiellen Charakter.[1] Die Geltung des Konsensprinzips als einzig konstitutiver Kern der Eheschließung und der Mangel an einer zur Gültigkeitsvoraussetzung gestalteten öffentlichen Eheschließungsform führte dazu, dass auch formlos und ohne Zeugen abgegebene Ehewillenserklärungen als gültig behandelt wurden. Trotz des Bestehens weltlicher und geistlicher Straftatbestände wie dem Verbot der Laientrauung und dem Gebot der priesterlichen Mitwirkung entstanden infolgedessen erhebliche Missstände. Denn diese „heimlichen Ehen“ waren notfalls nicht nur schwer zu beweisen, sondern begünstigten auch Doppel- und verbotene (etwa Verwandten-) Ehen und mussten daher einige sittliche Verwirrung mit sich bringen.
Während für die katholische Kirche durch das Konzil von Trient die kirchliche Eheschließungsform als zwingende und zur Gültigkeitsvoraussetzung erhobene Formvorschrift eingeführt wurde, verzichteten die protestantischen Gemeinwesen nach wie vor auf die kirchliche Trauung als Gültigkeitserfordernis.[2] Mit der Ablehnung des Sakramentscharakters und der Zuordnung der Ehe zum weltlichen Bereich sahen die Reformatoren in der Eheschließung in erster Linie eine Angelegenheit des weltlichen Rechts, bei der sie die kirchliche Einsegnung und Zusammengebung der Brautleute zwar für angemessen und dem Wesen der Ehe entsprechend, nicht aber für rechtlich notwendig erachteten.[3] Zwar war die kirchliche Trauung auch bei den Protestanten ein weitverbreitetes und nach der allgemeinen Anschauung übliches, vor dem Vollzug der Ehe stattfindendes Ritual; sie hatte gleichwohl nicht die Aufgabe, die Ehe rechtsgültig zu schließen. Entsprechend dem vortridentinischen katholischen Kirchenrecht hatte somit nach reformatorischer Auffassung nach wie vor bereits das (unbedingt eingegangene[4]) Verlöbnis ehebegründende Kraft; mit dem anschließenden Beischlaf galt die Ehe als vollzogen, was dann

---

[1] Siehe Plöchl, Geschichte des Kirchenrechts, S. 305, 308, 311; Mikat, in: HRG, Band 1, Art. Ehe, Sp.818 ff. Nach dem altdeutschen Recht war die Eheschließung, der die Verlobung als Vertrag zwischen dem Bräutigam und der Sippe bzw. dem Muntwalt der Braut voranging, erst mit der Trauung und den weiteren rituellen Akten der Heimführung und des Beilagers vollzogen, siehe Schwab, in: HRG, Band 5, Art. Verlöbnis, Sp.765 und Mikat, a.a.O., Sp. 814.
[2] Siehe Walter, Lehrbuch des Kirchenrechts aller christlichen Confessionen, S. 612 ff.; Merzbacher, in: HRG, Band 1, Art. Ehe, kirchenrechtlich, Sp. 834; Mikat, in: HRG, Band 1, Art. Ehe, Sp. 821.
[3] Siehe Schulze, in: HRG, Band 5, Art. Trauung, Trauungsformel, Sp. 306; Mikat, in: HRG, Band 1, Art. Ehe, Sp. 821.
[4] Zum „Condictionalverlöbnis“ vgl. Tietz, Verlobung, Trauung und Hochzeit in den evangelischen Kirchenordnungen des 16. Jahrhunderts, S. 57 f.

den Eintritt sämtlicher eherechtlichen Wirkungen wie eheliches Güterrecht und Gewaltverhältnis nach sich zog.[1] Für das protestantische Territorium Braunschweig-Lüneburg stellte sich daher immer noch das Problem, den heimlichen Eheschließungen entgegenzuwirken. Hier war die obrigkeitlich angeordnete – aber dennoch nur deklaratorische wirkende - kirchliche Trauung das ideale Mittel, um die Öffentlichkeit der Eheschließung herzustellen und vor dem Vollzug der Ehe etwaige Ehehindernisse aufdecken zu können. Unter Androhung von Strafe hatten sich daher nach der Polizeiordnung die Brautleute nach der (unbedingt eingegangenen) Verlobung innerhalb von sechs Wochen in der Kirche zur Trauung einzufinden.[2] Der Trauung ging ein ein- bis zweimaliges kirchliches Aufgebot voran, wodurch die Aufdeckung von etwaigen Ehehindernissen abgesichert werden sollte.[3] Da der Besuch der Gottesdienste nicht im Belieben des Einzelnen stand, sondern polizeilich verordnet war[4], konnte die Anwesenheit der gesamten Gemeinde während der Trauung vorausgesetzt werden, was die Öffentlichkeit der Eheschließung verbürgte. Im Zuge der Trauung wiederholten die Brautleute ihren ehelichen

---

[1] Siehe Friedberg, Das Recht der Eheschließung in seiner geschichtlichen Entwicklung, S. 198 ff.; Sohm, Das Recht der Eheschließung aus dem deutschen und dem canonischem Recht geschichtlich entwickelt, S. 197 ff. Die katholische Kirche unterschied zumindest bis zum Konzil von Trient zwischen der sponsalia de futuro und der sponsalia de praesenti. Erstere war auf das Versprechen der zukünftigen Eheschließung gerichtet und als Verlöbnis im eigentlichen Sinne anzusehen; letztere war auf die Eheschließung selbst gerichtet und wurde als ehebegründende Konsenserklärung angesehen; siehe dazu Walter, Lehrbuch des Kirchenrechts aller christlichen Confessionen, S. 621; Schwab, in: HRG, Band 5, Art. Verlöbnis, Sp. 765. Luther lehnte diese Unterscheidung ab und legte jedem Verlöbnis ehestiftende Kraft bei, es sei denn, es war ausdrücklich unter einer Bedingung eingegangen worden. Die Verlobung wurde durch den Beischlaf in ein alle Rechtswirkungen umfassendes Eheverhältnis umgewandelt, siehe Friedberg, a.a.O., S. 206 f., 227, 234, 261 f.; Schwab, a.a.O., Sp. 766. Anders Sohm, a.a.O., S. 231 ff., 235, 246 ff., der in dem Verlöbnis nur den Beginn eines ehelichen Verhältnisses i.S. eines ehelichen Treueverhältnisses sieht, dessen Vollendung i.S. eines ehelichen Gemeinschaftsverhältnisses erst durch tatsächliche Herstellung der ehelichen Geschlechts- und Lebensgemeinschaft eintritt. Darüber hinaus versucht er nachzuweisen, dass die protestantischen Gelehrten zumindest seit Beginn des 17. Jahrh. in der Trauung ein rechtliches Wirksamkeitserfordernis für eine vollwirksame Ehe sahen, indem der Trauung die (zuvor dem Beischlaf zufallende) ehevollziehende Kraft beigemessen wurde, so insbesondere a.a.O. S. 246 ff. und sich ihm anschließend Tietz, Verlobung, Trauung und Hochzeit in den evangelischen Kirchenordnungen des 16. Jahrhunderts, S. 42. Dagegen Friedberg, a.a.O., S. 219, 255 ff. und passim, der den rein bestätigenden Charakter der Trauung in bezug auf den ehebegründenden Konsens hervorhebt, insbesondere mit Hinweis auf die Natur der Trauungsanordnung als staatliches, nicht kirchliches Gebot; so auch Mikat, in: HRG, Band 1, Art. Ehe, Sp. 821.

[2] LPO 1618 Kapitel 29 § 3.

[3] KO 1564, in: Sehling, die evangelischen Kirchenordnungen des 16. Jahrhunderts Band 6/1, S. 537, 565.

[4] LPO 1618 Kapitel 2 § 2; siehe oben.

Konsens und wurden anschließend von dem Pastor gesegnet und zusammengegeben.[1]
Da es galt, den mit der Trauung verfolgten Zweck der Herstellung der Öffentlichkeit der Eheschließung vor dem Vollzug der Ehe durch die Bettbeschreitung der Brautleute zu erreichen, war es diesen nach der Polizeiordnung untersagt, bis zur Trauung im selben Haus zu wohnen.[2]
Der Verhinderung heimlicher Ehen, der erleichterten Beweisbarkeit einer bestehenden Ehe und der Sicherstellung der Aufdeckung von Ehehindernissen diente weiterhin die strafbewährte Vorschrift, dass sich die Brautleute, die im Fürstentum häuslich ansässig waren, nicht außerhalb des Fürstentums oder aber zwar innerhalb desselben, aber von einem ausländischen Pastor trauen lassen durften.[3] Eine Ausnahme davon war nur möglich, wenn vorher die Genehmigung des Fürsten oder des geistlichen Konsistoriums eingeholt wurde. Bei Verstoß drohte nicht nur den Eheleuten, sondern auch dem Hausvater, in dessen Haus die unerlaubte Vermählung vollzogen wurde, ernsthafte Bestrafung.[4]

Recht häufig trat die Unsitte hervor, dass „der, so eine zur Ehe begehret, seine Freunde bittet, daß sie ihm ihre Freundin ehelich Zusagen und Versprechen mögen, die Freunde auch solche Zusagen thun", woraufhin „öffentlich Verlöbnis" gehalten wurde, sodann „die Werber aber das Werk bisweilen hinterziehen", d.h. das Verlöbnis aus nichtigen Gründen widerriefen[5]. Da aber die Unauflöslichkeit der durch die Verlobung geschlossenen Ehe außer Zweifel stand, wurden die wortbrüchigen Verlobten nach der Polizeiordnung „mit Ge-

---

[1] KO 1564, in: Sehling, Die evangelischen Kirchenordnungen des 16. Jahrhunderts, Band 6/1, S. 537, 565. Danach war die Trauung öffentlich und vor der Gemeinde Sonntags oder an Werktagen nach der Predigt abzuhalten. Es wurde die Verwendung des Lutherischen Trauritus angeordnet. Dem Treuegelübde wurde hinzugefügt: „Hans, ihr stehet allhie und begeret, gegenwertige Margarethen zu nehmen zu euer ehelichen hausfrauen, euch von ihr nicht zu scheiden, es sey denn, das euch der todt scheide. Ist solches noch eures herzens wille und meinung, so bekennets allhie vor Gottes angesichte, und in gegenwertigkeit der gemeine, und saget: ja". An der Formulierung „[...] ist solches *noch* euers [...] wille" ist erkennbar, dass die Brautleute den schon zuvor erklärten Ehekonsens bestätigten. Vgl. zur lutherischen Trauformel ferner Friedberg, Das Recht der Eheschließung in seiner geschichtlichen Entwicklung, S. 205. Ein- bis zweimal jährlich hatten die Pastoren nach der Kirchenordnung von 1564 die Gemeinde über den Ehestand, die Ehehindernisse und –verbote einschließlich der angedrohten Strafen zu belehren, KO 1564, a.a.O., S. 567.
[2] LPO 1618 Kapitel 29 § 3.
[3] LPO 1618 Kapitel 29 § 2.
[4] LPO 1618 Kapitel 29 § 2.
[5] LPO 1618 Kapitel 30 § 49. Zur Aufsagung der Verlobung und deren Regelung in den verschiedenen Kirchenordnungen vgl. Tietz, Verlobung, Trauung und Hochzeit in den evangelischen Kirchenordnungen des 16. Jahrhunderts, S. 51 f.

fängnis oder sonsten, nach Gelegenheit der Personen und Contravention, ernstlich darum gestrafet" und angehalten, „die gethane eheliche Zusage, so weit sich dieselbe richtig befindet, würklich zu erfüllen"[1]. Außerdem wurde die Mahnung ausgesprochen, ein Eheversprechen nicht leichtfertig einzugehen, sondern dass „sich ein jeder und eine jede re adhuc integra, wol bedencken"[2] möge. Auch die vermittelnden und versprechenden Personen, die „Eltern, Vormünder, Freunde und Werber" sollten in solchen Zusagen über eine Eheschließung ihres Schützlings „vorsichtig [...] handeln und wegen der Ihrigen weiter nichts anbringen oder zusagen, als sie wissen, daß erfolgen könne oder möge"[3].

I. Ehehindernisse

Eine besonders detaillierte Darstellung erfuhren in der Polizeiordnung die einzelnen Ehehindernisse. Nachdem das kanonische Eherecht durch die Reformation seine Autorität eingebüßt hatte, herrschte offenbar eine weitverbreitete Unkenntnis über Art und Ausmaß der Eheverbote, denn „die gemeinen Leute aber nicht eigentlich wissen, unter welchen Personen der Ehestand erlaubt oder verboten, und welcher Personen Consens dazu nötig"[4]. Daher „haben Wir eine Notdurft zu sein erachtet, davon dieses Orts nur in etwas Andeutung zu tun, damit sich deswegen keiner mit einiger Unwissenheit zu behelfen, auch die Pastoren bei den Copulationen sich danach zu richten haben können und mögen"[5]. Der Polizeigesetzgeber sah sich folglich vor der Aufgabe, zunächst aufklärend zu wirken und daneben mit Strafdrohungen gegen die Missachtung der eherechtlichen Normen vorzugehen.
Auffällig ist hierbei die Übernahme ursprünglich kirchenrechtlicher Normen in den Bereich des Polizeirechts. Noch die Polizeiordnung des Jahres 1564 enthielt keine eherechtlichen Bestimmungen, sondern überließ die Regelung der Ehe den Kirchenordnungen von 1543[6] und von 1564[7], welche die Ehehin-

---

[1] LPO 1618 Kapitel 30 § 49.
[2] LPO 1618 Kapitel 30 § 49.
[3] LPO 1618 Kapitel 30 § 50.
[4] LPO 1618 Kapitel 30 § 1.
[5] LPO 1618 Kapitel 30 § 1.
[6] Herzog Ernstes ordnung belangende der pastorn inkomen und ehesachen, 1543, in: Sehling, Die evangelischen Kirchenordnungen des 16. Jahrhunderts, Band 6/1, S. 529 f.
[7] KO 1564, in: Sehling, Die evangelischen Kirchenordnungen des 16. Jahrhunderts, Band 6/1, S. 567. Hier ist allerdings nur eine allgemeine Anweisung zur Aufklärung der Untertanenschaft über das Bestehen von Ehehindernissen enthalten: „Zudem, weil der ehestand nicht in allen graden zugelassen, sondern etzliche in Gottes und natürlichen gesetzen, auch

dernisse mehr oder weniger eingehend aufzählten und eine Belehrung der Untertanen vorschrieben. Da aber die Eingehung einer heimlichen, verbotenen oder unerlaubten Ehe als Störung des Gemeinwohls und der öffentlichen Ordnung und Sitte gewertet wurde, wurde das Eherecht nunmehr als polizeiliche Materie be-griffen. Dies kennzeichnet nicht nur eine Verweltlichung des Eherechts, sondern auch die stetige Fortentwicklung und Ausdehnung des Polizeibegriffes.

Allgemein wurde zwischen trennenden, d.h. zur Nichtigkeit der Ehe führenden, und sonstigen, aufschiebenden Ehehindernissen (Eheverbote) unterschieden. Letztere untersagten zwar den Abschluß der Ehe, doch war das dennoch geschlossene Ehebündnis gültig.[1]

1. Trennende Ehehindernisse

Zu den trennenden, d.h. zur Nichtigkeit der Ehe führenden Ehehindernissen zählten nach der Lüneburgischen Polizeiordnung die Doppelheirat[2] und die Heirat unter Blutsverwandten oder Verschwägerten.[3]
Bezüglich dieser überaus wichtigen Ehehindernisse kam dem Pastor eine Nachforschungs- und Aufklärungspflicht zu, indem er „mit allem Fleiß recht erkundigen" musste, ob die Brautleute „auch obgesezter massen, oder sonsten in andern verbotenen Gradibus verwandt"[4] seien. Erst wenn die Eheschließung für unbedenklich erkannt wurde und die Brautleute „von ihrem Seelsorger und den Beamten, oder Bürgermeistern und Rath, darunter sie gesessen einen genugsamen Schein einbringen [...], daß es mit der ehelichen Versprechung, recht und beständig zugegangen, auch Bräutigam und Braut andern ehelich unverbunden, und sich im verbotenem Grad nicht verwandt sein"[5] konnten, durfte die Trauung vorgenommen werden.

---

löblichen ordnungen sein verboten, so sollen sie dem volke zu zeiten das achtundzwenzigste capittel Levitici fürlesen und berichten, das solcher felle, wie darinne begrieffen, bey ernstlicher straffe verboten sein".

[1] Vgl. ausführlich zu den Ehehindernissen vortridentinischer Zeit Plöchl, Geschichte des Kirchenrechts, S. 312 ff. und zu den Ehehindernissen allgemein Walter, Lehrbuch des Kirchenrechts aller christlichen Confessionen, S. 626 ff.

[2] LPO 1618 Kapitel 29 § 1.

[3] LPO 1618 Kapitel 30 § 42: „Wofern nun dieser unserer Ordnung zuwider eheliche Versprechungen oder Zusagen vorgehen, so sollen dieselben unverbindlich sein".

[4] LPO 1618 Kapitel 30 § 42.

[5] LPO 1618 Kapitel 29 § 1.

Hinsichtlich des Umfangs der Ehehindernisse der Verwandtschaft und Schwägerschaft passte sich das Polizeirecht weitgehend dem kirchlichen Eherecht an, zog freilich unter dem reformatorischen Einfluss die Grenzen der verbotenen Grade enger. In gerader Linie wurde die Blutsverwandtschaft „wann es gleich im tausendsten Glied wäre", also in jedem Grad als absolutes Ehehindernis beibehalten[1]. Unter Geschwisterkindern gab die Polizeiordnung aber den 4. Grad gleicher Linie frei „unangesehen in den Päpstlichen Rechten das contrarium oder Widerspiel versehen"[2]. Gleiches galt bei einer Schwägerschaft der ersten Ordnung[3] in der Seitenlinie, die somit nur noch bis zum dritten Grad verboten war.[4] Das Hindernis der Schwägerschaft wurde indes auch wie bereits im mittelalterlichen Kirchenrecht durch außereheliche Beiwohnung vermittelt.[5] Weiterhin wurde das Hindernis der Schwägerschaft ab der zweiten Ordnung insoweit aufgehoben, als „der Eltern und Kinder Respect", wie er z.B. bei der Heirat des Stiefvaters mit der Witwe des Stiefsohns bestand, nicht unterlaufen werde[6]. Als eine Heirat des einen Teils mit den Schwägern des anderen war somit z.B. die Ehe mit der Witwe des Bruders der verstorbenen Frau erlaubt.

---

[1] LPO 1618 Kapitel 30 §§ 1-5.

[2] Kapitel 30 § 12. Durch das 4. Laterankonzil von 1215 war das trennende Ehehindernis der Verwandtschaft auf einschließlich den vierten Grad der Seitenlinie beschränkt worden, nachdem es in früherer Zeit bis zum siebten Grad ausgedehnt worden war, vgl. Plöchl, Geschichte des Kirchenrechts, S. 321 f. Der 4. Grad umfaßte die Geschwister- Kindes-Kindes- Kinder, vgl. LPO 1618 Kapitel 30 § 11, 12.

[3] Das Ehehindernis der Schwägerschaft beruhte darauf, dass die Schwäger sich untereinander wie wahre Verwandte betrachten sollten. Die Schwägerschaft war in verschiedene Ordnungen einzuteilen (genera affinitatis): Die erste Ordnung umfasste den einen Teil und die Blutsverwandten des anderen. Die zweite Ordnung bezog sich auf das Verhältnis zu den Schwägern des anderen, die dritte auf jenes, das zwischen dem einen Teil und den mit der anderen Person in zweiter Ordnung verschwägerten bestand. Vermittelt wurde die Schwägerschaft durch den Akt des Beischlafs. Die erste Ordnung wurde der Blutsverwandtschaft gleichgestellt und erstreckte sich daher auf die für diese nach altem kanonischem Recht geltenden sieben Grade, die zweite und dritte Ordnung nur auf drei bzw. auf zwei Grade. Schon durch das 4. Laterankonzil von 1215 wurden die Ehehindernisse der zweiten und dritten Ordnung der Schwägerschaft in den Seitenlinien abgeschafft, vgl. Plöchl, Geschichte des Kirchenrechts, S. 322 f.; Walter, Lehrbuch des Kirchenrechts aller christlichen Confessionen, S. 645 f., 648.

[4] LPO 1618 Kapitel 30 § 37.

[5] LPO 1618 Kapitel 30 § 36. Hierin wird wiederum deutlich, dass als Entstehungsursache für die Schwägerschaft der Beischlaf angesehen wurde. Diesbezüglich konnte die reine Konsenstheorie der Kirche die alte Auffassung, dass die durch die Erklärungen eingegangene Ehe erst durch den Vollzug vollendet und unauflöslich wurde, nicht vollständig verdrängen, vgl. Plöchl, Geschichte des Kirchenrechts, S. 306, 322 und Walter, Lehrbuch des Kirchenrechts aller christlichen Confessionen, S. 624.

[6] LPO 1618 Kapitel 30 § 39: „in secundo & tertio genere affinitatis".

Auch wurde die nach altem Recht geltende Auffassung, dass die Blutsverwandten der beiden Ehegatten untereinander nicht nur zu dem einen Ehegatten, sondern auch zu dessen Blutsverwandten als verschwägert angesehen wurden, aufgegeben.[1] Es durften somit zwei Brüder oder Vater und Sohn aus einer Familie zwei Schwestern oder Mutter und Tochter aus einer anderen Familie heiraten, da „zwischen gedachten Personen keine, die Ehe hindernde, Schwägerschaft vorhanden“[2].

Hinsichtlich der sog. geistlichen Verwandtschaft schränkte die Lüneburgische Polizeiordnung den Kreis der verbotenen Ehen „des vermeinten Päpstlichen Verbots ungeachtet“ ebenfalls erheblich ein.[3] Die geistliche Verwandtschaft wurde durch die Patenschaft bei der Taufe vermittelt, in welcher die Kirche eine geistige Wiedergeburt sah, bei der die Paten an die Stelle der leiblichen Eltern traten. Die Kirche hatte diese Ehehindernisse nicht nur auf die geistliche Verwandtschaft zwischen dem Paten und sämtlichen Blutsverwandten des Täuflings ausgeweitet, sondern zog auch die geistliche Schwägerschaft zwischen dem Ehepartner des Taufpaten und dem Täufling oder dessen Eltern mit ein.[4] Nach der LPO war nunmehr allein die Ehe zwischen dem Paten und dem Täufling verboten.

Darüber hinaus behielt die LPO das Ehehindernis der durch Verlöbnis vermittelten Quasiaffinität bei, welches sich im kanonischen Recht als Hindernis der öffentlichen Ehrbarkeit aus dem der Schwägerschaft entwickelt hatte.[5] In Anbetracht der protestantischen Auffassung von dem Verlöbnis als ehebegründender Akt lag diese Beibehaltung nahe. Dass jedoch das Quasi-Verwandtschaftsverhältnis letztlich auf dem ehevollziehenden Beischlaf (copula carnalis) gründete, wird dadurch deutlich, dass nach der LPO das Ehehindernis zwischen dem Verlobten und den Verwandten des anderen Teils durchweg auf den ersten Grad beschränkt und damit abgemildert war.

Eine Ehe in verbotenen Graden war nichtig und strafbar. Der Pastor, der die Ehe durch Trauung vollziehen sollte, hatte sich „zur Rettung der Gewissen“ genau über bestehende Verwandtschaftsgrade zu erkundigen.[6] Den Heirats-

---

[1] LPO 1618 Kapitel 30 § 16.

[2] LPO 1618 Kapitel 30 § 16. Vgl. Walter, Lehrbuch des Kirchenrechts aller christlichen Confessionen, S. 647.

[3] LPO 1618 Kapitel 30 § 41.

[4] Siehe Walter, Lehrbuch des Kirchenrechts aller christlichen Confessionen, S. 643, 649; Plöchl, Geschichte des Kirchenrechts, S. 324 f.

[5] LPO 1618 Kapitel 30, § 17 Nr. 4, Nr. 5, § 20 Nr. 4, Nr. 5, § 24 Nr. 4, § 27 Nr. 4, § 30 Nr. 2, § 33 Nr. 2; vgl. Plöchl, Geschichte des Kirchenrechts, S. 325.

[6] LPO 1618 Kapitel 30 § 42.

willigen drohte bei vollzogenem Beischlaf die Bestrafung durch das peinliche Gericht, das „nach Gelegenheit der nahen Verwandniß“ vermöge „gemeiner beschriebener Rechte“ und der Carolina „am Leibe, oder sonsten“ zu strafen hatte[1].

Straffreiheit wurde nur gewährt, wenn zuvor eine Dispensation eingeholt wurde. Ein entsprechender Antrag war an das Konsistorium zu stellen; zur Erteilung der Dispensation war wie allgemein in den protestantischen Territorien allerdings allein der Landesfürst befugt.[2] Es waren also durchaus Eheschließungen innerhalb der genannten Verwandtschaftsgrade möglich. Jedoch war in einigen Fällen nach der Natur der Sache die Erteilung des Dispenses ausgeschlossen, so bei der Doppelheirat oder, und dies ist in der LPO auch ausdrücklich genannt[3], in Falle der Blutsverwandtschaft auf- und absteigender Linie. In dem Gesuch mussten die Gründe, die für die Zulassung der Ehe sprechen, sowie die individuellen Verhältnisse wie Stand, Vermögen und Alter angegeben werden.[4] Regelmäßig wird diese Dispensation von den Adeligen, deren Ehemöglichkeiten wegen Gleichheit des Standes und anderer Erfordernisse eingeschränkt waren, beantragt worden sein.

2. Eheverbote

Zu den sonstigen Eheverboten gehörte nach der LPO in Übereinstimmung mit dem katholischen Eherecht die Eheschließung ohne vorherige väterliche Einwilligung.[5] Die Abschließung einer nicht bewilligten Ehe war nach kanonischem Recht zwar als Verletzung der den Kindern gebührenden Ehrerbietung gegenüber den Eltern untersagt, die dennoch abgeschlossene Ehe aber darum nicht nichtig. Die Kirche hatte hier das römische Recht, welches bei gewaltunterworfenen Kindern die Einwilligung des Gewaltinhabers als Wirksamkeitsvoraussetzung ansah, sowie das ausschließliche Verlobungsrecht des Muntwaltes fränkischer Zeit unter Berufung auf das reine Konsensprinzip verdrängt.[6] Dennoch war der Elternkonsens erwünscht, da er auch zu einer

---

[1] LPO 1618 Kapitel 30 § 42, 43 und CCC Art. 117; siehe auch oben Teil B 4. Kapitel II. 2. zur Blutschande.

[2] LPO 1618 Kapitel 30 § 40; siehe Walter, Lehrbuch des Kirchenrechts aller christlichen Confessionen, S. 653.

[3] LPO 1618 Kapitel 30 § 1.

[4] Siehe Walter, Lehrbuch des Kirchenrechts aller christlichen Confessionen, S. 653.

[5] LPO 1618 Kapitel 30 § 44.

[6] Siehe Walter, Lehrbuch des Kirchenrechts aller christlichen Confessionen, S. 611; Mikat, in: HRG, Band 1, Art. Ehe, Sp. 811. Das Verlobungsrecht des familienrechtlichen Gewalthabers der fränkischen Zeit bildete sich unter dem Einfluß des kanonischen Eherechts zu

Wahrung der Öffentlichkeit der Heirat beitrug. Außerdem entsprach es göttlicher Ordnung und der natürlichen Ehrbarkeit und Billigkeit, dass die Kinder auf ihre Eltern und Vormünder hörten, deren Willen respektierten und sich folglich nicht ohne deren Rat, Wissen und Willen verehelichen sollten: „[...] daß an ihm selbsten billig, Christlich und recht ist, daß der Ehestand, als welchen nur der Tod, Ehebruch oder bösliche Verlassung scheiden, mit gutem Vorbedacht, zumal aber mit zeitigem Rat ihrer Eltern, als des aus angebornen schuldigen Zuneigung vor allen andern mit ihren Kindern treulich und gut meinen, angefangen werde“[1]. Hier wird auch die Intention deutlich, voreilig geschlossene Ehen, die im Unglück enden und dadurch eine Gefahrenquelle für die öffentliche Ordnung werden könnten, zu verhindern.

Die LPO ging auch auf die besonderen Missstände ein, die sich bei einer Verehelichung zwischen Personen allzu verschiedenen Alters ergaben. Diejenigen, die als „Kinder in ihren gar jungen und unmündigen Jahren“ von ihren Eltern „betagten Personen“ ehelich versprochen worden waren und diesem Versprechen dann nachkommen, können „nicht wissen oder verstehen, was der Ehestand ist, weniger ihren rechten vollkommen Willen dazu geben [...], und ehe der Jüngste erwachsen, der andere sein ziemlich hohes Alter erreicht, auch daraus allerhand Widerwill, Mißtrauen, Ärgernis, und daß sie endlich gar voneinander laufen, erfolget; der Ehestand aber von dem Allmächtigen eingesetzet und in wahrer Gottesfurcht wohlbedächtlich mit beiderseits gutem freien Willen vollzogen werden soll und muß“[2]. Deshalb wurde die Ehefähigkeit, bei der neben der geschlechtlichen demzufolge auch der geistigen Reife eine hohe Bedeutung beigemessen wurde, für Jungen auf das sechzehnte und Mädchen auf das zwölfte Lebensjahr festgelegt.[3] Einem Pastor war es bei Vermeidung des Verlustes der Pastorendienste verboten, eheunfähige Kinder zu vermählen.[4]

Im übrigen galt das Einwilligungserfordernis für Jungen bis zum vierundzwanzigsten, bei Mädchen bis zum zwanzigsten Lebensjahr, wobei das Bewilligungsrecht dem Vater zustand.[5] Pflegekinder erlangten die volle Ehe-

---

dem Ehebewilligungsrecht zurück, siehe Mikat, a.a.O., Sp. 819 f.; Plöchl, Geschichte des Kirchenrechts, S. 317.

[1] LPO 1618 Kapitel 30 § 44.

[2] LPO 1618 Kapitel 30 § 51.

[3] LPO 1618 Kapitel 30 § 51.

[4] LPO 1618 Kapitel 30 § 52.

[5] LPO 1618 Kapitel 30 § 44.

mündigkeit als Jungen mit dem zweiundzwanzigsten und als Mädchen mit dem achtzehnten Lebensjahr.[1]

Die ohne Einwilligung geschlossene Ehe war gültig. Doch war der Vater „einigen Brautschatz oder ichtwas anders zu geben, [...] nicht gehalten oder schuldig“, es stand ihm aber frei, ihnen „aus guten freyem Willen“ etwas zukommen zu lassen[2]. Demgegenüber hatte die nicht bewilligte Eingehung der Ehe für das Kind ausdrücklich nicht den Verlust der Erbfähigkeit zur Folge.[3] Pflegekinder verloren dagegen bei nicht bewilligter Eheschließung bis zur Erreichung der Ehemündigkeit die Verwaltungsbefugnis über ihr Vermögen, welche solange bei den Vormündern verblieb.[4]
Allerdings durfte der Vater seine Zustimmung nicht ohne rechtmäßigen Grund verweigern. Als rechtfertigende Gründe kamen Ungleichheit der Person, des Standes oder Herkommens, böser und leichtfertiger Lebenswandel, schlechter Leumund und abscheuliche Erbseuche des anderen, jugendlicher Unverstand oder ungezügelte Leidenschaft in Betracht.[5]
Durch eine ungerechtfertigte Konsensverweigerung konnte sich der Vater seiner Aussteuerpflicht nicht entziehen, wenn die Kinder sich „zumal mit Vorwissen und Beliebung der Obrigkeit eines jeden Orts“[6] dennoch verehelichten. Die Entscheidung des Gewalthabers unterstand also der obrigkeitlichen Nachprüfung, womit die Ehewilligen nicht mehr nur noch allein an das Gutdünken des Vaters oder Vormunds gebunden waren.

II. Ehegüterrecht

Die polizeiliche Fürsorge entfaltete sich auf dem Gebiet des Ehegüterrechts vornehmlich in zwei Richtungen: Zum einem sollten die Güterrechtsverträge und das von den Eheleuten eingebrachte Vermögen eindeutig festgelegt werden, damit sich daraus später keine Zweifel und Streitigkeiten ergeben konnten; zum anderen sollte das Maß des Einbringens der Eheleute begrenzt werden. Insbesondere kam es darauf an, dass die Güter der Familien durch eine Hochzeit nicht zu sehr beschwert und die davon noch zu leistenden Abgaben

[1] LPO 1618 Kapitel 30 § 48.
[2] LPO 1618 Kapitel 30 § 44.
[3] LPO 1618 Kapitel 30 § 45.
[4] LPO 1618 Kapitel 30 § 48.
[5] Siehe Schmelzeisen, Polizeiordnungen und Privatrecht, S. 36. LPO 1618 Kapitel 30 § 44: „den Eltern nicht anständig oder gefällig“.
[6] LPO 1618 Kapitel 30 § 47.

nicht in Frage gestellt wurden; auch sollten die Geschwister nicht benachteiligt werden.

1. Aussteuer (Brautschatz)

Die Absprache über den Brautschatz musste daher bei Bürger- oder Bauernhochzeiten unter Mitwirkung der ansässigen Beamten erfolgen und anschließend in das Amts- oder Gerichtsbuch eingetragen werden.[1] Die Aussteuer sollte nicht höher sein, als sie bei „ihr und der Güter Vermögen, auch denen anhangenden Beschwerden[2], nicht weniger als die Anzahl der Kinder, [...] bey gutem Wohlstande wol abtragen und bezahlen können“[3]. Durch die Einschaltung der Obrigkeit sah man als gewährleistet an, dass die Eheverträge für den Brautvater tragbar waren und nicht zu seinem wirtschaftlichen Ruin führten. Die tatsächliche Einhaltung der Aussteuerhöhe wurde von den Beamten nachgeprüft. Hatte der Brautvater dem Bräutigam mehr, als in dem schriftlichen Vertrag vermerkt, zur Aussteuer versprochen, so war diese Absprache nichtig, der Brautvater mithin zu einer weiteren Leistung nicht verpflichtet.[4]

Diese Bevormundung bei der Festsetzung der Aussteuer ersparte sich der Gesetzgeber verständlicherweise gegenüber dem adeligen Stand. Zwar wurde der Adel ebenfalls zu einer Angemessenheit der Aussteuer ermahnt, doch ging man davon aus, dass es einer weitergehenden überwachenden Kontrolle nicht bedurfte, da „wir dann gar nicht zweifeln, die Ritterschaft werde sich selbststen darin zu mäßigen und ihre, auch ihres Standes eigene zeitliche Wohlfahrt darbei in acht zu nehmen wissen“[5].

2. Morgengabe und Gegenvermachung (Leibgedinge)

Hinsichtlich der Morgengabe, die der Ehemann am Morgen nach der Brautnacht überreichte, begnügte sich der Gesetzgeber mit einer an alle Stände ge-

[1] LPO 1618 Kapitel 23 § 2.
[2] Belastungen.
[3] LPO 1618 Kapitel 23 § 1.
[4] LPO 1618 Kapitel 23 § 2; siehe auch LPO 1618 Kapitel 11, dazu oben Teil B 2. Kapitel II. 4.
[5] LPO 1618 Kapitel 23 § 1.

richteten allgemeinen Mahnung, „dieselbe also zu mäßigen, daß es ihnen, ihren Nachkommen, den Gütern und ihren Vermögen erträglich“[1].

Bezüglich der Gegengabe (dotalitium oder Leibgedinge) des Ehemannes, die vor allem der Witwenversorgung dienen sollte, wurde betont, dass sie entsprechend den kaiserlichen Rechten zu bemessen sei, mithin nicht höher sein durfte als der Brautschatz der Frau.[2] Es sollte demnach eine gleichwertige Proportion zwischen den Gaben auf der Mannes- und denen auf der Frauenseite bestehen. Hintergrund war wie bei der Regulierung der Aussteuerhöhe der Braut eine Bewahrung des Einzelnen vor Überschuldung. Die Gegenvermachung wurde indes unangesehen des kaiserlichen Rechts „nicht allein duplirt, sondern oftermals noch höher gesezet“, was natürlich „die Güter mercklich beschweret“[3]. Im Streitfall durften die Hofräte bzw. das Hofgericht der Witwe daher niemals mehr zusprechen, als ihr nach dem kaiserlichen Recht zustand, es sei denn, die Eheleute hatten eine „Pacta Dotalia“ geschlossen.[4]

Die Höhe des dotalitium hing gleichwohl auch von dem jeweils geltenden Erbrecht ab. Beim Tod der Frau fiel bei kinderloser Ehe der Brautschatz grundsätzlich nicht mehr, wie ursprünglich üblich, an die Verwandten der Frau zurück, sondern unterlag den für das Frauengut geltenden Vorschriften des Erbrechts.[5] Soweit dieses das Rückfallrecht an die Verwandten ebenfalls

---

[1] LPO 1618 Kapitel 24 § 3.
[2] LPO 1618 Kapitel 24 § 1.
[3] LPO 1618 Kapitel 24 § 1.
[4] LPO 1618 Kapitel 24 § 1.
[5] Siehe Ogris, in: HRG, Band 1, Art. Aussteuer, Sp. 272. Bei der Regelung der Güterrechtssysteme herrschte im Reich wie im Territorium eine starke Rechtszersplitterung. Nach dem Lüneburger Stadtrecht vom Ende des 16. Jahrhunderts, mit dem auch die umliegenden Städte Uelzen, Bleckede, Dalenburg, Dannenberg, Lüchow, Hitzacker und Winsen bewidmet worden waren, herrschte bei unbeerbter Ehe das Prinzip des alleinigen Erbrechts des überlebenden Ehegatten; nur an Erbgütern, d.h. den von dem verstorbenen Ehegatten zuvor geerbten Immobilien bestand ein Rückfallrecht an dessen Verwandten. Der Ehegatte hatte an diesen Gütern jedoch eine lebenslange Leibzucht, d.h. ein Nutzungsrecht; die Frau nur dann, soweit sie zur Morgengabe gehörten. Im übrigen waren nur Gerade und Hergewette auszusondern (Lüneburger Stadtrecht, 6. Teil, Tit. VIII, IX, V). Bei beerbter Ehe traten mit dem Tod die Grundsätze der Gütergemeinschaft zwischen den Erben ein; bis zur Teilung trugen die Erben als Gesamthand die Gewinne und Verluste des Erbes. Über Immobilien konnte der überlebende Vater nur mit Zustimmung der Kinder verfügen; die überlebende Mutter unterlag einer auch die fahrenden Habe umfassenden Verfügungsbeschränkung. Die Kinder konnten bei erneuter Heirat des Elternteils die Teilung des Erbes verlangen, wobei der Ehegatte die eine und die Kinder neben Gerade und Hergewette als Voraus die andere Hälfte erhielten (Lüneburger Stadtrecht, 6. Teil, Tit. XIX, X, I – III). Vgl. zum Ganzen Rabe, Die Lüneburger Stadtrechtsreformation (1577-1583), S. 91 ff.;

ausschloss und der Mann damit alleiniger Erbe des Frauenguts wurde, durfte das dotalitium dementsprechend höher angesetzt werden.[1]

3. Haftungsprivilegien beim Tode des Ehemannes

Beim Tod des Mannes standen Aussteuer, Morgengabe und Gegenvermachung der Frau für ihre wirtschaftliche Sicherstellung zu.[2] Durch das Eindringen des Römischen Rechts in das deutsche Ehegüterrecht im Laufe des 15. Jahrhunderts war jedoch eine Unklarheit darüber entstanden, ob Aussteuer, Gegenvermachung und Morgengabe als haftungsbefreite Sondererbteile oder wahre Erbschaftsteile zu qualifizieren waren.[3] Der Gesetzgeber stellte nunmehr für den Fall, dass der Mann bei seinem Tod Schulden hinterließ, klar, dass der Frau bezüglich des „würklich eingebrachten und ausgezahlten Brautschatzes" ein Aussonderungsrecht vor allen Gläubigern zukam, und zwar auch vor jenen, „so expressam anteriorem hypothecam haben"[4]. Die „Wieder-Erlegung", also die vom Mann als Witwenversorgung erhaltene Gegenvermachung (dotalitium) dagegen sollte notfalls der Befriedigung derjenigen Gläubiger, „so ausdrückliche Verunterpfandung haben", dienen, war also nur gegenüber den „persönlichen" Gläubigern ihres Ehemannes mit Haftungsprivilegien ausgestattet.[5]

11. Kapitel: Erbrecht (Hergewette, Gerade, Mußteil)

Erbrechtliche Regelungen enthielt die Lüneburgische Polizeiordnung von 1618 nur bezüglich der Sondererbfolge in Hergewette, Frauengerade und Mußteil. Zur Entlastung der Erben wurden diese erbrechtlichen Institute erst-

---

Schröder, Geschichte des ehelichen Güterrechts in Deutschland, S.39 ff. und Hänel, in: ZRG 1: „Die eheliche Gütergemeinschaft in Ostfalen", S. 276 f., 287 ff.

[1] LPO 1618 Kapitel 24 § 1.

[2] Siehe Hessler, in: HRG, Band 1, Art. Dotalitium, Sp. 779.

[3] Vgl. Hänel, in: ZRG 1: „Die eheliche Gütergemeinschaft in Ostfalen", S. 330 f.

[4] LPO 1618 Kapitel 24 § 2.

[5] LPO 1618 Kapitel 24 § 2; siehe Grefe, Hannovers Recht, S. 56; vgl. Grimm, Deutsches Wörterbuch, Band 29, Sp.1108 f.: „Wi(e)derlegung: speziell für die gegengabe zur sicherung des von der frau in die ehe eingebrachten heiratsgutes". Vgl. zur Widerlegung auch Schröder, Geschichte des ehelichen Güterrechts in Deutschland, S. 340 f.

mals abgeschafft.[1] Die Abschaffung dieser Sondererbfolgen lag aber auch in der allgemeinen wirtschaftlichen Entwicklung begründet. Nachdem mit dem Vordringen der Verkehrswirtschaft der Verkehrswert des Vermögens den Nutzwert der einzelnen Sachgüter in den Hintergrund gedrängt hatte, bestand kein rechter Sinn mehr an der Beibehaltung dieser vom Nutzwert motivierten Sondererbfolge in einzelne Nachlaßgegenstände.[2]

Wie aus den Protokollen der Lüneburgischen Landschaft ersichtlich, war gerade dem Adel an der Abschaffung gelegen, „weil sich zwischen dem Adell der verstorben nachgelaßen, Gerade und Mußtheil halber oftmahls irrung zuträget“[3]. Insbesondere der niedere, finanziell schwächere Adel konnte die Belastungen, die im Erbfall durch Hergewette, Gerade und Mußteil auf ihn zukamen, finanziell oftmals kaum verkraften. Gleiches galt aber auch für zahlreiche Bauern, für die eine Zersplitterung des Erbes auch hinsichtlich der fahrenden Habe deren finanzielle Grundlage bedrohte. Insoweit diente die Abschaffung dieser erbrechtlichen Institute dem Erhalt und finanziellen Wohlergehen der Adels- wie der Bauernschicht und damit der Konsolidierung der bestehenden ständischen Ordnung.

I. Sondererbfolge

1. Frauengerade

Die Frauengerade waren die zum persönlichen Gebrauch der Frau bestimmten und zu ihrem häuslichen Wirkungskreis gehörenden Gegenstände der Aussteuer und des sonstigen ehelichen Vermögens (Hausrat), die beim Tode des Mannes an die Witwe (Witwengerade) und beim Tode der Frau an die Töchter bzw. die nächsten weiblichen Verwandten fielen (Nichtel- oder Niftelgerade).[4] Die Gerade stand der Frau als Sondervermögen zu und spielte bei ihrer Absicherung nach dem Tod ihres Mannes eine wichtige Rolle. Während die

---

[1] LPO 1618 Kapitel 26. Vorschriften bezüglich des Erbrechtes fehlten in der LPO von 1564 noch völlig.
[2] Siehe Schmelzeisen, Polizeiordnungen und Privatrecht, S. 148.
[3] Jacobi, Band 1, S. 283 (LtgA vom 12.7.1570).
[4] Siehe Schröder, Geschichte des ehelichen Güterrechts in Deutschland, S. 4 f.; Bungenstock, in: HRG, Band 1, Art. Gerade, Sp. 1527 f.; Ogris, in: HRG, Band 1, Art. Aussteuer, Sp. 271 f.; Rabe, Die Lüneburger Stadtrechtsreformation (1577-1583), S. 77.

Gerade anfänglich als fester Sachbegriff zu verstehen war, der nur den Brautschmuck, die Ausrüstung der Braut für den Brautlauf, umfasste, erfuhr sie im Verlauf des Mittelalters und in der frühen Neuzeit eine erhebliche Ausweitung zu einem ganzen Katalog von Einzelteilen, die eine Frau persönlich benutzte oder die für sie nützlich waren, ohne Rücksicht darauf, ob sie zur Aussteuer gehört hatten oder nicht.[1]

2. Hergewette

Hergewette bezeichnete zunächst die Kriegsausrüstung, später - der Frauengerade vergleichbar - eine Sachgesamtheit für den Mann nützlicher Gegenstände des täglichen Gebrauchs (z.B. Handwerkzeuge; Kriegs- und Jagdausrüstung beim Adel), die beim Tod dem Erben, wenn er männlich war oder dem nächsten männlichen Verwandten zufiel.[2]

---

[1] Siehe Bungenstock, Heergewäte und Gerade. Zur Geschichte des bäuerlichen Erbrechts in Nordwestdeutschland, S. 36 ff. Das Lüneburger Stadtrecht, 6. Teil, Tit. I, § 1 enthielt folgende katalogmäßige Aufzählung der zur Frauengerade gehörigen Sachen: „Ihre beste Kleider und Hoicke, ihr bestes Tuch / ihr beste Ragel, ihr bester Schleier oder Schiertuch, ihr bestes Hemd, ein paar Schuhe, ihr bestes Bett/mit dem Haupt-Pfühl, ihr beste zwei Ohr-Kissen, ihr beste paar Lacken, ihr beste Decken, ihr beste Kisten, ihr beste Zug-Laden, ihr beste Spann, ihr beste Perlen oder güldene Hauben, ihr beste güldenen Ketten/vor das Spann und Häffrig, ihr bester Finger-Ring/nebst der Hand-Treu, ihr bestes Buch mit dem Buchs-Beutel, ihr bestes Bank-Lacken, ihr beste Sechs-Stuhl-Kissen, eine Taffel, ihr bestes Taffel-Lacken, ihr beste Hand-Ovelen, ihren besten Gropen/und besten Kessel, angeschnitten Leinwand, ungewunden garn, einen Kessel-hacken mit einem Ringe, ein Brand-Eisen, ihren besten Leuchter, ihr bestes Bade-Becken und Bade-Lacken.“ Vgl. auch Ssp. LdR I Art. 24 § 3, wo ebenfalls bereits ein detaillierter Geradekatalog zu finden ist.

[2] Siehe Schröder, Geschichte des ehelichen Güterrechts in Deutschland, S. 3; Bungenstock, in: HRG, Band 2, Art. Heergeräte, Sp. 29 f.; *ders.*, Heergewäte und Gerade. Zur Geschichte des bäuerlichen Erbrechts in Nordwestdeutschland, S. 45 f, 62. Nach dem Lüneburger Stadtrecht vom Ende des 16. Jahrhunderts, 6. Teil, Tit. I, § 3 gehörten zu Heergewette folgende Gegenstände: „Sein bestes Pferd/Sattel/Hintergerad und Zaun, sein bester Harnisch/Plate/Mauß/Schild und Schwert, sein silbern Dolch und Schwerd, ein lange Spieße und Helbardte, sein Axt und Beil, ein lang Rohr/und zwei kuze Röhr, eisern Hut/ Gleven/Helm, einen Kessel/dar man eine Schulter inne sieden mag, einen Gropen/dar man ein Huhn in sieden mag, seine beste Kleider/hierzu gehört auch mit der Mantel, sein bester Gürtel mit der Taschen, seine beste silberne Schale, ein Bette nächst dem besten, eine Kolter/oder Bette-Decken/ein Pfühl/ein Kissen, zwei Lacken nächst dem besten, ein Kissen auf dem Stuhl, eine Taffel/und ein Taffel-Lacken, eine Hand-Oevele, eine Bade-Lacken, ein paar Leinen-Kleider/Hofen/Schuhe/Sporen/Stiebeln/und seine Pfenning-Kiste“. Siehe auch Ssp. LdR I Art. 22 § 4.

3. Mußteil

Mußteil schließlich war die Hälfte des beim Tode des Mannes auf dem Hof vorhandenen Speisevorrats, der der Witwe außer der Gerade zustand.[1]

II. Abschaffung der Sondererbfolge

Die Erbrechte an Hergewette, Frauengerade und Mußteil führten in ihrer Gesamtheit zu einer erheblichen Schmälerung des Erbes. Nicht selten war nach einer Abspaltung der ganzen dazu gehörigen Nachlassgegenstände eine ordnungsgemäße Bewirtschaftung des bäuerlichen Hofes wesentlich erschwert. So hatte man „in viele Wege mit höchstem Abgang, Nachtheil, und Schaden eine Zeitlang hero erfahren", dass bei Todesfällen „an Hergewette, Frauengeräthe und Mußtheil so viel abgetragen, daß es mancher sobald nicht vergessen oder verwinden können und mögen"[2]. Sie wurden daher zu Recht als Grund für die Verarmung mancher Bauern angesehen. Auf Seiten des Adels machten die Abfindungen durch Gerade und Hergewette nicht selten ganz erhebliche Vermögenswerte aus, was auch eine Fortführung standesgemäßen Unterhalts nach dem Erbfall erschwerte. Die erbrechtlichen Institute konnten den Einzelnen somit in seinem Stand und Nahrung bedrohen und galten folglich als polizeilich unerwünschtes Übel.

12. Kapitel: Vergnügungs-, Verschwendungs- und Luxuspolizei

Die Verbote unwirtschaftlichen Aufwands in vielerlei Lebensbereichen nahmen in unzähligen Polizeiordnungen der Zeit[3] einen sehr breiten Raum ein. Das zeigt, wie verbreitet der Luxus gewesen sein muß, wie wichtig seine Unterdrückung aber auch der staatlichen Obrigkeit erschien. Die Lüneburgische

[1] Siehe Erler, in: HRG, Band 3, Art. Musteil, Sp. 798 f.; vgl. Ssp.LdR I Art. 22 § 3, Art. 24 § 2.

[2] LPO 1618 Kapitel 26, Satz 1.

[3] Siehe z.B. Aufwandsgesetze im Lüneburger Stadtrecht (1577-1583), 9. Teil, Titul. XIII: „Von dem Fastelabend / Pantaleon und Vollsaufen"; Kleider-, Verlöbnis- und Hochzeitsordnung der Stadt Braunschweig 1573, vgl. v. Heinemann, Geschichte von Braunschweig und Hannover, Band 2, S. 486; weitere Nachweise bei Eisenbart, Kleiderordnungen der deutsche Städte zwischen 1350 und 1700 und Hampl-Kallbrunner, Beiträge zur Geschichte der Kleiderordnungen mit besonderer Berücksichtigung Österreichs, S. 17 ff.

Polizeiordnung von 1618 befasste sich in diesem Regelungskomplex mit Aufwandsvorschriften für Hochzeitsfeste, Verlöbnis- und Begräbnisfeiern, Kindbettbesuchen und Taufen, mit zahlreichen Volksfesten und Bräuchen, mit Maßhaltevorschriften über Völlerei und Sauferei, dem Glücksspiel und insbesondere auch mit Kleidervorschriften.

Schon früh hatte es Maßnahmen weltlicher und geistlicher Obrigkeiten zur Untersagung oder Einschränkung des materiellen Aufwandes gegeben.[1] Mit den veränderten politischen und sozialen Zusammenhängen hatten sich freilich die Motive der Aufwands- und Luxusgesetzgebung gewandelt. Während die - regelmäßig städtischen[2] - Luxusordnungen des Mittelalters von religiöser Disziplinierung und sittlichen Motiven beherrscht waren, rückte vom Ende des 15. Jahrhunderts an das Motiv der ständischen Ordnung in den Vordergrund, zunächst noch in dem Anliegen religiösen Ursprungs, bald aber unter dem beherrschenden Aspekt der „guten Policey", zu der die Aufrechterhaltung der ständischen Gesellschaft zählte.[3] Denn die Zeit war geprägt von einer wachsenden sozialen Umschichtung, die das Gefüge der alten Ständegesellschaft empfindlich in Mitleidenschaft gezogen hatte. Besonders deutlich wurde diese Akzentverschiebung namentlich bei den Kleiderordnungen. Soziale Mobilität ungewohnten Ausmaßes hatte die ständische Gesellschaftsordnung aus dem Gleichgewicht gebracht. Die Unterschichten waren bei zunehmender Binnendifferenzierung stark angewachsen und ihre soziale und wirtschaftliche Lage verschärfte sich.[4] Dagegen hatte in den Städten Reichtum und wirtschaftliches Potential der bürgerlichen Eliten zugenommen, was naturgemäß

---

[1] Vgl. Stolleis, Pecunia nervus rerum, S. 9.

[2] Siehe die Nachweise in den Arbeiten von Eisenbart, Kleiderordnungen der deutschen Städte zwischen 1350 und 1700, S. 14 ff., 50 ff. und Hampl-Kallbrunner, Beiträge zur Geschichte der Kleiderordnungen mit besonderer Berücksichtigung Österreichs, S. 19 ff. Zur Entstehung des Ordnungsbedürfnisses in den Städten auch Maier, Die ältere deutsche Staats- und Verwaltungslehre (Polizeiwissenschaft), S. 85 ff.

[3] Siehe Eisenbart, Kleiderordnungen der deutschen Städte zwischen 1350 und 1700, S. 54: „Nach 1500 gibt es kaum noch eine Kleiderordnung, die nicht bemüht ist, jedes Detail der Kleidung der Unterscheidung der Stände dienstbar zu machen. Alle anderen Gesichtspunkte werden diesem einen untergeordnet". Vgl. auch Stolleis, Pecinua nervus rerum, S. 15, 35 ff. Dagegen nimmt Lauffer, Ausstattung nach Stand und Rang, S. 524 an, dass auch die frühen Kleiderordnungen schon von ständischen Gesichtspunkten motiviert werden. Dagegen aber zutreffend Eisenbart, a.a.O., S. 54. Bei der Schaffung ständischer Abgrenzungen macht Graus, in: ZHF 8: „Randgruppen der städtischen Gesellschaft im Spätmittelalter", S. 412 ff., insbesondere auf S. 415 f. auf den Aspekt der Stigmatisierung von Randgruppen u.a. durch obrigkeitliche Reglementierung des Sozialprestiges, wozu speziell die Kleiderordnungen zu zählen sind, aufmerksam.

[4] Vgl. Kreiker, Armut, Schule, Obrigkeit, S. 23 f.; Sachße/Tennstedt, Geschichte der Armenfürsorge in Deutschland, S. 27 f.; siehe auch oben 6. Kapitel.

mit einem steigenden Luxusgüterkonsum einher ging.[1] Hinsichtlich Reichtum und Pracht war das wohlhabende Bürgertum oftmals von dem vielfach verarmten Adel nicht mehr zu unterscheiden. Der Ordnungsgeber sah sich zu Maßnahmen der Stabilisierung der ständischen Gesellschaft veranlasst, indem er wenigstens die äußere Erkennbarkeit des jeweiligen Standes sicherstellen wollte. Von der Festhaltung an ständischen Traditionen motiviert, schrieb er jedem Stand seine Lebenshaltung bis ins Kleinste vor. So staffelte man im Lüneburgischen die Kosten für Taufgeschenke nach ständischen Gesichtspunkten und setzte bis zu Stoffart und Schmuckbesatz die Kleider der einzelnen Stände fest.

Neben der praktischen Unmöglichkeit der Durchsetzung dieser Aufwandsgesetze[2] lag ein weiteres generelles Problem darin, dass der Territorialherr, mithin der Ordnungsgeber selbst, und die Angehörigen seiner Schicht selbst keine ablehnende Haltung dem Luxus gegenüber hatten. Die herrschenden Schichten waren selbst die wichtigsten Träger öffentlicher und privater Luxusentfaltung. Die Luxusverbote gewannen dadurch von vornherein einen ambivalenten Charakter.[3] Der Adel feierte ungehemmte Gelage, bediente sich einer wachsenden Zahl an Dienerschaft und führte die neueste ausländische und entsprechend kostspielige Mode vor. Hochzeiten wurden mit enormer Gästezahl, Unmengen an Bier und spanischem Wein gefeiert.[4] Bei dem Glanz, Prunk und der Prasserei orientierte sich jeder Stand nach oben und ei-

---

[1] Vgl. Härter, in: Ius Commune 20: „Die Entwicklung und Funktion der Policeygesetzgebung des Heiligen Römischen Reichs Deutscher Nation im 16. Jahrhundert", S. 92 f.; und insbesondere zur Veränderung der ständischen Gesellschaft Maier, Die ältere deutsche Staats- und Verwaltungslehre (Polizeiwissenschaft), S. 87 ff. Zur Lebensform des wohlhabenden Bürgertums siehe Roeck, Lebenswelt und Kultur des Bürgertums in der frühen Neuzeit, S. 11 f.

[2] Dazu Dinges, in: ZHF 19: „Der feine Unterschied", S. 60 f. Siehe auch Stolleis, Pecunia nervus rerum, S. 39: „Die Luxusordnungen wirken eher wie Signale der Hilflosigkeit gegenüber dem Zusammenbrechen der alten Ordnungen".

[3] Stolleis, Pecunia nervus rerum, S. 12 spricht hier von einem „schichtenspezifischen Polizeirecht".

[4] Siehe Havemann, Geschichte der Lande Braunschweig und Lüneburg, Band 3, S. 29: „Das Trinken an den Höfen und auf Schlössern nahm auf eine entsetzliche Weise Überhand. [...] Es geschah nicht selten, dass der Gastgeber die Thüren verschließen ließ, damit keiner der Fremden sich der Fortsetzung des Gelages entziehen könne. Früher hatte [...] Bier aus Eimbeck zur Bewirtung fürstlicher Gäste an Höfen gedient; jetzt wurde es an den Tischen des Adels und des städtischen Patriciats durch Malvasier und süßen Wein aus Spanien verdrängt". Zum Aufwand bei einer adeligen Hochzeit siehe a.a.O., S. 30 f.

ferte dem Aufwand des Nächsthöheren nach. Nicht zuletzt dadurch ruinierte sich der niedere und wirtschaftlich schwächere Adel selbst.[1]

Die einleitenden Worte der Lüneburgischen Polizeiordnung von 1618 zeigen, dass die Eindämmung der vermeintlich zu großen Verschwendung dem Gesetzgeber besonders am Herzen gelegen hat. Bereits die Lüneburgische Polizeiordnung von 1564 hatte zahlreiche, im Vergleich zu denen der Ordnung von 1618 aber noch zurückhaltendere Bestimmungen über eine Aufwandsbeschränkung enthalten.[2] In der Neuordnung des Jahres 1618 ging der Ordnungsgeber wesentlich detaillierter vor und drang mit seinen Reglementierungen tiefer in die privaten Lebensbereiche der Untertanen ein. Nach wie vor sah er unter allen herrschenden Übeln in „übermäßiger Pracht, Pancketieren bei Verlöbnissen, Hochzeiten, Kind- Taufen, Begräbnissen, Fensterbeschenken, Fastel-Abend-Gezechen, Schütz-Fest und andern Gilden, fast täglichen gemeinen Gastereyen und anderen Üppigkeiten, an Kleidung und sonsten“, die so weit getrieben wurden, „daß fast kein Stand mehr für den andern zu unterscheiden“, den herausragenden Grund für die Verarmung und Verderbung seiner Untertanen[3]. Nicht zuletzt mussten solche „dem Allmächtigen hochmißfälligen Ueppigkeiten seiner Göttlichen Allmacht Zorn und Rache“ auf sich ziehen[4].
Die Aufwandsgesetzgebung der Lüneburgischen Polizeiordnung von 1618 war in ihrer Gesamtheit neben der ständeerhaltenden Motivation durchgehend auch von religiös-sittlichen Motiven sowie von politischer und wirtschaftlicher Fürsorge geprägt. Nur in Teilbereichen, im besonderen in der Kleiderordnung, traten diese Motive hinter den dominierenden Gesichtspunkt der Ständeregelung zurück. Demgegenüber fanden besonders im Rahmen der Regulierung der Volksfeste und –bräuche und der Trinkerei und Völlerei die Aspekte der sittlichen Disziplinierung der Untertanen und der Störung der gesellschaftlichen Ordnung durch Verschwendung eine erhöhte Aufmerksamkeit. Die Motivschwerpunkte lagen hier bei allgemeinen ökonomischen Überlegungen und im religiös-sittlichen Bereich, speziell im Schutz des Einzelnen vor ruinöser und unsittlicher Lebensweise.

---

[1] Siehe Havemann, Geschichte der Lande Braunschweig und Lüneburg, Band 3, S. 30: „In dem selben Grade, in welchem sich der Grundbesitz des Adels verringerte, steigerte sich dessen Neigung zum Aufwande“. Vgl. auch v. Heinemann, Geschichte von Braunschweig und Hannover, Band 2, S. 482 zu den Veränderungen insbesondere in den Kreisen der Ritterschaft.
[2] LPO 1564 Titul. „Von Kleidung“, „Von Hochzeit oder Brauthaus“, „Von Verlöbnis und Löbelbier“, „Von Kindelbier“.
[3] LPO 1618, Vorrede.
[4] LPO 1618, Vorrede.

I. Kleiderordnung

Kleidung in ihrer sozialen Bedeutung gibt Auskunft über die Zugehörigkeit zu einer Gruppe, einer Gemeinschaft oder einem Stand. In der hierarchisch gegliederten Gesellschaft konnte sich der soziale Status eines eine bestimmte Gruppe vertretenen Einzelnen vollständig in seiner Kleidung kundtun.[1] Gerade in diesem Bereich mussten sich deutlich die Wandlungsprozesse und gesellschaftlichen Probleme, namentlich die gestiegene soziale Mobilität, die Verwischung der Standesgrenzen und der wirtschaftliche und soziale Aufstieg des Handelsbürgertums widerspiegeln. Hinzu trat der Trend der Zeit zur Prunksucht und Prasserei[2], und dieser Aufwand und diese Verschwendung traten in der Kleidung besonders hervor. Bei den vermögenden Schichten hatte die ausländische Mode Einzug gehalten; man kleidete sich mit „spanischen Kappen, französischen Hosen, ungarischen Hüten, polnischen Stiefeln, böhmischen Mützen und welschen Bäuschen und Kragen“[3]. Die zeitgenössische Literatur machte sich über dieses neue Phänomen der „Mode“ lustig:
„Willst du den langen Rock nicht tragen / Und dich auf neue Moden schlagen /
So zieh ein kurzes Röcklein an / Gleich wie ein Affe, Pavian /
Das sich nur bis zur Hüfte streckt / Dir nicht einmal den Hintern deckt / Jedoch der neuen Mode schmeckt /
Das trägt heut gern der Adel gar / Auch manche fromme Kriegerschaar. /
Willst zu dem Orden dich gesellen / Mußt seiner Mode du dich stellen“[4].

Bis ins Detail legte die Lüneburgische Polizeiordnung von 1618 die Kleider- und Schmuckordnung für die einzelnen Stände fest. Dabei herrschten ständi-

---

[1] Zur sozialen Funktion der Kleider siehe Dinges, in: ZHF 19: „Der feine Unterschied“, S. 49 ff.

[2] Zum Prunk der Hofhaltung siehe v. Heinemann, Geschichte von Braunschweig und Hannover, Band 2, S. 473: „Da wurden denn auch die alten Fürstensitze, welche in den früheren anspruchslosen Zeiten und bei den früheren einfachen Zeiten ausgereicht haben mochten, überall zu enge. Neubauten oder öfter noch Ausbau und Erweiterung der schon vorhandenen Residenzen mussten den Anforderungen, welche die veränderte Zeitlage und die erhöhten Ansprüche an das Leben stellten, gerecht zu werden versuchen“.

[3] V. Heinemann, Geschichte von Braunschweig und Hannover, Band 2, S. 481. Siehe auch Havemann, Geschichte der Lande Braunschweig und Lüneburg, Band 3, S. 31: „Auch den Frauen des Adels galten die Moden von Brüssel und Mailand als ein unumgängliches Gebot. Hals und Brust entblößt, das Haar mit Perlen durchflochten, Seidengewänder mit Spitzen besetzt, der Fuß in seidene Strümpfe gehüllt und auf Klippschuhen ruhend, Goldketten um den Hals, den Arm mit Spangen geziert“.

[4] Friedrich Dedekind, Grobianus, Von groben Sitten und unhöflichen Gebärden, 1549, herausgegeben von Horst Langer 1995, 1. Buch, 2. Kapitel.

sche Gesichtspunkte bei der Regelung der Bekleidung vor.[1] Primäre Zielsetzung war die äußerliche Differenzierung der verschiedenen Stände und Berufsgruppen.[2]
In der aufwendigen Bekleidung lag aber nicht nur eine gesellschaftliche Gefahr, sondern auch eine Gefährdung der wirtschaftlichen Ordnung, da der übermäßige Luxus den Einzelnen in seiner finanziellen Situation beschädigen konnte. Dem Ordnungsgeber war es „leider mehr als kund und offenbar, daß in Kleidungen und Schmuck merklich große Üppigkeit in allen Ständen hervorgehet und große unerträgliche gar unnötige Unkosten darauf gewandt werden; auch der Armer und fast Geringste dem Reichen darin nicht weichen will, darüber sich dann mancher, zu seinem eigenen Spott und Hohn, in die äußerste Armut und Verderb stürzet“[3]. Der einzelne, nicht zuletzt auch der in großen Teilen vom wirtschaftlichen Verfall bedrohte Adel, sollte also im eigenen Interesse vor finanziellem Ruin bewahrt werden.
Diese politische und wirtschaftliche Fürsorge trat freilich insgesamt hinter das dominierende Motiv der Erkennbarkeit der einzelnen Stände zurück. Augenfällig ist dabei die Unterteilung der neben dem Adel bestehenden Stände nach Berufs- bzw. Einkommensgruppen.[4] Gelehrtentum, Offizierskorps und Beamtentum erhielten durch ihre Nähe zum Hof einen höheren sozialen Rang und wurden ständisch nicht mehr wesentlich vom Adel abgetrennt.

Den vornehmsten Stand bezüglich der Kleiderordnung bildeten nach der LPO neben dem Adel die als fürstliche Räte tätigen Doktoren und der fürstliche Hofmeister, Kanzler und Marschall, die von den fürstlichen Sekretären, Bürgermeistern und Räten der Städte und Flecken als zweitem Stand unterschieden wurden.[5] Dem zweiten Stand wurden außerdem diejenigen vermögenden Bürger zugerechnet, die in Städten oder Flecken „von ihren Renten und Gütern leben oder sonsten stattliche Handtier- und Nahrung haben“[6]. Alle übrigen „gemeinen Bürger“ bildeten den dritten Stand[7] der Kleiderordnung, denen Bauern – hier wieder unterschieden nach dem Vermögen – als vierter Stand und schließlich die Mägde und Knechte folgten.[8]

---

[1] Dazu ausführlich die Arbeit von Eisenbart, Kleiderordnungen der deutschen Städte zwischen 1350 und 1700, S. 51 ff. und insbesondere S. 57 ff.
[2] Vgl. auch oben Teil B, 1. Kapitel, I. zu den Motiven des Ordnungsgebers.
[3] LPO 1618 Kapitel 25 § 1.
[4] Zur Üblichkeit dieser Einteilung in den Kleiderordnungen siehe Eisenbart, Kleiderordnungen der deutschen Städte zwischen 1350 und 1700, S. 59 ff.
[5] LPO 1618 Kapitel 25 §§1, 6, 7.
[6] LPO 1618 Kapitel 25 § 7. So auch schon LPO 1564 Titul. „Von Kleidung“.
[7] LPO 1618 Kapitel 25 § 10. So auch schon LPO 1564 Titul. „Von Kleidung“.
[8] LPO 1618 Kapitel 25 §§ 18, 17. So auch schon LPO 1564 Titul. „Von Kleidung“.

Innerhalb dieser Einteilung der Stände wurde mit äußerster Genauigkeit aufgezählt, wer was tragen durfte, tragen sollte oder auf keinen Fall zu tragen hatte. Vor allem wurde das Material für die verschiedenen Kleidungs- und Schmuckstücke im einzelnen vorgeschrieben und die Verwendung von kostbaren Besätzen eingeschränkt.

Während es in der Polizeiordnung von 1564 noch geheißen hatte, dass es „des Adels Kleidung halber [...] bey der Keiserlichen / und des Reichs satzung / wie die in der Policeyordnung Anno etc. 30 verordnet ist“ gelassen werden sollte[1], blieb der Adel nun keineswegs von detaillierten Kleidervorschriften verschont. So durfte kein Adeliger aus Gold oder Silber gestickte oder mit Gold- oder Silberstücken sowie Perlen besetzte Kleider tragen.[2] Das Tragen eines Mantels ganz aus Samt war außer den „Rittern, unserer vornehmsten Officieren, oder Räthe“ dem sonstigen Adel verboten.[3] Erlaubt war dagegen das Tragen von aus Samt, Atlas, Damast oder Seide gewebten oder mit Fell gefütterten Kleidern.[4] Ketten durften nur getragen werden, soweit sie den Wert von zweihundert Kronen oder Goldgulden nicht überstiegen.[5] Neben diesen Geboten wurde den adeligen „Frauenzimmern“ außerdem geboten, sich grundsätzlich in ihrer Ausstattung so weit zurückzuhalten, dass „unter Fürst- Gräflichen, auch anderen Herrn Standes-Personen und ihnen in Kleidung ein Unterschied sein und bleiben möge“[6]. Kleinodien sollten möglichst gar nicht, wenn aber, dann nur bis zu einem Wert von 150 - 200 Reichstalern getragen werden.[7]
Deutlich ist hier also eine Binnendifferenzierung innerhalb des Adels erkennbar, die den als Territorialherr mächtiger werdenden Landesfürsten vom niederen Adel abgrenzt, der – auch durch den Funktionsverlust als Wehrstand – vom politischen, sozialen und wirtschaftlichen Abstieg bedroht war[8].

---

[1] LPO 1564 Titul. „Von Kleidung“.
[2] LPO 1618 Kapitel 25 § 1.
[3] LPO 1618 Kapitel 25 § 1.
[4] LPO 1618 Kapitel 25 §§ 2, 3.
[5] LPO 1618 Kapitel 25 § 3.
[6] LPO 1618 Kapitel 25 § 4.
[7] LPO 1618 Kapitel 25 § 5.
[8] So beschreibt Havemann, Geschichte der Lande Braunschweig und Lüneburg, Band 3, S. 28: „Auffallender noch tritt uns die Umwandlung der Verhältnisse in der Ritterschaft entgegen. Noch gab für Einzelne der Kriegsdienst eine Quelle großartigen Reichtums ab [...] Im Allgemeinen aber verringerte sich der Grundbesitz des Adels durch übertriebenes Wohlleben, durch den Mangel umsichtiger Verwaltung [...]. Welsches Wesen verdrängte die schlichte Sitte der Väter; man stolzierte in fremden Trachten, im spanischen, gestickten Sammetwammes, das Brüssel sandte, im breitkrempigen mit Perlen umschlungenen Hut der von Augsburg oder aus der Lombardei bezogen wurde; der einst über seine Unabhängigkeit so ängstlich wachende Adel gefiel sich in der Liverei des Landesherrn“.

Bezeichnend für die Vermischung der Standesgrenzen folgt die Gleichstellung des Adels mit der bürgerlichen hofnahen Elite: Die „Doktoren, [...] Fürsten Hofmeister, Canzler, Marschalk oder Räthe, und doch nicht vom Adel" durften sich, „samt seinem Weib und Kindern, denen vom Adel, wie obgemeldt, gleich tragen u. gebrauchen"[1].

Der zweite Stand wurde verpflichtet, nur Samt- oder Seidenbesätze, nicht mehr „als ein halb Viertel" breit, zu benutzen.[2] Im übrigen durften sie und ihre Frauen „Seiden Grob- grün[3], Dammast, Sindeltort und dergleichen"[4] tragen. Für Frauen und Töchter galt ansonsten, dass sie „Gürtel mit vergüldetem Silber beschlagen, jedoch unsere Secretarien und der Bürgermeister Frauen nicht über sechszehen, und der andern nicht über zwölf Loth, ihre Töchter aber den Beschlag nur mit Silber fünf Loth schwer, zu tragen, bemächtiget seyn sollen"[5]. Auch durften die Frauen der Bürgermeister und Räte nur Goldketten im Wert von bis zu 100 Goldgulden, die Frauen der anderen vermögenden Bürger nur im Wert von 50 Goldgulden tragen.[6]

Der dritte Stand, also die „gemeinen Bürger", hatten sich für ihre Kleider mit englischem oder geringerem Tuch zu begnügen; seidene Röcke waren ihnen verboten, ihre Goller[7] durften nur aus seidenem Grobgrün oder doppeltem Taft sein.[8] Die Gürtel der Frauen durften höchstens mit acht Lot Silber, die der Töchter mit fünf Lot beschlagen sein. Ganz verboten war ihnen das Tragen von Goldschmuck, silbernen Haken, Schnürketten, goldenen und silbernen Schnüren, Tripp[9], Perlenketten im Wert von über zwanzig Talern sowie aus Gold gewebte oder mit goldenen Borten versehene Halstücher.[10]

---

[1] LPO 1618 Kapitel 25 § 6 mit ausdrücklichem Verweis auf die entsprechende Regelung in der RPO 1548.

[2] LPO 1618 Kapitel 25 § 7.

[3] Verschiedenartige, starkfädige Zeuge geringer Qualität aus Seide oder Wolle, hier aus Seide, siehe Eisenbart, Kleiderordnungen der deutschen Städte zwischen 1350 und 1700, S. 125.

[4] LPO 1618 Kapitel 25 § 7.

[5] LPO 1618 Kapitel 25 § 8.

[6] LPO 1618 Kapitel 25 § 13. So auch schon LPO 1564 Titul. „Von Kleidung".

[7] Großer Umlegekragen, der über ein Kleid mit viereckigem Ausschnitt getragen wurde und oft reich verziert war. Er war ein für die bürgerliche Frauentracht charakteristisches Kleidungsstück und in allen Städten verbreitet, siehe Eisenbart, Kleiderordnungen der deutschen Städte zwischen 1350 und 1700, S. 139.

[8] LPO 1618 Kapitel 25 §§ 10, 11.

[9] Tripp ist ein Halbsamt, ein samtähnliches Gewebe, mit leinener, wollener oder baumwollener Kette und einer samtartig aufgeschnittenen Oberfläche von feiner Wolle oder Seide, siehe Eisenbart, Kleiderordnungen der deutschen Städte zwischen 1350 und 1700, S. 130.

[10] LPO 1618 Kapitel 25 §§ 12 - 16. Ähnlich auch schon LPO 1564 Titul. „Von Kleidung".

Die Bauern als vierter Stand sollten grundsätzlich kein englisches Tuch tragen, es sei denn, sie waren „guten Vermögens“[1]. Ansonsten hatten sie inländisches oder leidisches Tuch zu tragen. Nur einer Braut durfte, soweit ihre Eltern vermögend waren, ein Hochzeitskleid aus englischem Tuch mit seidenen Aufschlägen am Goller genäht werden.[2] Selbstverständlich war ihnen auch das Tragen von Silber, Gold oder Perlen verboten.

Über die Knechte und Mägde sind im Gegensatz zur Landespolizeiordnung von 1564[3] keine genaueren Regelungen mehr enthalten. Lediglich für die Mägde wurde die Bestimmungen beibehalten, dass „unserer Rähte und andere unserer Officier Mägde, tragen, was ihnen ihre Frauen, nach Gelegenheit es ihnen zu tragen gebühren will, geben“[4]. Unterlassen wurden weiterhin eine genaue Anweisung für die Geistlichen, da diese „sich ihrem geistlichen Stande gemäß, ohne special- Ordnung wol zu verhalten wissen“[5].

Die Schneider, Perlensticker und Goldschmiede wurden angewiesen, auf die Einhaltung der Kleiderordnung präzise zu achten. Stellten sie ein unzulässiges Gewand her, so wurde ihnen der „Verlust der Bürgerschaft und Gilde“ angedroht[6]. Neben der Herstellung war natürlich das Tragen unerlaubter Kleidung unter Strafe gestellt, worüber neben den Handwerkern alle Beamten, Bürgermeister und Räte die Aufsicht hatten. Übertreter waren bei der Obrigkeit anzuzeigen und alsdann mit „mit einer willkürlichen Strafe unnachlässig“ zu bestrafen; die Kleidung sollte „ohne einigen respect der Person“ eingezogen werden.[7] Nach diesen Anordnungen war also auch der Adel nicht von einer Bestrafung wegen eines Verstoßes gegen die Kleidervorschriften ausgenommen. Doch wird letztlich durch die dehnbare Formulierung der Strafvorschrift eine Anpassung der Strafe an den jeweiligen Stand des Übertreters bezweckt gewesen sein.

---

[1] LPO 1618 Kapitel 25 § 18.
[2] LPO 1618 Kapitel 25 § 19.
[3] Die LPO 1564 Titul. „Von Kleidung“ enthielt Vorschriften über die Kleidung von Bauernknechten, Handwerksgesellen, sowie von Knechten und Mägden allgemein.
[4] LPO 1618 Kapitel 25 § 17.
[5] LPO 1618 Kapitel 25 § 9.
[6] LPO 1618 Kapitel 25 § 20.
[7] LPO 1618 Kapitel 25 § 20. So auch schon LPO 1564 Titul. „Von Kleidung“.

II. Aufwandsbeschränkung bei Feierlichkeiten

Im Gegensatz zur Kleiderordnung traten religiös-sittliche, insbesondere aber ökonomische Motive bei der Disziplinierung der Festkultur der Untertanen stärker hervor. Zum einen erschienen Übermaß und Verschwendung im besonderen bei der christlich zu begehenden Hochzeit, der Taufe und dem Begräbnis als sittlich und moralisch anstößig. Daneben hatte die Regulierung greifbare ökonomische Hintergründe, denn nicht selten wurden die Feierlichkeiten unter Überschreitung der materiellen Möglichkeiten des Veranstaltenden gefeiert, der damit oft seine soziale Reputation demonstrieren wollte.[1] Insofern zielte der Gesetzgeber auf den Schutz des Einzelnen vor ruinösem Aufwand. Ruinöse Verschwendung durch übertriebenen Aufwand wurde als ein Übel für die soziale Gemeinschaft empfunden, das es zu beseitigen galt. Doch spielte ebenso eine Rolle, dass insbesondere auf dem Land hierdurch letztlich auch die Einkünfte der Grundherren und des Landesherren geschmälert wurden, wenn zahlreiche Untertanen aufgrund der finanziellen Belastungen ihren Abgabenpflichten nicht mehr nachkommen konnten. Der Gesetzgeber hatte durchaus das Problem der zunehmenden Verarmung weiter Teile der Bevölkerung erkannt, was nicht zuletzt auch daran lag, dass die „armen Untertanen [...] nunmehr 121 Jahr nacheinander mit schweren Schatzungen beleget" worden waren[2]. Nicht zufällig wurde gerade in dem Landtagsabschied des Jahres 1616, in dem ein erheblicher Landschatz von den Ständen bewilligt wurde und der erhöhte Abgaben für die Bevölkerung bedeutete, der Erlass der neuen Polizeiordnung beschlossen, „darin alle bis heut dato verspürte Üppigkeiten, bei Verlöbnissen, Hochzeiten, Kindtaufen, Fensterbeschencken, Fastelabends und anderen Gelägen, nicht weniger als wegen übermäßiger Aussteuerung der Töchter und der Kleidung abzuschaffen"[3]. Mit Hilfe dieser Ordnung sollte ausdrücklich erreicht werden, „daß dasjenige anitzer contribueret", also von der Bevölkerung zum Landschatz beigetragen werden konnte, was „derogestalt", also durch die Verbote übermäßiger Üppigkeit in der Polizeiordnung, „mit Gottes Hülffe wieder ersparet werden soll, kann und mag"[4].

Die ständischen Motive traten hinter diesen vorrangigen Interessen aber durchaus nicht vollständig in den Hintergrund. Vielmehr war auch für die Be-

---

[1] Beispiele des getriebenen Aufwands bei den Festen liefert Stolleis, Pecunia nervus rerum, S. 18-22. Mit der sozialen Mechanik, die dem demonstrativen Aufwand als spezifisches gesellschaftliches Interaktionsritual beigelegt gewesen sein kann setzt sich Frank, Exzeß oder Lustbarkeit?, in: Policey und frühneuzeitliche Gesellschaft, S. 155 f. auseinander.

[2] Jacobi, Band 2, S. 84 ff. (LtgA vom 13. September 1616).

[3] Jacobi, Band 2, S. 84 ff. (LtgA vom 13. September 1616).

[4] Jacobi, Band 2, S. 84 ff. (LtgA vom 13. September 1616).

schränkung der Feierlichkeiten wie Hochzeiten, Taufen und Begräbnisse ein Grund, dass bei ihnen „einer dem andern mit der Pracht und Zehrung gar nicht weichen will“[1]. Nach obrigkeitlichem Willen sollten diese Feste nunmehr von jedem nur noch „seinem Stande gemäß“ begangen werden[2]. Dem Wortlaut des Gesetzes nach war dementsprechend auch der Adel größtenteils von der Regulierung der Feierlichkeiten nicht ausgenommen; jedenfalls finden sich bei zahlreichen Verboten und Einschränkungen keine Ausnahmen oder Abstufungen zugunsten desselben. De facto hatten indes die Maßhaltevorschriften für Fürst und adelige Hofgesellschaft wie auch den sonstigen Adel kaum Geltung. Insoweit ging eine strenge Reglementierung und Disziplinierung der Untertanen mit einer gleichzeitigen Unmäßigkeit und Prachtentfaltung der Obrigkeit einher, was freilich in der ständischen Gesellschaft des 17. Jahrhunderts nicht als Widerspruch empfunden wurde.[3]

1. Hochzeiten

Besonderen Aufwand betrieb man seit je her bei Hochzeiten.[4] Die Gäste aßen und tranken, manchmal in solchen Ausmaß, dass man den Ruin der Neuvermählten zu befürchten hatte. Bei der Hochzeit bildete das Gelage bzw. das gemeinsame Essen stets einen Mittelpunkt der Hochzeitsfeier[5] und es galt, die ausufernden Üppigkeiten und die übermäßige Dauer des Festes nicht zuletzt zum finanziellen Schutz der Neuvermählten einzudämmen.

Da ein Totalverbot sinnlos erscheinen musste, versuchte man, wenigstens die exzessiven mehrtägigen Hochzeitsfeste zu mäßigen. Neben den wirtschaftlichen Schutzvorschriften traf der Gesetzgeber ständische Abgliederungen ausschließlich zwischen Bürger- und Bauerntum, indem zwischen Hochzeitsfeiern auf Dörfern, die weniger aufwendig sein durften, und solchen in Städten

---

[1] LPO 1618 Kapitel 32 § 1 zum Begräbnis.

[2] LPO 1618 Kapitel 32 § 1 zum Begräbnis.

[3] Siehe Stolleis, Pecunia nervus rerum, S. 29.

[4] Dazu berichtet Roscher, Ansichten der Volkswirtschaft aus dem geschichtlichem Standpunkte, S. 124 f.: „Bei der Hochzeit Eberhards von Würtemberg im Jahr 1474 erschienen 14.000 Gäste; bei der Herzogs Ulrichs von Würtemberg im Jahr 1511 wurden verzehrt 136 Ochsen, 1800 Kälber, 2759 Krammetsvögel. [...] So ging es bei den Hochzeiten der Großen zu. Aber auch für den Mittelstand sagt z.B. die Mündische Hochzeitsordnung von 1610, ein großer Schmaus solle nicht über 10 Tische von je 10 Personen haben. Noch jetzt sind [...] bei aller sonstigen Einfachheit des Lebens Bauernhochzeiten mit 144 Gästen üblich.“

[5] Zu den Hochzeitsbräuchen Schmidt- Wiegand, in: HRG, Band 2, Art. Hochzeitsbräuche, Sp. 192.

und Flecken unterschieden wurde.[1] Bei Hochzeiten in Städten und größeren Ortschaften durften nicht mehr als sechzig Gäste zu höchstens vier Essen, in den Dörfern höchstens dreißig Gäste zu drei Essen, jeweils ohne Butter und Käse, geladen werden.[2]
Ansonsten galt für alle Hochzeiten gleichermaßen, dass die Mahlzeiten auf dem zwei Tage währenden Hochzeitsfest „jedes Tags nur einmal" gereicht werden durften und jedesmal „länger nicht, als zum längsten zwo Stunden, währen" sollten[3]. Zur „Abwendung gedoppelten Ungemachs und fast unerträglicher gar unnöthiger Unkosten" durfte die Feier nur an einem Ort, und zwar an dem Heimatort des Bräutigams, gehalten werden[4]. Auch die Festlegung des zeitlichen Rahmens scheute der Gesetzgeber nicht: Die Feier hatte im Sommer um zehn, im Winter um neun Uhr zu enden. [5] Für jeden Verstoß gegen Gästezahl, Dauer und Essensmenge oder sonstige Beschränkungen wurde eine unterschiedliche Geldstrafe, die von einem halben bis zu zehn Reichstalern reichte, festgesetzt, die jedoch wahlweise durch „zehen Tag und Nacht" Gefängnis abgelöst werden konnte[6]. Desweiteren fehlte es nicht an dem Hinweis, dass es jedem freigestellt war, auch mit geringerem Aufwand zu feiern und er deshalb „allerdings ohne Verweis seyn" würde[7].

Die Morgensuppe[8] durfte nur noch der Braut und den Jungfrauen sowie „fremden Gästen", also angereisten, geladenen Gästen, gereicht werden[9]. Im übrigen wurde die Morgensuppe abgeschafft; eine Mahlzeit für sämtliche

---

[1] LPO 1618 Kapitel 29 § 4.
[2] LPO 1618 Kapitel 29 §§ 3, 4, 7. Nach der LPO 1564 Titul. „Von Hochzeit oder Brauthaus" war für die Zuteilung der Gästezahl bei einer Hochzeit in den Städten und Flecken noch zusätzlich die Höhe des Brautschatzes ausschlaggebend gewesen. Bei einem Brautschatz über 300 Gulden durften danach 50 Gäste und 12 Brautjungfern, bei einem niedrigeren Brautschatz 30 Gäste und 10 Brautjungfern geladen werden.
[3] LPO 1618 Kapitel 29 § 8. So auch schon LPO 1564 Titul. „Von Hochzeit oder Brauthaus".
[4] LPO 1618 Kapitel 29 § 10.
[5] LPO 1618 Kapitel 29 § 11. So auch schon LPO 1564 Titul. „Von Hochzeit oder Brauthaus".
[6] LPO 1618 Kapitel 29 § 12.
[7] LPO 1618 Kapitel 29 §§ 9, 6.
[8] Die Morgensuppe fand vor dem Kirchgang der Brautleute statt; dabei wurde dem Brautpaar eine Brotsuppe gereicht, die sie gemeinsam aus derselben Schüssel aßen. Außerdem wurde ein Essen veranstaltet, an dem fast die ganze Dorfgemeinschaft teilnahm und bei dem auch Fleisch, Gemüse und Kuchen gereicht wurde, siehe Schmidt- Wiegand, in: HRG, Band 2, Art. Hochzeitsbräuche, Sp. 192.
[9] LPO 1618 Kapitel 29 § 16.

Gäste durfte erst nach dem Kirchgang der Brautleute gereicht werden.[1] Die Geschenke sollten den Brautleuten montags öffentlich überreicht werden, und zwar „in seiner Ordnung von einem nach dem andern“[2].

Nicht selten stellten sich auf den Hochzeiten auch ungebetene Gäste ein, die vor allem die reich gedeckte Hochzeitstafel lockte. Im besonderen erschienen die Gäste regelmäßig samt aller ihrer Kinder und ihrem Gesinde und natürlich musste auch dieser „Bräutigam und Braut verderbende, auch allerhand confusiones und Unordnungen verursachende Missbrauch“ [3] abgeschafft werden. Es durfte somit „kein Kind, Knecht oder Magd, so nicht gebeten, seyn, mit ihren Eltern, Herren oder Frauen, weniger Fremde mit ihnen zur Hochzeit gehen“[4]. Diener oder Mägde durften nur noch „zum Aufwarten“, oder um „ihre Herren oder Frauen einzuholen“, erscheinen, Mütter ausschließlich ihre Säuglinge mitbringen[5].

Um die Einhaltung und Durchsetzung dieser obrigkeitlichen Maßregeln zu sichern, hatte sich der Brautvater nicht nur hinsichtlich Aussteuer[6], sondern auch in bezug auf Bekleidung, Anzahl der Gäste, Dauer und Umfang des Festes, eben allen Modalitäten der Hochzeitsfeier zeitig die geltenden Regeln von dem nächsten Beamten bzw. Bürgermeister oder Stadtschreiber verlesen zu lassen.[7]

Neben der Bestimmung der äußeren Modalitäten des Hochzeitsfestes versuchte der Ordnungsgeber durchaus auch das sittliche und anständige Verhalten des Einzelnen während der Feierlichkeiten zu regeln. Ausgangspunkt war dabei, dass in den Augen der Obrigkeit jede größere Feier stets Anlass zu Trinkerei, Unsittlichkeit, Streit und Gezänk geben konnte. Zunächst sollte verhindert werden, dass der vorgegebene zeitliche Rahmen des Hochzeitsfestes überschritten wurde. Am zweiten Tag sollte das Hochzeitsfest nämlich meist früher enden, doch die Gäste setzten die Feierlichkeit nicht selten eigenmächtig fort, indem sie, „wann sie Abends von der Hochzeit gehen, Bier kaufen,

---

[1] LPO 1618 Kapitel 29 § 15. Ähnlich auch schon LPO 1564 Titul. „Von Hochzeit oder Brauthaus“.
[2] LPO 1618 Kapitel 29 § 13. So auch schon LPO 1564 Titul. „Von Hochzeit oder Brauthaus“.
[3] LPO 1618 Kapitel 29 § 14.
[4] LPO 1618 Kapitel 29 § 14. So auch schon LPO 1564 Titul. „Von Hochzeit oder Brauthaus“.
[5] LPO 1618 Kapitel 29 § 14.
[6] Siehe dazu oben 10. Kapitel.
[7] LPO 1618 Kapitel 29 § 21.

auflegen und bis in- ja oftermals die ganze Nacht hindurch sitzen"[1]. Da dadurch aber „mancherlei Schaden, Unzucht und anderes erfolgen" konnte, wurde allen Gästen befohlen, sich zeitig zu ihren Häusern zu begeben[2]. Insbesondere hatten die Eltern bei Vermeidung ernstlicher Strafe ihre Kinder, speziell die Töchter, nach Hause zubringen.[3] Sehr deutlich tritt hier hervor, dass gerade in den ausgelassenen Festen eine Wurzel unsittlichen Verhaltens gesehen wurde.[4]
Dabei stieß speziell die weit verbreitete Tanzgewohnheit, nach welcher die Tänzer die Partnerin umherschwenkten, drehten und kreisen ließen, so dass ihnen die Röcke wohl nicht selten bis über den Kopf geflogen sind[5], dem Ordnungsgeber auf. Die Würde des Hochzeitsfestes sah er durch solches „ungebührlichen Verdrehens und Umwerfens" in Gefahr und befahl, dass sich „bey den Tänzen [...] ein jeder, bey den Hochzeiten und sonsten, ehrbar und züchtig halten" sollte[6]. Überhaupt lag ihm neben der Züchtigkeit auch die allgemeine Friedlichkeit der Feier am Herzen. Nicht nur, dass niemand „mit Gebehrden oder in andere Wege" zu einem „ungeziemenden Nachdencken [...] einige Ursache geben" durfte[7]; auch wurde jedem geboten, „sich alles Gezäncks und unzeitigen ungebührlichen Vordrengens und Vorziehens gänzlich zu äussern" und sich statt dessen an dem zugewiesenen Platz und Reihenfolge zu „ersättigen und begnügen"[8].

2. Verlöbnisse

Desweiteren musste der „Mißbrauch, [...] daß bey den Verlöbnissen grosse Gästereyen angestellet" wurden, beseitigt werden, was allerdings ausschließlich die Verlobungsfeiern des „Bürgerlichen oder Bauren- Standes" betraf[9]. Während die Lüneburgische Polizeiordnung von 1564 noch die Würde der kirchlichen Feier betonte und von „mehr Unkosten, [...] dann billich" sprach,

---

[1] LPO 1618 Kapitel 29 § 17.
[2] LPO 1618 Kapitel 29 § 17. So auch schon LPO 1564 Titul. „Von Hochzeit oder Brauthaus".
[3] LPO 1618 Kapitel 29 § 18. So auch schon LPO 1564 Titul. „Von Hochzeit oder Brauthaus".
[4] Siehe auch oben Teil B, 4. Kapitel, II. 2. zu den Unzuchtsdelikten; LPO 1618 Kapitel 6 § 11.
[5] Siehe Tietz, Verlobung, Trauung und Hochzeit in den evangelischen Kirchenordnungen des 16. Jahrhunderts, S. 134.
[6] LPO 1618 Kapitel 29 § 19.
[7] LPO 1618 Kapitel 29 § 19.
[8] LPO 1618 Kapitel 29 § 20.
[9] LPO 1618 Kapitel 28 § 1.

wurde in der Polizeiordnung von 1618 neutraler davon gesprochen, dass „mehr Unkosten darauf gewandt werden, als zu einer Hochzeit nöthig“[1]. Weiterhin wurde nun im Vergleich zur Ordnung von 1564 die Gästezahl drastisch gesenkt. Während damals noch zwanzig bis dreißig Personen, abhängig von der Höhe des Brautschatzes, geladen werden durften, waren es nunmehr nur noch höchstens acht männliche und acht weibliche Personen.[2] Ihnen durfte nur noch eine Mahlzeit, bei den Bürgerlichen aus vier, bei den Bauern aus drei Essen bestehend, gereicht werden.[3] Wie bei den Hochzeiten galt auch für alle Verlobungsfeiern, dass sie im Sommer um zehn, im Winter um neun Uhr beendet werden mussten.[4]
Schließlich war es auch jedem freigestellt, „gar keine Gästerey darbey zu halten“ und zwar auch „an denen Oertern, da es hergebracht, daß zu denen Verlöbnissen Gäste eingeladen werden“[5]. Dem Brautvater durfte sogar bei Vermeidung einer Geldstrafe von fünf Reichstalern in seinem Entschluß, keine Gäste zu laden, „verweislich nicht vorgerücket werden“[6].
Demgegenüber gab es auch Ortschaften im Fürstentum, an denen es „gebräuchlich gewesen, und noch ist“, zur Verlobung „keine Mahlzeit, sondern allein eine Tonne Bier zu geben, oder gar keine Gäste zu haben“[7]. Dies entsprach zweifelsohne ganz dem Bestreben des Gesetzgebers und er betonte, dass es „an solchen Orten auch hinfüro darbey bleiben“ sollte[8].

3. Kindstaufen und Paten

Wie Hochzeiten und Verlöbnisse boten auch die Kindstaufen Anlass zu übermäßigem Luxus. Ständische und ökonomische Motivationen des Gesetzgebers werden deutlich, wenn die bisher bei den Kindstaufen gehaltene allzu große „Ueppigkeit“, mit der „der Arme dem Reichen hat folgen wollen“, verboten wurde, um die Untertanen vor ihrem „mercklichen Verderb“ zu schützen[9]. Daneben treten religiös-sittliche Motive sowie der Gedanke des gesund-

---

[1] LPO 1564 Titul. „Von Verlöbnis und Löbelbier“; LPO 1618 Kapitel 28 § 1.
[2] LPO 1564 Titul. „Von Verlöbnis und Löbelbier“; LPO 1618 Kapitel 28 § 1.
[3] LPO 1618 Kapitel 28 § 1.
[4] LPO 1618 Kapitel 28 § 2. So auch schon LPO 1564 Titul. „Von Verlöbnis und Löbelbier“.
[5] LPO 1618 Kapitel 28 § 4.
[6] LPO 1618 Kapitel 28 § 4.
[7] LPO 1618 Kapitel 28 § 3.
[8] LPO 1618 Kapitel 28 § 3. So auch schon LPO 1564 Titul. „Von Verlöbnis und Löbelbier“.
[9] LPO 1618 Kapitel 31 § 1.

heitlichen Schutzes der Mutter hervor. Die „grossen discommoditäten und Ungelegenheiten“, die den „Kindbetterinnen zumals anfangs der Geburt vielfältig“ zusetzten, verboten ein großes Gelage ebenso wie die Pflicht der Eltern, „vor die gnädige glückliche Erlös- und Entbindung mit Hintansetzung aller Ueppigkeit dem Schöpfer unaufhörlichen Dank“ zu sagen[1].
In „Städten, Flecken und Dörfern“ wurde es daher bei einer Strafe von 20 Reichstalern verboten, „bey den Kindtaufen Gastereyen zu halten“ und dabei gar „Confect, süß Getränck oder dergleichen köstliche Sachen zu geben“[2]. Allein für die Taufpaten durfte ein Festmahl ausgerichtet werden, das sich aber in dem für Verlöbnisse und Hochzeiten aufgezeigten Maß zu halten hatte, also „ohne Ueppigkeit“ von statten gegen sollte, um die Kosten für die Taufe gering zu halten.[3] Andererseits wurden die Eltern, „wann sie es immer im Vermögen haben“, verpflichtet, dem Pastor vier Schillinge, dem Küster zwei Schillinge für die Taufe zu zahlen[4].
Auch nach dem Verlassen des Kindbettes durfte die Mutter die Kirche lediglich in Begleitung einer nahen Verwandten aufsuchen, „Gott dancken und deshalb keine Gäste, als die etwa mit ihr in die Kirche gehen“, in ihr Haus bitten[5].

„Aus vielen bewegenden Ursachen“ und sicherlich auch, um den Aufwand bei der Taufe gering zu halten, durften weiterhin niemals mehr als „drey Gevattern auf einmal“ für das Taufkind bestellt werden[6]. Außerdem durfte bei einer Strafe von fünf Reichstalern dieselbe Person nicht für mehrere Kinder einer Mutter Taufpate sein.[7] Während diese Bestimmungen über die Taufpaten für alle Stände gleichermaßen galten, wurde bezüglich der Höhe des „Gevattern-Geldes“ als Neuerung gegenüber der Landespolizeiordnung von 1564 eine ständische Aufgliederung vorgenommen. Die Adeligen und die gelehrten

---

[1] LPO 1618 Kapitel 31 § 1. In der LPO 1564 Titul. „Von Kindelbier“ wurde allein das sittlich-religiöse Motiv deutlich: „Wann ein Kind getaufft wird / sollen die Eltern Gott vor seine gabe unnd grosse wolthat dancken / und ime das Kind befehlen / So dann einer Kindelbier halten wolte / So sol er es messig machen“.
[2] LPO 1618 Kapitel 31 § 1. Nach der LPO 1564 Titul. „Von Kindelbier“ durfte ein „Kindelbier“ noch gehalten werden, allerdings durfte man nur „die Gevattern / und etliche nechste oder gute freunde / in den Stedten / nicht uber zehen / unnd auff den Dörffern / nicht über sechs personen bitten“ und „allein eine malzeit geben“.
[3] LPO 1618 Kapitel 31 § 2.
[4] LPO 1618 Kapitel 31 § 3. Nach der LPO 1564 Titul. „Von Kindelbier“ sollte noch die Spende an Pastor und Küster nur dann gegeben werden, wenn „kein Kindelbier gehalten würde“.
[5] LPO 1618 Kapitel 31 § 4. So auch schon LPO 1564 Titul. „Von Kindelbier“.
[6] LPO 1618 Kapitel 38 § 1.
[7] LPO 1618 Kapitel 38 § 2. Dieses Verbot enthielt auch schon die LPO 1564 Titul. „Von Kindelbier“.

Räte, die dem Adel „gleich zu achten“ waren[1], durften höchstens „einen Rosenobel[2] und ein Stück Goldes“, die Bürger einen Goldgulden und die Bauern einen Reichstaler geben[3]. Selbstverständlich war es erlaubt, ein Weniger an „Gevattern-Geld“ zu geben.[4] Um den Taufpaten nicht unnötig finanziell zu belasten, wurde ihm untersagt, neben der Gabe an sein Taufkind auch Gaben an die „andern Kinder in den Häusern“ zu verteilen[5]. Aus dem gleichen Grund bestand für ihn auch keine Verpflichtung, sein Patenkind jährlich mit Geldgaben oder insbesondere mit Kleidung zu beschenken.[6] Unbenommen blieb es dem Einzelnen freilich, dies freiwillig zu tun.[7] Auch waren sie nicht mehr verpflichtet, dem Hausgesinde und der Hebamme Gaben zu überreichen, sondern dies stand ihm „nach seinem Vermögen und gutem Willen“ frei; doch durfte er höchstens einen halben Reichstaler geben[8]. Demgegenüber war die Spende des Paten an den Pastor oder Küster nur dann in sein Belieben gestellt, wenn nicht „an etlichen Oertern ein anders beständig hergebracht“ war, also nach örtlichem Gewohnheitsrecht die Kirchleute für ihre Dienste von den Paten zu bezahlen waren[9].

4. Bestattungen

Luxus begleitete gleichermaßen den öffentlichen Akt der Bestattung. Die Erweisung der letzten Ehre dokumentierte den Nachruhm des Verstorbenen und untermauerte die soziale Stellung der Hinterbliebenen. Der Anreiz, sich gegenseitig zu übertrumpfen und die Ehre des Hauses auch materiell zu dokumentieren, war dementsprechend groß und „wie einer dem andern mit der Pracht und Zehrung leider gar nicht weichen will, also befinden sich auch bey den Begräbnissen an Trauer-Kleidern, Behängung der Gemächer, mit Tuch und Gastereyen, nicht geringere Mißbräuche und Exzesse“[10].

---

[1] Siehe zur Einteilung der Stände oben die Ausführungen zur Kleiderordnung, LPO 1618 Kapitel 25 § 6.
[2] Goldmünze (vierfacher Goldgulden) im Wert von 7 (Silber)Talern.
[3] LPO 1618 Kapitel 38 § 3. In der LPO 1564 waren Bestimmungen über die Höhe des Gevattern- Geldes noch gar nicht enthalten.
[4] LPO 1618 Kapitel 38 § 4.
[5] LPO 1618 Kapitel 38 § 5.
[6] LPO 1618 Kapitel 38 § 6.
[7] LPO 1618 Kapitel 38 § 7.
[8] LPO 1618 Kapitel 38 § 8.
[9] LPO 1618 Kapitel 38 §§ 7, 8, 9.
[10] LPO 1618 Kapitel 32 § 1. Siehe zum Begräbnis auch die Ausführungen bei Stolleis, Pecunia nervus rerum, S. 21.

Es wurde daher nunmehr geboten, dass „ein jeder seinem Stande gemäß, und nicht darüber mit Trauer-Kleidern, Binden und Behängung der Gemächer mit Tuch, sich versehe“[1]. Weitere Ausführungen enthielt die LPO 1618 an dieser Stelle nicht und verwies insoweit auf die Bestimmungen der Kleiderordnung.

Die Gastereien bei den Begräbnissen wurden bei Vermeidung einer Strafe von zwanzig Reichstalern ganz verboten, da sie „zu der Zeit unzeitige und den Betrübten hoch- beschwerlich“ waren.[2] Nur die nahen Verwandten und guten Freunde, die anläßlich des Begräbnisses herbeigereist kamen, durften beköstigt werden.[3]

III. Allgemeine Vergnügungspolizei

In Bezug auf die sonstige Vergnügungspolizei, die sich insbesondere mit dem Verbot und der Regulierung verschiedener Volksfeste und des Alkoholkonsums im allgemeinen befasste, war entscheidendes Regelungsmotiv der Schutz der Untertanen in ihrem wirtschaftlichen und gesundheitlichen Wohl. Daneben treten die Motive der öffentliche Sicherheit, der allgemeinen Sittlichkeit und der Strafprävention hervor. Weiterhin zogen die verbreiteten Trinkgelage zu verschiedenen Anlässen in den Augen der Obrigkeit Müßiggang, Arbeitsversäumnis und Arbeitsunlust nach sich und waren daher mit der Vorstellung guter Policey insbesondere im Bereich der Arbeitsmoral und –politik, aber auch des Sittlichkeitsempfindens, nicht zu vereinbaren.
Ständische Gesichtspunkte traten in diesem Regelungskomplex mehr oder weniger in den Hintergrund. Als standesorientiert kann man sie jedoch insoweit ansehen, als die Normen, wie insbesondere das Trinkverbot, gerade die einfachen Leute vor ihren schädlichen Neigungen und Lastern, auch vor der Ausbeutung durch betrügerische Spieler, zu schützen suchten und insoweit ein schichtenspezifisches Problembewusstsein offenbaren.

Während in der Lüneburgischen Polizeiordnung von 1564 bereits Versuche zur Eindämmung verschiedener Volksfeste normiert worden waren, fehlten damals noch Maßnahmen gegen die allgemeine Trinkerei und das Glücksspiel völlig. Der Gesetzgeber erhöhte somit auch in diesem Bereich die Regelungsdichte und setzte die Tendenz zur Überregulierung aller Bereich des Lebens

---

[1] LPO 1618 Kapitel 32 § 1. In der LPO von 1564 waren Aufwandsbeschränkungen bezüglich der Begräbnisse noch gar nicht enthalten.
[2] LPO 1618 Kapitel 32 § 2.
[3] LPO 1618 Kapitel 32 § 3.

fort. Neben der Erneuerung und Ausgestaltung bereits normierter Verbote drang er damit weiter in die private Lebensgestaltung des Einzelnen steuernd und erzieherisch ein.

1. Volksfeste und Gastereien

Bis ins Detail setzte man sich mit den zahlreichen Festen, Bräuchen und Gesellschaften der Untertanen auseinander, um sie in der Regel unter Berufung auf das Wohl der Bevölkerung einzuschränken. Die Reglementierung der zahlreichen Feste dienten dabei in erster Linie der Eindämmung des hemmungslosen Trinkens sowie der Ausschaltung des der Arbeitsordnung schädlichen Müßiggangs. Letztlich war eine zu ausgedehnte Feierkultur[1] mit den sozialpolitischen Bestrebungen, eine fleißige und sittliche Untertanenschaft unter sich zu vereinen, nicht zu vereinbaren.

Besonders große „excesse, Mißbräuche und Gefährlichkeiten" sah man zuallererst im Zusammenhang mit den alljährlich stattfindenden „Fastnachts-Gelagen"[2]. Zwar erkannte man die zumindest „eines theils" bestehende „gute Christliche Intention" des Brauchs des nachbarschaftlichen Fastnachtsfestes an, doch sah man sich durch verschiedene, im besonderen durch Gründe der öffentlichen Sicherheit veranlaßt, das Fastnachtsfest endgültig zu verbieten. Zum einen brachte es nämlich mit sich, dass „die Mannschaft fast im ganzen Lande zu einer Zeit mit dem Trunck überladen wird, und bey der occasion mit Einfällen, Feuers-Brünsten und sonsten mercklicher grosser Schade leicht geschehen könnte"[3]. Darüber hinaus empfand man anscheinend das ganze Fest als unwürdig und unchristlich, da „eben zu denen Zeiten, da ein jeder Christ billig bessere andächtigere Christlichere Gedancken haben sollte", statt dessen „durch ein solch wüstes Leben" die Untertanen „viele Tage nach einander distrahiret" und „durch unchrist- gar abscheuliche Ankleidungen, Larven, Volsaufen und ander fast unsinniges Anstellen Alte und Junge jämmerlich geärgert werden"[4]. Schließlich war es mit dem wirtschaftlichen Wohl gerade der ärmeren Bevölkerung nicht zu vereinbaren, dass „viele arme Leute und Wittiben gleichsam wider ihren Willen darzu contribuiren müssen", obwohl sie „mehrentheils das liebe trockne Brod im Hause nicht haben", und dass au-

[1] Siehe zu Bedeutung und Funktion der Feste für die Bevölkerung Frank, Exzeß oder Lustbarkeit?, in: Policey und frühneuzeitliche Gesellschaft, S. 153 ff.
[2] LPO 1618 Kapitel 35 § 1.
[3] LPO 1618 Kapitel 35 § 1.
[4] LPO 1618 Kapitel 35 § 1.

ßerdem noch die „Handwerker, auch das Gesinde [...] von der Arbeit abgehalten“[1] wurden.

Im Jahre 1543 war die Fastnacht schon einmal verboten worden[2] und gemäß der Polizeiordnung von 1564 war sie zwar erlaubt, sollte sich aber in zeitlichen Grenzen halten und unter Mäßigung stattfinden[3]. Die wiederholten Mahnungen und Verbote zeugen davon, wie wenig sich die Bräuche und Feste in der Bevölkerung maßregeln ließen. In der Polizeiordnung von 1618 versuchte man der Fastnacht wiederum durch ein gänzliches, bei einer Buße von 50 Reichstalern strafbewährtes Verbot zu begegnen.[4] Lediglich ein stilles Fest im eigenen Haus, ohne Tanz und viel Bier, sollte nunmehr gestattet sein.[5]

Demgegenüber wurde die jährlich in der Pfingstzeit stattfindende Schützengilde als „eine ehrliche Gesellschaft“ angesehen und durfte grundsätzlich weiterhin gefeiert werden[6]. Auch hier wurde allerdings der Rahmen des Festes eingeschränkt. Tänze wurden verboten und zeitlich wurde das Fest auf einen Tag bis spätestens neun Uhr abends beschränkt.[7] Auf Pfingstsonn- und Pfingstmontag durfte das Fest nicht erstreckt werden, denn diese „heilige Tage“ sollten der „Anhör-, Leß- und Christlicher andächtiger Betrachtung des allein seelig- machenden göttlichen Worts“ vorbehalten sein[8]. Die Festlichkeiten musste sich wie die gesamte Gesellschaftsordnung in die religiösen Rahmenvorgaben einfügen. Somit durfte das Schützenfest erst am Pfingstdienstag beginnen und eine Verlängerung der Schützengilde war nur erlaubt, wenn „aber der Vogel selbigen Tages nicht abgeschossen würde“; dann wurde das Schießen am nächsten Tag fortgesetzt[9].

Alle anderen „Ostern- Weihnachten- oder andere Gilden“ sowie das „Vier-Zeiten-Bier wurden hingegen „bey Pöen zehen Reichsthaler“ gänzlich verbo-

---

[1] LPO 1618 Kapitel 35 § 1.
[2] Siehe v. Heinemann, Geschichte von Braunschweig und Hannover, Band 2, S. 486.
[3] LPO 1564 Titul. „Von Fastelabend / Schütz und Fest Gilden“: „So sol hinfurder der fastelabend / sich am Dinstag nach Esto mihi endigen / und das fastelabend Bier oder Geselschafft lenger nicht gehalten / sondern uff denselbigen abend / oder den nechsten tag darnach / doch ohne trincken und Geselschafft / [...] beschlossen werden“.
[4] LPO 1618 Kapitel 35 § 1.
[5] LPO 1618 Kapitel 35 § 2. Dass auch dieses Verbot weitere Fastnachtsfeiern nicht verhindern konnte, zeigt die erneute Auflistung des Verbots Herzogs Friedrichs „Kurtzen Außzug Etlicher in der Fürstlichen Policey Ordnung enthaltenen Punkten und Artikul“ der Polizeiordnung von 1640 (Art. 14).
[6] LPO 1618 Kapitel 36 § 2.
[7] LPO 1618 Kapitel 36 § 2.
[8] LPO 1618 Kapitel 36 § 3.
[9] LPO 1618 Kapitel 36 § 4.

ten[1]. Zeitlich auf einen Tag beschränkt wurden weiterhin die dörflichen Kirchmessen, da die Unsitte aufgetreten war, „daß die Gäste bey währenden Kirchmessen 3, 4 ja noch mehr Tage, auf ihrer Freunde Unkosten bey ihnen sich aufhalten, und also den Hauswirthen merckliche fast unerträgliche Unkosten verursachet werden“[2].
Die gleiche Behandlung hatten die Gildefeste, das „Vier–Zeiten Bier“ und die Kirchmesse auch schon in der Landespolizeiordnung von 1564 erfahren.[3] Neu war gegenüber den älteren Regelungen indes, dass auf die Verbotsverstöße nun Geldstrafen von jeweils zehn Reichstalern ausgesetzt wurden,[4] was nicht nur der Disziplinierung der Untertanen dienlich war, sondern auch dem Füllen der leeren Staatskassen, in die die zahlreichen Geldbußen flossen.

Die Bevormundung der Untertanen ging so weit, dass sogar die privaten „Gastereyen und Beysammen-Künfte“ gemaßregelt wurden[5]. Diese seien „zwar nicht zu verbieten“, aber jedenfalls sollte „gleichwohl darbey gebührende Masse gehalten werden und keinem erlaubt seyn, des Jahrs viele Gastungen zu halten“[6]. Ähnlich wie bei Hochzeiten und Verlöbnissen wurde die Zahl der Speisen in Städten und Flecken auf vier, auf den Dörfern auf „drey Essen, ohne Butter und Käse“, beschränkt[7]. Außerdem war „des Sommers über zehen, des Winters aber über 9 Uhren zu sitzen nicht verstattet“, und zwar „alles bey Pöen fünf Reichsthaler“[8].

Ferner befasste sich die Lüneburgische Polizeiordnung von 1618 mit dem Verbot der Fensterzehrungen. Dabei wurden nach altem Brauch dem Bauherren nach Bau eines neuen oder Hauptreparatur eines alten Hauses Fenster geschenkt oder andere Geldgeschenke zur teilweisen Deckung der Baukosten gemacht, woraufhin dieser „diejenige, so die Fenster verehret, einladet“[9]. Doch bezeugte „die Erfahrung [...] leider mehr, als gut ist“, dass der Bauherr, ob „reich oder arm“, leider „auf die Ausrichtung, zu seinem eigenen Verderb, oftermal so viel anwendet, als die Fenster gekostet, also daß derogestalt schlechter Vortheil, ja oftermals Schade und Ungemach, darbey zu gewar-

---

[1] LPO 1618 Kapitel 36 §§ 1, 5.
[2] LPO 1618 Kapitel 34.
[3] LPO 1564 Titul. Titul. „Von Fastelabend / Schütz und Fest Gilden“ und „Von Kirchmessen“.
[4] LPO 1618 Kapitel 36 §§ 5, 1, Kapitel 34.
[5] LPO 1618 Kapitel 37 § 1.
[6] LPO 1618 Kapitel 37 § 1.
[7] LPO 1618 Kapitel 37 § 1.
[8] LPO 1618 Kapitel 37 § 1.
[9] LPO 1618 Kapitel 33; vgl. zum Brauch des Fensterbieres Frank, Exzeß oder Lustbarkeit ?, in: Policey und frühneuzeitliche Gesellschaft, S. 152 f.

ten"[1] waren. Deshalb verbot der Landesherr auch diesen Brauch bei Vermeidung einer Geldstrafe von zwanzig Reichstalern.[2]

2. Trinkerei und Völlerei

Die Bekämpfung des übermäßigen Alkoholkonsums ging einher mit einer Fülle von Vorschriften, bei denen die verschiedensten Motive zu Tage traten. Sittliche Erziehung und Lenkung des Einzelnen verband sich hier mit wohlfahrtspolizeilicher Fürsorge sowie der Bewahrung der öffentlichen Ordnung. Auch von ständischer Beeinflussung waren diese Normen nicht frei, indem die übermäßige Trinkerei als spezifisches Problem der „gemeinen Bürger und Bauren" geschildert wurde[3]. Deren Trinkgelage hatten offensichtlich unglaubliche Ausmaße angenommen, und insbesondere die Unsitte des Zustrinkens mit ihren bedenklichen Folgen war weit verbreitet. Beim Zutrinken konnte man den Zechgenossen zum Mittrinken („in des einen oder andern Gesundheit" zutrinken[4]) auffordern; die Verweigerung des Mittrinkens galt als Mißachtung und Beleidigung.[5] Dadurch kam das Zutrinken für den Mitzecher einem Trinkzwang gleich, der zu einer vom „Opfer" gar nicht gewollten Alkoholisierung aller Beteiligten und damit häufig zu Raufereien und anderen Delikten führte. Vor allem sah der Ordnungsgeber die Gesundheit des einzelnen gefährdet, denn „Wir vermercken auch, daß nunmehro gemeine Bürger und Bauren Gesundheiten zu trincken und dadurch einer dem andern das Getränck in den Leib gleichsam zu nöthigen und zu pressen sich unterstehen, also daß mancher alsobald den Tod davon nimmt, oder je seine Gesundheit dermassen schwächet, daß er es sein Lebenlang wohl nicht verwindet"[6]. Das Zutrinken wurde daher „bey Pöen eines lübeckischen Gulden" verboten[7]. Darüber hinaus wurde allgemein geboten, dass niemand „den andern zu gleichen, zumal grossen Truncken [...] annöthigen oder zwingen" solle und „deswegen niemand einig Gezänck oder Widerwillen erregen oder anfangen soll"[8].

---

[1] LPO 1618 Kapitel 33.
[2] LPO 1618 Kapitel 33.
[3] LPO 1618 Kapitel 37 § 2.
[4] Vgl. LPO 1618 Kapitel 37 § 2.
[5] Siehe Erler, in: HRG, Band 5, Art. Trinken/Zutrinken, Sp. 362; Lieberich, die Anfänge der Polizeigesetzgebung im Herzogtum Baiern, S. 352.
[6] LPO 1618 Kapitel 37 § 2.
[7] LPO 1618 Kapitel 37 § 2.
[8] LPO 1618 Kapitel 37 § 3.

Gesellschaftlich konnten solche Trinkexzesse nicht geduldet werden. Zudem waren sie auch aus strafpräventiven Zwecken zu unterbinden, da „sich dann befunden, daß auch in specie die Todtschläge, und alle andere Laster, durch das leidige Vollsaufen mehrenteils verursachet“ worden waren[1]. Der hemmungslose Trinker konnte darum mit Gefängnis oder Geldstrafe zurechtgewiesen werden; war keine Besserung zu erwarten, so wurde er aus der Gesellschaft ausgeschlossen und des Landes verwiesen.[2]

Als besonderes Übel, bei der sich zu der Trinkerei noch der hoch schädliche Müßiggang gesellte, wurde empfunden, „daß leider viele dem leidigen Panketiren[3], in den Wirthshäusern oder sonsten“, nachgingen[4]. „Solche Leute, so nur das Ihrige mit leichtfertiger Gesellschaft unnützlich [...] verschwenden“[5], brachten in den Augen der Obrigkeit nicht nur sich „allein um ihre zeitliche Wohlfahrt“, sondern stürzten „auch ihre Seeligkeit in Gefahr“[6]. Adressaten des ausgesprochenen Verbots waren nicht nur die Untertanenschaft, sondern auch die adeligen „Landsassen“[7], die offenbar nicht selten durch tagelange Zecherei und Faulenzerei in den Gasthäusern auffielen. Ihnen drohte nicht nur die „willkürliche Strafe“ des Landesherrn, sondern auch „des gerechten Gottes Zorn“[8]. Unterstützt wurde dieses Verbot durch die Drohung an alle Wirte, die die Müßiggänger „über acht Tage bey sich gedulden und behalten, oder auch in der Zeit ihnen zu ungeziemender Ueppigkeit etwas reichen und folgen lassen“, dass ihnen zu „keiner Bezahlung“ verholfen werde[9].

Zur Eindämmung der Trinkmenge bei den verschiedenen Festen wie „Bauer-Bier, Hochzeit oder sonsten“ durfte der Krüger das Bier des weiteren nicht mehr in „Fässern oder Tonnen“ anliefern[10]. Wer dennoch solche großen Men-

---

[1] LPO 1618 Kapitel 8 § 1. Zum strafpräventiven Zweck dieser Vorschrift siehe auch oben Teil B 4. Kapitel IV.1.
[2] LPO 1618 Kapitel 8 § 2.
[3] Grimm, Deutsches Wörterbuch, Band 7, Sp. 1: „sauffen, feiern“: Bankettieren.
[4] LPO 1618 Kapitel 27 § 1.
[5] LPO 1618 Kapitel 27 § 2.
[6] LPO 1618 Kapitel 27 § 1.
[7] LPO 1618 Kapitel 27 § 1. Seit der frühen Neuzeit bezeichnete dieser Begriff innerhalb eines Territoriums die adeligen und kirchlichen Grundbesitzer, die regelmäßig zu den Landständen gehörten. Landsassen bezeichnete damit die Adelsgesellschaft, siehe Willoweit, in: HRG, Band 2, Art. Landsassen, Sp. 1549; vgl. auch oben Kapitel 8 IV. zur Liegenschaftsordnung bzgl. LPO 1618 Kapitel 22.
[8] LPO 1618 Kapitel 27 § 1.
[9] LPO 1618 Kapitel 27 § 2.
[10] LPO 1618 Kapitel 27 § 3.

gen auslieferte, hatte genau wie „derjenige, der es vom Krüger nimmt", so viel zur Strafe zu zahlen, „als das ausgethane Bier werth ist"[1].

3. Glücksspiele

Eine der markanten Neuerungen der Polizeiordnung von 1618 gegenüber der aus dem Jahre 1564 im Bereich der allgemeinen Vergnügungspolizei stellte die erstmalige Regulierung verschiedener Glücksspiele dar.
Der Kampf gegen das Glücksspiel sollte gleichfalls den Einzelnen gegen Vermögensverluste schützen. Insbesondere bei Spielen, die die Gewinnsucht reizten, war die Befürchtung groß, die Spieler könnten sich „dadurch um alle zeitliche Wohlfahrt an den Bettelstab bringen" und „auch wol darüber gar entleibet und umgebracht"[2] werden.
Eine Gefahr für das Gemeinwohl ging von den Spielen somit zweifelsfrei aus. Dennoch wurde das nach römisch-rechtlicher Anschauung bestehende allgemeine Verbot für reine Glücksspiele[3] nicht übernommen. Zwar unterschied auch die Lüneburgische Polizeiordnung zwischen reinen Glücksspielen, den nach römischem Recht allein erlaubten Geschicklichkeitsspielen und den sogenannten gemischten Spielen, bei denen es sowohl auf das Glück als auch auf die Geschicklichkeit ankam.[4] Aber es waren weiterhin sämtliche Spiele erlaubt, jedoch die reinen Glücks- und gemischten Spiele – „als da seynd Bret, Karten-Spiele und dergleichen" - nur Personen über zwanzig Jahren[5]. Auch die Älteren sollten sich bei den Spielen freilich mäßigen; sie durften vor allem den Gottesdienst darüber nicht versäumen und nur um einen kleinen Gewinn für eine Mahlzeit oder eine Erfrischung spielen. Dabei durfte ein Bürger nicht über einen Taler, ein Bauer nicht über ¼ Taler verspielen.[6]
Bei Zuwiderhandlung gegen die Einschränkungen des Glücksspiels drohte eine Geldstrafe von fünf Reichstalern, die aber bei Unvermögen durch zwei

---

[1] LPO 1618 Kapitel 27 § 3.
[2] LPO 1618 Kapitel 40 § 1.
[3] Siehe hierzu Lieberwirth, in: HRG, Band 1, Art. Glücksspiel, Sp. 1713 ff. Nach römischen Recht waren allein Geschicklichkeitsspiele, welche zur Übung kriegerischer Tätigkeiten dienten, erlaubt. Zu der Einteilung zwischen Glück- und Geschicklichkeitsspielen auch Pauser, Geldspiel und Policey in den österreichischen Ländern der Frühen Neuzeit, in: Policey und frühneuzeitliche Gesellschaft, S. 181 f.; vgl. LPO 1618 Kapitel 40 § 2.
[4] LPO 1618 Kapitel 40 §§ 2, 3. Zur Entstehung dieser Dreiteilung siehe Schmelzeisen, Polizeiordnung und Privatrecht, S. 293.
[5] LPO 1618 Kapitel 40 § 3.
[6] LPO 1618 Kapitel 40 § 3.

Tage und zwei Nächte Gefängnis abgelöst werden konnte.[1] Im übrigen konnte der Gewinn nicht herausverlangt werden; war er schon bar ausgezahlt worden, so musste er zurück gegeben werden.[2]

Vollständig verboten wurde demgegenüber das Losziehen aus dem Glückstopf[3], das in die Nähe des Betrugs gerückt wurde: „Weilen es auch mit den Glücks-Töpfen ein betriegliches fehlbares Werck ist, dabey zwar die Topf-Spieler auf alle Fälle nicht zu kurz kommen können, den Einsetzenden aber das Geld dadurch leichtlich abgezwacket werden kann“[4]. Eine besonders strenge Strafe wurde hier den Beamten auferlegt, wenn sie das Verbot dieser Glücksspiele nicht gewissenhaft durchsetzten: sie hatten in diesem Fall fünfzig Reichstaler Strafe zu zahlen.[5]

Im Kontext mit Spielerei, aber auch mit Trinkerei, „Pancketieren“[6] und Müßiggang stand stets das Wirtshaus als Ort des geselligen Beisammenseins und der Quelle alkoholischer Getränke. Dem Wirt kam damit auch eine besondere Funktion bei der Überwachung und Durchsetzung polizeilicher Normen zu. So durfte er Müßiggänger, die „bey ihnen liegen und nichts anders, als täglich mit Karten und sonsten Spielen“ zubrachten, „über acht Tage bey sich nicht gedulden, sondern es der Obrigkeit anmelden“[7]. Wer als Wirt solche Leute, „so nur das Ihrige mit leichtfertiger Gesellschaft unnützlich bey ihnen verschwenden“, länger bei sich duldete, dem wurde nicht zur Bezahlung seiner Rechnungen verholfen[8]. Darüber hinaus wurde allgemein eine tägliche Sperrstunde für Gasthäuser festgesetzt. Im Sommer durften danach die Wirte nach zehn Uhr, im Winter nach neun Uhr keine alkoholischen Getränke mehr ausschenken; eine Ausnahme galt nur für Kranke, die alkoholische Getränke „zu ihrer Stärkung“ benötigten[9].
Doch scheinen die Wirtsleute selbst auch nicht zu den redlichsten Personen gezählt worden zu sein. Sie wurden ausdrücklich ermahnt, ihrerseits „keinen Gast zur Ungebühr“ zu „übersetzen“[10]. Damit im Wirtshaus allgemein zum

---

[1] LPO 1618 Kapitel 40 § 5.
[2] LPO 1618 Kapitel 40 § 5.
[3] Glückstopf oder Glücks-Hafen, dazu DtRWB, Band 4: „Glücksspiel. eine art der gesellschaften ist [...] der glückstopff, da man die in einen topff geworffene beschriebene oder leere zettel gegen eine gewisse einlage herausziehet“.
[4] LPO 1618 Kapitel 41 § 1.
[5] LPO 1618 Kapitel 41 § 1.
[6] Grimm, Deutsches Wörterbuch, Band 7, Sp. 1: „sauffen, feiern“: Bankettieren.
[7] LPO 1618 Kapitel 40 § 4.
[8] LPO 1618 Kapitel 27 § 2.
[9] LPO 1618 Kapitel 37 §§ 5, 4.
[10] LPO 1618 Kapitel 43.

Schutz der Gäste vor Übervorteilung geordnete Zustände herrschten, kündigte der Ordnungsgeber eine „gewisse Ordinanz[1]" an, die „in jedem Wirths-Haus" öffenlich ausgehängt werden sollte, damit „die Gäste sich mit der Bezahlung darnach" richten konnten[2].

---

[1] Preistafel. Vgl. Grimm, Deutsches Wörterbuch, Band 13, Art. Ordinanz, Sp. 1326: „anordnung, vorschrift, befehl".

[2] LPO 1618 Kapitel 43.

Teil C: Zusammenfassende Wertung

Um seine Untertanen „bey gutem Vermögen und allem gedeylichen Wohlstand beständig zu erhalten, auch ihr Aufnehmen und Wachsthum nach thunlichen Dingen noch ferner zu befördern“, erließ Herzog Christian von Braunschweig-Lüneburg im Zusammenwirken mit der Landschaft die Polizeiordnung des Jahres 1618.
Die Fülle der unter dieser wohlfahrtspolitischen Zielsetzung ergangenen Normen macht ein gewandeltes Selbstverständnis der auf das dies- und jenseitige Wohlergehen der Untertanen bedachten Obrigkeit deutlich. Nahezu alle Lebensbereiche wurden nun unter einem polizeilichen, fürsorgerischen Gesichtspunkt betrachtet und das Gemeinwesen mit einer über das Herkommen hinausgehenden obrigkeitlichen Gebotstätigkeit geordnet und gestaltet.[1]

„Policey“ umfasste nach der Lüneburgischen Polizeiordnung von 1618 die gesamte Ordnung des Gemeinwesens. In der Aufgabe, gute Polizei im Staate zu sichern, begann der Lüneburgische Gesetzgeber, zunehmend repräsentiert durch die landesherrliche Bürokratie, in einem sich ausweitenden Umfang alle Lebensbereiche mit Geboten und Vorschriften zu durchsetzen. Unter Berufung auf die gemeine Wohlfahrt verfolgte er dabei vornehmlich das Ziel der Konsolidierung der herrschenden Ständegesellschaft und der religiös-sittlichen Disziplinierung der Untertanen.

I. Polizeibegriff und Regelungsbereiche der LPO 1618

„Policey“ stand auch für den Lüneburgischen Gesetzgeber zu Beginn des 17. Jahrhunderts für den guten und wohlgeordneten Zustand des Gemeinwesens sowohl in der Stadt als auch in der bäuerlichen Gemeinde. Der Begriff war dynamisch, wie die Fortentwicklung seines Inhaltes seit der ersten umfassenden Kodifikation von „Policey“-Sachen im Jahre 1564 und damit der ersten umfassenden Beschreibung des wohlgeordneten Zustandes zeigt. Die Regelungsbereiche der „Policey“ wurden zusehends erweitert und der Untertan einer wachsenden obrigkeitlichen Bevormundung unterworfen. Der Umfang der Polizeisachen wurde dabei dem aktuellen Bedürfnis beziehungsweise den nun im Bewusstsein des Gesetzgebers hervortretenden Missständen ange-

---

[1] Vgl. zu diesem Prozeß Maier, Die ältere deutsche Staats- und Verwaltungslehre (Polizeiwissenschaft), S. 43 f., 113.

passt. Auch im Fürstentum Braunschweig- Lüneburg bestand folglich kein feststehender Bereich von „Policey"-Sachen.[1]

Im ganzen weist die Lüneburgische Polizeiordnung von 1618 den typischen Kernbestand zeitgenössischer Policeyordnungen auf. Dazu zählten neben der Gestaltung des religiösen Lebens und sittlichen Umgangs insbesondere Kleider- und Aufwandsbestimmungen, Verbote von Trinkerei und Glücksspiel, Bestrafung des Gotteslästerns, Maß- und Gewichtsregelungen, feuerpolizeiliche Bestimmungen und die Sorge um die öffentliche Sicherheit genauso wie der Kampf gegen Wucher, Missbräuche der Handwerker, Müßiggang und Bettelei.

Insgesamt ist hierbei im Vergleich mit dem Umfang der in der Polizeiordnung von 1564 enthaltenen Regelungsbereiche eine ausgeprägte Intensivierung der Regelungstätigkeit auf dem Gebiet der Wirtschaftsordnung festzustellen.
Dabei sind als Teil der gesamtwirtschaftlichen Normgebung nach der Lüneburgischen Ordnung von 1618 und bereits nach der von 1564 auch das Forst- und Holzwesen den Bereichen der guten Policey zuzuordnen.[2] Zu betonen sind hier die in den forstlichen Rechts-texten zunehmend enthaltenen Verwaltungsinstrumente, die die fürstlichen Ansprüche an den Wald und deren obrigkeitliche Normierung und Durchsetzung widerspiegeln.[3]
In zahlreichen Bestimmungen und auch unter Beachtung der Holzordnung enthielt die LPO von 1618 weiterhin bereits eine umfassende Ordnung des ländlichen Lebensbereiches. In Ergänzung mit der Tagelöhner- und Gesindeordnung, die bäuerliche Arbeitskräfte zu Erntezeiten sichern sollte, der Regelung des bäuerlichen Erbrechts und der Verfügungen über bäuerliche Höfe sowie dem Verbot des Abmeierns wurden die die bäuerliche Schicht betreffenden Verhältnisse bereits umfassend unter dem Aspekt guter Polizei geregelt. Der andersartige Befund von Reiner Schulze[4] für die Mark Brandenburg dahingehend, dass erst mit den Erschütterungen und Veränderungen des 30-jährigen Krieges eine umfassende Regulierung der ländlichen Verhältnisse

---

[1] Vgl. dazu Knemeyer, in: AöR 92: „Polizeibegriffe in Gesetzen des 15. bis 18. Jahrhunderts", S. 169 f.
[2] Ernst, Forstgesetze in der Frühen Neuzeit, in: Policey und frühneuzeitliche Gesellschaft, S. 377 ff. weist darauf hin, dass die Forstgesetze bisher in der Forschung grundsätzlich noch nicht als Materie frühneuzeitlicher Polizeigesetzgebung aufgefasst worden sind.
[3] Zum Aspekt der Forstordnungen als obrigkeitliche Herrschaftsinstrumente vgl. Ernst, Forstgesetze in der Frühen Neuzeit, in: Policey und frühneuzeitliche Gesellschaft, S. 352 ff.
[4] Schulze, Die Polizeigesetzgebung zur Wirtschafts- und Arbeitsordnung der Mark Brandenburg in der frühen Neuzeit, S. 29 ff.

nach polizeilichen Gesichtspunkten eingsetzt habe, trifft also insoweit für das Fürstentum Lüneburg nicht zu.

Bestätigt wird im Ergebnis der Eindruck, daß der Gesetzgeber grundsätzlich „alles, was in Stadt und Land der Ordnung bedarf, alles, was das Wohl der bürgerlichen Gesellschaft an aktiver Sorge zu erfordern scheint“[1] unter dem Begriff der Polizei zusammenfasste.

Betrachtet man die einzelnen Normen ihrer Rechtsqualität nach, zeigt sich, dass die Polizeiordnung eine ganze Fülle privatrechtlicher Bestimmungen aufwies. Zu diesen sind nicht nur die eindeutig dem privatrechtlichen Bereich zuzuordnende Materien wie das Eherecht, Erbrecht, die Liegenschafts- und Kreditordnung zu zählen. Auch mit obrigkeitlicher Bußgeldandrohung bewährte Normen wie das Verbot des Doppelverdingens, des Abwerbens von Gesinde oder des gegenseitigen Überbietens zwischen Kunden auf dem Markt, das Verbot von Glückstöpfen wie das Verbot der Lohnhandwerker, das angefangene Werk liegen zu lassen, sind ihrer Rechtsnatur nach dem Privatrecht zuzuordnen. Damit enthielt die Lüneburgische Polizeiordnung ebenfalls eine für frühneuzeitliche Polizeiordnungen typische eigenständige polizeiliche Privatrechtsordnung, in der sich die umfassende „Anspruchsordnung“ des Privatrechts eng mit der „Pflichtenordnung“ des Polizeirechts verband.[2]

Darüber hinaus konnte in der LPO 1618 ein erheblicher Anteil verwaltungsbezogener Vorschriften festgestellt werden, die zu einem weiteren Ausbau der Zentral- und Amtsverwaltung und damit zur Festigung des territorialen Herrschaftsraumes beitrugen.
Neben der Ergänzung bestehender Ordnungen wie der Regimentsordnung von 1618 und der Hofgerichtsordnung von 1564 wurden so speziell mit den Mitteln polizeilicher Normen intermediäre Gewalten wie die vormals genossenschaftlichen Land- und Holzgerichte sowie die Zünfte zurückgedrängt. Auch eine gerichtliche Schlichtungsbefugnis der landesherrlichen Ämter wurde mittels polizeilichen Gebots durchgesetzt. Des weiteren wurde durch die Regelung des Supplikenwesens und Anordnung von Beweissicherungen unmittelbar bezweckt, die Untertanen vor langwierigen Gerichtsprozessen zu bewahren. Insoweit kann durchaus für die Lüneburgische Polizeigesetzgebung da-

---

[1] Maier, Die ältere deutsche Staats- und Verwaltungslehre (Polizeiwissenschaft), S. 120.
[2] Dazu grundlegend Schmelzeisen, Polizeiordnungen und Privatrecht; *ders.*, Das polizeiliche Rechtsgebot in der neueren Privatrechtsgeschichte, S. 3 ff. und in: QPR II/1, S. 13 f.

von gesprochen werden, dass das geordnete Justizwesen zur guten Polizei gezählt wurde.[1]

In Übereinstimmung mit Feststellungen anderer Untersuchungen frühneuzeitlicher Polizeigesetze[2] kann weiterhin auch für das Fürstentum Lüneburg festgestellt werden, dass das gut funktionierende Steuerwesen zwar durchaus Motiv, nicht aber Gegenstand polizeilicher Normsetzung war. Ausdrücklich hob der Lüneburgische Gesetzgeber diese Beweggründe bei den Bestimmungen über die Aufwandsbeschränkungen hervor; daneben bestanden typischerweise von fiskalischen Interessen geprägte Vorschriften wie die Anordnung zum Bau von Straßen oder die Regulierung des Holzexports. Eine Norm, die sich unmittelbar mit der effektiven Erhebung von Steuern und Beden selbst beschäftigte, ist jedoch in der Polizeiordnung nicht enthalten.[3] Die Belastung der Untertanen mit Steuern und Abgaben sowie deren konkrete Einziehung gehörten demnach nicht zur „guten Policey".

Den von ihm unter der „Policey" zusammengefassten Zustand guter Ordnung des Gemeinwesens versuchte der Lüneburgische Gesetzgeber durch strafbewährte Verhaltensvorschriften an den Einzelnen zu erreichen. Dessen normgemäßes Verhalten war damit Voraussetzung für die angestrebte Gemeinschaftsordnung. Im Gegensatz zum heutigen Verständnis von Polizei bestand demnach das Ziel, durch das Wohlverhalten der Untertanen, nicht aber durch Maßnahmen einer staatlichen Stelle, gute Polizei zu erreichen.[4]
Daneben trat freilich der gehorsame und disziplinierte Beamte verstärkt in den Vordergrund, der zum einen über die Einhaltung polizeilicher Normen durch die Untertanen zu wachen hatte, zum anderen zum Vollzug der Ordnung und der Einziehung verwirkter Bußen berufen war. Dabei war der Beamte bei Wahrnehmung seiner Tätigkeit an mannigfaltige Regeln und Gebote gebunden, deren vorbildliche Einhaltung von ihm bei Verrichtung seiner Aufgaben erwartet wurde. Insoweit umfasste die Herstellung guter Polizei auch das ge-

---

[1] Unzutreffend insoweit Kenmeyer, in: AöR 92: „Polizeibegriffe in Gesetzen des 15. bis 18. Jahrhunderts", S. 171 ff. Wie hier Butz, Der Polizeibegriff im Herzogtum Braunschweig–Wolfenbüttel, S. 84; Preu, Polizeibegriff und Staatszwecklehre, S. 19 f., 24.
[2] Vgl. Butz, Der Polizeibegriff im Herzogtum Braunschweig-Wolfenbüttel, S. 83; Preu, Polizeibegriff und Staatszwecklehre, S. 45.
[3] Soweit der Ordnungsgeber in LPO 1618 Kapitel 50 § 4 verlangte, dass die unliebsamen Häuslinge „eidlich anloben [...] die Steuren, so jederzeit bewilliget werden möchten [...] unweigerlich zu entrichten und zu leisten", sollte diese Vorschrift im weiteren Sinne die grundsätzliche Zahlung von Steuern sicherstellen, befaßte sich aber nicht mit der Steuerzahlung selbst.
[4] Siehe dazu Knemeyer, in: AöR 92: „Polizeibegriffe in Gestezen des 15. bis 18. Jahrhunderts", S. 161.

botene ordnungsgemäße Verhalten der Ortsobrigkeit selbst, das ebenfalls durch Strafandrohungen sichergestellt wurde.
Doch wurden dabei weder die einzelnen Beamten noch die ihnen aufgetragene Überwachungsaufgabe oder sonstige staatliche Administrationstätigkeiten als Polizei oder Polizeibehörde bezeichnet. Die Heranziehung des Beamten zur Überwachung und zum Vollzug der Polizeiordnung ist nicht als Normadressierung an den Beamten im Sinne einer Polizeibehörde zu bewerten.[1]

Im Ergebnis ist festzuhalten, dass im Lüneburgischen ebenso wie in anderen deutschen Territorien der Begriff der Polizei zu Beginn des 17. Jahrhunderts die Bedeutung einer guten Ordnung des Gemeinwesens hatte. Eine bestimmte polizeiliche Behörde wurde darunter noch nicht verstanden. Auch das Steuerwesen fasste der frühneuzeitliche Gesetzgeber nicht darunter. Die Ordnungstätigkeit, mit der er gute Policey herzustellen versuchte, umfasste mannigfaltige Gebiete und drang tief in private wie ehemals genossenschaftlich geregelte Lebensbereiche der Untertanen ein, deren Aufgabe es wurde, durch Befolgung der zahlreichen Verhaltensgebote den guten Zustand im Gemeinwesen zu erhalten.

II. Gesetzgeberische Motivationen

Es konnte festgestellt werden, dass die Lüneburgische Landesherrschaft bei Erlass der Polizeiordnung von 1618 verschiedene Motive verfolgte, denen je nach Regelungsbereich unterschiedliche Gewichtung zukam. Die das gesamte Gesetzeswerk dominierenden Motive treten schon in dessen Vorrede eindeutig hervor: Das religiös-sittliche Leben der Untertanen und die Erkennbarkeit der einzelnen Stände.

Als Kennzeichen der stark religiösen Motivation wurden die Gebote für ein gottgefälliges Leben allen anderen Ordnungsbestimmungen vorangestellt. Freilich war hier im Vergleich zur Polizeiordnung von 1564 teilweise, namentlich innerhalb des Eherechts, eine Akzentverschiebung von dem rein religiösen Aspekt der Verletzung göttlichen Willens auf den des Verstoßes gegen die öffentliche Sitte und den Anstand und damit auf den Aspekt der öf-

---

[1] Dies entspricht den bisherigen Festsellungen bezüglich zeitgenössicher Polizeiordnungen; vgl. dazu nur Knemeyer, in: AöR 92: „Polizeibegriffe in Gesetzen des 15. bis 18. Jahrhunderts“ S. 161 f. Ein Begriffswandel setzte insoweit erst zu Beginn des 18. Jahrhunderts ein, siehe ebenda, S. 163 f.

fentlichen Ordnung wahrnehmbar. Daneben wurde allgemein eine sittlich-religiöse Beurteilung der öffentlichen Übel deutlich, indem in der Nichtbeachtung christlicher Verhaltensgebote ein herausragender Grund für den herrschenden Mangel an guter „Policey" gesehen wurde.

Außerdem trat eine ständisch-konservative Motivation polizeilicher Normgebung in den Vordergrund. Besonders deutlich wurde sie in der Kleiderordnung, die mit ihren ständischen Differenzierungen den Versuch erkennen lässt, auf die immer dynamischer werdenden sozialen Umschichtungen zu reagieren und die alte Ständeordnung wieder herzustellen. Die gesamte Kleiderordnung stand im Dienste der Erkennbarkeit der einzelnen Stände. Aber auch andere Bereiche polizeilicher Regelungstätigkeit, so die Verbote übermäßigen Aufwands bei Festen oder das Liegenschafts- und Erbrecht, waren eindeutig ständeerhaltenden Gesichtspunkten verpflichtet.

Gleiches gilt für zahlreiche dem Wirtschaftsleben zuzurechnende Normbereiche. Die ganze Wirtschaftspolitik war letztlich auf eine Eindämmung sozialer Dynamik und die Konsolidierung der herrschenden Ständegesellschaft gerichtet. So wurde anhand der Arbeitsordnung versucht, Lohnsteigerungen und Arbeitskräftemangel durch eine zwangsweise Aufrechterhaltung der bedrohten herrschaftlich-ständischen Arbeitsverfassung entgegenzuwirken. Die repressive Handwerksordnung versuchte, bestehende Missstände zu beseitigen, um die alten Zustände „guter Ordnung" wieder herzustellen, wofür sich der Ordnungsgeber der hergebrachten Mittel der Zünfte bediente.

Diese konservativ-ständischen und religiös-sittlichen Motive wurden von ökonomischen Gesichtspunkten ergänzt und überlagert. Im Blickpunkt stand stets der Schutz des Einzelnen vor finanzieller Überforderung. Umsatzordnung, Handwerksordnung, Kreditordnung und die allgemeine Vergnügungspolizei waren ganz von diesem Gedanken beherrscht. Dabei war der Landesherrschaft speziell an der Erhaltung der wirtschaftlichen Potenz des Untertanen im Hinblick auf die von ihm zu leistenden Abgaben und Dienste gelegen. In diesem Zusammenhang ist auf den Bedeutungszuwachs hinzuweisen, den die wirtschaftliche Fürsorge für den Einzelnen in den Augen der Obrigkeit hatte und der sich in der erheblichen Ausweitung der Regulierung wirtschaftlicher und bäuerlicher Lebensbereiche wiederspiegelt. Doch war der wirtschaftliche Schutz des Einzelnen dabei noch ganz in den Gedanken der Ständesicherung eingebettet. Der Untertan sollte bei seiner „Nahrung" gehalten werden, um gleichzeitig ein Über- oder Unterschreiten standesgemäßen Unterhalts und damit eine Verwischung ständischer Grenzen zu verhindern. Auch der fürsorgliche Blick auf die Bauernschaft war lediglich darauf gerichtet, ihn in seinem Stand zu erhalten und damit zugleich die Einnahmen der herrschenden Klasse zu sichern.

Insoweit kann bezüglich der Lüneburgischen Polizeiordnung von 1618 von einer gestaltenden, vorausschauenden Einflussnahme auf neue wirtschaftlich-soziale Entwicklungen nicht gesprochen werden. Namentlich im Gewerberecht beschränkte sich die Regelungstätigkeit darauf, offen zutage getretene Mißstände nachträglich zu verbieten und damit auf rein defensive und reagierende Ordnungsversuche. Ansätze einer gewerbefreiheitlich-planerischen Normgebung sind nicht erkennbar. Auch von einer modernen Arbeits- und Sozialpolitik im Sinne einer Konzeption zur Effektivierung gesellschaftlicher Produktivkräfte kann nicht gesprochen werden.[1] Das Problem des Arbeitskräftemangels auf der einen und der Armut und Bettelei auf der anderen Seite wurde noch isoliert voneinander gesehen. Die rein repressive Armen- und Bettelgesetzgebung beschränkte sich auf die Bekämpfung von Symptomen; der Ordnungsgeber stellte hier ebenso wie in den Bereichen der öffentlichen Sicherheit nicht die Frage nach den sozialen, ökonomischen oder kulturellen Gründen dieser Missstände. Arbeitsfähige Müßiggänger, die dem Bettel nachgingen, wurden vertrieben und ausgegrenzt, anstatt sie sinnvoll dem Arbeitsleben zuzuführen. Eine systematische Verknüpfung dieser Bereiche fand noch nicht statt.

In Teilbereichen konnte jedoch vereinzelt das Aufkommen einer gesamtwirtschaftlichen Problemerfassung seitens des Ordnungsgebers festgestellt werden. So ergingen die Aufwands- und Luxusbeschränkungen ausweislich der Gesetzesmaterialien nicht allein zur Wahrung der Sitten und des sozialen status quo. Vielmehr spielten auch Überlegungen zur Senkung unproduktiver Ausgaben und damit der Aktivierung der gesamtwirtschaftlichen Zahlungsbilanz eine Rolle. Insoweit war ein Blickwinkel staatswirtschaftlicher Überlegungen bei der gesetzgeberischen Motivation an dieser Stelle bereits vorhanden.[2]
Im übrigen muss es indes bei der Feststellung bleiben, dass die polizeiliche Normgebung auf das Ziel der Stabilisierung des überkommenen Ordnungs- und Sozialgefüges gerichtet war. In der Gesamtbetrachtung kann noch nicht von einer aufeinander abgestimmten Arbeits- und Sozialordnung und einer das Wirtschaftsleben planerisch-gestaltenden Gesetzgebung gesprochen werden.

---

[1] Vgl. dazu Schuck, in: Ius Commune 22: „Überlegungen zum Verhältnis von Arbeit und Policey", S. 136.
[2] Vgl. zu dieser modernen Tendenz Preu, Polizeibegriff und Staatszwecklehre, S. 17 f.

In Übereinstimmung mit Feststellungen der Forschung kann somit auch für das Fürstentum Braunschweig-Lüneburg gesagt werden, dass polizeiliche Normen zu Beginn des 17. Jahrhunderts noch überwiegend dazu dienten, durch eine Stabilisierung der überlieferten Zustände die alte Ordnung des Gemeinwesens wieder herzustellen, mögen auch vereinzelt bereits gesamtwirtschaftlich-vorausschauende Ansätze erkennbar sein. Die Lüneburgische Polizeiordnung von 1618 war noch überwiegend dem Aspekt der Versittlichung der Untertanenschaft in einem ständisch-konservativen Sinn verpflichtet.

III. Schlußbetrachtung

Im Gegensatz zu zahlreichen anderen deutschen Territorien[1] war im Fürstentum Braunschweig-Lüneburg zu Beginn des 17. Jahrhunderts der Erlass einer umfassenden Policeyordnung unter Beteiligung der Landstände möglich.

Der Lüneburgische Ordnungsgeber erweiterte mit der polizeilichen Ordnungsaufgabe Definitionsmacht und Staatstätigkeit. Bezeichnend für den Verrechtlichungsprozess ist das Ausweiten polizeilicher Regelungsbreite und –tiefe im Vergleich der Ordnungen des Jahres 1564 und der des Jahres 1618, ohne dass indes von einem grundsätzlichen Wandel in der gesetzgeberischen Intention ausgegangen werden kann. Die Polizeiordnung entsprang damit „nicht lediglich einem aktuellem Regelungsbedürfnis, sondern einem breiten und allgemein überzeugenden Trend zur Normativität herrschaftlichen Handelns“, der als „Ausdruck eines wachsenden Staatsbewußtseins“[2] des Territorialherren wie seiner Stände zu bewerten ist.

Die wohlfahrtspolizeiliche Zielsetzung diente der Landesobrigkeit als Legitimationsgrundlage für die Ausweitung ihrer Gebotstätigkeit. Deutlich zeigte sich dies bei der Regelung der Waldnutzung, in der der Landesherr unter Berufung auf die wohlfahrtsorientierte Fürsorge ehemals von den Genossenschaften eigenständig geregelte Rechts- und Verwaltungsbereiche durch seinen Gesetzesbefehl ergänzte und ersetzte. Gleiches wird im Bereich der Handwerksordnung deutlich, wenn sich in dem fürsorgerischen Versuch der Beseitigung bestehender Missstände der Anspruch des Landesherrn auf Zu-

---

[1] Vgl. dazu Immel, in: Coing, Handbuch der Quellen und Literatur der neueren europäischen Privatrechtsgeschichte, S. 10; Butz, Der Polizeibegriff im Herzogtum Braunschweig-Wolfenbüttel, S. 233.

[2] Willoweit, in: Jeserich/Pohl/v. Unruh, Deutsche Verwaltungsgeschichte, S. 289.

rückdrängung der Zünfte zeigt, die er als intermediäre Gewalten mit interner Eigengerichtsbarkeit, als Widerstand gegen die Landeshoheit, ansehen musste.
In der Übernahme vormals dem Kirchenrecht zuzuordnender Rechtsbereiche wie dem Eherecht und den christlichen Verhaltensgeboten in die weltliche Policeyordnung spiegelt sich das Verblassen kirchlicher Autorität wieder. Um ihnen weltliche wie geistliche Wohlfahrt zu sichern, sorgte der Staat nun selbst für die religiös–sittliche Disziplinierung der Untertanen. Nicht zuletzt bediente der Landesherr sich des Instrumentariums der Polizeiordnung, um verwalterische Pflichten zu realisieren und das entstehende Staatsgebilde zunehmend zu organisieren. In all diesen Punkten wird die treibende Funktion der Policeygesetzgebung für die Verfestigung des Territoriums und für die Ausbildung des modernen Staates deutlich.

Es bestand letztlich durchaus der Wille der Obrigkeit zur Übergehung alten Herkommens, soweit dieses für das gewünschte Ordnungsbild als hemmend oder störend empfunden wurde. So erfolgte die Durchsetzung der von der Obrigkeit angestrebten Sittlichkeits- und Arbeitsmoral unter der Zurückdrängung hergebrachter Verhaltensweisen und volkskultureller Bräuche. Zum Erhalt des Einzelnen „bey seiner Nahrung“ wurden hergebrachte Sonderrechte ebenso abgeschafft wie gleichzeitig eine eigene, zunehmend bürokratische und autoritäre Verwaltungstätigkeit neu geschaffen.
Die polizeilichen Ordnungsversuche waren damit von zwiespältiger Natur: Sie „reagierten auf die mit dem ökonomisch-sozialen Transformationsprozeß einher gehenden Auflösungserscheinungen der ständischen Ordnung mit einer konservativen Stabilisierungspolitik und nahmen zugleich notgedrungen an diesem Modernisierungsprozess teil“[1].

---

[1] Schuck, in: Ius Commune 22: „Überlegungen zum Verhältnis von Arbeit und Policey“, S. 122; vgl. auch zur Ambivalenz frühneuzeitlicher Polizeigesetzgebung Stolleis, Geschichte des öffentlichen Rechts in Deutschland, S. 348.

ZUSAMMENFASSUNG

I. Einleitung und Problemaufriss

Gegenstand der vorliegenden Arbeit ist die von Herzog Christian zu Braunschweig-Lüneburg im Jahr 1618 erlassene Polizeiordnung für das Herzogtum Braunschweig-Lüneburg, Cellischen Teils. In dieser Ordnung wurde in 55 Kapiteln mit insgesamt 479 Paragrafen umfassend das gesellschaftliche Leben im Fürstentum Lüneburg gestaltet und geordnet. Die Ordnung reiht sich ein in eine erhebliche Anzahl verschiedenster Polizeiordnungen, die vom 14. bis ins 18. Jahrhundert hinein in allen deutschen Territorien in Reaktion auf die gesellschaftlichen und sozialen Probleme einer sich rasch verändernden sozialen Wirklichkeit ergingen. Unter „Policey" verstand man dabei nicht eine Behörde oder einen bestimmten administrativen Aufgabebereich, sondern der Begriff beschrieb allgemein den „Zustand guter Ordnung" im Gemeinwesen. Die „Policey"- Ordnungen sind dabei Ausdruck des Wandels vom mittelalterlichen Rechtsbewahrungs- zum frühmodernen Gesetzgebungsstaat und aufs engste verwachsen mit dem allgemeinen Aufkommen einer modernen Gesetzgebung. Als Symptom des Formierungsprozesses der frühneuzeitlichen Gesellschaft und der Entstehung des modernen Staates schufen die Territorialherren mit ihnen regelnd und planend eine Wohlordnung, die nahezu alle Gesellschafts- und Lebensbereiche des Gemeinwesens einer sozialen Steuerung unterwarf und Stabilität, Sicherheit und Wohlfahrt gewährleisten sollte.

Vor dem Hintergrund dieser gesamthistorischen Zusammenhänge wurden im Zuge dieser Arbeit unter vergleichender Heranziehung einer älteren Polizeiordnung des Fürstentums Braunschweig-Lüneburg aus dem Jahre 1564 die Regelungsbereiche der Lüneburgischen Polizeiordnung von 1618 untersucht und deren Fortentwicklung aufgezeigt. Unter Reflexion des gegenwärtigen Forschungsstandes erfolgt darüber hinaus eine Auseinandersetzung mit der rechtshistorischen Fragestellung über die Entwicklungsstufen der hinter den Polizeinormen stehenden gesetzgeberischen Intentionen. Zu diesem Zweck werden unter anderem als aufschlussreiche Quellen die dem Erlass der Polizeiordnung von 1618 vorangegangenen Landtagsabschiede und Gesetze herangezogen und verwertet.

Die Arbeit eröffnet mit einer allgemeinen Darstellung der Entwicklung der Polizeigesetzgebung in den deutschen Territorien, an die sich ein Überblick über die Geschichte des Fürstentums Lüneburg bis zum Jahre 1618 anschließt. Sodann werden der Verfassungs- und Verwaltungszustand im Fürstentum Lüneburg in ihrer Ausprägung im Jahr 1618 näher beleuchtet. Grundlage dafür sind im besonderen die zu Beginn des Jahres 1618 erlassene Regimentsordnung sowie neben der Kirchenordnung von 1564 die ebenfalls aus dem Jahre 1564 stammende Hofgerichtsordnung. Hieran schließt sich eine Untersuchung der der Polizeiordnung von 1618 vorangehenden bisherigen polizeilichen Gesetzgebungstätigkeit im Fürstentum sowie des Gesetzgebungsverfahrens an. Dabei konnte festgestellt werden, dass die Lüneburgische Polizeiordnung unter ausgeprägter formaler Beteiligung der Landstände zustande kam und den Charakter einer Übereinkunft zwischen Herrscher und Ständen trug, wie dies nur bei wenigen Ordnungen dieser Zeit in deutschen Territorien der Fall war.

II. Regelungskomplexe der Polizeiordnung

Kernstück der Arbeit ist die systematische Aufarbeitung und Analyse der einzelnen Regelungsgegenstände der Lüneburgischen Polizeiordnung von 1618. Mit ihrer erheblichen Regelungsbreite und Vielgestaltigkeit gibt die Ordnung dabei im Ergebnis ein aufschlussreiches Bild über die sozialen Gegebenheiten, den obrigkeitlichen Herrschaftsanspruch und das Rechtsdenken in einem protestantischen nordwestdeutschen Territorium der damaligen Zeit. Vorangestellt ist eine Betrachtung der Struktur der Polizeiordnung, bei der deutlich wird, dass die Ordnung, die nach dem ersten Anschein als ein Sammelsurium verschiedenster Materien erscheint, durchaus sachlich zusammengehörige Normeinheiten erkennen lässt, die sich nach inhaltlichen Kriterien und ihrer Zielrichtung unterscheiden lassen. Die nachfolgende Aufarbeitung orientiert sich an den danach herausgearbeiteten Regelungskomplexen Verwaltung, Sittlichkeit und religiöses Leben, Straftaten und Polizeidelikte, öffentliche Sicherheit, Bettel-, Bau- und Feuerpolizei, Gewerbe- und Wirtschaftsordnung, Holzordnung, Ehe- und Erbrecht sowie Maßnahmen gegen den Luxus, denen die einzelnen Bestimmungen der Polizeiordnung sinnvoll zugeordnet werden. Auch die Adressaten der Ordnung werden vorab beleuchtet. Dabei wird eine Unterscheidung in zwei Adressatenkreise erkennbar. Neben der allgemeinen Untertanenschaft, die durch die Einhaltung der unzähligen Ge- und Verbote die staatlich gewünschte Wohlordnung zu sichern hatte, trat der gehorsame Beamte als Adressat polizeilicher Normen hervor. Die dem Territorialherren nachgeordneten Obrigkeiten waren zum Vollzug der Ordnung und zur Überwachung des normgemäßen Verhaltens der Untertanen kraft delegierter landesherrlicher Gewalt berufen. Darin wird anschaulich, wie sich die Obrigkeit polizeilicher Normen zur hierarchischen Durchgliederung des entstehenden Verwaltungsstaates bediente.

Dieser wesentlichen Funktion der Polizeiordnung für den Ausbau des frühneuzeitlichen Verwaltungsstaates entsprechend setzt die Analyse der einzelnen Regelungskomplexe bei den verwaltungsbezogenen Bestimmungen an, die von zunehmender Formalisierung, Verschriftlichung und Bürokratisierung der Verwaltungstätigkeit sowie der Weiterentwicklung bestehender Gerichtsverfassungen geprägt sind. Erneut kann aufgezeigt werden, dass die Polizeiordnung dem Landesherren zur administrativen Aufgabenverteilung und zunehmenden Durchorganisierung innerhalb des Staatsgebildes diente.

Die an die gesamte Untertanenschaft gerichteten polizeilichen Ge- und Verbote der Lüneburgischen Polizeiordnung von 1618 beginnen mit der Ordnung des religiösen Lebens und den christlichen Verhaltensgeboten. Dahinter verbirgt sich eine sittlich-religiöse Beurteilung der herrschenden Übel, denn in der Verachtung Gottes und des Nächsten wurden die eigentlichen Gründe für den Mangel an guter „Policey" gesehen. Der Landesherr übernahm demzufolge in diesem Bereich ebenso wie im Zuge der Statuierung einer ausführlichen Eheordnung zunehmend die Normierung zuvor den kirchlichen Autoritäten zufallender kirchenrechtlicher Regelungsbereiche sowie die religiöse Disziplinierung der Untertanen.
Den sittlich-religiösen Anschauungen der damaligen Zeit gemäß nehmen auch im Bereich der Normierung von Straftaten und Polizeidelikten die Religionsdelikte den wesentlichen Platz ein. Gotteslästerung, Zauberei und namentlich die Hexerei erfuhren ausführliche Regelungen und spiegeln die Hysterie wider, in der man sich damals im gesamten Reich angesichts eines vermeintlichen Hexentums befand. Auch der Katalog der sonstigen deliktischen Handlungen zeigt deutlich die Schäden der öffentlichen Ordnung, wie sie seit Ausgang des Mittelalters um sich gegriffen hatten. Neben Ehebruch und Unzucht galt es, die nach wie vor grassierenden Fehden zu bestrafen und eine effiziente Verfolgung der Straftäter sicherzustellen, um einen staatlichen Strafanspruch durchzusetzen. Die staatliche Strafrechtspflege erschien dem Landesherrn somit als Zweig der Polizei, was zugleich den allgemeinen Übergang von der früher privatrechtlichen Behandlung zu einer öffentlich-rechtlichen Auffassung vom Deliktsrecht markiert.

Neben der Verbrechensbekämpfung war dem Landesherren die Sicherung der öffentlichen Ordnung zur staatlichen Aufgabe geworden. Zu den wichtigsten Aufgaben jener Zeit gehörte die Bewahrung der Einwohner vor Übergriffen umherstreichender Landsknechte, Wegelagerer, Müßiggänger und Raubritter, die oftmals als förmliche Räuberbande ihr Unwesen trieben und zu einer regelrechten Landplage geworden waren. Die Maßnahmen zur Bekämpfung dieser landschädlichen Leute waren größtenteils präventive Mittel polizeilicher Art im Vorfeld der Verbrechensbekämpfung und –verfolgung. Durch

Grenzkontrollen und Vertreibung versuchte man, sie aus dem Fürstentum fernzuhalten; daneben erging der Befehl einer allgemeinen Überwachung fremder und auffälliger Personen. Neben dem allgemeinen Gaunertum griff der Polizeigesetzgeber bei seinen Regelungen die Zigeuner als besondere Gruppe heraus, die mehr noch als die anderen Landstreicher als ethnische Minderheit und soziale Randgruppe durch die obrigkeitlichen Rechtsnormen verfolgt und diskriminiert wurden. Letztlich konnten mobile und herrenlose Menschen, die sich einem staatlichen Zugriff entzogen, unter einer Obrigkeit, die mit dem Erlass der Polizeiordnung eine Stabilisierung des Herrschaftsraumes und die soziale Disziplinierung der Untertanen anstrebte, nicht geduldet werden.

Von den nicht sesshaften Bevölkerungsgruppen, die als Gefahr für die öffentliche Sicherheit betrachtet wurden, unterschied der lüneburgische Ordnungsgeber die sesshaften Bettler, die sich in einem bestimmten Dorf oder einer Stadt aufhielten. Im Gleichklang mit zahlreichen zeitgenössischen Polizeiordnungen anderer Territorien enthielt die Lüneburgische Polizeiordnung von 1618 eine ausführliche Bettelordnung, die ihre Ursache wie im gesamten Reich in der beständig wachsenden Zahl der Unterschichten hatte. Im Abkehr vom mittelalterlichen Almosenwesen konstruierte der Ordnungsgeber dabei eine staatlich kontrollierte Bettelpolizei, die von den Grundsätzen der Klassifizierung der Armen und der Rationalisierung der Almosenvergabe bestimmt war. Die Bettelpolizei spiegelt dabei bereits eine veränderte Einstellung der Obrigkeit zu Müßiggang und Arbeitspflicht wider. Seit Beginn der frühen Neuzeit hatten sich neue Leitvorstellungen einer auf Arbeit beruhenden und durch Arbeitspflicht gekennzeichneten Gesellschaftsordnung unter Ablehnung schädlichen Müßiggangs herausgebildet, die neben der Bettelpolizei auch den in der Lüneburgischen Polizeiordnung von 1618 enthaltenen arbeitsrechtlichen Bestimmungen zugrunde lagen. Durch Normierung einer allgemeinen Arbeitspflicht und die Schaffung allgemeiner Arbeitsbedingungen bezüglich Lohn und Arbeitszeit trieb der lüneburgische Ordnungsgeber die Etablierung der neuen Arbeitsmoral voran. Arbeit war damit zu einem zentralen gesellschaftlichen Strukturprinzip des frühneuzeitlichen Territoriums geworden.

Nicht nur mit der Schaffung einer verbindlichen Arbeitsordnung gestaltete der Landesherr die wirtschaftlichen Gegebenheiten im Territorium. Auch die sonstigen gewerbe- und wirtschaftspolizeilichen Bestimmungen nehmen im Gesamtsystem der Lüneburgischen Polizeiordnung einen erheblichen Raum ein und unterstreichen die zunehmende Einflussnahme der Obrigkeit auf die Wirtschaft und ihre Entwicklung. So griff der Landesherr mit der Regulierung des städtischen und ländlichen Handwerks in ehemals handwerksinterne Zu-

ständigkeiten ein und drängte damit zugleich die intermediären Zunftgewalten zurück. Daneben erließ er zahlreiche Bestimmungen zur Sicherung der Konsumenteninteressen, die sich insbesondere auf die Versorgung mit den essentiellen Lebensmitteln und Bedarfsgütern bezogen. Der Markt als ideale und staatlich kontrollierbare Versorgungsstätte stand dabei im Mittelpunkt der polizeilichen Bestimmungen. Durch eine gründliche Marktpolizei sollten die Waren dorthin gelenkt werden, wo im territorialen Wirtschaftsraum Bedarf herrschte. Das Verbot jeglicher unlauterer Umsatzsteigerungen wie Vorkauf und Monopolbildung sowie eine Reglementierung und Taxierung von Preisen, Qualität, Maas und Gewicht stellten die preiswerte Versorgung der Bevölkerung mit lebensnotwendigen Gütern sicher.
Als Bestandteile einer geordneten Wirtschaftverfassung wurde ferner die zunehmend florierende Kreditwirtschaft geregelt und Bestimmungen über die Liegenschaftsordnung getroffen. Hier galt es, eine Übervorteilung des Einzelnen bei Kreditgeschäften zu verhindern sowie den Bauern insbesondere bei Erbfällen ihre Liegenschaften als wirtschaftliche Existenzgrundlage zu erhalten. Ziel war stets die Bewahrung des Einzelnen vor finanzieller Überlastung, die mit einem geordneten Gemeinwesen und damit mit guter „Policey" nicht zu vereinbaren gewesen wäre.
Schließlich unterwarf der Landesherr auch die gesamte Forstwirtschaft einer umfassenden Regelung, um in Zeiten stetiger Bevölkerungszunahme der wachsenden Holz- und Bodenverknappung entgegen zu wirken. Die Holzordnung war dabei gekennzeichnet durch den Grundsatz einer nachhaltigen Waldnutzung sowie durch eine zunehmende Übertragung der vormals genossenschaftlich ausgeübten Holzaufsicht auf die landesherrliche Forstverwaltung.

Die Untersuchung der Lüneburgischen Polizeiordnung von 1618 schließt mit der umfassenden Darstellung und Analyse der für Polizeiordnungen dieser Zeit typischen Vergnügungs-, Verschwendungs- und Luxuspolizei, in deren Zuge die Obrigkeit Verbote unwirtschaftlichen Aufwandes in vielerlei Lebensbereichen statuierte. So wurden der zulässige Aufwand bei Kleidern, Hochzeiten, Verlöbnissen, Begräbnissen und Taufen nach ständischen Gesichtspunkten gefächert und polizeilich unerwünschten Übeln wie der Maßlosigkeit bei Volksfesten und Trinkerei entgegengewirkt. Neben einer sittlichen Disziplinierung wurde dabei wiederum die Bewahrung des Einzelnen vor finanziellem Ruin angestrebt, mit dem in diesem Zusammenhang das gesetzgeberische Motiv der Erkennbarkeit der einzelnen Stände eng verbunden war. Namentlich anhand der Kleiderordnung konnte insoweit eine konservierende Funktion der Polizeiordnung aufgezeigt werden, indem mittels polizeilicher Normen versucht wurde, der zunehmenden ständischen Mobilität und sozialen Umschichtung durch Herstellung der alten ständischen Zustände entgegenzuwirken.

III. Resümee

Im Ergebnis sind im Zuge der Untersuchung verschiedene gesetzgeberische Motive sichtbar geworden, von denen als beherrschende die Konsolidierung der bestehenden Ständegesellschaft und die religiös-sittliche Disziplinierung der Untertanen hervortreten. Dabei ist insgesamt eine Akzentverschiebung von rein religiösen Aspekten auf den des Verstoßes gegen die öffentliche Sitte und den Anstand und damit auf den Aspekt der öffentlichen Ordnung erkennbar. Die konservativ-ständischen und sittlich-religiösen Motive werden des weiteren insbesondere im Bereich der Wirtschaftsordnung von ökonomischen Gesichtspunkten überlagert. Letztlich kann freilich für die Lüneburgische Polizeiordnung von 1618 in Übereinstimmung mit den Feststellungen der Forschung noch nicht von einer vorausschauenden planerischen und gestaltenden Einflussnahme auf neue wirtschaftliche Entwicklungen gesprochen werden. Festzustellen ist vielmehr, dass die wirtschaftlichen Reglementierungen noch ganz dem Gedanken der Herstellung alter Ordnungs- und Sozialgefüge verhaftet waren, wenn auch bereits der Regulierung wirtschaftlicher Zusammenhänge eine zunehmende Bedeutung bei der territorialen Gesetzgebung zukam.

Auf der anderen Seite wird in der Fülle der ergangenen Normen ein gewandeltes Selbstverständnis des Territorialherren deutlich, der in seiner wohlfahrtspolizeilich motivierten Gebotstätigkeit über altes Herkommen hinausging und weitreichende fürstliche Gebotsansprüche unter Überwindung intermediärer Gewalten geltend machte. „Policey“ umfasste dabei nach der Lüneburgischen Ordnung von 1618 die gesamte Ordnung des Gemeinwesens. Ebenso wie in anderen deutschen Territorien zu Beginn des 17. Jahrhunderts hatte der Begriff der Polizei damit die Bedeutung eines guten Zustandes im Gemeinwesen; eine Behörde oder staatliche Administrationstätigkeit wurde darunter noch nicht verstanden. Der Begriff war dynamisch, was anhand seiner Fortentwicklung und Erweiterung seit der ersten umfassenden Kodifikation von Polizeisachen in der Lüneburgischen Ordnung von 1564 nachgewiesen werden konnte. Auch kann im Hinblick auf die Rechtsqualität der Normen festgestellt werden, dass die Lüneburgische Polizeiordnung von 1618 neben straf- und verwaltungsrechtlichen Normen eine erhebliche Anzahl privatrechtlicher Bestimmungen und damit in Übereinstimmung mit zeitgenössischen Polizeiordnungen eine eigenständige polizeiliche Privatrechtsordnung enthielt.

Insgesamt steht die Lüneburgische Polizeiordnung von 1618 für eine zunehmende Normativität herrschaftlichen Handelns und eine Ausdehnung der Staatstätigkeit, worin sich zugleich ihre wesentliche Rolle bei der Verfestigung des Territoriums und der Entwicklung des modernen Staates in der frühen Neuzeit offenbart.

ANHANG

Die 55 Kapitel der Policey-Ordnung von 1618 (Überschriften und Zahl der jeweiligen Paragrafen)

1. Kapitel Wiederhol- und Erneuerung des heiligen Römischen Reichs Policey-Ordnungen (1 §)

2. Kapitel Anweisung zu dem Gottesdienst (11 §§)

3. Kapitel Von Unterhaltung der Gotteshäuser, auch Kirchen- und Schul-Diener (6 §§)

4. Kapitel Von Gottes-Lästerungen, und deren Strafen (6 §§)

5. Kapitel Von Strafen des Mein-Eides (1 §)

6. Kapitel Von Strafen anderer Laster, und also der Unzucht, Haus-Gewalts, feindlicher Bedrohungen, und dergleichen (16 §§)

7. Kapitel Wie die Missethäter zu erkundigen und zu verfolgen (6 §§)

8. Kapitel Wie oberwehnte und andere Missethaten zu meiden und zu verhüten (14 §§)

9. Kapitel Von den armen Leuten und fremden Bettlern, und deren Unterhalt und Häusern (9 §§)

10. Kapitel Wie die Klagen aus den Aemtern nacher Hof, zu Erspahrung der armen Leute Mühe und Unkosten, zu verhüten und ihnen nicht destoweniger gleich und unpartheyisch schleunig Recht zu administriren und zu ertheilen (4 §§)

11. Kapitel Wie die Processe abzukürzen, zumal aber der Beweisthum zu maturiren und zu facilitiren, also daß die armen Leute mit den weitläuftigen kostbaren Zeugen-Verhören, so viel immer möglich, verschonet und deren enthoben werden mögen (5 §§)

12. Kapitel Daß ein jeder bey Gleich und Recht, Privilegien, löblichen Gewohnheiten, und also unter andern auch die Guts-Herren bey den hergebrachten Auspfandungen wieder ihre Leute, zu lassen und von Uns oder Unseren Beamten daran nicht zu beeinträchtigen (4 §§)

13. Kapitel	Wie die Landwehren, Wege und Stege zu verbessern und im Stande zu erhalten (2 §§)
14. Kapitel	Wie und welcher gestalt, vermittelst gnädiger Göttlicher Verleihung, Feuers- Brünste und und Brand-Schade bey Zeiten abzuwenden (23 §§)
15. Kapitel	Wie alle Betrieglichkeit und Benachtheilung in Maß, Ellen und Gewicht zu verhüten und abzuschaffen (9 §§)
16. Kapitel	Daß niemand an Brod, Bier, Fleisch und andern Victualien zu übersetzen oder zu benachtheilen (24 §§)
17. Kapitel	Die Handwerker in den Städten, Flecken und auf dem Lande sollen niemand zur Ungebühr übernehmen (23 §§)
18. Kapitel	Wie sich Arbeits-Leute und Tagelöhner verhalten, und darentgegen gelohnet werden sollen (7 §§)
19. Kapitel	Es sollen alle Occasiones und Gelegenheiten des Aufschlages und Steigerung der Commercien durch die Vorkäufer, ledige Knechte und sonsten praecaviret und abgewendet werden (6 §§)
20. Kapitel	Von Wochen-Märkten in den Städten (14 §§)
21. Kapitel	Warum Unsere Unterthanen an ihrer Nahrung abnehmen, und wie dem vorzukommen, auch dieselbe vermittelst gnädiger Göttlicher Verleihung bey gutem Vermögen zu erhalten (1 §)
22. Kapitel	Von Theil- und Zerreissung der Lehngüter (1 §)
23. Kapitel	Die Töchter und Schwestern sollen aus den Gütern über deren Vermögen nicht ausgesteuret werden (2 §§)
24. Kapitel	Wie die Gegen-Vermachung und die Morgengabe zu mäßigen (3 §§)
25. Kapitel	Von Kleidungen, Ketten, Kleinodien (20 §§)
26. Kapitel	Von Hergewette, Frauengerate und Mußtheil (1 §)
27. Kapitel	Von Abschaffung des übermäßigen Pancketierens und Nehmung des Bieres bey Fässern und Tonnen bey den Krügern (3 §§)
28. Kapitel	Von Verlöbnissen (4 §§)

29. Kapitel Von Hochzeiten (21 §§)

30. Kapitel In welchem Grad und mit welcher Personen Consens, die Heirathen, zu Erhaltung göttlicher Hulde und göttlichen Seegens, beschlossen werden können, sollen und mögen (52 §§)

31. Kapitel Von Gastereyen bey den Kindtaufen (4 §§)

32. Kapitel Von Begräbnissen (3 §§)

33. Kapitel Von Fenster-Beschenken (1 §)

34. Kapitel Von Kirchmessen (1 §)

35. Kapitel Von Fastnachts-Gelagen (2 §§)

36. Kapitel Von Schütz-Fest- und anderen Gilden (5 §§)

37. Kapitel Von anderen täglichen Conviviis oder Gastereyen (5 §§)

38. Kapitel Wie viele Gevattern, und wie oft einer von einem zu Gevatter, zu bitten, auch was und wie viel bey den Kind-Taufen und sonsten hernacher von den Gevattern gegeben werden mag (9 §§)

39. Kapitel Von wucherlichen Contracten (7 §§)

40. Kapitel Von Karten und andern dergleichen Spielen (5 §§)

41. Kapitel Von Topf-Spielen oder Glücks-Hafen (1 §)

42. Kapitel Von Bürgschaften (5 §§)

43. Kapitel Wie die Durch-reisende und andere um ihr Geld zehrende Leute ungeziemender Uebersetzung zu entheben (1 §)

44. Kapitel Wiesen und Aecker von den Höfen nicht zu veräussern oder zu verändern (8 §§)

45. Kapitel Daß die Herren und Frauen von dem Gesinde mit dem Lohn nicht zu übersetzen, oder ihnen zu dessen Steigerung auch Versäumniß ihrer Hauß-und-Feld-Arbeit, das Gesinde von andern heimlich nicht abzuspannen, noch vor-zuenthalten (10 §§)

46. Kapitel Daß auf die Saat im Felde, Gras, Wiesen, oder andere Waaren, auf einen gewissen Kauf, kein Geld zu thun (3 §§)

47. Kapitel Von umlaufenden Soldaten und Gardeknechten (14 §§)

48. Kapitel Von Zigeunern (6 §§)

49. Kapitel Von Plackereyen, und wie dieselbe durch Nach-Jacht und sonsten abzuwenden (18 §§)

50. Kapitel Von Häuslingen; und also unter andern auch Herren-losen ledigen Knechten und Mägden (5 §§)

51. Kapitel Holz-Ordnung (59 §§)

52. Kapitel Wiederhol-Erneuer- und anderweite Bestätigung voriger, von unseren hochgeehrten Christ-seligen Vorfahren publicirter, Policey-Ordnungen und Edicte (1 §)

53. Kapitel Reservatio diese Ordnung nach Gelegenheit der Läufte und Nothdurft zu ändern (1 §)

54. Kapitel Wie der Inhalt dieser Unserer Policey-Ordnung Unseren Unterthanen, zumal aber den gemeinen Lehen und Bauers-Leuten, zu notificiren und zu verkünden? (2 §§)

55. Kapitel Von der Handhabung dieser Ordnung (5 §§)

ANHANG: KAPITELREGISTER

Kapitel LPO 1618		Teil B/ Kapitel
Vorrede		**Kapitel 1**, I **Kapitel 12**
1. Kapitel	Wiederhol- und Erneuerung des heiligen Römischen Reichs Policey-Ordnungen (1 §)	**Kapitel 1**,II **Kapitel 4**
2. Kapitel	Anweisung zu dem Gottesdienst (11 §§)	**Kapitel 2**, IV **Kapitel 3** **Kapitel 8** **Kapitel 10**
3. Kapitel	Von Unterhaltung der Gotteshäuser, auch Kirchen- und Schul-Diener (6 §§)	**Kapitel 2**, III; **2**, IV
4. Kapitel	Von Gottes-Lästerungen, und deren Strafen (6 §§)	**Kapitel 1**, III **Kapitel 4**, I; **4**, I, 1; **4**, I, 2
5. Kapitel	Von Strafen des Mein-Eides (1 §)	**Kapitel 4**, I 3
6. Kapitel	Von Strafen anderer Laster, und also der Unzucht, Haus-Gewalts, feindlicher Bedrohungen, und dergleichen (16 §§)	**Kapitel 4**; **4**, I, 1; **4**, II; **4**, II, 1; **4**, II, 2; **4**, III; **4**, III, 1; **4**, III, 2; **4**, III, 4; **4**, IV, 2
7. Kapitel	Wie die Missethäter zu erkundigen und zu verfolgen (6 §§)	**Kapitel 4**, III, 4; **4**, IV; **4**, IV, 2
8. Kapitel	Wie oberwehnte und andere Missethaten zu meiden und zu verhüten (14 §§)	**Kapitel 1**, III **Kapitel 4**, III, 3; **4**, III, 5; **4**, IV; **4**, IV, 1; **4**, IV, 2 **Kapitel 12**, III, 2

Kapitel LPO 1618		**Teil B/ Kapitel**
9. Kapitel	Von den armen Leuten und fremden Bettlern, und deren Unterhalt und Häusern (9 §§)	**Kapitel 6**; **Kapitel 8**, I, 1
10. Kapitel	Wie die Klagen aus den Aemtern nacher Hof, zu Erspahrung der armen Leute Mühe und Unkosten, zu verhüten und ihnen nicht destoweniger gleich und unpartheyisch schleunig Recht zu administriren und zu ertheilen (4 §§)	**Kapitel 2**, II, 1; **2**, II, 4
11. Kapitel	Wie die Processe abzukürzen, zumal aber der Beweisthum zu maturiren und zu facilitiren, also daß die armen Leute mit den weitläuftigen kostbaren Zeugen-Verhören, so viel immer möglich, verschonet und deren enthoben werden mögen (5 §§)	**Kapitel 2**, II, 5 **Kapitel 8**, V, 1 **Kapitel 10**, II, 1
12. Kapitel	Daß ein jeder bey Gleich und Recht, Privilegien, löblichen Gewohnheiten, und also unter andern auch die Guts-Herren bey den hergebrachten Auspfandungen wieder ihre Leute, zu lassen und von Uns oder Unseren Beamten daran nicht zu beeinträchtigen (4 §§)	**Kapitel 2**, II, 2; **2**, II, 3
13. Kapitel	Wie die Landwehren, Wege und Stege zu verbessern und im Stande zu erhalten (2 §§)	**Kapitel 5**, I, 2
14. Kapitel	Wie und welcher gestalt, vermittelst gnädiger Göttlicher Verleihung, Feuers- Brünste und und Brand-Schade bey Zeiten abzuwenden (23 §§)	**Kapitel 7**, I; **7**, II, 1; **7**, II, 2 **Kapitel 8**, III, 1
15. Kapitel	Wie alle Betrieglichkeit und Benachtheilung in Maß, Ellen und	**Kapitel 8**, II, 1; **8**, II, 4

Kapitel LPO 1618	Teil B/ Kapitel
Gewicht zu verhüten und abzuschaffen (9 §§)	
16. Kapitel Daß niemand an Brod, Bier, Fleisch und andern Victualien zu übersetzen oder zu benachtheilen (24 §§)	**Kapitel 8**, II, 1; **8**, II, 2; **8**, II, 5; **8**, III
17. Kapitel Die Handwerker in den Städten, Flecken und auf dem Lande sollen niemand zur Ungebühr übernehmen (23 §§)	**Kapitel 8**, I, 2; **8**, II, 3; **8**, II, 5; **8**, III; **8**, III, 2a); **8**, III, 2b); **8**, III, 2c); **8**, III, 2d)
18. Kapitel Wie sich Arbeits-Leute und Tagelöhner verhalten, und darentgegen gelohnet werden sollen (7 §§)	**Kapitel 8**, I, 2; **8**, III, 1; **8**, III, 2d)
19. Kapitel Es sollen alle Occasiones und Gelegenheiten des Aufschlages und Steigerung der Commercien durch die Vorkäufer, ledige Knechte und sonsten praecaviret und abgewendet werden (6 §§)	**Kapitel 8**, II, 3
20. Kapitel Von Wochen-Märkten in den Städten (14 §§)	**Kapitel 8**, II, 1; **8**, II, 2; **8**, II, 3; **8**, II, 4 **Kapitel 9**, II
21. Kapitel Warum Unsere Unterthanen an ihrer Nahrung abnehmen, und wie dem vorzukommen, auch dieselbe vermittelst gnädiger Göttlicher Verleihung bey gutem Vermögen zu erhalten (1 §)	**Kapitel 1**, II
22. Kapitel Von Theil- und Zerreissung der Lehngüter (1 §)	**Kapitel 8**, V, 2
23. Kapitel Die Töchter und Schwestern sollen aus den Gütern über deren Vermögen nicht ausgesteuret werden (2 §§)	**Kapitel 1**, III **Kapitel 2**, II, 5 **Kapitel 10**, II, 1

Kapitel LPO 1618	**Teil B/ Kapitel**
24. Kapitel Wie die Gegen-Vermachung und die Morgengabe zu mäßigen (3 §§)	**Kapitel 10**, II, 2; **10**, II, 3
25. Kapitel Von Kleidungen, Ketten, Kleinodien (20 §§)	**Kapitel 12**, I
26. Kapitel Von Hergewette, Frauengerate und Mußtheil (1 §)	**Kapitel 10**, II
27. Kapitel Von Abschaffung des übermäßigen Pancketierens und Nehmung des Bieres bey Fässern und Tonnen bey den Krügern (3 §§)	**Kapitel 12**, III, 2; **12**, III, 3
28. Kapitel Von Verlöbnissen (4 §§)	**Kapitel 12**, II, 2
29. Kapitel Von Hochzeiten (21 §§)	**Kapitel 2**, I **Kapitel 10**; **10**, I, 1 **Kapitel 11** **Kapitel 12**, II, 1
30. Kapitel In welchem Grad und mit welcher Personen Consens, die Heirathen, zu Erhaltung göttlicher Hulde und göttlichen Seegens, beschlossen werden können, sollen und mögen (52 §§)	**Kapitel 2**, I **Kapitel 10**; **10**, I; **10**, I, 1; **10**, I, 2
31. Kapitel Von Gastereyen bey den Kindtaufen (4 §§)	**Kapitel 12**, II, 3
32. Kapitel Von Begräbnissen (3 §§)	**Kapitel 12**, II; **12**, II, 4
33. Kapitel Von Fenster-Beschenken (1 §)	**Kapitel 12**, III, 1
34. Kapitel Von Kirchmessen (1 §)	**Kapitel 12**, III, 1
35. Kapitel Von Fastnachts-Gelagen (2 §§)	**Kapitel 12**, III, 1
36. Kapitel Von Schütz-Fest- und anderen Gilden (5 §§)	**Kapitel 12**, III, 1

Kapitel LPO 1618	Teil B/ Kapitel
37. Kapitel Von anderen täglichen Conviviis oder Gastereyen (5 §§)	**Kapitel 12**, III, 1; **12**, III, 2; **12**, III, 3
38. Kapitel Wie viele Gevattern, und wie oft einer von einem zu Gevatter, zu bitten, auch was und wie viel bey den Kind-Taufen und sonsten hernacher von den Gevattern gegeben werden mag (9 §§)	**Kapitel 12**, II, 3
39. Kapitel Von wucherlichen Contracten (7§§)	**Kapitel 8**, IV, 1
40. Kapitel Von Karten und andern dergleichen Spielen (5 §§)	**Kapitel 1**, III **Kapitel 12**, III, 3
41. Kapitel Von Topf-Spielen oder Glücks-Hafen (1 §)	**Kapitel 12**, III, 3
42. Kapitel Von Bürgschaften (5 §§)	**Kapitel 8**, IV, 2
43. Kapitel Wie die Durchreisende und andere um ihr Geld zehrende Leute ungeziemender Uebersetzung zu entheben (1 §)	**Kapitel 12**, III, 3
44. Kapitel Wiesen und Aecker von den Höfen nicht zu veräussern oder zu verändern (8 §§)	**Kapitel 8**, V, 1
45. Kapitel Daß die Herren und Frauen von dem Gesinde mit dem Lohn nicht zu übersetzen, oder ihnen zu dessen Steigerung auch Versäumniß ihrer Hauß-und-Feld-Arbeit, das Gesinde von andern heimlich nicht abzuspannen, noch vor-zuenthalten (10 §§)	**Kapitel 8**, I, 1; **8**, I, 2
46. Kapitel Daß auf die Saat im Felde, Gras, Wiesen, oder andere Waaren, auf einen gewissen Kauf, kein Geld zu	**Kapitel 8**, IV, 1

Kapitel LPO 1618	**Teil B/ Kapitel**
thun (3 §§)	
47. Kapitel Von umlaufenden Soldaten und Gardeknechten (14 §§)	**Kapitel 4**, III, 4 **Kapitel 5**; **5**, I; **5**, I, 1; **5**, II
48. Kapitel Von Zigeunern (6 §§)	**Kapitel 5**; **5**, I, 1
49. Kapitel Von Plackereyen, und wie dieselbe durch Nach-Jacht und sonsten abzuwenden (18 §§)	**Kapitel 1**, III **Kapitel 5**; **5**, I, 1; **5**, I, 2; **5**, II
50. Kapitel Von Häuslingen; und also unter andern auch Herren-losen ledigen Knechten und Mägden (5 §§)	**Kapitel 8**, I, 1
51. Kapitel Holz-Ordnung (59 §§)	**Kapitel 5**, I, 2 **Kapitel 9**; **9**, I; **9**, II; **9**, III, 1; **9**, III, 2
52. Kapitel Wiederhol-Erneuer- und anderweite Bestätigung voriger, von unseren hochgeehrten Christ-seligen Vorfahren publicirter, Policey-Ordnungen und Edicte (1 §)	**Kapitel 1**, II
53. Kapitel Reservatio diese Ordnung nach Gelegenheit der Läufte und Nothdurft zu ändern (1 §)	**Kapitel 1**, II
54. Kapitel Wie der Inhalt dieser Unserer Policey-Ordnung Unseren Unterthanen, zumal aber den gemeinen Lehen und Bauers-Leuten, zu notificiren und zu verkünden? (2 §§)	**Kapitel 1**, II **Kapitel 2**, I; **2**, II, 1 **Kapitel 9**, I
55. Kapitel Von der Handhabung dieser Ordnung (5 §§)	**Kapitel 1**, III **Kapitel 2**

QUELLENVERZEICHNIS

Bodemann, Eduard
Die älteren Zunfturkunden der Stadt Lüneburg
bearbeitet von Eduard Bodemann
(Quellen und Darstellungen zur Geschichte Niedersachsens, Band 1)
Hannover 1883

Corpus Constitutionum Ducatus Luneburgici et Comitatus Hoyensis (CCL)
Chur- Braunschweig- Lüneburgische Landes- Ordnungen und Gesetze, auf Ihro Königl. Majestät von Groß-Britannien als Chur-Fürsten zu Braunschweig-Lüneburg allergnädigsten Befehl, zum Gebrauch des Fürstenthums Lüneburg auch an gehöriger Graf- und Herrschaften Zellischen Theils.
6 Bände, Lüneburg 1741-1745

Dedekind, Friedrich
Grobianus. Von groben Sitten und unhöflichen Gebärden (1549), Neuauflage hrsg. von Horst Langer, Berlin 1995

Härter, Karl und Stolleis, Michael (Hrsg.)
Repertorium der Polizeigesetze der Frühen Neuzeit
4 Bände, Frankfurt am Main 1996, 1998, 1999, 2001 (Ius Commune Sonderhefte 84, 111, 116, 139)

Hofgerichtsordnung Herzog Heinrichen und Wilhelmen des Jüngeren (HGO)
Unser von Gottes Gnaden Heinrichen und Wilhelmen des Jüngeren / Gebrüder / Herzogen zu Braunschweig und Lüneburg Hoffgerichts Ordnung / Wie es vor demselbigen / auch sunst vor den Untergerichten / in unserem Fürstenthumb Lüneburg / mit Process und sunst / solle gehalten werden
Wittemberg 1564

Holzordnung Christian Ludwigs 1651
Holtz Ordnung / Wie dieselbe der Anno 1618 puplicirten Fürstlichen Braunschweigischen Lüneburgischen Policey Ordnung / Cap. 51. einverleibet. Und izo auff gnädigen Befehl Des Durchleuchtigen und Hochgebornen Fürsten und Herrn Herrn Christian Ludwigs / Herzogen zu Braunschweig und

Lüneburg / Revidirt und vermehret Männiglichen zu besserer Nachricht in offenen Druck gegeben.
Zell 1. Maij 1651

Jacobi, Andreas Ludolf (Hrsg.)
Landtags- Abschiede und andere die Verfassung des Fürstentums Lüneburg betreffende Urkunden
1. Teil, Hannover 1794
2. Teil, Hannover 1795

Kirchenordnung 1619
Deß Hochwürdigen / Durchleutigen / Hochgebornen Fürsten und Herrn / Herrn Christians / Erwählten Bischoffen des Stiffts Minden / Herzogen zu Braunschweig / und Lüneburg / Kir chenordnung und Befehl / Wie es mit christlicher Lehre / Beruff / Ordination / und Ampte der Prediger / Kirchengerichte / [...] In beyden S.F.G. Fürstenthumben / Braunschweig: Lüneburg: Cellischen / und Grubenhagischen teils / und angehöriger Graff: und Herrschafften / unnachlessig gehalten werden soll.
Zell 1619

Koch, Ernst August (Hrsg.)
Neue und vollständigere Sammlung der Reichs-Abschiede, Welche von den Zeiten Kayser Conrads des II. bis jetzo, auf den Teutschen Reichs-Tägen abgefasset worden, samt den wichtigsten Reichs-Schlüssen, so auf dem noch fürwährenden Reichs-Tage zur Richtigkeit genommen wird.
In vier Theilen.
Frankfurt am Mayn 1747

Peinliche Gerichtsordnung Kaiser Karls V. von 1532 (Carolina)
Des allerdurchleuchtigten großmechtigsten unüberwindlichsten Keyser Karls des fünfften: unnd des heyligen Römischen Reichs peinlich gerichts ordnung, auff den Reichßtägen zu Augspurgk und Regenspurgk, inn jaren dreissig, und zwey und dreissig gehalten, auffgerichtet und beschlossen.
Herausgegeben und erläutert von Gustav Radbruch, (Reclam) Stuttgart 1996

Lüneburgisches Stadtrecht (1577-1583)
Das Lüneburgische Stadt- Recht so in sich begreifft Der Stadt Lüneburg Reformirte Statuta, Gerichts- Rechts- und Policey-Ordnungen, in:
Pufendorf, Friedrich Esaias, Observationes iuris universi. Quibus praecipue res judicatae summi tribunalis regii et elect oralis cont. Adjecta est app. variorum statutorum et jurium
Band IV: Cum ind. generali rerum et verborum totius operis
Hannoverae 1770

Policey-Ordnung von 1618
Herrn Herzog Christians zu Braunschweig und Lüneburg u. erwehlten Bischofs des Stifts Minden Policey-Ordnung, wie selbige auf allgemeinen Landtagen zu concipiren veranlaßt und, dem zufolge, von beyder Fürstenthümer Braunschweig-Lüneburg, Zell- und Grubenhagischen theils, Praelaten Räthe, Ritter und Städte verordnetem Ausschuß auf vorgehende reife Berathschlagung verfasset und beliebet, und darauf den 6. Octobr. Anno 1618 publiciret.

Policey-Ordnung von 1564
Reformation und Ordnung unser von Gottes gnaden Heinrichen und Wilhelmen der Jüngeren gebrüdern / herzogen zu Braunschweig und Lüneburg / so wir in etlichen gemeinen sachen unsern Unterthanen zu wolfart und gutem haben gemacht
Wittemberg 1564

Regiments- Ordnung Herzog Christians zu Braunschweig- Lüneburg (RgtO)
Zelle, 2. Februar 1618[1]
in: Neues Göttingisches historisches Magazin, S. 486 - 516
3. Band, Hannover 1794

Sachsenspiegel
Landrecht und Lehnsrecht
von Eike von Repgow
hrsg. von Freidrich Ebel, Stuttgart 1993 (Niederdeutsche Textedition)
hrsg. von Clausdieter Schott, Zürich 1984 (Übersetzung)

---

[1] Datierung nach v. d. Ohe, Verwaltung, S. 228 f.. Im Neuen Göttingischen historischen Magazin ist der 2. Februar 1616 als Datum angegeben.

Schmelzeisen, Gustav Klemens
Quellen zur neueren Privatrechtsgeschichte Deutschlands (QPR) Zweiter Band: Polizei- und Landesordnungen, 1. Halbband: Reich und Territorien
Köln Graz 1968

Sehling, Emil, Die evangelischen Kirchenordnungen des 16. Jahrhunderts, fortgeführt vom Institut für evangelisches Kirchenrecht der Evangelischen Kirche in Deutschland zu Göttingen
Band 6, 1. Halbband
Tübingen 1955

Sudendorf, Hans
Urkundenbuch zur Geschichte der Herzöge von Braunschweig und Lüneburg
1.Teil: Bis zum Jahre 1341
(Beiträge zur Geschichte, Landes- und Volkskunde von Niedersachsen und Bremen)
Nachdruck Hannover 1974

Taxordnung 1621
Des Hochwürdigen / Durchleuchtigen / Hochgebornen Fürsten / und Herrn / Christians / Erwählen Bischoffen des Stiftes Minden / Herzogen zu Braunschweig / und Lüneburg etc. Constitutio / und Taxordnung / wie es so wohl wegen der Wahren / als ablohnung der Handwercker / und Botten /Taglöhner / Kutscher / und anderer / in S.F.G. Fürstenthumb Braunschweig / Lüneburg / Cellischen theils / und den angehörigen Graff: und Herrschafften / Hoya / Diepholz/ und Bruchausen / biß zu ferner deroselben gnedigen Verordnung / gehalten werden soll.
Gedruckt in S.F.G. Fürstliche Residenz Stadt Zell / durch Sebastian Schmuck. Zell 1621

LITERATURVERZEICHNIS

Arnswaldt, Christian v., Die Lüneburger Ritterschaft als Landstand im Spätmittelalter, Göttingen, Zürich, Frankfurt 1969

Bächtold-Stäubli, Hanns, Handwörterbuch des deutschen Aberglaubens, Band 5, Art. „Kristallomantie", Sp. 578-594, Berlin Leipzig 1932/33

Baethgen, Friedrich, in: Propyläen-Weltgeschichte, Band 2: Der Aufstieg des Germanentums und die Welt des Mittelalters, Berlin 1940

Battenberg, Friedrich J., in: ZHF 18 (1991), S.33-70: „Obrigkeitliche Sozialpolitik und Gesetzgebung"

Bayer, Wilhelm, Das Recht aus erlaubter eigenmächtiger Pfändung, Diss. Berlin 1899

Bechtel, Heinrich, Wirtschafts- und Sozialgeschichte Deutschlands – Wirtschaftsstile und Lebensformen von der Vorzeit bis zur Gegenwart, München 1967

Berber, Friedrich, Das Staatsideal im Wandel der Weltgeschichte, 2. Auflage München 1978

Blickle, Peter, Landschaften im Alten Reich. Die staatliche Funktion des gemeinen Mannes in Oberdeutschland, München 1973

ders. (Hrsg.), Gemeinde und Staat im Alten Europa, München 1998

ders. (Hrsg.), Der Fluch und der Eid (ZHF Beiheft 15), Berlin 1993

Bodemann, Eduard, Die älteren Zunfturkunden der Stadt Lüneburg, Hannover 1883

Boetticher, Manfred von, in: Geschichte Niedersachsens, Dritter Band, Teil 1: Politik, Wirtschaft und Gesellschaft von der Reformation bis zum Beginn des 19. Jahrhunderts, hrsg. von Christine van den Heuvel und Manfred von Boetticher, Hannover 1998

Brauneder, Wilhelm, Das Strafrecht in den österreichischen Polizeiordnungen des 16. Jahrhunderts, in: Gerhard Köbler (Hrsg.), Wege europäischer Rechtsgeschichte. Karl Kroeschell zum 60. Geburtstag dargelegt von Freunden, Schülern und Kollegen, S. 1-28, Frankfurt am Main Bern New York Paris 1987

Brecht, Martin, Protestantische Kirchenzucht zwischen Kirche und Staat. Bemerkungen zur Forschungssituation, in: Kirchenzucht und Sozialdisziplinierung im frühneuzeitlichen Europa, hrsg. von Heinz Schilling, (ZHF Beiheft 16), S. 41-48, Berlin 1994

Buchda, Gerhard, in: HRG, Band 1, Art. Gerüfte, Sp. 1584-1587

Buchholz, Werner, in: ZHF 18 (1991), S. 129-147: „Die Anfänge der Sozialdisziplinierung im Mittelalter. Die Reichsstadt Nürnberg als Bei spiel"

Bülow, Friedrich v. und Hagemann, Theodor, Practische Erörterungen aus allen Theilen der Rechtsgelehrsamkeit,
Band 2, 2. Auflage Hannover 1807
Band 3, 2. Auflage Hannover 1815
Band 4, Hannover 1804

Bungenstock, Wilfrid, Heergewäte und Gerade. Zur Geschichte des bäuerlichen Erbrechts in Nordwestdeutschland, Diss. jur. Göttingen 1966

ders., in: HRG, Band 1, Art. Gerade, Sp. 1527-1528
Band 2, Art. Heergeräte, Sp. 29-30

Butz, Werner, Der Polizeibegriff im Herzogtum Braunschweig – Wolfenbüttel – Umfang und Entwicklung bis 1806, Diss. Kiel 1986

Carlen, Louis, in: HRG, Band 1, Art. Gesinde, Sp. 1627-1629

Coing, Helmut (Hrsg.), Handbuch der Quellen und Literatur der neueren eu ropäischen Privatrechtsgeschichte, Band 2: Neuere Zeit (1500-1800), zweiter Teilband: Gesetzgebung und Rechtsprechung, München 1976

Conrad, Hermann, Deutsche Rechtsgeschichte,
Band 1: Frühzeit und Mittelalter, 2. Auflage Karlsruhe 1962
Band 2: Neuzeit bis 1806, Karlsruhe 1966

Deneken, Johann, Neu- Vermehrtes Dorff- und Land-Recht, 3. Edition Leipzig und Zelle 1707

Deutsches Rechtswörterbuch, Wörterbuch der älteren Deutschen Rechtssprache herausgegeben von der Deutschen Akademie der Wissenschaften zu Berlin, Band 4: geleitlich – Handangelobung, Weimar 1939-1951

Dinges, Martin, in: ZHF 19 (1992), S. 49-76: „Der 'feine Unterschied'. Die soziale Funktion der Kleidung in der höfischen Gesellschaft"

Dormeier, Heinrich, Verwaltung und Rechnungswesen im spätmittelalterlichen Fürstentum Braunschweig- Lüneburg (Quellen und Untersuchungen zur Geschichte Niedersachsens im Mittelalter, Band 18), Hannover 1994

Ebel, Wilhelm, Geschichte der Gesetzgebung in Deutschland, 2. Auflage Hannover 1958, Neudruck 1988

Eckhardt, Albrecht, in: NdSächsJbLdG 35 (1963), S. 98 – 108: „Die Brüder Furster und die Entstehung des juristischen Kanzlertums im Fürstentum Lüneburg"

Eggers, Albert, in: ZHistVNdSachs, Jahrgang 1900, S. 1-63, „Das Steuerwesen der Grafschaft Hoya"

Eisenbart, Liselotte Constanze: Kleiderordnungen der deutschen Städte zwischen 1350 und 1700, (Göttinger Bausteine zur Geschichts- wissenschaft, Band 32), Göttingen Berlin Frankfurt 1962

Elkar, Rainer S., Umrisse einer Geschichte der Gesellenwanderung im Übergang von der Frühen Neuzeit zu Neuzeit, in: Deutsches Handwerk in Spätmittelalter und Früher Neuzeit, hrsg. von Rainer S. Elkar (Göttinger Beiträge zur Wirtschafts- und Sozialgeschichte, Band 9), S. 85-116, Göttingen 1983

Erler, Adalbert, Kaufmann Ekkehard (Hrsg.): Handwörterbuch zur Deutschen Rechtsgeschichte (HRG)
Band 1: Aachen-Haussuchung
Band 2: Haustür-Lippe
Band 3: List- Promoter
Band 4: Protonotarius Apostolicus-Strafprozeßordnung
Band 5: Straftheorie-Zycha
Berlin 1971 ff.

Erler, Adalbert, in: HRG, Band 2, Art. Landwehren, Sp. 1599-1601
HRG, Band 3, Art. Musteil, Sp. 798-799
HRG, Band 5, Art. Trinken/Zutrinken, Sp. 361-364

Ernst, Christoph, Forstgesetze in der Frühen Neuzeit. Zielvorgaben und Normierungsinstrumente für die Waldentwicklung in Kurtrier, dem Kröver Reich und der Hinteren Grafschaft Sponheim (Hunsrück und Eifel), in: Policey und frühneuzeitliche Gesell-schaft, hrsg. von Karl Härter (Ius Commune Sonderheft 129), S. 341-381, Frankfurt am Main 2000

Frank, Michael, Exzeß oder Lustbarkeit? Die policeyliche Reglementierung und Kontrolle von Festen in norddeutschen Territorien, in: Policey und frühneuzeitliche Gesellschaft, hrsg. von Karl Härter (Ius Commune Sonderheft 129), S. 341-381, Frankfurt am Main 2000

Franz, Günther, Verwaltungsgeschichte des Regierungsbezirkes Lüneburg, Bremen 1955

Frensdorff, Ferdinand, in: Hansische Geschichtsblätter 13 (1907), hrsg. vom Verein für hansische Geschichte, S. 1-89: „Das Zunftrecht insbesondere Norddeutschlands und die Handwerkerehre"

Friedberg, Emil, Das Recht der Eheschließung in seiner geschichtlichen Entwicklung, Leipzig 1865

Friedland, Klaus, Der Kampf der Stadt Lüneburg mit ihren Landesherren – Stadtfreiheit und Fürstenhoheit im 15. Jahrhundert, Diss. Kiel 1952, Hildesheim 1953

Geerds, F., in: HRG, Band 1, Art. Gaunertum, Sp. 1404 – 1411

Gerecke, Richard, in: JbGes NdSächsKG, Band 77 (1979), S. 25 – 95: „Studien zu Urbanus Rhegius' kirchenregimentlicher Tätigkeit in Norddeutschland, Teil 2: Die Neuordnung des Kirchenwesens in Lüneburg"

Gierke, Otto von, Das deutsche Genossenschaftsrecht, Band 1: Rechtsgeschichte der deutschen Genossenschaft, Graz 1954

ders., Schuld und Haftung im älteren deutschen Recht, Breslau 1910

Gittel, Udo, Die Aktivitäten des Niedersächsischen Reichskreises in den Sektoren „Friedenssicherung" und „Policey" (1555-1682), (Veröffentlichungen der Historischen Kommission für Niedersachsen und Bremen, Band 35), Hannover 1996

Graus, Frantisek, in: ZHF 8 (1981), S. 385 – 437: „Randgruppen der städtischen Gesellschaft im Spätmittelalter"

Grefe, Friedrich Bernhard, Hannovers Recht. Leitfaden zum Studium des Hannoverschen Privatrechts, Band 2, 3. Auflage Hannover 1861

Grimm, Jacob und Wilhelm, Deutsches Wörterbuch, 32 Bände, bearbeitet von der Arbeitsstelle des Deutschen Wörterbuches zu Berlin, München 1984

Grotefend, Hermann, Taschenbuch der Zeitrechnung des deutschen Mittelalters und der Neuzeit, 12. Auflage Hannover 1982

Grundmann, Herbert (Hrsg.), Gebhardt, Handbuch der Deutschen Geschichte, Band 2: Von der Reformation bis zum Ende des Absolutismus, 9. Auflage Stuttgart 1970

Günther, Bettina, Sittlichkeitsdelikte in den Policeyordnungen der Reichsstädte Frankfurt am Main und Nürnberg (15.-17. Jahrhundert), in: Policey und frühneuzeitliche Gesellschaft, hrsg. von Karl Härter (Ius Commune Sonderheft 129), S. 121-148, Frankfurt am Main 2000

Haase, Carl, in: Geschichte Niedersachsens, hrsg. von Hans Patzte, Dritter Band, Teil 2: Kirche und Kultur von der Reformation bis zum Beginn des 19. Jahrhunderts, Hildesheim 1983

Hagemann, Theodor, Handbuch des Landwirtschaftrechts, Hannover 1807

Hammerstein-Loxten, W.C.C. Freiherr von, Der Bardengau. Eine historische Untersuchung über dessen Verhältnisse und über den Güterbesitz der Billunger, Hannover 1869

Hampe, Theodor, Die fahrenden Leute in der deutschen Vergangenheit, Leip zig 1902

Hampl-Kallbrunner, Gertraut, Beiträge zur Geschichte der Kleiderordnungen mit besonderer Berücksichtigung Österreichs, Diss. phil. Wien 1962

Hänel, Albert; in: ZRG 1, Weimar 1861, S. 273- 344: „Die eheliche Güterge meinschaft in Ostfalen"

Harnischmacher, Robert, Deutsche Polizeigeschichte, Stuttgart Berlin Köln Mainz 1986

Härter, Karl, in: Ius Commune 20 (1993), S. 61 – 141: „Entwicklung und Funktion der Policeygesetzgebung des Heiligen Römischen Rei ches Deutscher Nation im 16. Jahrhundert"

ders., in: Archiv für hessische Geschichte und Altertumskunde 54 (1996), S. 111-163: „Regionale Strukturen und Entwicklungslinien früh neuzeitlicher Strafjustiz in einem geistlichen Territorium: Die Kurmainzer Cent Starkenburg"

ders., in: HRG, Band 5, Art. Zigeuner, Sp. 1699 – 1707

ders. (Hrsg.), Policey und frühneuzeitliche Gesellschaft (Ius Commune Son derheft 129), Frankfurt am Main 2000

Hartung, Fritz, Deutsche Verfassungsgeschichte vom 15. Jahrhundert bis zur Gegenwart, 8. Auflage Stuttgart 1950

ders., Deutsche Geschichte im Zeitalter der Reformation, der Gegenreforma tion und des 30jährigen Krieges, 3. Auflage Berlin 1971

Havemann, Wilhelm, Geschichte der Lande Braunschweig und Lüneburg
Band 2, Göttingen 1855, Nachdruck Hannover 1975
Band 3, Göttingen 1857, Nachdruck Hannover 1975

Heinemann, Otto v., Geschichte von Braunschweig und Hannover
Band 2, Gotha 1886, Nachdruck Hannover 1975
Band 3, Gotha 1892, Nachdruck Hannover 1975

Heinemann, Rudolf, Die Grundlagen des braunschweigischen Polizeirechts in historischer und systematischer Darstellung, Diss. Göttingen 1930

Henning, Friedrich-Wilhelm, Landwirtschaft und ländliche Gesellschaft in Deutschland, Band 1: 800 bis 1750, 3. Auflage Paderborn München Wien Zürich 1996

Hessler, R., in: HRG, Band 1, Art. Dotalitium Sp. 779 – 780

Hinschius, Paul, System des katholischen Kirchenrechts mit besonderer Rücksicht auf Deutschland, Band 5, Graz 1959

His, Rudolf, Geschichte des deutschen Strafrechts bis zur Karolina, München Berlin 1928

ders., Das Strafrecht des deutschen Mittelalters
Band 1: Die Verbrechen und ihre Folgen im allgemeinen, Leipzig 1920
Band 2: Die einzelnen Verbrechen, Weimar 1935

Holenstein, André, Bittgesuche, Gesetze und Verwaltung. Zur Praxis „guter Policey" in Gemeinde und Staat des Ancien Régieme am Beispiel der Markgrafschaft Baden (-Durlach), in: Peter Blickle (Hrsg.), Gemeinde und Staat im Alten Europa, S. 325-357, München 1998

ders., Die Umstände der Normen – die Normen der Umstände. Policeyordnungen im kommunikativen Handeln von Verwaltung und lokaler Gesellschaft im Ancien Régime, in: Policey und frühneuzeitliche Gesellschaft, hrsg. von Karl Härter (Ius Commune Sonderheft 129), S. 1-46, Frankfurt am Main 2000

Holzhauer, Heinz, in: HRG, Band 2, Art. Landzwang, Sp. 1601-1603

Hoogeweg, H., in: ZHistVNdSachs 1902, S. 348 – 442: „Fürst und Hof zu Celle während der Krankheit Wilhelm`s des Jüngeren (1573-1592)"

Hülle, Werner, in: Zeitschrift der Savigny-Stiftung für Rechtsgeschichte, Germ. Abt. Band 90 (1973), S.194 – 212: „Das Supplikenwesen in Rechtssachen. Anlageplan für eine Dissertation“

Immel, Gerhard, in: Helmut Coing (Hrsg.), Handbuch der Quellen und Literatur der neueren europäischen Privatrechtsgeschichte, Band 2: Neuere Zeit (1500-1800), zweiter Teilband: Gesetzgebung und Rechtsprechung, München 1976

Jacobi, Andreas Ludolf, Die landschaftliche Verfassung des Fürstentums Lüneburg, Lüneburg 1846

Jahn, Georg, Zur Gewerbepolitik der deutschen Landesfürsten vom 16. bis zum 18. Jahrhundert, Diss. phil. Leipzig 1909

Jerouschek, Günter, Marßolek, Inge, Röckelein, Hedwig (Hrsg.), Denunziation. Historische, juristische und psychologische Aspekte, Tübingen 1997

Jeserich, Kurt G. A., Pohl, Hans, von Unruh Georg- Christoph (Hrsg.), Deutsche Verwaltungsgeschichte Band 1: Vom Spätmittelalter bis zum Ende des Reiches, Stuttgart 1983

Jördens, Carl, Wirtschaftsgeschichte der Forsten in der Lüneburger Heide vom Ausgang des Mittelalters bis zum Beginn des neunzehnten Jahrhunderts, Diss. Göttingen 1931, Braunschweig 1931

Kaufhold, Karl Heinrich, in: Geschichte Niedersachsens, Dritter Band, Teil 1: Politik, Wirtschaft und Gesellschaft von der Reformation bis zum Beginn des 19. Jahrhunderts, hrsg. von Christine van den Heuvel und Manfred von Boetticher, Hannover 1998

Kaufmann, Ekkehard, in: HRG, Band 4, Art. Strafe, Strafrecht, Sp. 2011-2029

Kelter, Ernst, Geschichte der obrigkeitlichen Preisregelung, Band 1: Die obrigkeitliche Preisregelung in der Zeit der mittelalterlichen Stadtwirtschaft (Bonner Staatswissenschaftliche Untersuchungen Heft 21), Jena 1935

Knemeyer, Franz- Ludwig, in: AöR 92 (1967), S. 153-180: „Polizeibegriffe in Gesetzen des 15. bis 18. Jahrhunderts“

Köbler, Gerhard (Hrsg.), Wege europäischer Rechtsgeschichte. Karl Kroeschell zum 60. Geburtstag dargelegt von Freunden, Schülern und Kollegen, Frankfurt am Main Bern New York Paris 1987

Koehler, B., in: HRG, Band 1, Art. Geleit, Sp. 1481 – 1489

Kraschewski, Hans-Joachim, Wirtschaftspolitk im deutschen Territorialstaat des 16. Jahrhunderts. Herzog Julius von Braunschweig- Wolfenbüttel (1528-1589), Köln Wien 1978

Kramer, E., in: HRG, Band 1, Art. Hausbau, volkskundlich, Sp. 2020-2021

Kreiker, Sebastian, Armut, Schule, Obrigkeit - Armenversorgung und Schulwesen in den evangelischen Kirchenordnungen des 16. Jahrhunderts, Diss. Göttingen 1996, Bielefeld 1997

Kriedte, Peter, in: ZHF 14 (1987), S. 47-71: „Die Hexen und ihre Ankläger. Zu den lokalen Voraussetzungen der Hexenverfolgung in der frühen Neuzeit – Ein Forschungsbericht“

Krieg, Martin, Die Entstehung und Entwicklung der Amtsbezirke im ehemaligen Fürstentum Lüneburg, Göttingen 1922, Neudruck Osnabrück 1975

ders., in: Hannoversches Magazin 4 (1927), S. 51-63: „Über die Anfänge der neueren Amtsverfassung im Fürstentum Lüneburg im 16. Jahrhundert“

Kroeschell, Karl, Deutsche Rechtsgeschichte, Band 2: 1250-1650, 8. Auflage Opladen 1992

ders., in: HRG, Band 1, Art. Hausfrieden, Sp. 2022-2024

Krosch, Wilhelm, Die landständische Verfassung des Fürstentums Lüneburg, Dissertation Kiel 1914

Krüger, Kersten, Policey zwischen Sozialregulierung und Sozialdisziplinierung, Reaktion und Aktion – Begriffsbildung durch Gerhard Oestreich 1972-1974, in: Policey und frühneuzeitliche Gesellschaft, hrsg. von Karl Härter (Ius Commune Sonderheft 129), S. 107-119, Frankfurt am Main 2000

Krumwiede, Hans-Walter, in: Geschichte Niedersachsens, Dritter Band, Teil 2: Kirche und Kultur von der Reformation bis zum Beginn des 19. Jahrhunderts, hrsg. von Hans Patzte, Hildesheim 1983

Kulischer, Josef, Allgemeine Wirtschaftsgeschichte des Mittelalters und der Neuzeit,
Band 1: Das Mittelalter, 3. Auflage München Wien 1965
Band 2: Die Neuzeit, 3. Auflage München Wien 1965

Labouvie, Eva, Verwünschen und Verfluchen: Formen der verbalen Konfliktregelung in der ländlichen Gesellschaft der Frühen Neuzeit, in: Der Fluch und der Eid, hrsg. von Peter Blickle (ZHF Beiheft 15), S.121-145, Berlin 1993

Landau, Peter, in: HRG, Band 5, Art. Zins, Sp. 1707-1713

Landwehr, Achim, Policey vor Ort. Die Implementation von Policeyordnungen in der ländlichen Gesellschaft in der frühen Neuzeit, in: Policey und frühneuzeitliche Gesellschaft, hrsg. von Karl Härter (Ius Commune Sonderheft 129), S. 47- 70, Frankfurt am Main 2000

Landwehr, Götz, Die althannoverschen Landgerichte (Quellen und Darstellungen zur Geschichte Niedersachsens Band 62), Dissertation Göttingen 1962, Hildesheim 1964

Lange, Ulrich, Landtag und Ausschuß. Zum Problem landständischer Versammlungen im Zeitalter der Entstehung des frühmodernen Staates. Die welfischen Territorien als Beispiel (1500-1629), Hildesheim 1986

Lauffer, Otto, Ausstattung nach Stand und Rang, in: Wirtschaft und Kultur, Festschrift zum 70. Geburtstag von Alfons Dopsch, S. 512-534, Frankfurt am Main 1966

Lexikon des Mittelalters, Band 1: Aachen bis Bettelordenskirchen, München Zürich 1980

Lieberich, Heinz, Die Anfänge der Polizeigesetzgebung im Herzogtum Baiern, in: Festschrift für Max Spindler zum 75. Geburtstag, hrsg. von Dieter Albrecht, Andreas Kraus und Kurt Reisel, S. 307-378, München 1969

Lieberwirth, Rolf, in: HRG, Band 1, Art. Glücksspiel, Sp. 1713 – 1714

Lottes, Günther, in: Westfälische Forschungen 42 (1992), S. 63-74: „Disziplin und Emanzipation. Das Sozialdisziplinierungskonzept und die Interpretation der frühneuzeitlichen Geschichte“

Lübben, August, Mittelniederdeutsches Handwörterbuch, Darmstadt 1965

Lucassen, Leo, Zigeuner im frühneuzeitlichen Deutschland: neue Forschungsergebnisse, -probleme und –vorschläge, in: Policey und frühneuzeitliche Gesellschaft, hrsg. von Karl Härter (Ius Commune Sonderheft 129), S. 235-262, Frankfurt am Main 2000

Lütge, Friedrich, Deutsche Sozial- und Wirtschaftgeschichte, 2. Auflage Berlin Göttingen Heidelberg 1960

Maier, Hans, Die ältere deutsche Staats- und Verwaltungslehre (Polizeiwissenschaft), Ein Beitrag zur Geschichte der politischen Wissenschaft in Deutschland, Neuwied Berlin 1966

ders., in: HRG, Band 3, Art. Polizei, Sp. 1800-1803

Maneke, Urban Friedrich Christoph, Topographisch- historische Beschreibung der Städte, Ämter und adelichen Gerichte im Fürstentum Lüneburg, 1. Band, Celle 1858, Neudruck 1977

Matter, Max, in: Hessische Blätter für Volks- und Kulturforschung 20 (1987), S. 37-54: „Im Wein liegt die Wahrheit. Zur symbolischen Bedeutung gemeinsamen Trinkens“

Max, Georg, Geschichte des Fürstentums Grubenhagen,
Band 1, Hannover 1862
Band 2, Hannover 1863

Merker, Otto, in: NdSächsJbLdG 38 (1966), S. 1 – 60: „Grafschaft, Go und Landesherrschaft. Ein Versuch über die Entwicklung früh- und hochmittelalterlicher Staatlichkeit vornehmlich im sächsischen Stammesgebiet“

Merzbacher, Friedrich, in: HRG, Band 1, Art. Ehe, kirchenrechtlich, Sp. 833-836

Mikat, Paul, in: HRG, Band 1, Art. Ehe, Sp. 809-833

Neuhaus, Helmut, in: Hessisches Jahrbuch für Landesgeschichte Band 28, Marburg 1978, S. 110-190: „Supplikationen als landesgeschichtliche Quellen. Das Beispiel der Landgrafschaft Hessen im 16. Jahrhundert“

Nitschke, Peter, in: ZHF 19 (1992), S. 1 – 27: „Von der Politeia zur Polizei; ein Beitrag zur Entwicklungsgeschichte des Polizei- Begriffs und seiner herrschaftspolitischen Dimensionen von der Antike bis ins 19. Jahrhundert“

Oestreich, Brigitta (Hrsg.), Strukturprobleme der frühen Neuzeit, Berlin 1980

Oestreich, Gerhard, Policey und Prudentia civilis in der barocken Gesellschaft von Stadt und Staat, in: Strukturprobleme der frühen Neuzeit, hrsg. von Brigitta Oestreich, Berlin 1980

Ogris, Werner, in: HRG, Band 1, Art. Aussteuer, Sp. 271-273

Ohe, Joachim von der, Die Zentral- und Hofverwaltung des Fürstentums Lüneburg (Celle) und ihre Beamten 1520-1646, Dissertation Göttingen 1953, Celle 1955

Ohnsorge, Werner, in: BllDtLdG 88. Jahrgang 1951, S. 150-174: „Zum Problem: Fürst und Verwaltung um die Wende des 16. Jahrhunderts“

Pánek, Jaroslav, Policey und Sozialsdisziplinierung im frühneuzeitlichen Böhmen und Mähren, in: Policey im Europa der Frühen Neuzeit, hrsg. von Michael Stolleis (Ius Commune Sonderheft 83), S. 317-331, Frankfurt am Main 1996

Patzte, Hans (Hrsg.), Geschichte Niedersachsens, Dritter Band, Teil 2: Kirche und Kultur von der Reformation bis zum Beginn des 19. Jahrhunderts, Hildesheim 1983

Pauser, Josef, Verspilen / ist kein Spil / noch Schertz. Geldspiel und Policey in den österreichischen Ländern der Frühen Neuzeit, in: Policey und frühneuzeitliche Gesellschaft, hrsg. von Karl Härter (Ius Commune Sonderheft 129), S. 179-233, Frankfurt am Main 2000

Philipp, G., in: HRG, Band 2, Art. Leute, fahrende, Sp. 1858-1865

Planck, Julius Wilhelm von, Das Deutsche Gerichtsverfahren im Mittelalter- Nach dem Sachsenspiegel und den verwandten Rechtsquellen -, Band 1, Braunschweig 1879, Nachdruck der Ausgabe Braunschweig 1879, 2 Bände in einem Band, Hildesheim New York 1973

Plöchl, Willibald M., Geschichte des Kirchenrechts, Band 2: Das Kirchenrecht der abendländischen Christenheit 1055 bis 1517, 2. Auflage Wien München 1962

ders., in: HRG, Band 2, Art. Kirchenordnungen, Sp. 762-775

Preiser, Wolfgang, in: HRG, Band 1: Aachen- Haussuchung, Art. Blutrache, Sp. 459-461

Press, Volker, Calvinismus und Territorialstaat. Regierung und Zentralbehörden der Kurpfalz 1559-1619. Stuttgart 1970

Preu, Peter, Polizeibegriff und Staatszwecklehre. Die Entwicklung des Polizeibegriffs durch die Rechts- und Staatswissenschaften des 18. Jahrhunderts, Göttingen 1983

Prinz, Michael, in: Westfälische Forschungen 42 (1992), S. 1-25: „Sozialdisziplinierung und Konfessionalisierung. Neuere Fragestellungen in der Sozialgeschichte der frühen Neuzeit“

Proesler, Hans, Das gesamtdeutsche Handwerk im Spiegel der Reichsgesetzgebung von 1530 bis 1806, Berlin 1954

Pröve, Heinrich, Dorf und Gut im alten Herzogtum Lüneburg (Studien und Vorarbeiten zum historischen Atlas von Niedersachsen Band 11), Göttingen 1929

ders., Wathlingen. Geschichte eines niedersächsischen Dorfes, Celle 1925

Rabe, Dorothee- Margarete, Die Lüneburger Stadtrechtsreformation (1577-1583), Diss. jur. Freiburg i. Br. 1956

Radbruch, Gustav, Die Peinliche Gerichtsordnung Kaiser Karls V. von 1532 (Carolina), 6. durchgesehene Auflage hrsg. von Arthur Kaufmann, Stuttgart 1996

Reinbold, Michael, Die Lüneburger Sate- Ein Beitrag zur Verfassungsgeschichte Niedersachsens, Hildesheim 1987

ders., in: NdSächsJbLdG 64 (1992), S. 53 – 70: „Fürstlicher Hof und Landesverwaltung in Dannenberg 1570-1636. Hof- und Kanzleiordnungen als Spiegel herrscherlichen Selbstverständnisses am Beispiel einer welfischen Sekundogenitur"

Reinecke, Wilhelm, Geschichte der Stadt Lüneburg, Band 1, Lüneburg 1977

Reinicke, Wolf- Rüdiger, Landstände im Verfassungsstaat – Verfassungsgeschichte und gegenwärtige Rechtsstellung der Landschaften und Ritterschaften in Niedersachsen, Göttingen 1975

Riege, Paul, Kleine Polizei- Geschichte, 3. Auflage Lübeck 1966

Roeck, Bernd, Lebenswelt und Kultur des Bürgertums in der frühen Neuzeit, (Enzyklopädie deutscher Geschichte Band 9), München 1991

Rohland, Woldemar von, Historische Wandlungen der Religionsverbrechen, in: Festschrift der Albrechts-Ludwig Universität Freiburg zum fünfzigjährigen Regierungs-Jubiläum Seiner Königlichen Hoheit des Grossherzogs Friedrich, S. 119-142, Freiburg i.Br. 1902

Roller, S., in: HRG, Band 5, Art. Trunkenheit, Sp. 377-381

Roscher, Wilhelm, Ansichten der Volkswirtschaft aus dem geschichtlichen Standpunkte, Band 1 Teil IV: Über den Luxus (1843), 3. Auflage Leipzig Heidelberg 1878

Rosendahl, Erich, Geschichte Niedersachsens, Hannover 1927

Rössler, Helmut und Franz, Günther, Sachwörterbuch zur deutschen Geschichte, München 1958

Rublack, Ulinka, in: ZHF 24 (1997), S. 347 – 376: „Frühneuzeitliche Staatlichkeit und lokale Herrschaftspraxis in Württemberg"

Rubner, H., in: HRG, Band 2, Art. Holzgericht, Sp. 221-223

Saalfeld, Diedrich, in: Geschichte Niedersachsens, Dritter Band, Teil 1: Politik, Wirtschaft und Gesellschaft von der Reformation bis zum Beginn des 19. Jahrhunderts, hrsg.von Christine van den Heuvel und Manfred von Boetticher, Hannover 1998

Sachers, Erich, in: HRG, Band 1, Art. Allmende, Sp. 108-120

Sachße, Christoph und Tennstedt, Florian, Geschichte der Armenfürsorge in Deutschland vom Spätmittelalter bis zum Ersten Weltkrieg, Stuttgart Berlin Köln Mainz 1980

Scheel, Günther, in: Deutsche Verwaltungsgeschichte, Band 1: Vom Spätmittelalter bis zum Ende des Reiches, hrsg. von Kurt G. A. Jeserich, Hans Pohl, Georg-Christoph von Unruh, Stuttgart 1983

Scheschkewitz, Ulrich, Das Zunftwesen der Stadt Lüneburg von den Anfängen bis zur Änderung der Stadtverfassung im Jahre 1639, Lüneburg 1966

Schilling, Heinz, Die Kirchenzucht im frühneuzeitlichen Europa in interkonfessionell vergleichender und interdisziplinärer Perspektive – eine Zwischenbilanz, in: Kirchenzucht und Sozialdisziplinierung im frühneuzeitlichen Europa, hrsg. von Heinz Schilling (ZHF Beiheft 16), S. 11-40, Berlin 1994

ders. (Hrsg.), Kirchenzucht und Sozialdisziplinierung im frühneuzeitlichen Europa, ZHF Beiheft 16, Berlin 1994,

Schlosser, Hans, Gesetzgebung und Rechtswirklichkeit im Territorialstaat der frühen Neuzeit. Am Beispiel des Landesfürstentums Bayern (16./17. Jahrhundert), in: Diritto e Potere nella Storia Europea, Band 1, S. 525-542, Florenz 1982

Schmelzeisen, Gustaf Klemens, Polizeiordnungen und Privatrecht, Münster Köln 1955

ders., Das polizeiliche Rechtsgebot in der neueren Privatrechtsgeschichte (Schriftenreihe der juristischen Studiengesellschaft Karlsruhe, Heft 80), Karlsruhe 1967

Schmidt, Eberhard, Einführung in die Geschichte der deutschen Strafrechtspflege, 2. Auflage Göttingen 1951

Schmidt, Heinrich, in: NdSächsJbLdG 56 (1984), S. 31-58: „Kirchenregiment und Landesherrschaft im Selbstverständnis niedersächsischer Fürsten des 16. Jahrhunderts“

Schmidt, Heinrich R., Die Ächtung des Fluchens durch reformierte Sittengerichte, in: Der Fluch und der Eid, hrsg. von Peter Blickle (ZHF Beiheft 15), S. 65 –120, Berlin 1993

Schmidt, Herrmann, in: ZHistVNdSachs Jahrgang 1896, S. 443-518: „Der Einfluß der alten Handelswege in Niedersachsen auf die Städte am Nordrande des Mittelgebirges“

Schmidt-Wiegand, Ruth, in: HRG, Band 2, Art. Hochzeitsbräuche, Sp. 186-197

Schnath, Georg, Geschichte des Landes Niedersachsen- Ein Überblick (Sonderausgabe aus der Geschichte der deutschen Länder- Territorien-Ploetz), hrsg. von Georg Schnath, Hermann Lübbing, Günther Möhlmann und Franz Engel, Würzburg 1962

ders., in: BllDtLdG 109, S. 265-267: „Das Schicksal des Klostergutes in den früheren Welfenlanden und seine besondere Rechtsstellung im heutigen Lande Niedersachsen“

Schormann, Gerhard, Hexenprozesse in Nordwestdeutschland (Quellen und Darstellungen zur Geschichte Niedersachsens, Band 87), Hildesheim 1977

Schoß, Carl Wolfgang Huismann, Die rechtliche Stellung, Struktur und Funktion der frühen evangelischen Konsistorien nach den evangelischen Kirchenordnungen des 16. Jahrhunderts, Diss. Heidelberg 1980

Schröder, Richard, Geschichte des ehelichen Güterrechts in Deutschland, Teil 2: Das Mittelalter, Abteilung 3: Das eheliche Güterrecht Norddeutschlands und der Niederlande im Mittelalter, Neudruck der Ausgabe Stettin 1864, Aalen 1967

Schubert, Ernst (Hrsg.), Geschichte Niedersachsens, begründet von Hans Patze, Zweiter Band, Teil 1: Politik, Verfassung und Wirtschaft vom 9. bis zum ausgehenden 15. Jahrhundert, Hannover 1997 *ders.*, in: NdSächsJbLdG 63 (1991), S. 1-58: „Steuer, Streit und Stände – Die Ausbildung ständischer Repräsentationen in niedersächsischen Territorien des 16. Jahrhunderts“

Schuck, Gerhard, in: Ius Commune 22, S. 121-150: „Überlegungen zum Verhältnis von Arbeit und Policey in der Frühen Neuzeit“

ders., Arbeit als Policeystrafe. Policey und Strafjustiz, in: Policey und frühneuzeitliche Gesellschaft, hrsg. von Karl Härter (Ius Commune Sonderheft 129), S. 611- 625, Frankfurt am Main 2000

Schulze, H.K., in: HRG, Band 3, Art. Meierrecht, Sp. 445-447

Schulze, Reiner, Die Polizeigesetzgebung zur Wirtschafts- und Arbeitsordnung der Mark Brandenburg in der frühen Neuzeit, Diss. Frankfurt am Main 1976, Aalen 1978

Schulze, Reiner, in: HRG, Band 5, Art. Trauung, Trauungsformel, Sp. 301-309

Schulze, Winfried, in: ZHF 14 (1987), S. 265-302: „Gerhard Oestreichs Begriff der `Sozialdisziplinierung in der Frühen Neuzeit´“

Schwab, Dieter, in: HRG, Band 5, Art. Verlöbnis, Sp. 764-767

Segall, Josef, Geschichte und Strafrecht der Reichspolizeiordnungen von 1530, 1548 und 1577, Breslau 1914

Sellert, Wolfgang, in: HRG, Band 3, Art. Pfändung, Pfandnahme, Sp. 1693-1703

Sichelschmidt, Karla, Recht aus christlicher Liebe oder obrigkeitlicher Gesetzesbefehl? Juristische Untersuchungen zu den evangelischen Kirchenordnungen des 16. Jahrhunderts, Tübingen 1995

Sohm, Rudolf, Das Recht der Eheschließung aus dem deutschen und dem canonischen Recht geschichtlich entwickelt, Weimar 1875

Sonnenkalb, Hugo, Die Steuer im Fürstentum Lüneburg während des Mittelalters, Diss. Kiel 1908

Stolleis, Michael, Pecunia nervus rerum. Zur Staatsfinanzierung in der frühen Neuzeit, Frankfurt am Main 1983

ders., Geschichte des öffentlichen Rechts in Deutschland, Band 1: Reichspublizistik und Policeywissenschaft 1600-1800, München 1988

ders., Condere leges et interpretari. Gesetzgebungsmacht und Staatsbildung in der frühen Neuzeit, in: Staat und Staatsräson in der frühen Neuzeit. Studien zur Geschichte des öffentlichen Rechts, S. 167-196, Frankfurt am Main 1990

ders., in: Ius Commune 20 (1993), S. 1- 23: „Konfessionalisierung und Säkularisierung bei der Entstehung des frühmodernen Staates"

ders. (Hrsg.), Policey im Europa der Frühen Neuzeit (Ius Commune Sonderheft 83), Frankfurt am Main 1996

Struben, David Georg, Rechtliche Bedenken.
1. Theil, Hannover 1761
5. Theil: Nebst dem gründlichen Unterricht von Regierungs- und Justizsachen, 2. Auflage Hannover 1777

Stüve, C., Wesen und Verfassung der Landgemeinden und des ländlichen Grundbesitzes in Niedersachsen und Westphalen, Jena 1851

Tietz, Gerold, Verlobung, Trauung und Hochzeit in den evangelischen Kirchenordnungen des 16. Jahrhunderts, Diss. phil. Tübingen 1969

Tilgner, Daniel, Sozialdisziplinierung und Sozialregulierung. Die Policeyordnungen für Schleswig- Holstein von 1636 und für das Amt Bergedorf von 1623, Münster Hamburg London 2000 (unter dem Titel „Zwei norddeutsche Policeyordnungen des 17. Jahrhunderts zwischen Sozialregulierung und Sozialdisziplinierung" Diss. Hamburg 1998)

Timm, Albrecht, Die Waldnutzung in Nordwestdeutschland im Spiegel der Weistümer, Köln Graz 1960

Titz-Matusak, Ingeborg, in: NdSächsJbLdG 65 (1993), S. 115-160: „Zauber- und Hexenprozesse in Goslar"

Tlusty, B. Ann, in: ZHistVSchwb 85 (1992), S. 133-153: „Das ehrbare Verbrechen. Die Kontrolle über das Trinken in Augsburg in der frühen Neuzeit“

Treue, Wilhelm, in: Gebhardt, Handbuch der Deutschen Geschichte, Band 2: Von der Reformation bis zum Ende des Absolutismus, herausgegeben von Herbert Grundmann, 9. Auflage Stuttgart 1970

Trusen, Winfried, Äquivalenzprinzip und gerechter Preis im Spätmittelalter, in: Staat und Gesellschaft. Festgabe für Günther Küchenhoff, hrsg. von Franz Mayer, S. 247-263, Göttingen 1967

Unruh, Georg-Christoph von, in: Deutsche Verwaltungsgeschichte, Band 1: Vom Spätmittelalter bis zum Ende des Reiches, hrsg. von G. A. Jeserich, Hans Pohl, Georg-Christoph von Unruh, Stuttgart 1983

van den Heuvel, Christine, von Boetticher, Manfred (Hrsg.), Geschichte Niedersachsens, Dritter Band, Teil 1: Politik, Wirtschaft und Gesellschaft von der Reformation bis zum Beginn des 19. Jahrhunderts, Hannover 1998

Wachter, Alexander, Dorfschule zwischen Pastor und Schulmeister – Zur Säkularisierung des niederhessischen Schulwesens im 19. Jahrhundert (Rechtshistroische Reihe Band 245), zugleich Diss. Jena 2001, Frankfurt am Main 2001

Walter, Ferdinand, Lehrbuch des Kirchenrechts aller christlichen Confessionen, 9. Auflage Bonn 1842

Walz, Rainer, Dörfliche Hexereiverdächtigung und Obrigkeit, in: Denunziation. Historische, juristische und psychologische Aspekte, hrsg. von Günter Jerouschek, Inge Marßolek und Hedwig Röckelein, S. 80-98, Tübingen 1997

Weber, Matthias, "Anzeige“ und „Denunciation“ in der frühneuzeitlichen Policeygesetzgebung, in: Policey und frühneuzeitliche Gesellschaft, hrsg. von Karl Härter (Ius Commune Sonderheft 129), S. 583 – 609, Frankfurt am Main 2000 *ders.*, in: Zeitschrift der Savigny- Stiftung für Rechtsgeschichte, Germ. Abt. 115 (1998), S. 420-440: „Bereitwillig gelebte Sozialsdisziplinierung ? Das funktionale System der Polizeiordnungen im 16. und 17. Jahrhundert"

ders., Ständische Disziplinierungsbestrebungen durch Polizeiordnungen und Mechanismen ihrer Durchsetzung – Regionalstudie Schlesien, in: Policey im Europa der Frühen Neuzeit, hrsg. von Micheal Stolleis (Ius Commune Sonderheft 83), S. 333-375, Frankfurt am Main 1996

Weitzel, Jürgen, Der Kampf um die Appellation ans Reichskammergericht, Diss. Frankfurt am Main 1974, Köln Wien 1976

Welge, Hans-Dieter, Handwerkerrecht und Handwerkerpolitik der braunschweig-lüneburgischen Lande von 1648 bis 1731 und die Reichszunftordnung, Diss. jur. Universität des Saarlandes, Stadthagen 1962

Willoweit, Dietmar, in: Deutsche Verwaltungsgeschichte Band 1: Vom Spätmittelalter bis zum Ende des Reiches, hrsg. von Kurt G. A. Jeserich, Hans Pohl, Georg-Christoph von Unruh, Stuttgart 1983

ders., in: HRG, Band 2, Art. Landsassen, Sp. 1547-1550

Wissel, Rudolf, Des alten Handwerks Recht und Gewohnheit,
Band 1, 2. Auflage Berlin 1971
Band 2, 2. Auflage Berlin 1974

Witthöft, Harald, Das Kaufhaus in Lüneburg als Zentrum von Handel und Faktorei, Landfracht, Schiffahrt und Warenumschlag bis zum Jahre 1637, Lüneburg 1962

Wrede, Adolf, Die Einführung der Reformation im Lüneburgischen durch Herzog Ernst den Bekenner, Göttingen 1887

ders., in: ZHistVNdSachs, Jahrgang 1894, S. 1 – 32: „Herzog Otto`s Verzicht auf die Regierung des Fürstenthums Lüneburg und seine Heirath mit Meta von Campe"

Zeeden, Ernst Walter, in: Gebhardt, Handbuch der deutschen Geschichte, Band 2: Von der Reformation bis zum Ende des Absolutismus, hrsg. von Herbert Grundmann, 9. Auflage Stuttgart 1970

Zimmermann, Harald, Das Mittelalter, Teil 2: Von den Kreuzzügen bis zum Beginn der großen Entdeckungsfahrten, Braunschweig 1979

ABKÜRZUNGSVERZEICHNIS

a.a.O.	am angegebenen Ort
Art.	Artikel
AöR	Archiv für öffentliches Recht
BllDtLdG	Blätter für deutsche Landesgeschichte
bzw.	beziehungsweise
ca.	circa
CCC	Constitutio Criminalis Carolina
ders.	derselbe
Diss.	Dissertation
DtRwB	Deutsches Rechtswörterbuch
f.	die nächste folgende Seite
ff.	die nächsten folgenden Seiten
Fn.	Fußnote
Germ. Abt.	Germanistische Abteilung
HGO	Hofgerichtsordnung
HRG	Handwörterbuch zur deutschen Rechtsgeschichte
Hrsg.	Herausgeber
hrsg.	herausgegeben
i. S.	im Sinne
i.V.m.	in Verbindung mit
Jahrh.	Jahrhundert
JbGesNdSächsKG	Jahrbuch der Gesellschaft für niedersächsische Kirchengeschichte
KO	Kirchenordnung
LdR	Landrecht
LPO	Lüneburgische Polizeiordnung
LtgA	Landtagabschied

NdSächsJbLdG	Niedersächsisches Jahrbuch für Landesgeschichte
RgtO	Regimentsordnung
RPO	Reichspolizeiordnung
S.	Seite
s.o.	siehe oben
sog.	sogenannte
Sp.	Spalte
Ssp.	Sachsenspiegel
u.a.	unter anderem
v.H.	vom Hundert
ZHF	Zeitschrift für historische Forschung
ZhistVNdSachs	Zeitschrift des historischen Vereins für Niedersachsen
ZhistVSchwb	Zeitschrift des historischen Vereins für Schwaben
ZRG	Zeitschrift für Rechtsgeschichte

RECHTSHISTORISCHE REIHE

Band 1 Studien zu den germanischen Volksrechten. Gedächtnisschrift für Wilhelm Ebel. Vorträge gehalten auf dem Fest-Symposion anläßlich des 70. Geburtstages von Wilhelm Ebel am 16. Juni 1978 in Göttingen. Götz Landwehr (Hrsg.) 1982.

Band 2 Hans Poeschel: Die Statuten der Banken, Sparkassen und Kreditgenossenschaften in Hamburg und Altona von 1710 bis 1889. 1978.

Band 3 Thomas Kolbeck: Juristenschwemmen, Untersuchungen über den juristischen Arbeitsmarkt im 19. und 20. Jahrhundert. 1978.

Band 4 Norbert Hempel: Richterleitbilder in der Weimarer Republik. 1978.

Band 5 Rolf Stratmann: Die Scheinbußen im mittelalterlichen Recht. 1978.

Band 6 Martin C. Lockert: Die niedersächsischen Stadtrechte zwischen Aller und Weser. Vorkommen und Verflechtungen. Eine Bestandsaufnahme. 1979.

Band 7 Joachim Rückert/Wolfgang Friedrich: Betriebliche Arbeiterausschüsse in Deutschland, Großbritannien und Frankreich im späten 19. und frühen 20. Jahrhundert. Eine vergleichende Studie zur Entwicklung des kollektiven Arbeitsrechts. 1979.

Band 8 Peter Bender: Die Rezeption des römischen Rechts im Urteil der deutschen Rechtswissenschaft. 1979.

Band 9 Friedrich Karl Alsdorf: Untersuchungen zur Rechtsgestalt und Teilung deutscher Ganerbenburgen. 1980.

Band 10 Dietmar Willoweit/Winfried Schich (Hrsg.): Studien zur Geschichte des sächsisch-magdeburgischen Rechts in Deutschland und Polen (Sammelband). 1980.

Band 11 Brigitte Hempel: Der Entwurf einer Polizeiordnung für das Herzogtum Sachsen-Lauenburg aus dem Jahre 1591. 1980.

Band 12 Klaus-Detlev Godau-Schüttke: Rechtsverwalter des Reiches. Staatssekretär Dr. Curt Joël. 1981.

Band 13 Rainer Polley: Anton Friedrich Justus Thibaut (AD 1772-1840) in seinen Selbstzeugnissen und Briefen. Teil 1: Abhandlung. Teil 2: Briefwechsel. Teil 3: Register zum Briefwechsel. 1982.

Band 14 Michael Wettengel: Der Streit um die Vogtei Kelkheim 1275-1276. Ein kanonischer Prozeß.1981.

Band 15 Otto Wilhelm Krause: Naturrechtler des sechzehnten Jahrhunderts. Ihre Bedeutung für die Entwicklung eines natürlichen Privatrechts. 1982.

Band 16 Helga Spindler: Von der Genossenschaft zur Betriebsgemeinschaft. Kritische Darstellung der Sozialrechtslehre Otto von Gierkes. 1982.

Band 17 Holger Otte: Gustav Radbruchs Kieler Jahre 1919 - 1926. 1982.

Band 18 Rüdiger Teuner: Die fuldische Ritterschaft 1510 - 1656. 1982.

Band 19 Gerhard Dilcher/Rudolf Hoke/Gian Savino Pene Vidari/Hans Winterberg (Hrsg.): Grundrechte im 19. Jahrhundert. 1982.

Band 20 Karl-Hans Schloßstein: Die westfälischen Fabrikengerichtsdeputationen - Vorbilder, Werdegang und Scheitern. 1982.

Band 21 Birger Schulz: Der Republikanische Richterbund (1921-1933). 1982.

Band 22 Engelbert Krause: Die gegenseitigen Unterhaltsansprüche zwischen Eltern und Kindern in der deutschen Privatrechtsgeschichte. 1982.

Band 23 Meent W. Francksen: Staatsrat und Gesetzgebung im Großherzogtum Berg (1806-1813). 1982.

Band 24 Gerd von Sonnleithner: Bearbeitung des Handelsrechts durch Ignaz von Sonnleithner in seinem "Leitfaden über das österreichische Handels- und Wechselrecht". 1982.

Band 25 Rudolf Palme: Rechts-, Wirtschafts- und Sozialgeschichte der inneralpinen Salzwerke bis zu deren Monopolisierung. 1983.

Band 26 Helen Bosshard: Pestalozzis Staats- und Rechtsverständnis und seine Stellung in der Aufklärung. 1983.

Band 27 Jens Jessen: Die Selbstzeugnisse der deutschen Juristen. Erinnerungen, Tagebücher und Briefe. Eine Bibliographie. 1983.

Band 28 Günter Martin Jensen: Das Domanium Waldeck. Die rechtliche Zuordnung eines Fürstenvermögens. 1984.

Band 29 Johann Heinrich Kumpf: Petitionsrecht und öffentliche Meinung im Entstehungsprozeß der Paulskirchenverfassung 1848/49. 1983.

Band 30 Sabine Frey: Rechtsschutz der Juden gegen Ausweisungen im 16. Jahrhundert. 1983.

Band 31 Dietrich Joswig: Die germanische Grundstücksübertragung. 1984.

Band 32 Andreas Baryli: Konzessionssystem contra Gewerbefreiheit. Zur Diskussion der österreichischen Gewerberechtsreform 1835 bis 1860. 1984.

Band 33 Gerhard Oberkofler: Studien zur Geschichte der österreichischen Rechtswissenschaft. 1984.

Band 34 Rudolf Lauda: Kaufmännische Gewohnheit und Burgrecht bei Notker dem Deutschen. Zum Verhältnis von literarischer Tradition und zeitgenössischer Realität in der frühmittelalterlichen Rhetorik. 1984.

Band 35 Jens Jensen: Die Ehescheidung des Bischofs Hans von Lübeck von Prinzessin Julia Felicitas von Württemberg-Weiltingen AD 1648-1653. Ein Beitrag zum protestantischen Ehescheidungsrecht im Zeitalter des beginnenden Absolutismus. 1984.

Band 36 Horst Schröder: Friedrich Karl von Savigny. Geschichte und Rechtsdenken beim Übergang vom Feudalismus zum Kapitalismus in Deutschland. 1984.

Band 37 Andreas Hatzung: Dogmengeschichtliche Grundlagen und Entstehung des zivilrechtlichen Notstands. 1984.

Band 38 Matthias Klasen: Das Billwerder Landrecht. Landrecht und Landgericht in den Hamburger Elbmarschen. 1985.

Band 39 Rainer Jamin: Aufbau, Tätigkeit und Verfahren der Auseinandersetzungsbehörden bei der Durchführung der preußischen Agrarreformen. 1985.

Band 40 Henry Winter: Teilschuld, Gesamtschuld und unechte Gesamtschuld. Zur Konzeption der §§ 420 ff. BGB - Ein Beitrag zur Entstehungsgeschichte des BGB. 1985.

Band 41 Hermann Eichler: Verfassungsbewegung in Amerika und Europa. 1985.

Band 42 Dagmar Bandemer: Heinrich Albert Zachariae. Rechtsdenken zwischen Restauration und Reformation. 1985.

Band 43 Eva-Christine Frentz: Das Hamburgische Admiralitätsgericht (1623-1811). Prozeß und Rechtsprechung. 1985.

Band 44 Karl Lillig: Rechtsetzung im Herzogtum Pfalz-Zweibrücken während des 18. Jahrhunderts. Ein Beitrag zur Geschichte der territorialen Rechtsbildung. 1985.

Band 45 Walter Weber: Die Entwicklung der Sparkassen zu selbständigen Anstalten des öffentlichen Rechts. Ein Beitrag zur Entwicklung des Anstaltsbegriffs im 19. Jahrhundert. 1985.

Band 46 Bärbel Baum: Der Stabreim im Recht. Vorkommen und Bedeutung des Stabreims in Antike und Mittelalter. 1986.

Band 47 Hans Popp: Die nationalsozialistische Sicht einiger Institute des Zivilprozeß- und Gerichtsverfassungsrechts. 1986.

Band 48 John Karl-Heinz Montag: Die Lehrdarstellung des Handelsrechts von Georg Friedrich von Martens bis Meno Pöhls. Die Wissenschaft des Handelsrechts im ersten Drittel des 19. Jahrhunderts. 1986.

Band 49 Volker D. Anhäusser: Das internationale Obligationenrecht in der höchstrichterlichen Rechtsprechung des 19. Jahrhunderts. 1986.

Band 50 Udo Beer: Die Juden, das Recht und die Republik. Verbandswesen und Rechtsschutz 1919-1933. 1986.

Band 51 Herbert Grziwotz: Der moderne Verfassungsbegriff und die "Römische Verfassung" in der deutschen Forschung des 19. und 20. Jahrhunderts. 1986.

Band 52 Ralf Conradi: Karl Friedrich Eichhorn als Staatsrechtslehrer. Seine Göttinger Vorlesung über "Das Staatsrecht der deutschen Bundesstaaten" nach einer Kollegmitschrift aus dem Wintersemester 1821/22. 1987.

Band 53 Dieter Dannreuther: Der Zivilprozeß als Gegenstand der Rechtspolitik im Deutschen Reich 1871 - 1945. Ein Beitrag zur Geschichte des Zivilprozeßrechts in Deutschland. 1987.

Band 54 Stephan Felix Pauly: Organisation, Geschichte und Praxis der Gesetzesauslegung des (Königlich) Preußischen Oberverwaltungsgerichtes 1875 - 1933. 1987.

Band 55 Rüdiger Schulz: Die Entstehung des Seerechts des Allgemeinen Deutschen Handelsgesetzbuches unter besonderer Berücksichtigung der Bestimmungen über die Reederei, den Schiffer und die Schiffsmannschaft. 1987.

Band 56 Reinhold Reis: Deutsches Privatrecht in den Weistümern der Zenten Schriesheim und Kirchheim. 1987.

Band 57 Jürgen Christoph: Die politischen Reichsamnestien 1918 - 1933. 1987.

Band 58 Gerhard Oberkofler/Eduard Rabofsky: Hans Kelsen im Kriegseinsatz der k.u.k.-Wehrmacht. Eine kritische Würdigung seiner militärtheoretischen Angebote. 1988.

Band 59 Arne Wulff: Staatssekretär Prof. Dr. Dr. h.c. Franz Schlegelberger. 1876-1970. 1991.

Band 60 Gerhard Köbler (Hrsg.): Wege europäischer Rechtsgeschichte. Karl Kroeschell zum 60. Geburtstag. 1987.

Band 61 Rüdiger Hütte: Der Gemeinschaftsgedanke in den Erbrechtsreformen des Dritten Reichs. 1988.

Band 62 Markus Göldner: Politische Symbole der europäischen Integration. Fahne, Hymne, Hauptstadt, Paß, Briefmarke, Auszeichnungen. 1988.

Band 63 Wolfgang Kröner: Freiheitsstrafe und Strafvollzug in den Herzogtümern Schleswig, Holstein und Lauenburg von 1700 bis 1864. 1988.

Band 64 Werner Gaile: Die Norder Theelacht. 1988.

Band 65 Karl v. Kempis: Andreas Gaill (1526 - 1587). Zum Leben und Werk eines Juristen der frühen Neuzeit. 1988.

Band 66 Wolf-Rüdiger Osburg: Die Verwaltung Hamburgs in der Franzosenzeit. 1811-1814. 1988.

Band 67 Christian Schudnagies: Hans Frank. Aufstieg und Fall des NS-Juristen und Generalgouverneurs. 1988.

Band 68 Otmar Jung: Senatspräsident Freymuth. Richter, Sozialdemokrat und Pazifist in der Weimarer Republik. Eine politische Biographie. 1989.

Band 69 Joachim Lohner: Das landeshauptmannschaftliche Gericht in Oberösterreich zu Beginn der Neuzeit. Eine Darstellung des oberösterreichischen Prozeßrechts am obersten Territorialgericht des Landes anhand der oberösterreichischen Landtafel.1989.

Band 70 Bernd Klemann: Rudolf von Jhering und die Historische Rechtsschule. 1989.

Band 71 Adalbert Langer: Männer um die österreichische Zivilprozeßordnung 1895. Zusammenspiel / Soziales Ziel. 1990.

Band 72 Robert-Dieter Klee: Die Landessuperintendentur Lauenburg. Ursprung und Entwicklung sowie Ende der Sonderstellung des Kirchenkreises Herzogtum Lauenburg durch die nordelbische Kirchenvereinigung. 1989.

Band 73 Heinrich Herrmann: Die Gehöferschaften im Bezirk Trier. 1989.

Band 74 Wilhelm Brauneder, Franz Baltzarek (Hrsg.): Modell einer neuen Wirtschaftsordnung. Wirtschaftsverwaltung in Österreich 1914 - 1918. 1991.

Band 75 Thomas Dreyer: Die "Assecuranz- und Haverey-Ordnung" der Freien und Hansestadt Hamburg von 1731. 1990.

Band 76 Bernhard Sendler: Die Rechtssprache in den süddeutschen Stadtrechtsreformationen. 1990.

Band 77 Brigitte Lehmann: Ehevereinbarungen im 19. und 20. Jahrhundert. 1990.

Band 78 Michael Sunnus: Der NS-Rechtswahrerbund (1928-1945). Zur Geschichte der nationalsozialistischen Juristenorganisation. 1990.

Band 79 Stefan Schulz: Die historische Entwicklung des Rechts an Bienen. (§§ 961 - 964 BGB). 1990.

Band 80 Gerhard Lingelbach, Heiner Lück (Hrsg.): Deutsches Recht zwischen Sachsenspiegel und Aufklärung. Rolf Lieberwirth zum 70. Geburtstag dargebracht von Schülern, Freunden und Kollegen, herausgegeben von Gerhard Lingelbach und Heiner Lück. 1991.

Band 81 Manfred Krohn: Die deutsche Justiz im Urteil der Nationalsozialisten 1920 - 1933. 1991.

Band 82 Angelika Kühn: Privilegierung nationaler Minderheiten im Wahlrecht der Bundesrepublik Deutschland und Schleswig-Holsteins. 1991.

Band 83 Georg Brun: Leben und Werk des Rechtshistorikers Heinrich Mitteis unter besonderer Berücksichtigung seines Verhältnisses zum Nationalsozialismus. 1991.

Band 84 Wolfgang Simon: Claudius Freiherr von Schwerin. Rechtshistoriker während dreier Epochen deutscher Geschichte. 1991.

Band 85 Friedrich-Carl Wachs: Das Verordnungswerk des Reichsdemobilmachungsamtes. Stabilisierender Faktor zu Beginn der Weimarer Republik. 1991.

Band 86 Jens-Uwe Petersen: Die Vorgeschichte und die Entstehung des Mieterschutzgesetzes von 1923 nebst der Anordnung für das Verfahren vor dem Mieteinigungsamt und der Beschwerdestelle. 1991.

Band 87 Ulrike Haibach: Familienrecht in der Rechtssprache. Die historische Entwicklung zentraler Ausdrücke des geltenden Familienrechts. 1991.

Band 88 Joern Christian Nissen: Die Beratungen des Seeversicherungsausschusses der Akademie für Deutsches Recht zu einem neuen Seeversicherungsgesetz (1934-1939). Ein Beitrag zur Entwicklung der allgemeinen Lehren des Seeversicherungsrechts unter besonderer Berücksichtigung des Handelsgesetzbuchs und der Allgemeinen Deutschen Seeversicherungs-Bedingungen 1919. 1991.

Band 89 Diethard Bühler: Die Entstehung der allgemeinen Vertragsschluß-Vorschriften im Allgemeinen Deutschen Handelsgesetzbuch (ADHGB) von 1861. Ein Beitrag zur Kodifikationsgeschichte des Privatrechts im 19. Jahrhundert. 1991.

Band 90 Gerhard Oberkofler: Die Vertreter des Römischen Rechts mit deutscher Unterrichtssprache an der Karls-Universität in Prag. Vom Vormärz bis 1945. 1991.

Band 91 Ulrich Andermann: Ritterliche Gewalt und bürgerliche Selbstbehauptung. Untersuchungen zur Kriminalisierung und Bekämpfung des spätmittelalterlichen Raubrittertums am Beispiel norddeutscher Hansestädte. 1991.

Band 92 Heinz Marcus Hanke: Luftkrieg und Zivilbevölkerung. Der kriegsvölkerrechtliche Schutz der Zivilbevölkerung gegen Luftbombardements von den Anfängen bis zum Ausbruch des Zweiten Weltkrieges. 1991.

Band 93 Kirsten Kraglund: Familien- und Erbrecht. Materielles Recht und Methoden der Rechtsanwendung in der Rechtsprechung des Oberappellationsgerichts der vier Freien Städte Deutschlands zu Lübeck. 1991.

Band 94 Reinhard Lorenz: Die politische und rechtliche Stellung des Proletariats in Preußen in der Zeit zwischen den Reformen und der Revolution 1848/49. 1991.

Band 95 Eric Hilgendorf: Die Entwicklungsgeschichte der parlamentarischen Redefreiheit in Deutschland. 1991.

Band 96 Hans J. Reiter: Die Handelsgesellschaft Villeroy & Boch von der Gründung 1836 bis zum Jahr 1878. 1992.

Band 97 Martin Johannes Heller: Reform der deutschen Rechtssprache im 18. Jahrhundert. 1992.

Band 98 Michael Kotulla: Die Tragweite der Grundrechte der revidierten preußischen Verfassung vom 31.01.1850. 1992.

Band 99 Michael Siefener: Hexerei im Spiegel der Rechtstheorie. Das crimen magiae in der Literatur von 1574 bis 1608. 1992.

Band 100 Andreas Ebert-Weidenfeller: Hamburgisches Kaufmannsrecht im 17. und 18. Jahrhundert. Die Rechtsprechung des Rates und des Reichskammergerichtes. 1992.

Band 101 Enno Bommel: Die Entstehung der Verwirkungslehre in der Krise des Positivismus. 1992.

Band 102 Ralph Steppacher: Die Berücksichtigung der bäuerlichen Postulate bei der Entstehung des ZGB und der Revision des OR. Ein Beitrag zur schweizerischen Kodifikationsgeschichte (1893 - 1912). 1992.

Band 103 Martin Fleckenstein: Die Todesstrafe im Werk Carl Joseph Anton Mittermaiers (1787 - 1867). Zur Entwicklungsgeschichte eines Werkbereichs und seiner Bedeutung für Theorie- und Methodenbildung. 1992.

Band 104 Jörn Eckert: Der Kampf um die Familienfideikommisse in Deutschland. Studien zum Absterben eines Rechtsinstitutes. 1992.

Band 105 Jörg Grotkopp: Beamtentum und Staatsformwechsel. Die Auswirkungen der Staatsformwechsel von 1918, 1933 und 1945 auf das Beamtenrecht und die personelle Zusammensetzung der deutschen Beamtenschaft. 1992.

Band 106 Andreas Rohde: Die Garantiehaftung des Vermieters und ihr Verhältnis zum Unmöglichkeitsrecht in dogmengeschichtlicher und modernrechtlicher Sicht. 1992.

Band 107 Tjark Siefke Kunstreich: Gesamtvertretung. Eine historisch-systematische Darstellung. 1992.

Band 108 Jürgen Krüger: Blindheit und Königtum. Die Blindheit des Königs Georg V. von Hannover als verfassungsrechtliches Problem. 1992.

Band 109 Wolfgang Putschek: Ständische Verfassung und autoritäre Verfassungspraxis in Österreich 1933-1938 mit Dokumentenanhang. Verfassung und Verfassungswirklichkeit. Mit einem Anhang: Denkschriften von Rechtsanwalt Dr. Erich Führer 1936/37. 1993.

Band 110 Klaus Hofmann: Die Verdrängung der Juden aus öffentlichem Dienst und selbständigen Berufen in Regensburg 1933-1939. 1993.

Band 111 Franz Kilger: Die Entwicklung des Telegraphenrechts im 19. Jahrhundert mit besonderer Berücksichtigung der technischen Entwicklung. Telegraphenrecht im 19. Jahrhundert. 1993.

Band 112 Wilhelm Brauneder (Hrsg.): Heiliges Römisches Reich und moderne Staatlichkeit. 1993.

Band 113 Thomas Heinrich: Das preußische Nichtehelichenrecht: Von der Aufklärung zur Reaktion. 1993.

Band 114 Gerald Kohl: Jagd und Revolution. Das Jagdrecht in den Jahren 1848 und 1849. 1993.

Band 115 Christian Schudnagies: Der Kriegs- oder Belagerungszustand im Deutschen Reich während des Ersten Weltkrieges. Eine Studie zur Entwicklung und Handhabung des deutschen Ausnahmezustandsrechts bis 1918. 1994.

Band 116 Elisabeth Bellmann: Die Internationale Kriminalistische Vereinigung (1889-1933). 1994.

Band 117 Julia Pfannkuch: Volksrichterausbildung in Sachsen 1945-1950. 1993.

Band 118 Jörg Offen: Von der Verwaltungsgemeinschaft des BGB von 1896 zur Zugewinngemeinschaft des Gleichberechtigungsgesetzes von 1957. 1994.

Band 119 Dorothee Kohlhas-Müller: Untersuchungen zur Rechtsstellung Theoderichs des Großen. 1995.

Band 120 Monika Rose: Das Gerichtswesen des Herzogtums Pfalz-Zweibrücken im 18. Jahrhundert. Ein Beitrag zur territorialen Gerichtsbarkeit im Alten Reich. 1994.

Band 121 Jörn Eckert / Hans Hattenhauer (Hrsg.): Bibel und Recht. Rechtshistorisches Kolloquium 9. - 13. Juni 1992 an der Christian-Albrechts-Universität zu Kiel. 1994.

Band 122 Robert Martin Mizia: Der Rechtsbegriff der Autonomie und die Begründung des Privatfürstenrechts in der deutschen Rechtswissenschaft des 19. Jahrhunderts. 1995.

Band 123 Walther Graf von Plettenberg: Das Fortleben des Liber Iudiciorum in Asturien/León (8. - 13. Jh.). 1994.

Band 124 Wolfgang Schulz: Das deutsche Börsengesetz. Die Entstehungsgeschichte und wirtschaftlichen Auswirkungen des Börsengesetzes von 1896. 1994.

Band 125 Frank Hagemann: Der Untersuchungsausschuß Freiheitlicher Juristen. 1949 – 1969. 1994.

Band 126 Andreas Rethmeier: "Nürnberger Rassegesetze" und Entrechtung der Juden im Zivilrecht. 1995.

Band 127 Edith Grether: Die Poesie der Throne. Die Juristen in der Fruchtbringenden Gesellschaft. 1995.

Band 128 Anna Bartels-Ishikawa: Der Lippische Thronfolgestreit. Eine Studie zu verfassungsrechtlichen Problemen des Deutschen Kaiserreiches im Spiegel der zeitgenössischen Staats. 1995.

Band 129 Jörg Schmidt: Otto Koellreutter 1883-1972. Sein Leben, sein Werk, seine Zeit. 1995.

Band 130 Christian Hattenhauer: Wahl und Krönung Franz II. AD 1792. Das Heilige Reich krönt seinen letzten Kaiser - Das Tagebuch des Reichsquartiermeisters Hieronymus Gottfried von Müller und Anlagen. 1995.

Band 131 Jutta v. der Decken: Das Seearbeitsrecht im Hamburger Stadtrecht von 1301 bis 1603. 1995.

Band 132 Detlev Schmidt: Die Reform des Rechts der Handelsvertreter von 1953. 1995.

Band 133 Gabi Roßdeutscher: Privatautonomie im Scheidungsrecht. Scheidungsbezogene Vereinbarungen in den letzten 200 Jahren. 1995.

Band 134 Harald Kahlenberg: Leben und Werk des Rechtshistorikers Walther Merk. Ein Beispiel für das Verhältnis von Rechtsgeschichte und Nationalsozialismus. 1995.

Band 135 Michael Steitz: Adelbert Düringer am Reichsgericht (1902-1915). Seine aktienrechtlichen Entscheidungen und sein Einfluß auf das Aktienrecht in Deutschland. 1995.

Band 136 Christian Becker: Beata Justorum Translatio. Juristen in schleswig-holsteinischen Leichenpredigten. 1996.

Band 137 Christoph Seiler: Vom Allgemeinen Landrecht zum Bürgerlichen Gesetzbuch. Dargestellt am Beispiel der höchstrichterlichen Judikatur zum kaufrechtlichen Sachmängelgewährleistungsrecht. 1996.

Band 138 Bernd Mayer: Die Vertrauensmännerausschüsse auf den preußischen Steinkohlegruben an der Saar. Entstehung und Wirken. Eine rechtshistorische Untersuchung. 1996.

Band 139 Rochus Scholl: Juden und Judenrecht im Herzogtum Pfalz-Zweibrücken. Ein Beitrag zur Rechtsgeschichte eines deutschen Kleinstaates am Ende des alten Reiches. 1996.

Band 140 Meike Bursch: Judentaufe und frühneuzeitliches Strafrecht. Die Verfahren gegen Christian Treu aus Weener/Ostfriesland 1720-1728. 1996.

Band 141 Markus Hillenbrand: Fürstliche Eheverträge. Gottorfer Hausrecht 1544 - 1773. 1996.

Band 142 Ulf Häder: Das gemeinschaftliche Oberappellationsgericht thüringischer Staaten in Jena. Ein Beitrag zur Geschichte des Gerichtswesens im 19. Jahrhundert. 1996.

Band 143 Andreas Bauer: Das Gnadenbitten in der Strafrechtspflege des 15. und 16. Jahrhunderts. Dargestellt unter besonderer Berücksichtigung von Quellen der Vorarlberger Gerichtsbezirke Feldkirch und des Hinteren Bregenzerwaldes. 1996.

Band 144 Christian Wirth: Der Jurist Johann Andreas Georg Friedrich Rebmann zwischen Revolution und Restauration. 1996.

Band 145 Stefanie Müller: Die Rechtsprechung des Hanseatischen Oberlandesgerichts zum persönlichen Eherecht in Hamburgischen Gerichtsfällen von 1879 -1900. 1996.

Band 146 Jean-Nicolas Morisset: Der Frachtvertrag in der *Ordonnance de la marine* von 1681. 1996.

Band 147 Dirk Lentfer: Die Glogauer Landesprivilegien des Andreas Gryphius von 1653. 1996.

Band 148 Wencke Mull: Die Haftung für Einsturzschäden nach den §§ 836-838 BGB in der Rechtsprechung des Reichsgerichts. 1996.

Band 149 Renate Zelger: Teufelsverträge. Märchen, Sage, Schwank, Legende im Spiegel der Rechtsgeschichte. 1996.

Band 150 Guido Kraß: Das Arrestverfahren in Frankfurt am Main im Spätmittelalter. 1996.

Band 151 F. Benedict Heyn: Die Entwicklung des Eisenbahnfrachtrechts von den Anfängen bis zur Einführung des Allgemeinen Deutschen Handelsgesetzbuches (ADHGB). 1996.

Band 152 Thomas Lang: Die Staats- und Verfassungslehre Carl Salomo Zachariaes. 1996.

Band 153 Michael Hebeis: Karl Anton von Martini (1726-1800). Leben und Werk. 1996.

Band 154 Gerald Hubert: Die Diskussion um die rechtliche Natur der Bizone in den Jahren 1947-1949. 1996.

Band 155 Christof Horn: Die Rechtsprechung des Reichsgerichts in Ehescheidungssachen der Jahre 1900 bis 1905. 1996.

Band 156 Hermann Nehlsen / Georg Brun (Hrsg.): Münchener rechtshistorische Studien zum Nationalsozialismus. 1996.

Band 157 Jan Otto Clemens Kehrberg: Die Entwicklung des Elektrizitätsrechts in Deutschland. Der Weg zum Energiewirtschaftsgesetz von 1935. 1997.

Band 158 Johannes Tradt: Der Religionsprozeß gegen den Zopfschulzen (1791-1799). Ein Beitrag zur protestantischen Lehrpflicht und Lehrzucht in Brandenburg-Preußen gegen Ende des 18. Jahrhunderts. 1997.

Band 159 Dietmar Olsen: Das kaufrechtliche Sachmängelgewährleistungsrecht des Code civil in der Rechtsprechung deutscher Gerichte im 19. Jahrhundert. Ein Beitrag zur Ablösung der Partikularrechte durch das BGB. 1997.

Band 160 Ulrich Bernhardt: Die Deutsche Akademie für Staats- und Rechtswissenschaft „Walter Ulbricht" 1948-1971. 1997.

Band 161 Claudia Susan Hoppe: Die Bürgschaft im Rechtsleben Hamburgs von 1600 bis 1900. 1997.

Band 162 Franz-Rudolf Ecker: Die Entwicklung des Bergrechts im Saarbrücker Steinkohlenrevier bis zum Ende des 18. Jahrhunderts. Ein Vergleich mit dem älteren deutschen Bergrecht. 1997.

Band 163 Anne Katrin Rückert: Politik und Privatrecht in der „konservativen Revolution". 1997.

Band 164 Gisbert Laube: Der Reichskunstwart. Geschichte einer Kulturbehörde 1919-1933. 1997.

Band 165 Nicolas Lührig: Die Diskussion über die Reform der Juristenausbildung von 1945 bis 1995. 1997.

Band 166 Regula Gerber Jenni: Die Emanzipation der mehrjährigen Frauenzimmer. Frauen im bernischen Privatrecht des 19. Jahrhunderts. 1997.

Band 167 Mischa A. Färber: Das gemeinschaftliche Testament in der höchstrichterlichen Rechtsprechung zum Allgemeinen Preußischen Landrecht und zum BGB. Ein Beitrag zur Ablösung der Partikularrechte durch das BGB. 1997.

Band 168 Catherine Antoinette Gasser: Philipp Lotmar 1850-1922. Professor der Universität Bern. Sein Engagement für das Schweizerische Arbeitsrecht. 1997.

Band 169 Lars Immisch: Der sozialistische Richter in der DDR und seine Unabhängigkeit. Der Versuch eines Rechtsvergleiches zum Unabhängigkeitsbegriff in der bundesdeutschen Rechtsordnung. 1997.

Band 170 Jessica Jacobi: Besitzschutz vor dem Reichskammergericht. Die friedenssichernde Funktion der Besitzschutzklagen am Reichskammergericht im 16. Jahrhundert, dargestellt anhand von Kameralisten. 1998.

Band 171 Ewald Hügemann: Die Geschichte des öffentlichen und privaten Mietpreisrechts vom Ersten Weltkrieg bis zum Gesetz zur Regelung der Miethöhe von 1974. 1998.

Band 172 Lutz Rentzow: Die Entstehungs- und Wirkungsgeschichte der Vernewerten Landesordnung für das Königreich Böhmen von 1627. 1998.

Band 173 Sabine Stürmer: Mühlenrecht im Herzogtum Pfalz-Zweibrücken während des 18. Jahrhunderts. Ein Beitrag zum Wirtschaftsrecht eines deutschen Kleinstaates im Alten Reich. 1998.

Band 174 Mario Bogisch: *Nemo testis in re sua*. Das Problem der Zeugnisfähigkeit bei der Anwendung der deutschen Zivilprozeßordnung von 1877. 1998.

Band 175 Rainer Oßwald: Pactane sunt servanda? Freiwilligkeit, Zwang und Unverbindlichkeitserklärungen im islamischen Vertragsrecht malikitischer Schule. 1998.

Band 176 Bettina Kern: Der preußische BGB-Entwurf von 1842. 1998.

Band 177 Inken Fuhrmann: Die Diskussion über die Einführung der fakultativen Zivilehe in Deutschland und Österreich seit Mitte des 19. Jahrhunderts. 1998.

Band 178 Annette Rieck: Der Heilige Ivo von Hélory (1247-1303). Advocatus pauperum und Patron der Juristen. 1998.

Band 179 Frank Bottenberg: Die Hamburgische Strafprozeßordnung von 1869. 1998.

Band 180 Matthias Krauß: Das kursächsische Postrecht von seinen Anfängen bis zum Ende des Alten Reichs. 1998.

Band 181 Torsten Schmidt: Die Entmündigung von den Anfängen des BGB bis zu ihrer Ablösung durch das Institut der Betreuung. 1998.

Band 182 Christian Nunn: Rudolf Müller-Erzbach. 1874-1959. Von der realen Methode über die Interessenjurisprudenz zum kausalen Rechtsdenken (Leben und Werk). 1998.

Band 183 Christian Ortloff: Das staatskirchenrechtliche System Wilhelm Traugott Krugs. Glaubens- und Gewissensfreiheit – eine Forderung der Vernunft. 1998.

Band 184 Christian Hattenhauer: Schuldenregulierung nach dem Westfälischen Frieden. Der sog. § *de indaganda* und seine Umsetzung im Jüngsten Reichsabschied (AD 1648 und 1654). 1998.

Band 185 Werner Schubert: Preußen im Vormärz. Die Verhandlungen der Provinziallandtage von Brandenburg, Pommern, Posen, Sachsen und Schlesien sowie – im Anhang – von Ostpreußen, Westfalen und der Rheinprovinz (1841-1845). 1998.

Band 186 Silvia Schumacher: Das Rechtsverhältnis zwischen Eltern und Kindern in der Privatrechtsgeschichte. 1999.

Band 187 Kai Sommer: Die Strafbarkeit der Homosexualität von der Kaiserzeit bis zum Nationalsozialismus. Eine Analyse der Straftatbestände im Strafgesetzbuch und in den Reformentwürfen (1871-1945). 1998.

Band 188 Jan Erik Backhaus: Volksrichterkarrieren in der DDR. 1999.

Band 189 Ralf Ruhnau: Die Fürstlich Thurn und Taxissche Privatgerichtsbarkeit in Regensburg. Ein Kuriosum der deutschen Rechtsgeschichte. 1999.

Band 190 Antonio Grilli: Die französische Justizorganisation am linken Rheinufer 1797-1803. 1999.

Band 191 Stephanie Kammerloher-Lis: Die Entstehung des Gesetzes über die religiöse Kindererziehung vom 15. Juli 1921. 1999.

Band 192 Jan Telp: Ausmerzung und Verrat. Zur Diskussion um Strafzwecke und Verbrechensbegriffe im Dritten Reich. 1999.

Band 193 Kurt von Pannwitz: Die Entstehung der Allgemeinen Deutschen Wechselordnung. Ein Beitrag zur Geschichte der Vereinheitlichung des deutschen Zivilrechts im 19. Jahrhundert. 1999.

Band 194 Sylvia Busch: Die Entstehung der Allgemeinen Gerichtsordnung für die Preussischen Staaten von 1793/95. Ein Beitrag zur Geschichte der Kodifikationsbewegung und der Reform des Zivilprozesses in Preußen im 18. Jahrhundert. 1999.

Band 195 Dirk Bieresborn: Klage und Klageerwiderung im deutschen und englischen Zivilprozeß. Eine rechtshistorische und rechtsvergleichende Untersuchung unter besonderer Berücksichtigung der Beeinflussung durch das römisch-kanonische Verfahren. 1999.

Band 196 Andreas Thier / Guido Pfeifer / Philipp Grzimek (Hrsg.): Kontinuitäten und Zäsuren in der Europäischen Rechtsgeschichte. Europäisches Forum Junger Rechtshistorikerinnen und Rechtshistoriker München 22.-24. Juli 1998. 1999.

Band 197 Franz Smola: Die Fürstlich Liechtenstein'sche Kunstsammlung. Rechtsfragen zur Verbringung der Sammlung von Wien nach Vaduz in den Jahren 1944/45. 1999.

Band 198 Frank Martin Krauss: Das geteilte Eigentum im 19. und 20. Jahrhundert. Eine Untersuchung zum Fortbestand des Teilungsgedankens. 1999.

Band 199 Matthias Frey: Die spanische Aktiengesellschaft im 18. Jahrhundert und unter dem Código de Comercio von 1829. 1999.

Band 200 Alexandra Gilde: Die Stellung der Frau im Reichsstrafgesetzbuch von 1870/71 und in den Reformentwürfen bis 1919 im Urteil der bürgerlichen Frauenbewegung. Eine Analyse ausgewählter Straftatbestände. 1999.

Band 201 Malte Dießelhorst / Arne Duncker: Hans Kohlhase. Die Geschichte einer Fehde in Sachsen und Brandenburg zur Zeit der Reformation. 1999.

Band 202 Jörg Hillmann: Territorialrechtliche Auseinandersetzungen der Herzöge von Sachsen-Lauenburg vor dem Reichskammergericht im 16. Jahrhundert. 1999.

Band 203 Carsten Engler: Die Kommanditgesellschaft (KG) und die stille Gesellschaft im Allgemeinen Deutschen Handelsgesetzbuch (ADHGB) von 1861. 1999.

Band 204 Vesta Hoffmann-Steudner: Die Rechtsprechung des Reichsgerichts zu dem Scheidungsgrund des § 49 EheG (EheG 1938) in den Jahren 1938-1945. 1999.

Band 205 Michaela Thiele: Die Auflösung von Arbeitsverhältnissen aufgrund Anfechtung und außerordentlicher Kündigung nach der Rechtsprechung des Reichsarbeitsgerichts (1927-1945). 2000.

Band 206 Peter Landau / Hermann Nehlsen / Mathias Schmoeckel (Hrsg.): Karl von Amira zum Gedächtnis. 1999.

Band 207 Marcus Flinder: Die Entstehungsgeschichte des Zivilgesetzbuches der DDR. 1999.

Band 208 Boris Franz Leo Bromm: Die Entstehungsgeschichte des Berufs des Handelsvertreters. Unter besonderer Berücksichtigung der Sozialgesetzgebung in den Jahren von 1871-1933. 2000.

Band 209 Winfried C. J. Eberstein: Das Tierschutzrecht in Deutschland bis zum Erlaß des Reichs-Tierschutzgesetzes vom 24. November 1933. Unter Berücksichtigung der Entwicklung in England. 1999.

Band 210 Patrick Deller: Der „nach dem Vertrage" vorausgesetzte Gebrauch (§ 459 Absatz 1 Satz 1 BGB). Eine kaufrechtliche Untersuchung unter Berücksichtigung rechtshistorischer wie rechtsvergleichender Grundlagen. 2000.

Band 211 Eckard Freiherr von Bodenhausen: Haftung des Geschäftsherrn für Verrichtungsgehilfen im Straßen- und Schienenverkehr. Eine Analyse der Entscheidungen des Reichsgerichts zu § 831 BGB (1900-1945). 2000.

Band 212 Birte Gast: Der Allgemeine Teil und das Schuldrecht des Bürgerlichen Gesetzbuchs im Urteil von Raymond Saleilles (1855-1912). 2000.

Band 213 Hansjörg Michael Huber: Koloniale Selbstverwaltung in Deutsch-Südwestafrika. Entstehung, Kodifizierung und Umsetzung. 2000.

Band 214 Ulf Björner: Die Verfassungsgerichtsbarkeit im Norddeutschen Bund und Deutschen Reich (1867-1918). Eine rechtshistorische Untersuchung über Gerichtsbarkeit im Spannungsfeld von Politik und Recht innerhalb der von Bismarck geschaffenen deutschen Bundesstaaten. 2000.

Band 215 Mathias Freiherr von Rosenberg: Friedrich Carl von Savigny (1779-1861) im Urteil seiner Zeit. 2000.

Band 216 Reinhard Binder-Krieglstein: Österreichisches Adelsrecht 1868-1918/19. Von der Ausgestaltung des Adelsrechts der cisleithanischen Reichshälfte bis zum Adelsaufhebungsgesetz der Republik unter besonderer Berücksichtigung des adeligen Namensrechts. 2000.

Band 217 Claudia-Regine Nerius: Johannes Lehmann-Hohenberg (1851-1925). Eine Studie zur völkischen Rechts- und Justizkritik im Deutschen Kaiserreich. 2000.

Band 218 Ludger Meuten: Die Erbfolgeordnung des Sachsenspiegels und des Magdeburger Rechts. Ein Beitrag zur Geschichte des sächsisch-magdeburgischen Rechts. 2000.

Band 219 Christoph Alexander von Wilcken: Die Reformbestrebungen zum Genossenschaftsgesetz in der Frühzeit der Bundesrepublik. Die Beratungen der Sachverständigenkommission zur Überprüfung des Genossenschaftsrechts 1954 bis 1958 und der Referentenentwurf von 1962. 2000.

Band 220 Verein Junger RechtshistorikerInnen Zürich (Hrsg.): ¿Rechtsgeschichte(n)? ¿Histoire(s) du droit? ¿Storia/storie del diritto? ¿Legal Histori(es)? Europäisches Forum Junger Rechtshistorikerinnen und Rechtshistoriker Zürich 28.-30. Mai 1999. 2000.

Band 221 Hans Christian Schüler: Die Entstehungsgeschichte der Bundesnotarordnung vom 24. Februar 1961. 2000.

Band 222 Nils-Eberhard Schramm: Die Vereinigung demokratischer Juristen (1949-1999). 2000.

Band 223 Silke Anke Torp: Das Rechtsverhältnis zwischen den Eltern und ihren Kindern. Dienstleistungspflicht, Aussteuer und Ausstattung. Eine Analyse der Rechtsprechung des Reichsgerichts und des Reichsarbeitsgerichts zu den Vorschriften der §§ 1616 bis 1625 des Bürgerlichen Gesetzbuches in der Zeit von 1900 bis 1945. 2000.

Band 224 Martin Jürgen Maaß: Die Geschichte des Eigentumsvorbehalts, insbesondere im 18. und 19. Jahrhundert. 2000.

Band 225 Stefanie Langer: Rechtswissenschaftliche Itinerarien. Lebenswege namhafter europäischer Juristen vom 11. bis zum 18. Jahrhundert. 2000.

Band 226 Ulrich Schmitz: Der Unterhaltsanspruch des nichtehelichen Kindes gegen seinen Erzeuger. Die rechtsgeschichtliche und dogmatische Entwicklung im deutschen Recht. 2000.

Band 227 Sebastian Günther: Friedrich Carl von Savigny als Grundherr. 2000.

Band 228 Henning Ibs: Hermann J. Held (1890-1963). Ein Kieler Gelehrtenleben in den Fängen der Zeitläufe. 2000.

Band 229 Matthias Rücker: Wirtschaftswerbung unter dem Nationalsozialismus. Rechtliche Ausgestaltung der Werbung und Tätigkeit des Werberats der deutschen Wirtschaft. 2000.

Band 230 Hendrik Sandmann: Die Entwicklung von Begriff und Inhalt des Wirtschaftsrechts durch die Rechtswissenschaft in der Weimarer Republik. 2000.

Band 231 Sibylle Müller: Gibt es Menschenrechte bei Samuel Pufendorf? 2000.

Band 232 Karin Olechowski-Hrdlicka: Die gemeinsamen Angelegenheiten der Österreichisch-Ungarischen Monarchie. Vorgeschichte – Ausgleich 1867 – Staatsrechtliche Kontroversen. 2001.

Band 233 Johannes Mierau: Die juristischen Abschluß- und Diplomprüfungen in der SBZ/DDR. Ein Einblick in die Juristenausbildung im Sozialismus. 2001.

Band 234 Jörg Wolff (Hrsg.): Stillstand, Erneuerung und Kontinuität. Einsprüche zur Preußenforschung. 2001.

Band 235 Friedo Schröder: Die anwaltliche Tätigkeit während der nationalsozialistischen Herrschaft. Eine Analyse der anwaltlichen Argumentation in Zivilprozessen anhand der vorhandenen Prozeßakten der Landgerichte Frankenthal, Wiesbaden, Limburg und Frankfurt und der Handakten der *jüdischen Konsulenten* des OLG-Bezirks Frankfurt. 2001.

Band 236 Der Code pénal des Königreichs Westphalen von 1813 mit dem Code pénal von 1810 im Original und in deutscher Übersetzung. Herausgegeben und mit einer Einleitung versehen von Werner Schubert. 2001.

Band 237 Klaus Richter: Deutsches Kolonialrecht in Ostafrika 1885-1891. 2001.

Band 238 Kai von Lewinski: Deutschrechtliche Systembildung im 19. Jahrhundert. 2001.

Band 239 Alexander Herzog: Sittenwidrige Rechtsgeschäfte in der höchstrichterlichen Rechtsprechung aus den Jahren 1948-1965. 2001.

Band 240 Claudia Rönnau: Die Beratungen des Wasserrechtsausschusses der Akademie für Deutsches Recht zu einem Reichswassergesetz (1934-1941). Ein Beitrag zur Dogmatik der Begriffe *Gemeingebrauch* und *Sondergebrauch* in der Zeit des Nationalsozialismus. 2001.

Band 241 Momme Rohlack: Kriegsgesellschaften (1914-1918). Arten, Rechtsformen und Funktionen in der Kriegswirtschaft des Ersten Weltkrieges. 2001.

Band 242 Rolf Geyer: Der Gedanke des Verbraucherschutzes im Reichsrecht des Kaiserreichs und der Weimarer Republik (1871-1933). Eine Studie zur Geschichte des Verbraucherrechts in Deutschland. 2001.

Band 243 Felix Lorenz Benjamin Lehmann: Der Rote Adlerorden. Entstehung und rechtliche Grundlagen (1705-1918). 2002.

Band 244 Marc Ludwig: Der Pfändungsschutz für Lohneinkommen. Die Entstehungs- und Entwicklungsgeschichte der Vorschriften zum Schutz vor Lohnpfändung in Deutschland. 2001.

Band 245 Alexander Wachter: Dorfschule zwischen Pastor und Schulmeister. Zur Säkularisierung des niederhessischen Schulwesens im 19. Jahrhundert. 2001.

Band 246 Richard Scholz: Analyse der Entstehungsbedingungen der reichsgerichtlichen Aufwertungsrechtsprechung. Untersuchung unter besonderer Berücksichtigung der konservativen Geldpolitik der Reichsbank und der Inflationspolitik der Reichsregierung. 2001.

Band 247 Judith Laeverenz: Märchen und Recht. Eine Darstellung verschiedener Ansätze zur Erfassung des rechtlichen Gehalts der Märchen. 2001.

Band 248 Christina Schenk: Bestrebungen zur einheitlichen Regelung des Strafvollzugs in Deutschland von 1870 bis 1923. 2001.

Band 249 Nils Werner: Die Prozesse gegen die Landvolkbewegung in Schleswig-Holstein 1929/32. Ein Beitrag zur Justizkritik in der späten Weimarer Republik. 2001.

Band 250 Wolfgang Walter: Das Duell in Bayern. Ein Beitrag zur bayerischen Strafrechtsgeschichte. 2002.

Band 251 Jörn Eckert / Kjell Å. Modéer (Hrsg.): Geschichte und Perspektiven des Rechts im Ostseeraum. Erster Rechtshistorikertag im Ostseeraum 8.–12. März 2000. 2001.

Band 252 Jan Könighaus: Die Inauguration der Christian-Albrechts-Universität zu Kiel 1665. Symbolgehalt und rechtliche Bedeutung des Universitätszeremoniells. 2002.

Band 253 Andreas Görgen: Rechtssprache in der Frühen Neuzeit. Eine vergleichende Untersuchung der Fremdwortverwendung in Gesetzen des 16. und 17. Jahrhunderts. 2002.

Band 254 Ralf Schäfer: Die Rechtsstellung der Haigerlocher Juden im Fürstentum Hohenzollern-Sigmaringen von 1634-1850. Eine rechtsgeschichtliche Untersuchung. 2002.

Band 255 Regine Schmalhorst: Die Tierhalterhaftung im BGB von 1896. Die Entstehung und Änderung des § 833 BGB sowie eine Analyse der Rechtsprechung des Reichsgerichts bis 1908. 2002.

Band 256 Thomas Hense: Konrad Beyerle. Sein Wirken für Wissenschaft und Politik in Kaiserreich und Weimarer Republik. 2002.

Band 257 Christian Mahlmann: Die Strafrechtswissenschaft der DDR. Klassenkampftheorie und Verbrechenslehre. 2002.

Band 258 Henning Kahmann: Die Bankiers von Jacquier & Securius 1933–1945. Eine rechtshistorische Fallstudie zur "Arisierung" eines Berliner Bankhauses. Mit einem Geleitwort von John Kornblum. 2002.

Band 259 Volker Friedrich Drecktrah: Die Gerichtsbarkeit in den Herzogtümern Bremen und Verden und in der preußischen Landdrostei Stade von 1715 bis 1879. 2002.

Band 260 Andreas Klass: Standes- oder Leistungselite? Eine Untersuchung der Karrieren der Wetzlarer Anwälte des Reichskammergerichts (1693-1806). 2002.

Band 261 Wolfgang Eder: Das italienische Tribunale Speciale per la Difesa dello Stato und der deutsche Volksgerichtshof. Ein Vergleich zwischen zwei politischen Gerichtshöfen. 2002.

Band 262 Albrecht Cordes / Bernd Kannowski (Hrsg.): Rechtsbegriffe im Mittelalter. 2002.

Band 263 Thomas Hildebrandt: Die Brandenburgischen Provinziallandtage von 1841, 1843, und 1845 anhand ausgewählter Verhandlungsgegenstände. 2002.

Band 264 Jan Finzel: Georg Adam Struve (1619–1692) als Zivilrechtler. 2003.

Band 265 Björn Carsten Frenzel: Das Selbstverständis der Justiz nach 1945. Analyse der Rolle der Justiz unter Berücksichtigung der Reden zur *Wiedereröffnung* der Bundes- und Oberlandesgerichte. 2003.

Band 266 Nils Reichhelm: Die marxistisch-leninistische Staats- und Rechtstheorie Karl Polaks. 2003.

Band 267 Raik Schneider: Altrechtliche Personenzusammenschlüsse. Ihre Entwicklung unter besonderer Berücksichtigung des Rechts des Großherzogtums Sachsen-Weimar-Eisenach sowie der Herzogtümer Sachsen-Meiningen und Sachsen-Gotha. 2003.

Band 268 Anke Meier: Die Geschichte des deutschen Konkursrechts, insbesondere die Entstehung der Reichskonkursordnung von 1877. 2003.

Band 269 Stefan Jens Jordan: Leben und Werk des Tübinger Rechtsprofessors Wilhelm Gottlieb Tafinger 1760–1813. 2003.

Band 270 Stefanie Hubig: Die historische Entwicklung des § 23 ZPO. Zum Ursprung und Fortleben des Vermögensgerichtsstandes im deutschen Prozeßrecht des 19. Jahrhunderts. 2003.

Band 271 Michael G. Perband: Der Grundsatz der freien Beweiswürdigung im Zivilprozeß (§ 286 ZPO) in der Rechtsprechung des Reichsgerichts. 2003.

Band 272 Mathias Bouveret: Die Stellung des Staatsoberhauptes in der parlamentarischen Diskussion und Staatsrechtslehre von 1848 bis 1918. 2003.

Band 273 Barbara Széchényi: Rechtliche Grundlagen bayerischer Zensur im 19. Jahrhundert. 2003.

Band 274 Sylvia Scharfenberg: Die Entstehungsgeschichte des Beurkundungsgesetzes vom 28. August 1969. 2003.

Band 275 Urte Nesemann: Die schwedische Familiengesetzgebung von 1734 bis zu den Reformgesetzen von 1915 bis 1920 und deren Einfluss auf die Gesetzgebungsprojekte der Weimarer Republik. Unter besonderer Berücksichtigung der Rechtsstellung der Frau und des unehelichen Kindes. 2003.

Band 276 Alexandra Brück: Die Polizeiordnung Herzog Christians von Braunschweig-Lüneburg vom 6. Oktober 1618. 2003.

FSC
www.fsc.org
MIX
Papier | Fördert gute Waldnutzung
FSC® C083411

Kolibri 360 GmbH
Ferdinand-Jühlke-Straße 7
99095 Erfurt, Deutschland
produktsicherheit@kolibri360.de

Druck:
CPI Druckdienstleistungen GmbH
im Auftrag der
Kolibri 360 GmbH
Ferdinand-Jühlke-Str. 7
99095 Erfurt